KiWi 335

Der Autor

Heiner Müller, geboren 1929 in Eppendorf/Sachsen. 1944 Reichsarbeitsdienst, 1945 Volkssturm und amerikanische Gefangenschaft. Danach Angestellter im Landratsamt in Waren/Müntz in Mecklenburg. Ab 1951 in Ostberlin, 1954/55 wissenschaftliche Mitarbeit beim Schriftstellerverband der DDR, journalistische Tätigkeiten. 1957 Uraufführung von *Lohndrücker*. Seit 1958/59 Mitarbeit am Maxim-Gorki-Theater. 1961 Uraufführung *Umsiedlerin*, Verbot und Ausschluß aus dem Schriftstellerverband. Mitarbeit am Berliner Ensemble und seit 1976 an der Volksbühne. 1959 Heinrich-Mann-Preis mit Inge Müller, 1979 Mülheimer Dramatikerpreis, 1985 Georg-Büchner-Preis, 1986 Nationalpreis der DDR, 1990 Kleist-Preis, 1991 Europäischer Theaterpreis.

Ab Mitte 1990 Präsident der Akademie der Künste in Ostberlin, seit Februar 1993 einer der Direktoren des Berliner Ensemble.

Weiterer Titel bei k&w:
Ein Gespenst verläßt Europa, 1990.
Mit Fotografien von Sibylle Bergemann.

HEINER MÜLLER

KRIEG OHNE SCHLACHT

LEBEN IN ZWEI DIKTATUREN

EINE AUTOBIOGRAPHIE

Erweiterte Neuausgabe mit einem Dossier
von Dokumenten des Ministeriums
für Staatssicherheit der ehemaligen DDR

Kiepenheuer & Witsch

Umschlaggestaltung Manfred Schulz, Köln
Umschlagfotos Kurt Steinhausen, Köln
Satz Kalle Giese Grafik, Overath
Druck und Bindearbeiten Clausen & Bosse, Leck
ISBN 3-462-02320-9

Inhalt

Vorwort 11

Kindheit in Eppendorf und Bräunsdorf, 1929-39
Herkunft, Großeltern, Familie/Verhaftung des Vaters/ Besuch im KZ/Umzug nach Bräunsdorf/Landleben 13

Waren/Müritz, ab 1939
Oberschule/Nazizeit/Bücher/Zweite Verhaftung des Vaters 27

Im Krieg, 1944
Arbeitsdienst, Werwolfausbildung, Volkssturm/Kriegseinsatz des Vaters/amerikanische Kriegsgefangenschaft/ Rückkehr nach Waren 34

Waren nach dem Krieg, 1945-47
Arbeit im Landratsamt, Quelle von »Umsiedlerin«/ Die Russen in Waren/Stoffe für spätere dramatische Arbeiten 45

Rückkehr nach Sachsen, Frankenberg, 1947-51
Oberschule/Schriftstellerlehrgang in Radebeul/erste Stücke/ Zwangsvereinigung SPD-KPD/Flucht der Eltern/ Der Schulfreund Herbert Richter 55

Die ersten Jahre in Berlin, seit 1951
Journalistische Arbeit beim »Sonntag«/Brecht, Berliner Ensemble/ Werner-Seelenbinder-Drama/Kneipenleben/Schriftstellerlehrgang in Bad Saarow/»Neue Deutsche Literatur«/1. Ehe/ Weltfestspiele 1951/Parteiausschluß/DDR-Germanistik, Nahke, Scholz/»Junge Kunst« und »Forum« 77

Der 17. Juni 1953 132

»Der Lohndrücker«
Inge Müller, 2. Ehe/»Lohndrücker/Korrektur«/ Heinrich-Mann-Preis 1959 139

Die »Umsiedlerin«-Affäre, 1961 160

»Philoktet« 188

»Der Bau«, 1964 193

»Ödipus Tyrann«, 1966
Ödipus/Benno Besson/Inges Tod 203

Die Macht und die Herrlichkeit
Funktionäre/Westreisen/Geld/Konrad Wolf/Hermann Kant/ DDR-Verlage/Kurt Hager/Peter Weiss u. a. 213

Soll ich von mir reden Ich wer
von wem ist die Rede wenn
von mir die Rede geht Ich wer ist das

Vorwort

Als im Sommer 1992 Heiner Müllers Autobiographie erschien, waren die Reaktionen heftig und kontrovers. Die bewußt gewählte, offene, auf langen Gesprächen basierende, nicht-literarische Form des Buches, die Persönliches, Politisches und Schriftstellerisches nicht trennte, wurde von Kritikern wie Beatrice von Matt in der »Neuen Zürcher Zeitung«, Joachim Kaiser in der »Süddeutschen Zeitung« oder Marcel Reich-Ranicki akzeptiert oder sogar als die große Stärke des Buches gelobt (»Gerade so ist es gut«, Beatrice von Matt). Dagegen standen auch negative Reaktionen, wie die von Fritz J. Raddatz, der sich über die anekdotischen Teile des Textes regelrecht empörte (»Endloser Quatsch und Kantinentratsch von Benno Bessons gepumptem Geld, den Nacktbadenden in Arenshoop und Helene Weigels Maßnehmen des Brecht-Sarges lassen zweifeln, ob Heiner Müller wirklich wachen Auges das Manuskript ›überarbeitet‹ hat.«, »DIE ZEIT«, 3. 7. 1992) oder Frank Schirrmacher in der »Frankfurter Allgemeinen Zeitung«, der vor allen Dingen den Gesprächsstil kritisierte: »Alles ist so einfach, so klar und konsequent, daß man an der Zuverlässigkeit dieser Erinnerungskraft zu zweifeln beginnt.« (»FAZ«, 11. 7. 1992). Aber nicht alles verfiel bei Raddatz der Kritik. Die stückbezogenen Passagen, die seinen Erwartungen entgegenkamen (über »Die Hamletmaschine«, über »Der Auftrag« und »Leben Gundlings ...« oder über die »Umsiedlerin«-Affaire 1961) stimmten ihn wiederum geradezu euphorisch: »In solchen Passagen ist ›Krieg ohne Schlacht‹ ein großes Buch.« Die Leser entschieden sich eindeutig – von keinem Buch Heiner Müllers wurden in so kurzer Zeit so viele Exemplare verkauft, durch *Krieg ohne Schlacht* gewann der wichtigste deutschsprachige Dramatiker der Gegenwart eine große Zahl neuer Zuschauer und Leser seiner Stücke. Ein halbes Jahr nach Erscheinen des Buches wurde es dann erneut Gegenstand der Diskussion, als Anfang des Jahres 1993 in einem Beitrag des

»Spiegel TV« vom 11. 1. 1993 ein Gespräch mit Heiner Müller gesendet wurde, in dem dieser sich zu Vorwürfen äußerte, er habe Kontakte zum MfS der ehemaligen DDR gehabt. In der nun folgenden öffentlichen Debatte, die in den großen Feuilletons von »FAZ«, »Frankfurter Rundschau«, »Süddeutsche Zeitung« und »Zeit« sowie in Rundfunk und Fernsehen geführt wurde, tauchte u. a. auch die Frage an Heiner Müller auf, warum die von ihm im »Spiegel TV« beschriebenen Kontakte nicht Gegenstand seiner Autobiographie gewesen sind. Hinzu kamen Gerüchte über Textteile, die in das Buch nicht aufgenommen worden seien. Zu diesem Punkt ist nur zu sagen, daß das ursprüngliche Typoskript der autobiographischen Gespräche, die Ende 1989/Anfang 1990 begonnen worden waren, fast 1000 Seiten Umfang hatte. Die Arbeit Heiner Müllers bestand, wie bei solchen Büchern üblich, in redaktionellen Umstellungen, sprachlichen Überarbeitungen und Kürzungen in einer Vielzahl von Arbeitsgängen, an deren Ende die von Heiner Müller autorisierte Fassung des Buches stand. Zu dem Motiv, neben vielen anderen auch dieses Thema in seinem Buch nicht behandelt zu haben, nimmt Heiner Müller in einem längeren Gespräch mit Thomas Assheuer in der »Frankfurter Rundschau« vom 22. 5. 1993 Stellung. (Siehe neues Dossier im Anhang)
Nachdem bereits in der Hardcover-Ausgabe der Anhang in einer späteren Auflage durch einen ergänzenden Text von B. K. Tragelehn ergänzt worden ist, erhält nun diese Ausgabe ein Dossier (S. 427 – S. 497), in dem alle wichtigen Dokumente zum Thema, vor allem die in der Gauck-Behörde gefundenen Akten, zusammengestellt sind.

Helge Malchow
Dezember 1993

Kindheit in Eppendorf und Bräunsdorf, 1929-39

Ich war eine schwere Geburt. Sie hat lange gedauert, von früh bis neun Uhr abends. 9. Januar 1929.
Mein Vater ist in Bräunsdorf geboren. Das ist ein Dorf in der Nähe von Limbach-Oberfrohna. Limbach und Oberfrohna sind zwei zusammenhängende kleine Städte, westlich von Chemnitz, hauptsächlich mit Textilindustrie. Der Vater meines Vaters war Strumpfwirkermeister in einer Textilfabrik, Arbeiteraristokratie, von der Mentalität her sehr nationalistisch. Er war Soldat im Ersten Weltkrieg. Darüber hat er nie gesprochen. Dann war er in irgendeinem patriotischen Turnverein.
Die Mutter meines Vaters stammte aus Bayern und hatte in Bräunsdorf auf einem Gut gearbeitet, als Magd. Es gab ein großes Gut in Bräunsdorf, Großgrundbesitz, das sogenannte Rittergut. Mein Vater erzählte eine Geschichte: Als er aus dem Ersten Weltkrieg zurückkam, hat seine Frau ihn gefragt, ob er Weiber gehabt oder Kinder gemacht hätte. Später gestand er den erwachsenen Söhnen, er hätte damals, als er die Frage mit »Nein« beantwortet hat, den einzigen Meineid seines Lebens geschworen. Er hatte auf die Bibel schwören müssen. Da wurde dann nicht mehr gefragt.

Meine Mutter ist in Eppendorf geboren. Die Mutter meiner Mutter war die Tochter eines reichen Bauern aus einem Dorf weiter oben im Erzgebirge. Die Familie war sehr verzweigt, Bauern, sehr reich, berühmt als Brandstifter. Sie haben aus Versicherungsgründen einander die Höfe angezündet, wahrscheinlich auch aus Haß. Es gab Geschichten von Selbstmorden, Aufhängen auf dem Dachboden – Bauernselbstmorde. Dagegen war der Vater meiner Mutter unterste soziale Schicht, sein Vater früh gestorben, seine Mutter Näherin. Davon ernährte sie die Kinder. Irgendwann ist sie krank geworden, erblindet bei der Arbeit. Mein Großvater, damals dreizehn Jahre alt, hat sie gepflegt. Die Familie der Großmutter konnte ihn nicht akzeptieren, die Großmutter wurde enterbt. Meine Mutter erzählt die Geschichte vom Salzhering[1]: Ein Hering wird an der Stubendecke aufgehängt, und alle dürfen daran lecken. Armut war ihre Grunderfahrung, Armut bis zum Hunger, besonders im Ersten Weltkrieg. Mein Vater fiel in der Schule durch Intelligenz auf, durch Interesse für Lesen und Schreiben. Deshalb die Empfehlung der Lehrer: Der gehört nicht in die Fabrik, sondern in irgendeine behördliche Schreibstube. Er fing als Lehrling im Rathaus der Gemeinde Bräunsdorf an, lebte dann in Hohenstein-Ernstthal, dem Geburtsort von Karl May. Er wohnte möbliert bei einer Beamtenwitwe, die versucht hat, ihm Tischmanieren beizubringen. Er wußte einfach nicht, daß man Erbsen nicht mit dem Messer ißt. Schließlich wurde er versetzt und ar-

beitete in Eppendorf im Rathaus. Eppendorf war ein Industriedorf. Dort hat er meine Mutter kennengelernt. Ich glaube, meine Mutter war vor mir schon einmal schwanger. Aber sie hatten kein Geld und keine Wohnung.
Eine Geschichte aus Eppendorf: Es gab dort ein Schwimmbad, sehr gut gebaut, mit Sprungturm und allem. Es war von Krediten bezahlt worden, die als Vorschuß auf das Morgensternsche Erbe gegeben wurden. Das Morgensternsche Erbe war eine große erzgebirgische Massenphantasie, ausgelöst durch ein Gerücht. In den zwanziger Jahren soll in den USA ein Millionär namens Morgenstern gestorben sein und, weil er aus dem Erzgebirge stammte, erzgebirgische Gemeinden zu seinen Haupterben eingesetzt haben. In Erwartung dieses Morgensternschen Erbes, das nie kam, ist viel gebaut worden. Es gab Wachen auf Kirchtürmen in Erwartung des großen Geldtransports. Die Geschichte meines Großvaters, des Vaters meiner Mutter, habe ich aufgeschrieben[2], später erst die meines Vaters.

Wie verhalten sich diese Texte zur »Wirklichkeit«?

Wie Literatur. Als ich das erste Mal in den USA war, sah ich auf dem Flug von New York nach Dallas/Texas beim Überfliegen eines größeren Sees einen Ölfleck auf dem Wasser, und mir fiel zum ersten Mal wieder dieser Großvater ein, den ich im Schlußteil der Geschichte abgeurteilt habe. Könnte man in ein Ge-

spräch mit Toten kommen, mit ihm würde ich gern reden, auch mit meinem Vater. Oder die Texte noch einmal schreiben, anders, wenn dafür die Zeit ist.
Dieser Großvater war sozialdemokratisch erzogen, er war Sozialdemokrat auf eine ganz unintellektuelle Weise. Seine Frau ging, je älter sie wurde, immer öfter in die Kirche, sie brauchte das. Er kam nie mit. Er sagte nur, wenn du das brauchst, geh hin. Ich war in den Ferien oft bei ihm. Er hatte noch alte Jahrgänge sozialdemokratischer Zeitschriften vom Anfang des Jahrhunderts. Das war mein Hauptlesestoff mit zehn, zwölf, dreizehn Jahren. Es gab da Texte von Gorki, Romain Rolland, Barbusse, Diskussionen und Leserbriefe. Durch einige Hefte ging zum Beispiel eine Nietzsche-Diskussion unter sozialdemokratischen Arbeitern, die »Zarathustra« gelesen hatten.
Wenn ich meinen Text über ihn jetzt lese, dann ist der natürlich aus meiner Identifikation mit der neuen Ordnung geschrieben, die Askese brauchte, Opfer brauchte, damit sie funktionieren konnte. Und das ist das Grundproblem: Die Opfer sind gebracht worden, aber sie haben sich nicht gelohnt. Es ist nur Lebenszeit verbraucht worden. Diese Generationen sind um ihr Leben betrogen worden, um die Erfüllung ihrer Wünsche. Für ein Ziel, das illusionär war. Eigentlich habe ich diese Geschichte über den Großvater mit einer Funktionärshaltung geschrieben und deswegen jetzt das Bedürfnis nach einem Gespräch mit ihm, um mich dafür zu entschuldigen. Es gibt ein Foto von den bei-

den Alten, wie sie dasitzen, Leute, die schwer gearbeitet haben, die Hände auf den Knien. Er war still und bescheiden, nie hat er Heil Hitler gesagt, weder auf der Straße noch sonstwo. Er war unauffällig, man kannte ihn im Dorf. Er trank gern Baldrian, Schnaps war zu teuer. Er hatte immer eine Flasche davon bei sich. Oft ging er mit mir Pilze suchen. Die waren ein Hauptnahrungsmittel, sie kosteten nichts. Einmal hatte ich einen wilden Streit mit ihm. Wir suchten Pilze in der Nähe von Augustusburg, immer zu Fuß. In Augustusburg gab es eine Drahtseilbahn zur Burg. Mich interessierte natürlich die Drahtseilbahn, ich wollte damit fahren. Er hatte kein Geld, aber das hat er mir nicht gesagt, nur, wie unmännlich das wäre, mit der Bahn zu fahren. Er blähte das zu einem großen moralischen Problem auf, und wir haben uns darüber sehr gestritten. Er hatte kein Geld und konnte das nicht zugeben, deswegen mußte er daraus eine Ehrensache machen. Dann sind wir gelaufen. Es dauerte ziemlich lange. Ich erinnere mich an einen andern Streit, als er mir erzählte, der Bauer auf dem Hof über dem Hang hätte das »Männel«, und ich glaubte nicht daran. Das Männel ist ein Diminutiv von Mann, ein Kobold, ein dienstbarer Geist, mein Großvater hatte es aus dem Schornstein fahren sehen, zwischen Mitternacht und ein Uhr früh. Davon war er nicht abzubringen. Das Männel war eine Waffe im Konkurrenzkampf der Bauern, es konnte die Kühe des Nachbarn verhexen und die Milchproduktion der eigenen steigern. Eine große Rolle spielte im Erzgebirge auch das fünfte Buch Moses. Es gab Leute, von denen wußte man, sie haben das fünfte Buch Moses und können hexen. In Bräunsdorf war eine Bäuerin im Kuhstall eines Nachbarn entdeckt worden, in der Hand das ominöse Buch. Verhexte Kühe geben schlechte Milch oder krepieren.

Was sind Deine allerersten Erinnerungen?

Die erste ist ein Gang auf den Friedhof mit meiner Großmutter. Da stand ein Denkmal für Gefallene des Ersten Weltkriegs, aus Porphyr, eine gewaltige Figur, eine Mutter. Für mich verband sich das Kriegerdenkmal jahrelang mit einem lila Mutterbild, mit Angst besetzt, auch vor der Großmutter vielleicht, die mich über den Friedhof führte.
Die zweite Erinnerung: Meine Eltern waren krank, ich auch. Wir lagen alle drei im Bett. Es kam regelmäßig eine Krankenschwester, wahrscheinlich von einer kirchlichen Organisation, und einmal brachte sie Erdbeeren mit. Diese Erdbeeren sind mein erstes Glückserlebnis.
Dann die Verhaftung meines Vaters, 1933, und im wesentlichen war das schon so, wie ich es aufgeschrieben habe.[3] Ich hatte ein kleines Extrazimmer, lag da im Bett, es war morgens, ziemlich früh, fünf, sechs Uhr. Ich wurde wach, Stimmen und Gepolter nebenan. Sie schmissen Bücher auf den Boden, säuberten die Bibliothek von linker Literatur. Ich sah durchs Schlüssel-

loch, daß sie meinen Vater schlugen. Sie waren in SA-Uniformen, meine Mutter stand daneben. Ich habe mich wieder ins Bett gelegt und die Augen zugemacht. Dann standen sie in der Tür. Ich sah blinzelnd nur den Schatten der beiden etwas kräftigeren SA-Männer, dazwischen klein den Schatten meines Vaters, und habe mich schlafend gestellt, auch als mein Vater meinen Namen rief. Der Grund der frühen Verhaftung: Mein Vater war nicht mehr in der SPD, sondern in der SAP. Willy Brandt war da, glaube ich, eine führende Figur und Jacob Walcher. Die SAP-Leute waren besonders verdächtig, noch keine Kommunisten, aber auch keine Sozialdemokraten mehr. Das wiederholte sich nach 1945. Ich weiß, daß mein Vater einen Revolver hatte und daß er und ein paar andere sich auf einen bewaffneten Kampf vorbereiteten. Einer seiner Genossen war ein Lehrer, für mich sehr wichtig, weil er mit mir geübt hat, rechts zu schreiben. Ich war Linkshänder, und das wäre in der Schule ein Problem geworden. Das muß vor 1933 gewesen sein, denn er wurde mit meinem Vater verhaftet. Danach habe ich ihn nicht mehr gesehen. Er hatte mir rechts schreiben im Spiel beigebracht, ohne irgendwelchen Zwang, das war sehr schön. Er hatte eine große Liebe zu Kindern. Dieser Lehrer war ein etwas weicherer Typ als mein Vater, und sie haben ihn so lange geprügelt, bis er verriet, daß mein Vater einen Revolver hatte, der im Wald vergraben war. Meine Mutter war nach der Verhaftung zusammen mit einem Schwager in den Wald gegangen, dort haben sie den Revolver vergraben, schön geölt und eingewickelt. Das wußte der Lehrer und verriet es, aber er kannte die Stelle nicht. Daraufhin haben sie auch meine Mutter verhaftet und für kurze Zeit im Rathaus in den Keller gesperrt, weil sie von dem Revolver nichts sagen wollte. Dann gab es am nächsten Tag, nach der Nacht im Keller, eine Gegenüberstellung mit dem Lehrer. Er hat sich entschuldigt: »Die haben mich geschlagen, ich konnte nicht mehr, ich habe es verraten.« Meine Mutter mußte mit ihrem Schwager in SA-Begleitung in den Wald und das Ding ausgraben. Ich muß noch sagen, es kannten sich alle. Einer von den SA-Leuten bei der Verhaftung meines Vaters war ein ehemaliger Verehrer von ihr, den sie abgewiesen hatte.

Du erwähnst in Deiner Erzählung auch einen Besuch im KZ.

Später haben wir meinen Vater im KZ besucht. Es war eine merkwürdig kahle Landschaft, und auf dem Plateau das Lager. Wir mußten durch das Drahtgittertor mit meinem Vater reden, er sah sehr schmal und klein aus. Ich habe ihm Bilder gezeigt, die ich gemalt und gezeichnet hatte, und Zigarettenbilder. Meine Mutter kam gar nicht dazu, mit ihm zu sprechen. Sie hat mir erzählt, daß ich danach im Schlaf geredet habe: »Spring doch über den Zaun!« Ich konnte nicht verstehen, daß er drin bleibt. Er hat mir ein paar Geschichten erzählt. Die erste Aktion bestand darin, daß den

Häftlingen die Haare geschnitten wurden. Autobahnschneiden nannten sie das, quer über den Kopf, so daß sie Verbrecherfotos machen konnten. Die erschienen dann in der lokalen Presse, die Verbrechergesichter der Linken mit Texten dazu: »Das sind die Bolschewisten, die euren Kindern die Milch und euch eure Frauen wegnehmen wollen.« So in der Art. Beim Appell blieb der Kommandant, ein SA-Führer, bei meinem Vater stehen. Mein Vater hatte einen etwas gelblichen Teint und schwarze Haare. Der Kommandant fragte: »Jude?« Mein Vater antwortete: »Nein, nicht daß ich wüßte.« – »Dann hat sich deine Mutter von Juden ficken lassen.« Die Mutter meines Vaters war eine glühende Nationalsozialistin und verehrte Hitler: Er rauchte nicht und aß kein Fleisch und hatte keine Weibergeschichten. Es gab da einmal eine Schwiegertochter, die rauchte, sehr viel später. Die hatte es nicht leicht. »Die deutsche Frau raucht nicht« war eine Nazi-Parole.

Wie lange war dein Vater im Haft?

Sie entließen meinen Vater nach einem Jahr, oder auch schon nach einem Dreivierteljahr. Die Bedingung war, daß er nicht zurückgeht nach Eppendorf, sondern in einen anderen Kreis zieht. Und deshalb zogen wir dann um in das Haus seiner Eltern in Bräunsdorf. Die Geschichte von dem Appell hat er natürlich seiner Mutter erzählt, mit großer Schadenfreude. Sie war tief empört und trat einen großen Beschwerdegang an, durch alle Instanzen bis nach Chemnitz, und erreichte tatsächlich, daß dieser Kommandant sich bei ihr, einer deutschen Mutter, entschuldigen mußte. Sie war eine sehr deutsche Mutter, weil sie viele Kinder hatte, vor allem Söhne. Einer war durch eine Diphtherie taubstumm geworden. Dieser Sohn war, neben meinem Vater, der einzige Nichtnazi in der Familie. Er malte und versuchte, seine Familie davon zu ernähren, was eine Tragödie war, weil er zu diesem Zweck eben Kitsch malen mußte. Motive für Bauern, Sonnenuntergänge, Schiffe mit Sonnenuntergang, Alpenlandschaften, trinkende Mönche. Interessant waren seine Zeichnungen, also das, was er nicht für den Verkauf machte. Er hat bis zuletzt davon gelebt, daß er solche Schinken serienweise herstellte. Aber die Zeichnungen waren das Eigentliche. Er war taubstumm, aber man konnte sich mit ihm über Laute verständigen. Später in Berlin besuchte er mich öfter. Er hatte einen Kunsthändler in Köpenick, der ihm jeden Monat ein Quantum Sonnenuntergänge abkaufte. Er kassierte das Geld, und dann kam er zu mir. Einmal klingelte er, da wohnte ich schon in Pankow, und sagte »Ub Schei«. Ich war schon so trainiert, daß ich wußte, er sagt »Ulbricht Scheiße«. Die Laute waren zu verstehen. Schreiben konnte er natürlich auch. Er rauchte wie ein Schlot, hatte Liebesgeschichten mit anderen jüngeren taubstummen Damen, seine Frau war auch taubstumm. Er hatte eine Geliebte in Chemnitz, anderswo andere. Er erzählte mir oft davon, zeigte mir Fotos von den Frauen. Später bekam er ein Raucherbein, das amputiert wurde. Er ist schrecklich gestorben. Er lag lange im Krankenhaus, konnte sich nicht verständigen. Schließlich haben sie ihm das zweite Bein auch noch amputiert, aber er starb nicht. Die Ärzte hatten gehofft, daß sein Herz aussetzt, aber er hatte ein sehr starkes Herz, er hat, glaube ich, sechs Wochen gelegen, voll amputiert, ohne die Möglichkeit, mit jemandem zu reden.

Was hat Dein Vater nach der Entlassung gemacht?

Mein Vater war nach der Entlassung arbeitslos und hat, weil er über Verwaltungsangelegenheiten und Umgang mit Behörden Bescheid wußte, für Geld oder Lebensmittel Bauern beraten, die irgendwelche Amtsprobleme lösen mußten. Nebenbei machte er noch ein juristisches Selbststudium, was wiederum sehr viel später, nach dem Krieg, dazu führte, daß er Generalstaatsanwalt von Mecklenburg-Vorpommern werden sollte. Jedenfalls, er war zu Hause. Ich erinnere mich, ich habe versucht, mitzustudieren. Ein Wort war mir immer aufgefallen, das Wort Erblasser. Ich habe erst zehn Jahre später begriffen, daß es Erb-Lasser heißt. Meine Mutter arbeitete in einem Betrieb in Limbach als Näherin, fuhr jeden Morgen mit dem Fahrrad hin und abends zurück. 1936 dann oder schon Ende 1935 gab es in der Schule zum Beginn des Autobahnbaus das Aufsatzthema »Die Straßen des Führers«. Man sagte uns, daß die besten Aufsätze prämiert würden. Ich kam nach Hause und erzählte das meinem Vater. »Dafür mußt du keine Prämie kriegen, kümmere dich nicht darum«, dann hat er das Essen gemacht. Wir aßen, und auf einmal sagte er: »Ich helfe dir, den Aufsatz zu schreiben.« Ein Satz, den er mir diktierte, lautete: »Es ist gut, daß der Führer die Autobahnen baut, dann bekommt vielleicht auch mein Vater wieder Arbeit, der so lange feiern mußte.« Dieser Satz löste bei mir den Verratsschock aus. Ich war so erzogen, daß ich wußte, draußen ist der Feind, die Nazis sind der Feind, die ganze äußere Welt ist feindlich. Zu Hause sind wir eine Festung und halten zusammen. Plötzlich war da dieser Riß. Der Aufsatz wurde prämiert, mein Vater bekam Arbeit bei der Autobahn. Er war aber nur ein halbes Jahr dort, hielt das Schaufeln nicht aus.

Welche Erinnerungen hast Du an Eppendorf?

In Eppendorf hatte ich einen Spielkameraden, Sohn eines Fabrikanten. Die Fabrik lag gegenüber unsrer Wohnung, und wir wohnten zunächst in einem Haus, das zur Fabrik gehörte.
Nach der Verhaftung meines Vaters hatte meine Mutter kein Geld, das Essen war knapp, es gab ein Angebot von diesem Fabrikanten, ich könne dort jeden Tag mitessen. Natürlich hatte ich Hunger, aber gleichzeitig war es eine ungeheure Erniedrigung, dort am Tisch zu sitzen, sich durchfüttern zu lassen. Da ist auch ein Haß-

potential entstanden, ein Rachebedürfnis. Dieser Fabrikant war Sozialdemokrat gewesen, der Freitisch war gut gemeint, aber für mich doch eine schlimme Erfahrung.

Als mein Vater im KZ war, gab es ein paar Freunde, Söhne von Beamten, die sagten mir, daß sie nicht mehr mit mir spielen dürften, weil mein Vater ein Verbrecher wäre. Auch diese Erfahrung eine wichtige Voraussetzung für vieles Spätere. Immer war ich isoliert, von der Außenwelt getrennt durch mindestens eine Sichtblende. Ich fand dann doch ein paar Freunde. In Bräunsdorf gab es eine Kinderbande. Ich hatte aber immer Schwierigkeiten, anerkannt zu werden. Zum Beispiel konnte ich keine Schleife binden. Dafür lachten mich die Mädchen aus. Für die Bande war ich ein Spinner, weil ich ein Taschentuch benutzte statt zwei Finger, und daraus ergaben sich Geschichten wie die mit dem Schwalbennest. Es ging darum, ein Schwalbennest in einem Kuhstall mit Steinwürfen zu zerstören. Um anerkannt zu werden, habe ich besonders scharf geschossen, und ich traf auch. Und dann sah ich die jungen Schwalben am Boden liegen. Der Bauer hat uns aus dem Kuhstall gejagt. Er hatte zwei schwachsinnige Söhne, die in sechs Schuljahren weder Lesen noch Schreiben gelernt hatten. Sie waren Rivalen um den Hof, das Erbe. Sie prügelten sich regelmäßig, manchmal mit Sensen. Der Alte ging mit dem Dreschflegel dazwischen und schlug sie nieder. Der jüngere Sohn hetzte oft den Hund hinter uns her. Einmal sperrte er uns im Hof ein und ließ die Pferde heraus. Die Pferde galoppierten durch den Hof, wir standen an die Wände gepreßt, alle Türen zu. Wir haben Rekorde aufgestellt im Wegrennen vor dem Hund.

Welche Auswirkungen hatte die lange Arbeitslosigkeit Deines Vaters?

Das war ganz günstig für mich, weil er über alles mit mir sprach und den ganzen Tag für mich Zeit hatte. Er besaß auch literarischen Ehrgeiz; es gibt Texte von ihm. Er machte Resümees von seiner Lektüre, auch viele Exzerpte und las Philosophie. Das Bedürfnis, alles zu wissen, alles zu kennen, war sehr ausgeprägt bei ihm, und ich war sein einziger Gesprächspartner.

Waren/Müritz, ab 1939

Nach Mecklenburg sind wir gegangen, weil mein Vater da eine Arbeit bekommen hat. Er hatte immer Annoncen, Stellenangebote gelesen. 1938 kam ein Stellenangebot von einer Landkrankenkasse in Waren. Sie suchten einen Betriebsprüfer. Die Arbeit bestand darin, auf den Gütern der Großgrundbesitzer die sozialen Belange zu überprüfen und die Beiträge zu kassieren. Die Großgrundbesitzer hatten hauptsächlich Saisonarbeiter, polnische meistens. Das waren wüste Verhältnisse, noch 1938/39. Es gab Baracken für die polnischen »Schnitter«. Die meisten Familien hatten nur ein Gefäß, zum Scheißen, zum Kochen, zum Waschen.
Mecklenburg war für uns als Sachsen wie eine Emigration. Man war Ausländer. Waren war eine kleine Stadt, vielleicht 50 000 Einwohner, ein Luftkurort für Berliner. Ich war völlig isoliert, vor allem in der Schule. Ausländer wurden aus Prinzip verprügelt. Da mußte man immer ziemlich schnell sein. Ich konnte sehr gut laufen.

Die Schule in Bräunsdorf war eigentlich ganz human gewesen. Der Klassenlehrer war gleichzeitig HJ-Führer. Das war das einzige Problem. Für den war ich natürlich der Sohn eines Staatsfeindes. Er war nicht unan-

ständig, aber ich merkte die Spannung. Bei den Kindern in der Schule nicht, nicht in Bräunsdorf.
Einmal trug uns der HJ-Lehrer ein Gedicht über einen Lehrer vor. Die letzte Zeile hieß: »Wenn der Lehrer Bocksturz macht.« Bocksturz ist ein Überschlag. Die Zeile habe ich behalten, weil der Lehrer danach umfiel und nicht wieder aufstand. Wir haben uns eine Weile gewundert und gelacht, aber der stand nicht wieder auf. Es wurde ein Arzt geholt. Es stellte sich heraus, daß er eine Krankheit hatte, Asthma oder Epilepsie. Das widersprach dem Bild von einem HJ-Führer schon sehr.
Der Ärger fing in Mecklenburg an. Diese Schule war eine völlig andere Erfahrung. Dreißig Kinder in der Klasse oder mehr. Der Weg zur Schule war gefährlich, auch der Heimweg, weil irgendwelche Mecklenburger auf Ausländerjagd gingen. Auf dem Schulhof haben die Lehrer meistens die großen Schlägereien unterbunden. Ich war der einzige Ausländer in der Klasse. Danach ging ich auf die Mittelschule, weil die billiger als das Gymnasium war. Es mußte ja Schulgeld bezahlt werden. In der Mittelschule gab es zwei alte Lehrerinnen, an die ich mich erinnere, alte Jungfern, sie lebten auch zusammen, zwei würdige alte Damen. Bei denen habe ich mir Bücher ausgeliehen. Sie hatten eine große Bibliothek. Ich war ein guter Schüler und ein sanftes Kind; die beiden Alten liebten mich sehr. 1945 haben sie sich umgebracht, nachdem sie von Russen vergewaltigt worden waren. Sie sind zusammen in den See gegangen.
Von der Mittelschule kam ich auf die Oberschule. Ich

kriegte eine Freistelle wegen guter Zensuren. Meine Eltern hätten das Schulgeld nicht bezahlen können. Allerdings war ich dadurch auch ausgeliefert. Ich mußte mich gut verhalten. Ich hatte immer das Gefühl, die Lehrer wüßten, daß ich nicht dazugehöre; wahrscheinlich war es auch so. Da war der Klassenlehrer, der ab und zu in Uniform erschien. Er erklärte uns den Kommunismus: »Kommunismus ist, wenn man an einem Fleischladen vorbeigeht, in dem eine Wurst hängt, und schlägt die Scheibe ein und holt die Wurst heraus. Das ist Kommunismus.« Einige fragten nach den Juden, denn es gab natürlich Juden in Waren. Denen waren entsprechend seiner Kommunismusdefinition in der Kristallnacht die Scheiben eingeschlagen worden. Da hat er uns dann erklärt, daß mit den Juden jetzt aufgeräumt wird und daß man als Deutscher mit Juden eben nichts zu tun haben darf. Der Widerspruch blieb aber. Fotos im Geschichtsbuch zeigten den Posträuber Dschugaschwili und den Juden Bronstein, der angeblich in Berlin als Schuhputzer gearbeitet hatte.
In der Oberschule stand ich, weil ich Freud gelesen hatte, im Ruf eines Casanova und wurde bei sexuellen Problemen zu Rate gezogen. Dabei hatte ich selbst überhaupt keine Erfahrung. Aber ich habe den Casanova gut gespielt.
Ich war in der HJ, das war unvermeidlich, wegen der Freistelle. Meine Mutter erzählt, daß ein Lehrer sie zur Rede stellte, weil ich nicht in der HJ beziehungsweise im Jungvolk war. Sie sagte: »Das ist mein Sohn, und

das bestimme ich.« Aber dann wurde die Freistelle in der Schule davon abhängig gemacht.
In der HJ sein, das hieß Marschieren, Singen. Man mußte in der Lage sein, ein Lagerfeuer zu machen, einen Topf Wasser zum Kochen zu bringen, und es gab Geländemärsche mit Gepäck. Geschossen wurde noch nicht. Die Geländespiele waren die Hauptsache, auch das Attraktivste für die meisten. Man hatte einen sogenannten Lebensknüppel, und die Aufgabe war, dem Gegner seinen Lebensknüppel zu entreißen, dann war der tot. Der Höhepunkt des Geländespiels war die Schlägerei um die Knüppel. Ich hatte irgendwann eine einfache Technik entwickelt und mir den größten, stärksten Gegner ausgesucht, der mir schnell meinen Lebensknüppel wegnahm. Dann war ich draußen. Die Toten durften dann zusehn, wie die andern sich weiter prügelten. Ich kann mich nicht erinnern, daß mir das Spaß gemacht hätte. Zu Hause wurde über alles oppositionell geredet, und in der Schule durfte man nicht sagen, was man zu Hause hörte und sprach. Andererseits ging von den Nazi-Ritualen eine Faszination aus. Die Liedzeile: »Wir werden weitermarschieren, wenn alles in Scherben fällt« jagte mir Schauer über den Rücken. Mein Vater brachte mir zur gleichen Zeit die Internationale bei: »... und heilig die letzte Schlacht.« Das ging zusammen.
Einer meiner Banknachbarn in der Oberschule war ein Adliger aus Ostpreußen, die Familie war evakuiert worden. Manchmal schrieb er mir fromme Verse auf.

Zum Beispiel: »Frage nicht, warum, Gottes Mund bleibt stumm, doch lernst schweigen du, sagt dir Gott, wozu.« Sein Vater war Offizier. Sechs Jahre war ich ziemlich befreundet mit ihm. Einmal kam er auch mit zu mir nach Hause. Ich hatte gerade angefangen, Rilke zu entdecken, und las ihm Rilke-Gedichte vor. Er hat sich krummgelacht darüber. Da habe ich dann mitgelacht.

Wie erging es Deinem Vater in dieser Zeit?

1940 wurde mein Vater noch einmal verhaftet, weil er in seinem Betrieb, in der Krankenkasse, aus »Mein Kampf« vorgelesen hatte, was Hitler über den Bolschewismus geschrieben hat, am Tag des Nichtangriffspakts. Er war zwei Wochen in Untersuchungshaft. Er konnte sich herausreden, aber es gab wieder eine Hausdurchsuchung, die Bibliothek wurde wieder dezimiert. Bei dieser Verhaftung war ich nicht dabei. Er ist, glaube ich, im Betrieb, in der Krankenkasse, verhaftet worden.

Was bedeuteten Dir damals als Junge Bücher?

Mein Vater hatte eine Prachtausgabe von Casanovas Memoiren, mit schwülen Illustrationen in Vierfarbdruck. Das war natürlich eine Lieblingslektüre von mir. Aber er fand das doch verderblich oder zu früh für mich. Jedenfalls tauschte er den Casanova mit einem

Kollegen gegen eine Schiller-, Hebbel- und Körner-Ausgabe ein. An der Stelle, wo Casanova gestanden hatte, fand ich nun Schiller, Hebbel und Körner. Ich habe den ganzen Schiller gelesen, die Stücke jedenfalls, von Hebbel auch alle Stücke. Und von da an wollte ich Stücke schreiben. Die Schule konnte mir die Klassiker nicht mehr verderben, weil ich sie schon kannte. Ich habe damals sehr viele Reclam-Bücher gelesen, weil das die billigsten waren. Mein Vater hatte sehr viele und kaufte ständig dazu. So habe ich mit zwölf, dreizehn Erzählungen von Edgar Allan Poe gelesen. Auch »Die Abenteuer Gordon Pyms« standen im Regal, doch das hatte mein Vater weggenommen wegen der Kannibalismus-Szene. Deswegen habe ich es natürlich mit besonderem Eifer gelesen. Es war ein unvergeßlicher Eindruck, besonders der abgebrochene Schluß mit der Gestalt aus Schnee.

Was waren Deine ersten eigenen literarischen Versuche?

Ab zehn ungefähr fing ich an zu schreiben, zuerst Balladen. Das ging aus von einer Reclam-Anthologie von deutschen Balladen zum Beispiel. »Die Hunnen jauchzten auf blutiger Wal. Die Geier stießen herab zu Tal.« Die Hunnen interessierten mich wegen der Nibelungen. Dann fing ich an, Stücke zu schreiben.
Das alles ist beschlagnahmt worden, wie alles beschriebene Papier, bei der Hausdurchsuchung nach der Flucht meines Vaters 1951 aus der DDR.

Die Rilke-Phase hat sich merkwürdigerweise nicht ausgewirkt. Ich habe das gern gelesen, später auch Stefan George, aber nie versucht, so etwas zu machen. Vielleicht wegen des Schocks mit dem Gelächter über Rilke.

In Mecklenburg hatte mein Vater kaum noch Zeit für Bücher oder mich. Es gab aber einen Deutschlehrer an der Oberschule, der mir Bücher borgte. Im Unterricht las er uns Trakl vor: »Und nächtens stürzen sie aus roten Schauern / Des Sternenwinds gleich rasenden Mänaden«. Einmal hatte er ein Problem. Ich wollte die »Gespenstersonate« von Strindberg lesen, und das wollte er mir nicht geben. Später erfuhr ich, daß er einen Mitschüler, der auch Bücher bei ihm borgte, vor mir gewarnt hat. »Hüten Sie sich vor diesem Menschen.« Damals hatte ich gerade angefangen, Bücher über Psychologie und Psychoanalyse zu lesen. Mit fünfzehn, sechzehn dann auch Literatur über Hypnose. Und dieser Mitschüler war mein bestes Medium. Mein größter Erfolg als Hypnotiseur war eine Gemeinheit: Mir gefiel ein Mädchen, in das er verliebt war, in aller Unschuld, glaube ich. Ich habe ihn per Hypnose dazu gebracht, sich von ihr zu trennen. Die Strafe folgte auf dem Fuß. Denn es stellte sich – ich schnürte da um sie herum – schließlich heraus, daß sie zwei Brüder hatte, und diese Brüder waren Schmiedegesellen.

Im Krieg, 1944

Meine Schule wurde geschlossen. Das war wahrscheinlich im Herbst 1944. Wir wurden alle eingezogen. Zum Teil als Flakhelfer, zum Teil zum Arbeitsdienst. Es wurden auch für die SS Leute gesucht, aber Freiwillige zunächst. Das war eigentlich die Hauptangst, daß man zur SS kam, nicht nur bei mir, diese Angst hatten viele. Ich erinnere mich ganz dumpf an die Musterung. Da wollte keiner hin. Wir waren fünfzehn. Die ganze Klasse wurde eingezogen, aber zerstreut, es kamen nie zwei oder drei zusammen irgendwohin. Ich mußte zum Reichsarbeitsdienst. Vor der Einberufung gab es eine Werwolfausbildung, eine Art Guerilla-Ausbildung. Aber ich habe das verdrängt, ich weiß nichts mehr davon. Das fand wohl in Waren statt, noch in der Schulzeit, glaube ich, eine Vorbereitung auf den Volkssturm. Man lernte mit der Panzerfaust umgehen, schießen, sich im Wald bewegen, usw. Ich konnte nicht gut schießen, das war mein Glück. Ich sah schlecht ohne Brille. Schon seit Jahren hatte ich an der Tafel nichts mehr lesen können. Das war meine Rettung beim Reichsarbeitsdienst. Reichsarbeitsdienst, das hatte nichts mehr mit Arbeit zu tun. Das Wichtigste war Schießen. Der Ausbilder war ziemlich jung, Mitte Zwanzig, ein idealistischer Nazi, ein integrer Mann. Der teilte uns ein in Männer und Idioten, nach den Schießergebnissen. Ich war Idiot, und die Idioten interessierten ihn nicht weiter. Die Männer hat er geschunden. Als Idiot konnte man den Dienst ertragen. Es dauerte auch nicht sehr lange, ein paar Wochen. Dann waren die Russen schon in Mecklenburg, und es gab einen Marsch in Richtung Westen. Unsre Ausbilder wollten lieber von den Amerikanern gefangengenommen werden als von den Russen, also marschierten wir nach Schwerin.

»Feindberührung« hatten wir eigentlich nicht. Einmal mußten wir in den Straßengraben, weil Panzer über die Straße fuhren, sowjetische Panzer. Und einmal gab es eine Schießerei. Das war schon nach der Auflösung der Truppe. Tiefflieger, das war das unangenehmste, wenn die Tiefflieger angriffen. Auf dem Marsch nach Schwerin habe ich in einem verlassenen Dorf Bücher geklaut. Wir mußten dort Wasser fassen für die Feldflaschen und kamen in ein leeres Haus. Alles war noch drin, die Möbel und die Bibliothek. Der ehemalige Bewohner, vielleicht der Lehrer des Dorfes, hatte schöne Dünndruckausgaben, Insel-Dünndruckausgaben. Ich klaute eine Kant- und eine Schopenhauer-Ausgabe. Davon habe ich heute leider nur noch Reste.
Ich erinnere mich an meine zu engen Stiefel. Wir hatten vor dem Marsch ganz schnell neue Stiefel fassen müssen, es gab keine Zeit zum Probieren, meine waren eben zu eng, also hatte ich dauernd Blasen an den Füßen.

Unsre Waffen waren alte norwegische Gewehre, andre gab es schon nicht mehr. Auch Flugzeuge wurden nicht mehr mit Flugzeugbenzin, sondern mit Sprit betankt. Dann irgendwann, ungefähr in der Mitte auf dem Weg nach Schwerin, kam ein Kradmelder von vorn, hielt kurz und fuhr an uns vorbei weiter. Danach ging unser Ausbilder schluchzend wie ein Kind die Kolonne ab und sagte: »Der Führer ist gefallen.«
Ein paar Stunden später hielten wir auf einem großen Bauernhof, der auch verlassen war, und der Oberboß, den wir sonst kaum gesehen hatten, hielt eine Rede. Der Führer sei gefallen und die Verräterclique um Dönitz habe kapituliert. Er könnte uns keine Befehle mehr geben, aber wer ein Mann sei und ein Deutscher, der träte jetzt zu ihm, um sich in die Wälder zu schlagen und weiterzukämpfen. Die andern könnten nach Hause gehn. Es traten fünf, sechs deutsche Männer zu ihm, die schlugen sich dann ins nächste Gebüsch. Wir andern zerstreuten uns in der Landschaft und trotteten allein weiter, ziemlich erleichtert.

Ich weiß nicht, in was für einem Geisteszustand ich in diesem halben Jahr gewesen bin. Man kennt die Schlachtbeschreibung von Stendhal in der »Kartause von Parma«, wo der Held sein Idol Napoleon weit hinten einmal ganz klein vorbeireiten sieht. Das Wesentliche an solchen Konstellationen ist, man kriegt nichts mit. Ich kann mich nicht erinnern, daß ich Angst gehabt hätte. Nur an die Stiefel erinnere ich mich. Es ist wie unter Schock nach einem Unfall. Ein Ort der Angst war eher der Luftschutzkeller. In Waren sind kaum Bomben gefallen. Man hörte immer nur die Bomberverbände, die nach Berlin flogen. Es war oft Fliegeralarm, wir saßen, bevor ich eingezogen wurde, viel im Keller. Zu der Zeit war sowieso schon klar, daß der Krieg verloren war, mir jedenfalls. Vielen andern sicher nicht. Es gab ja immer noch das Gerücht von der Wunderwaffe, die der Führer in der Hosentasche gehabt haben soll. Darauf haben viele bis zuletzt gewartet und daran geglaubt. Ich habe mich eher gefreut auf das Ende. Was danach kommt, darüber haben auch die Älteren nicht nachgedacht. Der Krieg war eine Schiene, auf der sind sie gelaufen, sind sie marschiert. Was man tun konnte, war Warten. Es war aber alles noch soweit organisiert. In diesem Ausbildungslager an der Ostsee gab es ausreichend zu essen und zu trinken.

Meinen Ausbilder habe ich später wiedergetroffen, sonst niemanden aus dieser Zeit. Ich sah ihn in Schwerin, als ich schon frei war. Er war von den Amerikanern zum Straßenfegen eingeteilt. Die setzten am liebsten Offiziere zu Dreckarbeiten ein. Das war die amerikanische Methode, ein Demütigungsritual. Er war also jetzt Straßenfeger, und wir begrüßten uns, und dann sagte er: »Ich habe schon angefangen darüber nachzudenken, ob nicht ich ein Idiot gewesen bin.«

Das Kriegsende war für mich plötzlich ein absoluter Freiraum. Ich bin ziemlich ziellos durch die Gegend getrottet, man hörte ab und zu Schüsse, Artillerie, man sah Panzer in der Ferne durch ein Kornfeld fahren. Ich sah eine zerschossene Brücke, ein Bild, das sich mir sehr eingeprägt hat. Irgendwo bin ich in einen Zug eingestiegen. Er fuhr in Richtung Westen. Er war voller Frauen, Kinder und Soldaten. Er fuhr ein Stück, dann hielt er wieder. Man hörte Gebrüll und Schüsse. Dann stoppten ein paar Russen mit Maschinenpistolen den Zug und suchten ihn nach Soldaten ab. Auf der anderen Seite war ein ziemlich steiler Abhang. Zwei Soldaten sagten: »Wir hauen hier ab, kommst du mit?« Da bin ich mit ausgestiegen, den Abhang hinunter. Die Russen schossen hinter uns her. Wir sind dann ein Stück weitergelaufen, überall lagen tote Pferde und umgekippte Wagen von einem Flüchtlingstreck. Neben einem toten Pferd lag eine Flasche mit Anisschnaps, der erste Anisschnaps meines Lebens, hausgebrannt. Ich habe die Flasche genommen, und ein paar Meter weiter stand der erste Amerikaner und hielt uns an. Als erstes nahm er mir die Flasche weg. Das habe ich den Amerikanern nie verziehn.
Dann fand ich mich auf einer Koppel, einer Viehkoppel, in amerikanischer Kriegsgefangenschaft wieder. Sie trieben uns dort hinein, und wir haben dort einige Zeit verbracht. Es kamen immer mehr, zu essen gab es nichts. Die Amerikaner waren sehr hektisch, sehr nervös, sehr ängstlich. Gegen Abend haben sie uns dann

in Kolonnen in Richtung Schwerin getrieben, alle fünf Meter ein schwerbewaffneter Amerikaner. Wenn ein Gefangener in den Straßengraben trat, weil er pinkeln wollte, wurde sofort geschossen. Übernachtet haben wir auf einem Rollfeld. Man schlief da ganz gut. Man merkte bei den amerikanischen Soldaten die Wirkung der Propaganda: Die Deutschen waren Bestien, ganz gefährliche Raubtiere.
Am nächsten Tag kamen wir in ein Dorf bei Schwerin, um Scheunen herum war ein Riesengelände abgesteckt, ein großes Gefangenenlager. Wir übernachteten in den Scheunen. Es gab mal einen Auflauf auf der Straße vor dem Lager. Dann wurde erzählt, daß sie Himmler auf der Straße geschnappt hätten. Er hätte aber rechtzeitig auf seine Zyankaliampulle gebissen und wäre krepiert. Solche Legenden waren sehr beliebt.
Ich hatte vor der Gefangennahme irgendwo eine Dose Büchsenfleisch aufgesammelt. Die habe ich dann über den Zaun gegen ein Ziviljackett, dunkelgrau, hell gestreift, kaputt und zerrissen, eingetauscht. Am Tor stand ein Posten. Ich habe zwei Tage gewartet, bin dann zu dem Posten gegangen, ein stämmiger Amerikaner, und habe mich mit ihm unterhalten, habe ihn gefragt, wo er her ist. »Iowa.« Ob er Familie hat, verheiratet ist, ob er Kinder hat. Er hatte zwei Kinder und hat mir Fotos gezeigt. Ich sagte: »Beautyful kids«. Da waren wir beide ganz gerührt, und er dachte an seine Kinder. »Beautyful family«. Dann haben wir uns die Hand

geschüttelt, und ich bin weggegangen. So war ich draußen. Dazu gehörte keine besondere Raffinesse. Ich war sechzehn.

»Hühnergesicht« aus der »Todesanzeige«[4] ist keine Fiktion. Nur, daß ich ihn nicht umgebracht habe. In meiner Erinnerung sind es Tage, die er durch eine ziemlich wüste, flache Gegend mit seinem Hühnergesicht hinter mir her lief. Wobei das relativ unwahrscheinlich ist, die Strecken waren nicht so groß. Ich hätte ihn umbringen können. Ich hatte Nietzsche gelesen und vor allem Dostojewski, »Raskolnikow«. Das Beil. Wie ich ihn in Wirklichkeit losgeworden bin, weiß ich nicht mehr.

Danach bin ich auf einem großen Umweg um Schwerin herum in ein Dorf gekommen, in dem ich dann einige Zeit blieb. Wahrscheinlich ein paar Wochen. In Scheunen hatten sich ehemalige KZ-Häftlinge etabliert, unter anderem ein Schwuler mit dem rosa Winkel. Was er bedeuten sollte, wußte ich damals nicht. Italiener waren dabei, ein Rumäne, der vom Zirkus kam und viel von Pferden verstand, und Polen. Eine Zigeunerin hat mir aus der Hand gelesen und prophezeit, daß ich zusammen mit einem älteren Mann nach Sibirien komme, wenn ich in den Osten gehe. Ich wurde sie schwer los, sie wollte sich ständig an mich hängen. Die Italiener schlachteten um das Dorf herum auf den Weiden Kälber. Dann kamen brüllend die Bauern mit Knüppeln, aber sie konnten nichts machen. Die andern waren in der Übermacht, es war ein rechtloser Zu-

stand. Das Kalbfleisch aßen wir vor der Scheune. Nach den Kälbern kamen die Pferde dran. Die schmeckten auch gut, man mußte sie nur ganz schnell braten. Das wußte der Rumäne.
Dann hatten wir auch keine Pferde mehr. In dem Dorf hatte sich schon wieder eine Ordnung etabliert, es gab eine Gemeindeverwaltung. Wir hatten also eine Versorgungskrise. Dann hörten wir, daß in einer Nachbarscheune, die polnisch besetzt war, Schnaps gebraut wurde. Die Polen hatten einen Kanister Sprit gefunden und daraus ein bräunliches Getränk von tödlicher Durchschlagskraft gemischt. Das Wesentliche für uns war, wenn man mit denen einen Schnaps trank, kriegte man ein Stück Speck und ein Stück Brot. Aus leiblicher Notdurft haben wir uns dieser Schnapszeremonie unterworfen. Ich erinnere mich, daß ich aus irgendeinem Grund von einem Polen einen Kinnhaken kriegte und ungefähr zwölf Stunden später neben einer Jauchegrube aufwachte. Wahrscheinlich habe ich irgendwas gegen den Schnaps gesagt, ich weiß es nicht. Das war der erste Schnaps meines Lebens. Wir waren eine multikulturelle Gesellschaft, totale Anarchie. Aber die Italiener waren gute Ordnungskräfte. Im Chaos waren sie hervorragend, während die Deutschen im Chaos meistens unzuverlässig wurden.
Dann suchte die Gemeinde Freiwillige, denen Fahrräder zur Verfügung gestellt werden sollten, um aus einem Nachbardorf für die Flüchtlinge Kartoffeln zu holen. Es waren sehr viele Flüchtlinge da. Man hatte

einen größeren Kartoffelvorrat aufgetrieben, und die sollten herantransportiert werden. Da es keine Transportmittel gab, bekamen vier Freiwillige Fahrräder. Ich war einer von ihnen. Ich habe keine Kartoffeln geholt, das Fahrrad der Gemeinde gestohlen und bin damit an die amerikanisch-russische Grenze gefahren, zusammen mit zwei anderen, die auch nach Hause wollten. Die Grenze lag an einem kleinen Fluß, und Kilometer vorher erzählten uns die Leute schon, daß hinter den Schlagbäumen und dem Grenzposten das Grauen begänne. In dem kleinen Wäldchen lägen die ersten Leichen. Die Männer kämen alle nach Sibirien, wenn sie nicht gleich erschlagen würden, die Frauen würden vergewaltigt.
Die Amerikaner waren zu faul, den Schlagbaum hochzudrehn, wir wanden uns mit unsern Fahrrädern herum, die Russen hievten feierlich ihren Schlagbaum hoch, nahmen uns die Fahrräder ab und fragten nach Uhren. Wir waren zu dritt. »Uri?« war die erste Frage. Wir hatten keine. Dann wurden wir hinter dem Wäldchen zu einem Haus eskortiert und in den Keller gebracht. Dort saßen schon vierzig andere Todeskandidaten und warteten auf ihre Hinrichtung. Wir haben da drei, vier Stunden in Erwartung eines ungewissen Schicksals verbracht. Dann kam ein riesiger Topf mit Erbsensuppe und Speck. Wir haben wieder ein paar Stunden gewartet. Einige erzählten von den Toten, die sie draußen gesehen hätten. Unsre Hoffnung war, daß man Delinquenten nicht füttert. Dann wurden wir auf

die Straße eskortiert und marschierten wieder, nur nicht mehr im Gleichschritt. Wir trotteten in Richtung Osten und freuten uns auf Sibirien. Es waren kaum Soldaten dabei, oder nur Soldaten, die sich schon zivil gemacht hatten. Als es anfing, dunkel zu werden, sagten uns die Russen, wir könnten jetzt allein weitergehn. Wir müßten nur, wenn es dunkel ist, von der Straße verschwunden sein, weil dann scharf geschossen würde. Wir haben uns für die Nacht wieder irgendwo in einer Scheune verkrochen.
Am Morgen sind wir in unsre verschiedenen Richtungen weitergetrottet, ich von da an allein bis Waren. Unterwegs bin ich zweimal angehalten worden. Einmal trat ein Russe aus dem Wald und fragte, ob ich Pole wäre. Da habe ich kurz drüber nachgedacht, was besser ist, Pole sein oder nicht Pole sein. Ich habe in den Wald gesehn und sah Stacheldraht. Da war mir klar, daß sie Polen einsackten. Ich sagte: »Nix Polski« und konnte weitergehn. Dann kam noch mal einer aus dem Wald und schnauzte mich an: »Papier«. Ich dachte, der will einen Ausweis sehn, ich hatte meinen Rettungsschwimmer-Ausweis mit Paßbild auf einem Stück Pappe. Er faßte es an und sagte: »Nix, dawai«. Er wollte Papier zum Zigarettendrehen, das habe ich erst später begriffen. Als Deutscher denkst du bei Papier gleich an einen Ausweis.

Ich kam von Südwesten wieder in Waren an – eine sehr schöne Gegend, Seen und Wälder. Ich stand ziemlich hoch und blickte auf die Stadt, dieser Moment ist mir in Erinnerung. Es stand noch alles. Waren ist kaum bombardiert worden, nur die Flugzeugwerke. Meine Mutter war da, mein Bruder, und ein russischer Offizier, eine Einquartierung, ein freundlicher, höflicher Mann, er sprach deutsch. Mein Bruder war sehr beliebt, Kinder liebten sie ja sowieso. Es war eine chaotische Zeit. Es ging immer um die Beschaffung von Essen, das klappte über die Russen. Meine Mutter kochte dann auch für sie. In der Zeit der Vergewaltigungen war sie zu einer Freundin gezogen, deren Mann aus dem KZ noch nicht zurück war. Diese Frau lebte mit einem Jugoslawen, kein Titoist, sondern ein Ustascha-Mann, glaube ich. Ein Riese um die einsneunzig, ein Bär, freundlich. Der sprach russisch und hat die Russen abgewimmelt. Er hatte eine ganze Herde Frauen im Haus und hielt die Russen von ihnen ab.

Waren nach dem Krieg, 1945-47

Die Zeit nach dem Krieg war ziemlich wüst, aber auch ganz intensiv. Zum Beispiel der Tanzpalast in Waren. Da war jede Nacht Tanz. Tanz auf dem Vulkan, eine Mischung aus Endzeit und Karneval. Nach dem Krieg fing eigentlich nichts Neues an, es war nur etwas zu Ende. Es gab noch keine neuen Hoffnungen. Es war alles ziemlich wild, alles ging ganz schnell. An einem Abend im Tanzpalast mußte ich dringend scheißen, und das Klo war wieder überflutet, also ging ich in die Büsche neben dem Haus. Ich hatte gerade die Hose runtergelassen, da tauchen zwei Russen mit MPs aus dem Busch auf und wollten wissen, was ich da machte. Ich versuchte ihnen klarzumachen, daß ich scheißen will. Das glaubten die mir aber keineswegs. Ich habe schnell die Hose hochgezogen, habe mich fallenlassen, bin den Abhang hinuntergerollt, und sie haben hinter mir hergeschossen. Im Klo schwamm die Scheiße, so überfüllt war der Tanzpalast.

Zusammen mit einem ehemaligen Lehrer von der Oberschule, Sozialdemokrat bis 1933, der dann auch der erste Schuldirektor nach dem Krieg wurde, war ich für die Säuberung, die Entnazifizierung der Bibliotheken des Landkreises verantwortlich. Wir säuberten die Bibliotheken von Naziliteratur, auch die der Guts-

herren. Diese Tätigkeit war die Grundlage meiner eigenen Bibliothek. Ich habe geklaut wie ein Rabe. Das war eine schöne Zeit. Ich habe Bücher geklaut, gelesen und einfach sehr viel kennengelernt.
Danach wurde ich Angestellter im Landratsamt. Mein Vater war stellvertretender Landrat in Waren geworden, und man mußte irgendeine Arbeit haben. So wurde ich »Beamter«. Ich hatte gar nichts zu tun, saß nur in einem Büro, mit einem älteren Mann, der für die Bodenreform zuständig war. Wir fuhren gelegentlich aufs Land zu Bauern. Und Bauern kamen mit Beschwerden und Problemen ins Büro. Ich habe immer dabeigesessen und mir das angehört, auch mal was aufgeschrieben.
Das alles wurde später Material für die »Umsiedlerin«.[5] Gelegentlich mußte ich auf den Dachboden, um Akten zu holen. Außerdem lagerten auf dem Boden die Bestände der Stadtbücherei und der Kreisbibliothek. Es gab keine Räume dafür. Da legte ich mir dann immer die Bücher zurecht, die ich abends mitnehmen wollte. Eine Nietzsche-Ausgabe, Bücher von Ernst Jünger. Ich konnte meine Bibliothek weiter vervollständigen; das war meine Haupttätigkeit als Angestellter.
Und ich schrieb in der Zeit im Landratsamt eine Novelle, sie ist verschollen, die Geschichte eines Mannes, der aus dem KZ zurückkommt, seine Familie ist zerstreut, seine Frau hat einen Liebhaber. Und der Mann sucht den, der ihn ins KZ gebracht hat. Ich weiß nicht

mehr, wie es ausging. Ich erinnere mich an ein Bild: eine Hand, die aus einem Grab wächst.

Wie war das genau im Landratsamt?

Ich saß da an einem kleineren Tisch, und der Beamte, der zuständig war, der Abteilungsleiter, saß an seinem Regierungsschreibtisch, und die Bauern standen und trugen ihre Sachen vor. Viel mehr als das, was sie sagten, haben mich die Tonfälle interessiert, die Art, wie sie sprachen. Ich weiß kein konkretes Detail mehr, weil das alles eingegangen ist in den Text von »Umsiedlerin«. Und damit ist es auch aus meinem Gedächtnis gelöscht.
Aber der Vorgang ist interessant: Ich saß dort und machte mir Notizen, aber ohne Interesse für die Sachen, um die es ging. Mit der Beendigung des Textes ist dann jede Erinnerung an die Fakten ausgelöscht. Sicher habe ich damals auch die Inhalte aufgenommen, aber es gibt keine Erinnerung mehr daran. In einer Cino-Übersetzung, ein provençalischer Dichter aus der Troubadour-Zeit, beschreibt Ezra Pound den Vorgang: »Ravens, nights, allurements/And they are not/ Having become the soul of song.«

Diese ganze Zeit war der Grundstock für mindestens zwanzig Jahre meiner Arbeit. Der Fleischermeister aus »Schlacht«[6] stammte aus dieser Zeit. »Schlacht« sowieso, die meisten Szenen, »Traktor«[7] auch. Es sind auch zum großen Teil Sachen, bei denen ich immer neu angesetzt habe, sie zu schreiben. Zum Beispiel die Fleischergeschichte. Da gibt es einen Ansatz, ein Hörspiel daraus zu machen, dann ein paar Prosaversuche, Gedichte verschiedenster Art. Auch mehr oder weniger schlecht. Der Beruf »Fleischer« ist allerdings Literatur; es war ein Bäcker, der sich wegen seiner offenen Kollaboration mit den Nazis im See umgebracht hat.[8] Die Frau hat versucht, ihn zu retten, ohne Erfolg. Es gab viele Suizide damals. Allein in Waren etwa vierhundert Selbstmorde.

Den Mann, der seine Familie nach Hitlers Tod mit Eva Braun getötet hat[9] und dann nicht den Mut hatte, sich selbst umzubringen, habe ich danach gesehen. Er lief mit grauem Gesicht und einem Schäferhund durch die Stadt. Ein Motiv für die Selbstmorde war die Angst vor den Russen, dann die Vergewaltigungen, das waren Racheorgien. Eine Nachbarin zum Beispiel ist in unserm Haus von Russen vergewaltigt worden. Der Mann mußte zusehn. Eine Woche lang wurde vergewaltigt. Ich war da noch in Schwerin. Der Polizeichef von Waren, oder sein Stellvertreter, hat seine ganze Familie versammelt, bevor die Russen einrückten. Seine Familie, das waren zwölf Leute, drei Generationen. Und dann hat er gesagt, wer kein Kuhrt ist – die Familie hieß Kuhrt –, kann gehen. Eine junge Frau mit einem Kind ist gegangen. Die andern hat er erschossen, sich selbst dann auch.

Eine andere Geschichte habe ich unterwegs gehört,

auf dem Weg von Schwerin nach Waren: Da waren drei Freifrauen, drei Generationen, Großmutter, Mutter und Tochter, allein in ihrem Zwanzig-Zimmer-Schloß, und warteten auf die Russen. Die Männer waren tot, zwei in Rußland gefallen, einer war nach dem 20. Juli hingerichtet worden. Vor den Russen kam flüchtende SS vorbei, in Unterhosen, nur noch mit Resten von Uniformen. Einer von ihnen, ein kroatischer SS-Leutnant, ein »Gastarbeiter«, wollte einen Zivilanzug. Die Frauen sagten ja, aber dafür müßte er sie umbringen. Der Kroate hatte keine Waffen mehr. Er hat dann in einem Schuppen eine Axt gefunden. Die drei Frauen verteilten sich auf ihre zwanzig Zimmer, und er hat sie einzeln mit der Axt erschlagen. Dann zog er den Anzug an und ging weiter.
Die Umsiedlertrecks spielten eine große Rolle als Stoff, eine massenhafte Bewegung. Da wohnten auch Leute bei uns, Tage und Wochen, noch bevor ich eingezogen wurde, aus Ostpreußen, aus Polen. Die Geschichte von der Weichselüberquerung bei Eisgang, die im Stück dann vorkommt, ist aus der Zeit.[10] Ich weiß noch, wie sie ankamen. Da war gegenüber von unserm Haus ein Scheunenviertel, und da lagerten sie, bis sie weiterzogen. Es gab die wahnwitzigsten Geschichten darüber, was da alles auf dem Treck passiert war. Zum Beispiel Entscheidungen zwischen dem Schwein und der toten Großmutter. Was nimmt man in die nächste Stadt mit, die tote Großmutter oder das

Schwein? Etwas mußte geopfert werden, beides zugleich war zu schwer.

Welches Verhältnis hast Du heute zu »Umsiedlerin«?

»Die Umsiedlerin« ist mein liebstes Stück. Die Geschichte hat am meisten Stoff; sie ist auch am frischsten. Es ist ja immer so, am Anfang gibt es eine Unschuld in den Texten, die du nicht wiederfindest. Vielleicht kurz vorm Sterben, auf andere Weise.

Wie hast Du die Russen erlebt in Waren?

Als ich nach Waren zurückkam, waren die Vergewaltigungen vorbei, bis auf Einzelfälle. Es gab einen Vorfall mit dem Stellvertreter meines Vaters, einem dicken Mecklenburger. Dem hatte ein Russe die Uhr geklaut, die Armbanduhr, und er hat den Fehler gemacht, es dem Militärkommandanten zu sagen. Es gab regelmäßige Treffen beim Kommandanten, jede Woche einmal, Befehlsempfang für die Funktionäre. Das war mit ungeheuren Trinkereien verbunden, also immer hundert Gramm Wodka, und jeder sagt einen Trinkspruch. Sie kamen auf allen vieren nach Hause. Das war die russische Politik, die deutschen Funktionäre mit Wodka gefügig zu machen. Dieser arme Mensch hatte ein Magengeschwür und konnte nicht saufen. Er ist ein paarmal beinahe erschossen worden, weil er nicht trank. Jedenfalls wurde ihm die Uhr geklaut, und er

hat es dem Kommandanten gesagt. Der Kommandant ließ seine Männer antreten. Er sollte den heraussuchen, der ihm die Uhr geklaut hatte. Er fand ihn auch, zeigte auf ihn, und der Kommandant hat den Soldaten auf der Stelle erschossen.
Einmal wurde ich zum NKWD bestellt, eine Villa an der Müritz, das war gespenstisch. Das Haus lag etwas zurück im Park, und das Tor war kaputt. Am Tor stand ein Posten, der sich aber nicht rührte. Ich ging hinein, der Flur war dunkel, ein langer Flur, und ich stand bis über die Knöchel im Wasser, irgendwo war Licht, ich bin durch das Wasser gewatet, habe die Tür aufgemacht, da saß ein sehr freundlicher Offizier und sagte: »Nehmen Sie Platz, Herr Müller, bitte. Wie geht in Schule? Was machen Schüler in Pause? Was erzählen Schüler in Pause? Brauchen Sie Handschuhe für Boxen? Brauchen Sie? Wir können machen. Was sprechen Kameraden in Pause?« Ich habe ihm erzählt, Kameraden in Pause sprechen über Mädchen. Es hat ihn nicht sehr interessiert, und ich war entlassen.
Es gab da einen Kulturoffizier, einen Juden – die Kulturoffiziere waren meist Juden –, der ab und zu Schüler einlud. Dann gab es Tee und Gebäck, und er sprach über Kultur. Ich lernte ihn kennen, noch bevor die Schule wieder angefangen hatte. Er ging durch die Stadt und sprach gern mit Jungen. Wir standen zu dritt bei uns vor dem Haus. Er kam, stellte sich vor und redete über deutsche Kunst und Literatur, er konnte Heine auswendig. Sein Lieblingssatz war: »Deutsche

Kunst ist eine Traumkunst.« Irgendwann gab es bei ihm eine Abschiedsparty mit Tee und Gebäck, er mußte zurück in die Sowjetunion. Das bedeutete: ins Lager. Wir wunderten uns, daß er weinte. Das mit dem Lager hat er natürlich nicht gesagt, wir wußten es auch nicht. Das haben wir später gehört. Wir haben uns nur gewundert, daß er weint. Deshalb war er für uns nicht Besatzungsmacht. Die Macht weint nicht.

Das Verhältnis zu den Russen war zum Teil mit Angst besetzt, aber für mich weniger, weil ich ja eigentlich zu den Siegern gehörte, obwohl die natürlich auch bedroht waren. Mein Vater hatte einmal ein Problem: eine Liebesaffäre mit einer Dolmetscherin. Sie gestand ihm, daß sie vom NKWD auf ihn angesetzt war. Das gab es immer, diese Beunruhigung.

Ich hatte durch die Funktion meines Vater relativ wenig Kontakt zur Bevölkerung. Die Funktionäre waren isoliert. Es fällt mir ganz schwer, mir vorzustellen, was »normale« Bürger in dieser Zeit über die Lage gedacht oder gesagt haben. Das war eine Glasglocke. Die Leute sprachen mit Funktionären nicht über das, was sie dachten. Das war dann in Sachsen, in Frankenberg, wieder anders. Die Leute in Waren sprachen nicht darüber. Das hat auch mit Mecklenburg zu tun, dort ist man sehr verschlossen. In Mecklenburg gibt es »Spione« an den Wohnungen, draußen am Fenster Spiegel, wie Rückspiegel am Auto, damit man sieht, wer vorbeigeht oder hereinkommt.

Mecklenburg ist das nördlichste Norddeutschland. In

den langen Wintern grauenvolle Selbstmorde. Die Leute erschossen sich mit Schweinebolzen oder hängten sich im Stall auf. Schwarze Schwermut, Schnaps und wenig Phantasie. Bismarck hat über Mecklenburg gesagt: »Mecklenburg ist wie ein alter Mehlsack, wenn man draufschlägt, kommt immer noch etwas heraus.« Die Sachsen sind anders. Sie hatten geheime Volkslieder, zum Beispiel auf die Melodie von »Brüder, zur Sonne, zur Freiheit«: »Brüder, versauft eure Gelder / kauft euern Priem im Konsum / maust euer Holz in die Wälder / und bringt euern Pieck bald um.« In Sachsen gab es eine starke SPD-Tradition.

Hast Du damals schon Theater gesehen?

Das einzige Theater, das ich damals gesehen habe, das erste meines Lebens überhaupt, war eine »Wilhelm Tell«-Aufführung im Gasthaus, wo später die Tanzveranstaltungen stattfanden. Ein »Wilhelm Tell« ohne Pferd. Ich war enttäuscht, weil ich mich auf das Pferd gefreut hatte. Eine Tourneeaufführung. Das nächste Theater, das ich gesehen habe, war »Tristan« in Chemnitz, ich glaube 1947/48, dann eine Laien-Aufführung von »Golden fließt der Stahl« von Karl Grünberg, auf Sächsisch. Das nächste war dann schon in Berlin »Mutter Courage«, dazwischen nichts. Ich selbst habe in der Schule in Frankenberg den »Zerbrochnen Krug« inszeniert. Die Inszenierung war sicher kein Meisterwerk.

Erinnerst Du Dich an Bücher, die Du damals gelesen hast?

Als Kind hatte ich viel Tolstoi gelesen, auch Gorki, und kurz vor der Einberufung, das war der erste wirklich starke Eindruck, Dostojewskis »Raskolnikow« und natürlich Nietzsche. Dann las ich, was gerade erschien, Scholochow zum Beispiel, Majakowski. Serafimowitsch: »Der eiserne Strom«, Fadejew: »Die Neunzehn«, große vergessene Bücher. Zu meiner Beute als Säuberer von Bibliotheken gehörte »Im Banne des Expressionismus« von Soergel, eine Fundgrube. Nach dem Krieg, bis zur Währungsreform, konnte man alle Zeitschriften kriegen, die es in den Besatzungszonen gab, alle Neuerscheinungen. Mein Vater konnte das bezahlen damals, Information war eine Geldfrage. Eine Entdeckung Amerikas war der erste Faulkner, den ich gelesen habe: »Wendemarke«, 1947. Oder Hans Henny Jahnn. Diese Eindrücke waren danach für Jahre zugedeckt mit Brecht.

Rückkehr nach Sachsen, Frankenberg, 1947-51

Weil mein Vater in Frankenberg Bürgermeister wurde, zogen wir wieder nach Sachsen. Dort ging ich weiter auf die Oberschule. Wir hatten einen guten Deutschlehrer, der mich auch mit Literatur versorgte. Er hat mir sogar Geld angeboten für ein Debut als Schriftsteller. Er meinte, ich müßte zuerst eine Novelle schreiben, das wäre der beste Start, und er wäre bereit, mir Geld vorzustrecken, wenn ich eine Novelle schriebe. Er kannte von mir nur Aufsätze. Und damit gab es sogar Ärger. Ein Aufsatzthema war ein Schiller-Spruch: »Immer strebe zum Ganzen, und kannst du selber kein Ganzes werden, als dienendes Glied schließ an ein Ganzes dich an.« Ich hatte gerade Anouilh gelesen. Bei Anouilh stand ein Spruch gegen den Pöbel, der Wurst ißt und Kinder zeugt, wogegen die Elite, die man sich nur mit einem Loch in der Schläfe vorstellen kann usw. Das habe ich in dem Aufsatz zitiert und geschrieben, daß der Satz von Schiller eben doch inzwischen den Geruch der Gaskammern hätte. Das war ein großes Problem für meinen Lehrer. Er sagte, als literarische Leistung müßte er es mit Eins bewerten, als Aufsatz mit Fünf. Er hat sogar mit meinem Vater darüber gesprochen, wie mit mir an der Schule zu verfahren sei, mein Verhältnis zur Schulordnung. Hinzu kam, daß ich immer mit einem roten Halstuch in die Schule kam, meistens zu spät. Außerdem rauchte ich in der Pause. Andrerseits: Ich erinnere mich an einen Text aus »Jubiabá« von Amado, den er uns vorgelesen hat. Der Held war ein Neger auf Montage, der onaniert, weil er allein ist und »seine Hand war die Frau«. Das hat er uns vorgelesen, eine Leistung für einen deutschen Lehrer.

Also angenehme Schülererinnerungen?

Der einzige Alptraum war Mathematik, weil ich da zwei Jahre nichts getan hatte. Keine Hausaufgaben, nichts. Ich habe, glaube ich, noch eine Vier oder eine Drei bekommen. Mathematik hat mich nicht interessiert; die Gegenstände haben mich nicht interessiert, die Methode schon. In Geographie hatte ich Schwierigkeiten, weil ich mit der Tochter des Lehrers geschlafen hatte. Er hat mir beim Abitur die schwierigsten Fragen gestellt.

Woran hast Du Dich als erstes im Schreiben versucht?

Es gab einen Hörspielwettbewerb, und ich hatte ein Stück geschrieben und als Hörspiel eingeschickt. Es spielte in einem volkseigenen Betrieb, im Jahr 1948, und es ging um die Entlarvung eines bösen Buchhalters, der für den Klassenfeind sabotiert, indem er falsche Berechnungen macht. Am Schluß wird er enttarnt und bricht zusammen. Sehr dramatisch. Ich hatte damals gerade Bruckner gelesen. Bei Bruckner gibt es diese Maschinengewehr-Dialoge, flach und schnell. Das konnte man leicht nachmachen. »Die Morgendämmerung löst die Ungeheuer auf«, hieß das Ganze sehr pathetisch. Ich wurde zur Abschlußveranstaltung eingeladen. Preisträger war Kubsch. Er kriegte den Preis für ein Heimkehrerstück, es war eines der ersten Stücke, die nach dem Krieg gespielt wurden. Ich wurde lobend erwähnt als Begabung für Hörspiel. Als ich wieder zu Hause war, kam der Chef des Kulturbunds in Frankenberg zu mir. Er hatte von meinem kleinen Ruhm gehört und fragte mich, ob ich nicht Mitglied des Kulturbunds werden wollte. Ich wollte, da empfahl er mir, einen Schriftstellerlehrgang zu besuchen, der fand 1949 in Radebeul bei Dresden statt, in einem Schloß, das bis 1989 die Landesjugendschule der FDJ war.

Bei diesem Schriftstellerlehrgang traf ich Wolfgang Kohlhaase, Martin Pohl, später Brechtschüler, noch später Häftling in Bautzen. Die Brechtschüler hatten überhaupt ein schwieriges Los. Helmut Hauptmann war dabei, Alfred Klein, ein Germanist, Vogel, später DEFA-Regisseur. Zu den Referenten gehörte Boris Djacenko, er sprach über sozialistischen Realismus. Ich kannte ihn nicht, er kannte mich nicht, er kam in den Saal, sah sich um, trat auf mich zu, gab mir die Hand und fing an zu reden. Wir hatten uns aber nie gesehen. Ein Referent war Hans Mayer. Klaus Gysi ist mir in Erinnerung. Er hielt ein Referat über Realismus, und ein vorlauter junger Teilnehmer fragte ihn, ob die »Mutter Courage« ein realistisches Werk sei. Gysi sagte ohne Zögern nein. Es sei ein Thesenstück, wie könne es da realistisch sein. Damit war er aus der Bredouille. Damals begann schon der Kampf gegen Brecht. Brecht war Formalist, dekadent, ein Abweichler. Hans Mayer fragte: »Wer kennt den Ulysses?« Ich meldete mich, ein paar andere auch. Nun meinte Hans Mayer, es sei erstaunlich, wie die Bildung in den niederen Volksschichten Platz greift.

Dann war da noch Hermlin. Er wurde von einem Teilnehmer nach seiner Meinung über André Gides Buch über seine Reise in die Sowjetunion gefragt. Das galt als antikommunistisch, wohl auch zu Recht. Hermlin sagte dazu nur: »Gide ist ein perverser Mensch. Die Sowjetunion hat ihn eingeladen, und er hat ein verleumderisches Buch geschrieben.« Das wesentliche Ereignis für mich war, daß ich für ein, zwei Tage die Sprache verlor. Ich konnte kein Wort sagen, für zwei Tage war die Stimme weg, vielleicht eine Reaktion auf diesen Lehrgang. Dann die Begegnung mit Mäde, später DEFA-Direktor bis zum Ende der DDR, der in dem Bett über mir schlief, wir hatten Etagenbetten. Mäde hatte Friseur gelernt und war dann zur Arbeit im Oderbruch dienstverpflichtet worden. Dort lief ein großes Neulandprogramm. Da ging es um Dreckschaufeln, und so beschloß er als intelligenter Mensch,

Künstler zu werden. Mäde war völlig eingenommen von Kuba, Kurt Barthel. Von Kuba gab es ein Poem, »Das Gedicht vom Menschen«. Darin heißt es an einer Stelle: »Die Zeit trägt einen roten Stern im Haar, die Logik hinkt, die Dialektik grinst«, und so weiter. Mäde rezitierte das jeden Abend. Das ging mir auf die Nerven, und ich habe Baudelaire zitiert, die Übersetzung von Hausenstein: »Die Fliegen summten auf dem halbverwesten Bauch / aus dem die schwarzen Bataillone schritten / von Larven wie ein Trunk der fließt aus einem Schlauch / entlang den Lebensfetzen.« Das hat den Mäde immer tief empört, Hans-Georg Stengel auch. Er schrieb die Bierzeitung zur Abschiedsfeier, über jeden einen Vers, einen Zweizeiler. Über mich hat er gedichtet: »Ob Sommer, Winter, Herbst, ob Lenz / ein Sinnbild bürgerlicher Dekadenz.« Als ich Mäde wiedertraf, 1957 oder 1958, er war inzwischen Regisseur am Maxim-Gorki-Theater und für die erste Berliner Inszenierung von »Lohndrücker« vorgesehen, sagte er: »Die Fliegen summten auf dem halbverwesten Bauch ...« Er konnte es noch.

Vor dem Stück über den sabotierenden Buchhalter hatte ich schon ein anderes geschrieben, frei nach Sartre, über einen KZ-Kommandanten, der im Jenseits eine Jüdin wiedertrifft, die er im KZ hat umbringen lassen. Und die beiden verlieben sich ineinander. Dann ein Heimkehrerdrama im Stil von Georg Kaiser. Ein Mann kommt aus dem Krieg. Bevor er Soldat wurde, hatte er

eine Kneipe. Nun kommt er zurück, und die Frau treibt es mit dem Kellner, und der Kellner heißt Napoleon. Eine Bruckner-Kopie über die Krankheit der Jugend nach dem Zweiten Weltkrieg. Der Böse zitiert Ernst Jünger, der Gute will den Sozialismus aufbaun, aber der Böse zieht den Guten in den Abgrund.
In meinem ersten Stück überhaupt ging es um ein traumatisches Erlebnis mit einer Schwangerschaft. Ich hatte versucht, in dieser mecklenburgischen Kleinstadt, in Waren, eine Abtreibung zu organisieren. Natürlich war das ein aussichtsloses Unternehmen. Daraufhin habe ich also ein Stück geschrieben über einen jungen Mann, der noch zur Schule geht, und eine Frau ist von ihm schwanger, und damit der Vater nichts erfährt, bringt er den Vater um und seziert ihn im Keller. Das waren große Monologe, wenn der Knabe seinen Vater im Keller seziert.

Wo hast Du Deine Erfahrungen z. B. für dieses Buchhalter-Stück hergehabt?

Vor diesem vom Kulturbund vermittelten Lehrgang habe ich vier Wochen oder länger in Frankenberg in einem Betrieb gearbeitet, um das Milieu für dieses Buchhalter-Stück, »Morgendämmerung«, kennenzulernen. Allerdings gab es keine andere Arbeit als Drehbänke entrosten, was ziemlich mühsam und schwachsinnig war. Da standen lauter verrostete Drehbänke herum, die entrostet werden mußten. Ich habe täglich acht Stunden Rost abgeschabt. Dann fand ein Jubiläum zur Oktober-Revolution statt, und ich mußte vor den mürrischen Werktätigen die Rede halten. Ich habe es sehr deutlich empfunden, daß sie überhaupt nicht interessiert waren. Die standen da herum, haben mich angeglotzt und sich das angehört. Solange ich redete, mußten sie nicht arbeiten. Die Situation war klassisch. Da steht man als junger Kommunist – ich fühlte mich als Kommunist – und langweilt die Leute.

Was heißt das: Als junger Kommunist?

Ich konnte nie sagen, ich bin Kommunist. Es war ein Rollenspiel. Es ging mich im Kern nie etwas an. Ich habe oft gesagt und behauptet, daß ich mich mit dieser Gewalt, mit diesem Terror identifizieren konnte, weil es eine Gegengewalt war, ein Gegenterror gegen den vorigen. Das ist aber vielleicht schon eine Konstruktion. Im Grunde bin ich da unberührt durchgegangen.

Wie kam es zu der anschließenden Arbeit in der Bibliothek?

Nach dem Abitur bestand die Gefahr, daß man zur Wismut zwangsverpflichtet wird. Wer auf zwei Beinen stehen konnte, mußte zur Wismut. Wismut war Uranbergbau, also die Basis für die sowjetische Bombe. Es gab eine Art Musterung. Ich war zwar nicht schachttauglich, aber einsatzfähig für Arbeit außerhalb der

Schächte. Da habe ich mir ganz schnell durch meinen Vater, der Bürgermeister war, einen Posten in der Stadtbücherei besorgt, um der Wismut zu entgehen.

Wußtest Du damals schon etwas über den Stalinismus?

Über den Kommunismus in der SU wußte ich Bescheid, schon durch meinen Vater. 1944 habe ich das erste Buch über Straflager gelesen, über die Gulags, das im Nibelungen-Verlag erschienen war, einem Verlag der NSDAP, mit einem Vorwort von Goebbels, geschrieben von einem ehemaligen Kommunisten oder Sozialdemokraten: »Der verratene Sozialismus«. Der Autor hieß Albrecht.[11] Eine genaue Beschreibung des Systems der Straflager, der GPU. Ich wußte auch Bescheid über Trotzki, die Säuberungen und die Prozesse. Das konnte ich verarbeiten, mich interessierte die Tragödie. In der bürgerlichen Welt gibt es ja nur Trauerspiele. Im Westen interessierte mich das Kino, die Literatur kannte ich sowieso. Nach Westberlin fuhr man nur, um ins Kino zu gehen und Zigaretten zu kaufen.

Hast Du die Vorgänge bei der Zwangsvereinigung von SPD und KPD miterlebt?

Ich war noch in Waren in die SPD eingetreten, noch vor der Zwangsvereinigung mit der KPD. Mein Vater war SPD-Kreisvorsitzender und gegen die Vereinigung. Er sprach auch dagegen in Versammlungen.

Auch Grotewohl war ja ursprünglich dagegen. Es gab da einen Katalog von Bedingungen der SPD, der KPD ging es um die Stimmen. Die SPD hatte mehr Stimmen und war stärker als die KPD, deswegen mußte sie weg. Grotewohl war schon umgefallen, aber die Genossen in der Provinz standen noch zu seinem Bedingungskatalog, der Postweg war lang.
Mein Vater wurde zum NKWD bestellt. Damit fing sein Verhängnis an. Da saß ein sowjetischer Major, der sagte: »Genosse Müller, du gegen Vereinigung?« – »Nein«, antwortete mein Vater, »ich bin nicht gegen Vereinigung, aber ...« Der Major: »Du gegen Vereinigung. Morgen Versammlung, du sprechen für Vereinigung.« Mein Vater: »ich nicht sprechen für Vereinigung.«
Dann kam ein Leutnant mit einer Akte, und der Major zog ein Papier mit einer Aussage vom Chauffeur meines Vaters und seiner Sekretärin heraus und zeigte es meinem Vater. Die hatten ausgesagt, daß er und sein Stellvertreter eine faschistische Widerstandsgruppe gebildet und in einem Keller in der Altstadt Waffen gelagert hätten. Der Major sagte: »Du sprechen für Vereinigung, ich vergessen Papier.« Mein Vater sagte: »Ich sprechen für Vereinigung.« Darauf der Major: »Nix sprechen für Vereinigung, du *feurig* sprechen für Vereinigung.« Da kam die Kunst ins Spiel.

Wie sah Deine politische Arbeit aus?

Nach der Vereinigung von KPD und SPD hatte ich eine Funktion, ich war Literaturobmann. Das heißt, ich sollte Broschüren verkaufen, die keiner kaufen wollte. Meistens habe ich sie selbst gekauft und weggeworfen. Einmal mußte ich ein Referat halten. Damals gab es noch offene Diskussionen in der Partei, und das Thema war: »Gibt es einen roten Imperialismus?« Das wäre zehn Jahre später überhaupt nicht mehr denkbar gewesen, so eine Frage zu formulieren. Aber es war ein offizielles Referatthema. Natürlich mußte man nachweisen, daß es keinen gibt. Immerhin gab es die Fragestellung. Ich weiß nicht, ob mir das so wichtig war, diese SED-Mitgliedschaft, politisches Engagement überhaupt. Nein, so einfach ist das nicht. Natürlich hat es mich beschäftigt, aber es gibt da einen Kern, der von allem unberührt war bei mir. Der war von der Nazizeit unberührt und von der Zeit danach auch. Ich konnte zum Beispiel über den »roten Imperialismus« stundenlang reden. Das war nichts Existentielles. Was dieser Kern war, weiß ich nicht. Wahrscheinlich das Schreiben, ein Bereich von Freiheit und Blindheit gleichzeitig, völlig unberührt von allem Politischen, von allem, was draußen vorging. Meine Sache war die Beschreibung.

Wie sah Deine Arbeit in der Bücherei aus?

Es gab ein Ausleih-Soll an progressiver Literatur. Die Leser waren hauptsächlich alte Damen, die jungen Leute lasen eigentlich nichts. Es gab Prämien fürs Ausleihen. Nicht für mich, aber für den Bibliothekar, einen ehemaligen Lehrer. Er kriegte Prämien, wenn er möglichst viel progressive Literatur auslieh. Bredel, Becher, Scholochow, Gorki. Das wollte aber keiner lesen. Die alten Damen fragten immer nach Ganghofer. Der Bibliothekar hatte einen Giftschrank, da war Ganghofer drin und Rudolf Herzog, der alte Schund. Die alten Damen kriegten dann Ganghofer und Herzog, aber nur, wenn sie auch Marchwitza mitnahmen und Bredel oder Scholochow. Diese Bücher kamen immer ganz sauber zurück, und Ganghofer wurde immer dreckiger. Meine Haupttätigkeit war, Ganghofer zu radieren, um ihn für die nächste Ausleihe wieder instand zu setzen, damit das Soll an progressiver Literaturausleihe bewältigt werden konnte. Nebenbei habe ich gelesen, es gab in Frankenberg eine gute Buchhandlung. Meine Mutter erzählt, daß der Buchhändler für den BND oder für Gehlen gearbeitet hat. Jedenfalls war er gut informiert und besorgte alles neue Interessante. Mein Vater hatte Kontakte zum Ostbüro der SPD. Er war also durchaus straffällig im Sinne der damaligen Gesetze. Einer seiner Freunde aus der SPD war liiert mit der »Kampfgruppe gegen Unmenschlichkeit«, einer Propaganda-Organisation des Westens im Kalten Krieg, die auch Sabotageakte organisiert hat. In Frankenberg tauchten zum Beispiel, genau wie in der Nazizeit, wieder diese kleinen Bücher auf. Damals, unter Hitler, stand Clausewitz oder Schiller auf dem Einband, und der Inhalt waren kommunistische Texte. Noch früher gab es Daumenkinos, mit Hitler-Fotos, fünfzig Hitler-Fotos mit seinen großen Gesten; die habe ich einmal in Bräunsdorf gesehen, dann nie wieder. Solche Mittel gehörten auch zu der riesigen Progagandamaschine, die gegen die SBZ, dann gegen die DDR anlief, zum Beispiel »1984« von George Orwell, in Friedrich Engels' »Ursprung der Familie« eingebunden.

Warum ist Dein Vater nach relativ kurzer Zeit 1951 in den Westen gegangen?

Das ist bei mir ein blinder Fleck. Zum Beispiel habe ich nur wenige der Drangsalierungen, die mein Vater als Bürgermeister durch die Russen erlebt hat, mitbekommen, an die sich meine Mutter sehr gut erinnert. Das hat er mir wahrscheinlich nicht erzählt. Meine Mutter erzählte beispielsweise, daß die Russen meinen Vater vom Fußballspiel abgeholt haben, um ihn zu verhören und zu bedrohen. Ich kann mich da an nichts erinnern. Zudem war das ein Problem, daß ich viel mehr als mein Vater mit dem, was da passierte, zum Beispiel Enteignungen, konform war. Ich fand das in Ordnung. Ich habe mich viel mehr damit identifiziert, als mein Vater das konnte. Er kriegte als Bürgermeister immer Besuch von weinenden Frauen von Kleinunternehmern, auch größeren Unternehmern. Es gab viel Industrie in Frankenberg. Die Unternehmer schickten ihre Frauen zum Weinen zum Bürgermeister.

Ich erinnere mich an seine Antrittsrede. Das war ein großes Volksfest in einem Gasthaus, ich stand in der Menge, und da vorn redete mein Vater als der neue Bürgermeister. Ich hörte aus einer Reihe hinter mir: »Der kann ja Deutsch.« Später wurde mir klar: Das war sein Schwachpunkt, daß er Deutsch konnte und nicht wie ein Gorilla sprach. Das haben die erkannt, den können wir weich kriegen, wenn wir wollen. Kommunisten konnten nicht Deutsch. Das waren Analphabeten, das waren Proleten. Ich erinnere mich – ich weiß nicht, wie oft das war –, daß die Frau eines Zigarrenfabrikanten zu ihm kam. Es ging immer um Enteignung. Die kam immer wieder zu ihm und bat ihn um irgend etwas, und er versuchte, Kompromisse mit den russischen Besatzungsstellen zu finden. Das hat mich aber alles nicht interessiert. Ich war grundsätzlich für jede Enteignung. Ich wäre auch für eine Enteignung des Totengräbers gewesen. Ich hatte eine rachsüchtige, linkssektiererische Einstellung zu dem Ganzen. Und was da so an Dummheiten und Lächerlichkeiten passierte, war mir nicht wichtig. Das wußte man, und es war nicht so wichtig wie die Tatsache, daß da gegen Leute Gewalt ausgeübt wurde, die ich nicht ausstehen konnte, gegen die ich vielleicht auch ein Vorurteil hatte. Das hängt natürlich mit dieser frühkindlichen Demütigung mit dem Freitisch bei dem Unternehmer zusammen. Ich bin überhaupt, glaube ich, ein sehr rachsüchtiger Mensch. Das könnte auch der Grund sein, weswegen mein Vater mit mir über viele Dinge, die ihn quälten, nicht im Detail gesprochen hat. Ich habe mit meinem Vater damals über Dinge jenseits der Politik, über Philosophie und Literatur gesprochen. Zum Beispiel weiß ich nichts über tote Folteropfer im Keller eines von Russen besetzten Gebäudes, die mein Vater als Bürgermeister beseitigen sollte. Mein Bruder erinnert sich daran genau. Da bin ich mir selbst gegenüber etwas mißtrauisch.

Auch die Flucht meiner Eltern ist fast ein blinder Fleck. Nach meiner Erinnerung hat mein Vater mir nicht gesagt, daß er nach Berlin fährt, um wegzubleiben. Das hat mir, glaube ich, erst meine Mutter erzählt, als er schon weg war. Wenn ich versuche, mich an meine damalige »Befindlichkeit« zu erinnern, muß ich sagen, mich hat eigentlich nichts erschüttert. Das war für mich alles als Erfahrung interessant, alles war Erfahrung. Ich kann mich nicht erinnern, daß mich da etwas besonders betroffen gemacht hat. Die Flucht, zuerst meines Vaters, später auch meiner Mutter mit dem Bruder, hat mich auch nicht überrascht. Ich wußte schon, daß es da Probleme gab, nur viel Konkretes wußte ich nicht. Ich wußte zum Beispiel, daß kurz vor der Flucht der Stadtbaurat, der für den Bau eines Kulturhauses verantwortlich war – jeder kleine Ort mußte ein Kulturhaus haben –, offenbar an Zement gespart hatte. Jedenfalls brach die Decke zusammen, es kam bei irgendeiner Veranstaltung der Putz herunter, und dafür war natürlich der Bürgermeister verantwortlich, denn der Architekt war schon im Westen. An diesen Mann habe ich aus einem anderen Grund eine deutliche Erinnerung. Er hatte eine blonde, sehr langbeinige Frau, die ein begehrtes Objekt war, und bei ihm sah ich zum ersten Mal eine Wohnung, wo an der Wand ein lederner Phallus hing.

Mein Vater hatte ein Parteiverfahren, das wußte ich. Der Vorwurf war Titoismus, aber im Hintergrund schwebte ein Prozeß wegen der Sache mit dem Kulturhaus, und das hieß: Wirtschaftsverbrechen. Einer seiner Freunde, den ich von Parties kannte, die in unserer Wohnung stattfanden, weil es die größte Wohnung war – auch ein ehemaliger Sozialdemokrat wie mein Vater –, hatte sich bereits von ihm distanziert. Da war klar, daß das schiefläuft. Nur den Zeitpunkt der Flucht hat mir mein Vater nicht gesagt. Das habe ich dann von meiner Mutter erfahren, als er ein paar Tage fort war. Dann hörten wir, daß mein Vater in Westberlin war, im Krankenhaus, isoliert als Bazillenträger: Typhus. Wahrscheinlich brauchte man Zeit für die Sondierung seiner politischen Biographie. Ich fuhr also dorthin, aber unter anderem, weil ich nach Berlin wollte. Ich wollte weg von Frankenberg, und das war ein guter Anlaß wegzugehen. Ich hatte keine Aufenthaltsgenehmigung, die man für Berlin

brauchte. Zuerst habe ich bei meinem Schulfreund Herbert Richter gewohnt, der ein möbliertes Zimmer am Bahnhof Warschauer Straße hatte. Mein Vater war in einem Krankenhaus in Charlottenburg, wo ich ihn besucht habe, Isolierstation. Wir konnten nur durch Glasscheiben miteinander reden. Ich erinnere mich nur, daß wir uns nicht verständigen konnten und daß er nach der Schwester rief. Zwischen uns waren doppelte Scheiben. Er rief nach der Schwester, sie kam, schüttelte den Kopf und ging wieder. Dann haben wir uns mit Gesten verabschiedet. Von dort ging er, durch Vermittlung eines Werbegrafikers, der auch in Frankenberg gewohnt hatte, nach Reutlingen. Er war nicht als politischer Flüchtling anerkannt worden.
Ich blieb in Ostberlin. Die Flucht meiner Mutter aus Frankenberg habe ich gar nicht mehr mitbekommen. Sie war in der Zwischenzeit, als ich in Berlin war, von Frankenberg nach Bräunsdorf gezogen, in den Geburtsort meines Vaters. Dort lebten seine Verwandten. Sie hat sich da angemeldet, weil sie meinte, es wäre leichter, von dort wegzukommen als von Frankenberg, wo sie bekannt und unter Aufsicht war. Von da aus ist auch sie dann ein paar Monate später weg, mit meinem Bruder. Seit dieser Zeit wußte ich nur noch ungefähr, was sie in Reutlingen machten. Mein Vater arbeitete als Beamter in Tübingen. Ich habe keine Briefe geschrieben, nur in äußersten Fällen. Sie haben sich umgekehrt dauernd Sorgen gemacht, daß ich im Großstadtsumpf untergehe. Gesehen habe ich sie erst

wieder kurz vor 1961, vor dem Mauerbau. Ich fuhr zu Besuch nach Reutlingen. Merkwürdig war, daß mir da zwei fremde Menschen entgegenkamen, ein etwas dick gewordener älterer Herr, der mein Vater gewesen war, aber jetzt plötzlich nichts mehr mit mir zu tun hatte. Das ist die einzige Erinnerung, die Fremdheit. Die Bekannten meiner Eltern in Schwaben nahmen natürlich als selbstverständlich an, daß ich gekommen war, um zu bleiben. Es bedurfte großer Erklärungen, warum ich nicht im Westen bleiben will, die aber meistens mein Vater übernommen hat. Er hat nie versucht, mich zu überreden, dortzubleiben.

Mein Bruder, mittlerweile ein junger Mann, war mir nicht so fremd. Wir hatten früher ein sehr enges, gutes Verhältnis gehabt, und das war nicht gestört. Dieser Besuch war sicher für ihn ein auslösendes Moment, zurück in die DDR zu kommen. Er ist zurückgekommen, um bei mir und meiner Frau Inge in Lehnitz zu wohnen. Wir wollten ihn am Bahnhof Friedrichstraße abholen, und wir fanden ihn nicht. Er war verschwunden. Ich habe eine Stunde den Bahnhof abgesucht und bin dann zurückgefahren. Vier Stunden später stand er vor der Tür und erzählte, er hat sich versteckt, als er den ersten Polizisten sah. Er hatte so viel Schreckliches über die Ostpolizisten in der Schule gehört, daß er in Panik geriet, als er die ersten Uniformen gesehen hat. Er hat sich auf irgendeinem Bahnsteig unter einer Treppe versteckt. Sein Ziel war nicht der Osten, sondern ich. Der Westen war ihm fremd geblieben. Er war ein Flüchtlingskind. Flüchtlinge waren das, was heute Asylanten sind. Außerdem war er Linkshänder, das kam dazu. Er kriegte jedesmal Prügel, wenn er in der Schule irgendwas mit der linken Hand machte, und noch mehr Prügel, weil er auch noch Flüchtling war, ein linkshändiger Flüchtling. Die Übersiedlung war schwierig, weil er noch nicht volljährig war. Man brauchte die Einwilligung der Eltern. Die haben sie dann schließlich gegeben. Es war schwer für ihn, sich in der DDR zurechtzufinden.

Meine Eltern waren zweimal nach dem Bau der Mauer zu Besuch bei mir. Bei diesen Besuchen gab es immer eine kleine Differenz zwischen meinem Vater und meiner Mutter. Mein Vater war skeptischer gegen das, was in der DDR passierte, meine Mutter empfand sich immer als links von ihm. Er war der rechte Sozialdemokrat, und sie war die Linke. Der Grund dafür, daß sie nach dem Tod meines Vaters Anfang der 80er Jahre wieder in die DDR kam, waren die Kinder. Sie hat natürlich ungeheure Assimilationsschwierigkeiten in der DDR gehabt und hat sie eigentlich jetzt noch.

Die Erinnerung fällt Dir nicht leicht.

So etwas entsteht sicher aus einem Überdruck an Erfahrung, Erfahrungen, die so schockhaft sind, daß man sie nicht ohne Störungen verarbeiten kann. Also entwickelt man Verdrängungsapparate. Es ist schon so, nach der ersten Trennung von meinem Vater war er in gewisser Weise für mich ein Untoter, als er aus dem KZ zurückkam.

Wer war dieser Schulfreund Herbert Richter, den Du erwähnt hast?

Herbert Richter war ein Schulfreund aus Frankenberg. Er war sehr an allem interessiert, was mich damals interessierte, Psychonanalyse, alle möglichen Schulen der Psychologie. Er sah ein wenig wie Kafka aus, der gleiche Haaransatz, er hatte auch ein Kafkaproblem mit dem Vater. Sein Vater hatte entdeckt, daß er Angst vor Spinnen hatte, also hat er, um einen Mann aus ihm zu machen, ihn gezwungen, immer, wenn irgendwo eine Spinne zu sehen war, die anzufassen und aus dem Zimmer zu tragen. Mit dieser pädagogischen Maßnahme war sein Schicksal besiegelt. Sein Schicksal war die Psychiatrie. Er war dann ein sehr guter Psychiater, glaube ich. Ich habe jedenfalls oft erlebt, daß er im Umgang mit Patienten – er war sonst sehr scheu, leise und gehemmt – frei und souverän war, ein ganz anderer Mensch.
Nach den ersten Jahren in Berlin gab es eine lange Zeit, in der ich ihn nicht gesehen habe. In Berlin hat er zuerst in der Charité gearbeitet. Da erzählte er mir auch viele Geschichten aus seiner Praxis, die ich zum Teil verwendet habe. Zum Beispiel die Geschichte von

einem Funktionär aus einem Ministerium – natürlich hat er keinen Namen gesagt –, der im Spanischen Bürgerkrieg auf der roten Seite gewesen war. Der kam dann mit seiner Funktion, seinem Amt in der DDR nicht zurecht. Er war als Patient in der Charité und sagte immer wieder: »Gebt mir ein Gewehr und zeigt mir einen Feind.«[12] Danach haben wir uns aus den Augen verloren.

Als später, 1961, die »Umsiedlerin«-Geschichte passierte und ich aus dem Schriftstellerverband ausgeschlossen wurde, habe ich ihn getroffen, das heißt, er wollte mit mir sprechen. Er war sehr verständnisvoll, aber ich merkte doch, daß er plötzlich auf der anderen Seite eines Grabens stand, da war irgendwas passiert. Jahre später hat er Katja Lange-Müller gefragt, sie hatte Nachtdienst in der Psychiatrie in Herzberge: »Ist der Heiner Kommunist?« Das fand ich eine merkwürdige Frage nach unsrer langen Bekanntschaft.

Unsere Trennung war u. a. auch durch eine Sache entstanden, für die ich mich geschämt habe. Ich lebte von Schulden, hatte kein Geld, und für meine Frau Inge war Weihnachten ein heiliges Fest, weil sie das aus ihrer Kindheit so gewöhnt war. Für mich hatte es keine Bedeutung, aber zu Weihnachten mußte es unbedingt eine Gans geben. Und ich habe versucht, Geld aufzutreiben, um eine Gans zu erwerben. Der letzte, der mir einfiel, bei allen anderen scheiterte ich mit meinem Pumpversuch, war Herbert Richter. Der hat mir auch das Geld gegeben, dabei hatte er selbst nicht viel. Ärzte verdienten sehr wenig. Ich sagte nicht, wofür ich es brauchte. Dann trafen wir uns zufällig ein paar Tage später, als wir gerade am Straußberger Platz die Gans gekauft hatten. Danach hat er mich angerufen und mir gesagt, daß er das doch etwas erschreckend fand, er konnte sich keine Gans mehr leisten.

Ein paar Jahre nach seinem späteren Selbstmord hat jetzt eine Illustrierte über Stasiverwicklungen Herbert Richters berichtet.

Ich kann darüber nichts sagen, weil ich darüber nichts weiß. Vielleicht war es schwer für ihn als Psychiater, sich da herauszuhalten, und wenn man davon überzeugt ist, daß der Kommunismus die einzige Möglichkeit ist, die Menschheit zu retten, gibt es nur noch die berühmte Stufenleiter der Argumente. Ich habe neulich eine ZK-Akte von 1961 über Kuba (Kurt Barthel) gelesen. Kuba hatte ein Landwirtschaftsprogramm geschrieben, es gab Auseinandersetzungen, und darüber gibt es dieses Protokoll. Eine brutale Geschichte, wie sie den da fertiggemacht haben. Kurella war der Wortführer. Verblüffend fand ich die Vehemenz, mit der er sich dagegen wehrte, eine Vehemenz, die ich aus Glaubensschwäche nie aufgebracht hätte. Er hatte den Glauben, deswegen verstand er nicht, daß die plötzlich auf ihn schießen. Er hat ohne Erfolg zurückgeschossen, aber er hat es gemacht. Für mich war das nie ein Problem, ungerecht behandelt zu werden. Ich wußte, es gibt keine Gerechtigkeit, weder von der einen noch von der anderen Seite, also konnte ich mich nie wirklich dagegen empören. Herbert Richter war das Gegenteil.

Die ersten Jahre in Berlin, seit 1951

Zum ersten Mal war ich unmittelbar nach Kriegsende in Berlin. Ich fuhr mit einem der ersten Züge von Waren nach Sachsen. Das ging in Teilstrecken. Man fuhr bis Schwerin, von Schwerin über Berlin bis Wittenberg, glaube ich. Mein erstes Bild von Berlin war der Anhalter Bahnhof, 1946. Das alte Gebäude stand noch teilweise. Ich bin bis Berlin auf dem Kohlentender gefahren, zusammen mit einem ehemaligen Lehrer von der Oberschule in Waren, der aus Berlin stammte und auch zum ersten Mal nach dem Krieg wieder dorthin fuhr. Bei diesem Lehrer, hilflos auf dem Kohlentender, hätten wir Französisch gelernt, wenn wir nicht nach zwei Stunden Französisch eingezogen worden wären. Diese beiden Stunden hat er uns mit Erzählungen über den Reitergeist im Ersten Weltkrieg unterhalten. Jetzt mußte ich auf ihn aufpassen, damit er nicht vom Tender fiel. Er hielt mir einen großen Vortrag darüber, daß ich von meiner Physiognomie her ein mathematisches Genie sein müßte. Es ist mir jedenfalls gelungen, ihn auf dem Kohlenhaufen festzuhalten. Ich habe, glaube ich, bei diesem Lehrer in Berlin übernachtet. Die Züge fuhren in sehr großen Abständen, ich war zwei, drei Tage in Wilmersdorf. Dort habe ich sogar einen Schriftsteller kennengelernt: er nannte sich Müller-Osten, eine merkwürdige quallenhafte Gestalt, die auf eine Schreibmaschine einschlug. Müller-Osten an seiner alten Schreibmaschine und der zerbombte Anhalter Bahnhof, das war Berlin. Das zweite Mal fuhr ich wegen eines Lehrgangs nach Berlin, diesmal in Bad Saarow, 1950. Bad Saarow liegt bei Berlin, am Scharmützelsee. Mein zweiter Lehrgang nach dem in Radebeul.

Was waren Deine ersten Kontakte?

Neben dem Schreiben liefen immer meine Bemühungen, irgendwie zu Geld oder zu einer Arbeit zu kommen. Ich wußte, was ich machen wollte, aber das kaufte einem keiner ab. Ich lernte Leute kennen in Redaktionen, zum Beispiel Hanna-Heide K. Sie hatte die schönsten Brüste von Berlin. Jedenfalls in meinem Milieu damals. Ich habe einmal bei ihr im Zimmer im Adlon, in diesem Rest-Adlon, gesessen und ihre Brüste bewundert. Weiter ging es aber nicht. Brecht hatte dort auch ein Zimmer. Nachher gab es nächtelang Gespräche mit ihr. Sie war eine Kitschproduzentin, die Romane schrieb wie »Und suchen Heimat« und auch Gedichte in dieser Art. Zum Beispiel: Ich sitze an der Schreibmaschine / Wofür tippe ich / Für Korea / Ich sitze an der Nähmaschine usw. Meine ersten Großstadteindrücke: Ich war aus Sachsen gewöhnt, wenn man ein Mädchen sieht, quatscht man die an. Das habe ich am Bahnhof Friedrichstraße genauso gemacht. Ich habe eine angequatscht, die mir gefiel, und die sag-

te: »Mein Herr, Sie sind auf dem falschen Dampfer.« Das war für mich Berlin.
Schon von Frankenberg aus habe ich Texte an Berliner Redaktionen und Verlage geschickt. An den »Ulenspiegel«, damals eine der besten Zeitschriften, an die Zeitschrift »Aufbau« und an den Aufbau-Verlag. Gedruckt wurde nichts außer eine Reportage über die Sorben, eine Auftragsarbeit. Ich erinnere mich an eine Randbemerkung von Hermlin zu einem der Gedichte, es war der »Bericht vom Anfang«: Das ist denn doch zu viel Brecht! Das Ausrufungszeichen ist von Hermlin. Ich lernte Dieter Noll kennen, damals Redakteur der Zeitschrift »Aufbau«. Wir haben oft und viel abends getrunken und über Gott und die Welt diskutiert. Er glaubte blind an das Regime, an die Partei. Wenn er genug getrunken hatte, war das Hauptthema allerdings der »Kilometerstein«. Der »Kilometerstein« ist eine Sammlung von Gassenhauern und Wandervogelliedern. Nolls Lieblingslied war: »Auf den Rabenklippen / bleichen Knabenrippen«, und das war eigentlich der Kern der Person, diese Art Literatur. Daraus entstand sein erster Roman: »Die Abenteuer des Werner Holt«, ein Bestseller. Ich hatte später eine größere Auseinandersetzung mit ihm im Zentralrat der FDJ, das war 1951, in der er mich als dekadent und formalistisch entlarvte.

Dann hast Du seit 1951 beim »Sonntag« gearbeitet?

Zum »Sonntag« kam ich über Eduard Zak. Zak war ein interessanter Mann, ein Österreicher, hochgebildet, verschlampt, er hatte Lautréamont übersetzt, den ich dadurch zum ersten Mal, in seiner Übersetzung, gelesen habe. Teile kannte ich schon aus Zeitschriften. Zak wußte gut Bescheid über Surrealismus und Expressionismus. Er war Redakteur beim »Sonntag«, zuständig für Literaturkritik. Das war eigentlich meine Geldquelle. Da habe ich Rezensionen geschrieben. Eigentlich haben sie mir nichts bedeutet, aber natürlich kannst du auf die Dauer sogar so etwas nicht machen, ohne irgendwas dabei zu finden. Also habe ich mich dort zum Präzeptor aufgeschwungen. Das klang dann immer sehr apodiktisch. Starke Verrisse, starke Lobgesänge. Sie haben mich regelrecht eingesetzt. Wenn irgendwas stark verrissen werden sollte, mußte (oder durfte) ich das tun. Zak war ein sehr freundlicher Mensch. Der »Sonntag« war die Wochenzeitung des Kulturbundes und wahrscheinlich die liberalste Ecke damals. Auch unter dem Dach des Aufbau-Verlages. Der Cheflektor war Max Schröder. Er kam aus der amerikanischen Emigration, ein Kettenraucher, der sich systematisch totgeraucht hat. Als einziges Umzugsgut, erzählte sein Chauffeur, habe er zwei riesige Kisten mitgebracht, eine Kiste voll Camel-Kippen, eine Kiste voll Chesterfield-Kippen.

Ich habe Rezensionen geschrieben und mir viele Feinde gemacht. Ich besprach viel Lyrik, Anthologien, und die waren im allgemeinen unerträglich. »Weiße Betten und rote von Liebe brach / Schwellen im Widerklang der jungen Gefühle …« Das war der Gipfel. Die untersten Etagen waren Texte wie: »Ode an Karl Marx«: »Wie Goethe, Shakespeare und Aischylos / erbaut er aus Marmor ein herrliches Schloß / drin Edelstes feiert Triumph.« Das war die offizielle Lyrik damals.

Fuhrst Du viel nach Westberlin?

In den Westen fuhr ich hauptsächlich, um ins Kino zu gehen oder Bücher zu kaufen, wenn ich Geld hatte. Meistens hatte ich kein Geld. Damals habe ich allein gelebt. Meine damalige Frau wohnte im Schwesternheim, sie arbeitete in der Charité als Krankenschwester. Bei mir im Zimmer konnte sie nicht wohnen, das war zu klein. Ich hatte es von einem schwulen Schauspieler übernommen, der wiederum Herbert Richter liebte und der wegen Tbc im Sanatorium war. Er war Kommunist und litt sehr darunter, daß er schwul war, denn es war nicht kommunistisch, schwul zu sein, aber er konnte es nicht ändern.

Was war mit Brecht?

Das erste, was ich von Brecht in Berlin gesehen habe, war die »Mutter Courage«. Das muß ziemlich früh gewesen sein, zwischen 1949 und 1951. Ich hatte, als ich bei dieser Entnazifizierungs-Kommission in Waren war, auch den Soergel mitgehen lassen, Riesenbände. Der letzte Band hat das Motto: »In der Nacht, da der Führer uns zusammenrief.« Das erste Buch war: »Im Banne des Expressionismus«, ein Standardwerk und meine erste Informationsquelle. Dann hatte ich Surrealismus gelesen, amerikanische Literatur, Hemingway, Faulkner, ich kannte das alles, bevor ich Brechts Literatur begegnete. Das erste Stück von Brecht, das ich gelesen habe, war »Courage«. Nach Sartre und Anouilh kam mir das sehr grau und trocken vor. In der Zeitschrift »Dramaturgische Blätter« las ich dann »Die Rundköpfe und die Spitzköpfe«. Das war schon interessanter. Die »Courage«-Aufführung in Berlin war dann noch kein so starker Eindruck. Das hat sich aber ganz schnell geändert, und es gab kein anderes Ziel mehr, als zum Berliner Ensemble zu gehören und da zu arbeiten. Gott sei Dank ging das schief. Das Gott sei Dank ist natürlich eine spätere Erkenntnis. Ich war zweimal bei Brecht, einmal in seinem Haus in Weißensee. Es gab aber kein Gespräch, er hatte keine Zeit oder mußte weg. Daß ich da einfach hingegangen bin, scheint mir heute erstaunlich, aber wenn man so jung ist, ist man frech. Das muß 1951 gewesen sein. Das zweite Mal war ich bei ihm im Berliner Ensemble und habe ihm Gedichte gezeigt. Die blätterte er durch und sagte: »Sehr interessant, und wovon leben Sie?« Ich wußte schon, daß diese Frage kommt, und hatte die Antwort parat: »Ich dachte, daß vielleicht hier beim

Berliner Ensemble eine Möglichkeit wäre zu arbeiten.« Darauf sagte Brecht den verhängnisvollen Satz: »Gehen Sie zur Rülicke.« Also ging ich zu Käthe Rülicke. Das war seine Sekretärin. Sie konnte mich auf Anhieb nicht ausstehen, und ich sie auch nicht. Sie verteilte die Aufgaben. Es gab drei Meisterschülerstellen. Brecht war als Akademiemitglied in zwei Sektionen, Sektion Literatur und Sektion Darstellende Kunst. Er konnte drei Meisterschüler haben, und es gab vier Bewerber. Das Berliner Ensemble war damals eine Insel, eine umkämpfte Insel. So wurden zum Beispiel in Leipzig Studenten des Theaterinstituts relegiert, nur weil sie Aufführungen des Berliner Ensembles besucht hatten. Brecht war der Antichrist. Das Theater hatte er auch nur gekriegt, weil die Russen es befohlen hatten. Er war tief verdächtig. Die Weigel behauptete sogar bis zuletzt, daß einmal ein Zug aus Leipzig entgleist oder jedenfalls angehalten worden sei, weil Studenten eine Aufführung des Berliner Ensembles besuchen wollten. Das war Gift. Die anderen drei Meisterschülerbewerber waren Martin Pohl, Horst Bienek und Heinz Kahlau. Ich kriegte von der Rülicke die Aufgabe, die Fabel von »Das Glockenspiel des Kreml« aufzuschreiben. Ein unsägliches Meisterwerk, in dem beschrieben wird, wie Lenin einem Uhrmacher den Auftrag gibt, das Glockenspiel des Kreml auf die »Internationale« umzustellen. Am Schluß ist es dem Uhrmacher gelungen, und man hört die »Internationale«. Stalin tritt darin auch auf. Der Hintergrund war ein

Spielplanprojekt. Brecht mußte ab und zu – kleine Geschenke erhalten die Freundschaft – etwas für die Funktionäre machen. »Das Glockenspiel« war so ein Projekt. Ernst Busch hatte sich bereitgefunden, es zu inszenieren. Ernst Kahler spielte Stalin. Ich war unfähig, eine Fabel aufzuschreiben, und damit fiel ich durch. Ich wußte es schon, ehe es mir offiziell gesagt wurde. Ich hatte Heinz Kahlau auf der Straße getroffen und ihn gefragt: »Was machst du?« Und er sagte: »Ich rationalisiere den Lear.« Da war mir klar, der hat gewonnen. Die beiden anderen wurden auch genommen. Ich habe dann ein Stück geschrieben und dem Berliner Ensemble eingereicht. Im Restaurant des Deutschen Theaters, in dem sie damals noch spielten, gab es ein Gespräch mit Palitzsch, Monk und, ich glaube, Hubalek über dieses Stück. Sie sagten, daß am Berliner Ensemble natürlich nur die Besten Platz hätten, wozu ich leider nicht gehörte.

Das Stück war auf eine merkwürdige Weise entstanden: Damals gab es ein Amt für Literatur, die Zensurbehörde vor dem Ministerium für Kultur. Auf diesem Amt hatte irgendein Manuskript von mir herumgelegen, wahrscheinlich ein Text, den ich für den Kurzgeschichtenwettbewerb des Zentralrates der FDJ geschrieben hatte. Das war 1951. Der Leiter dieses Amtes für Literatur war ein Mann namens Vilmoš Korn, Mitglied der Nationaldemokratischen Partei. Er kam aus der Strasser-Fraktion der NSDAP. Ich weiß

nicht, was er für eine Biographie hatte, jedenfalls steckte er voller interessanter Geschichten, Anekdoten und Informationen über die Nazizeit. Der hatte dieses Manuskript wohl gelesen. Es ging nicht um Publikation, das war gar nicht denkbar. Aber er hatte da eine ausbeutbare Begabung entdeckt und schlug mir vor, mit ihm zusammen ein Stück zu schreiben, ein proletarisches Fest- und Weihespiel mit Arbeiterchören und Tanzgruppen zur Eröffnung der Werner-Seelenbinder-Halle. Werner Seelenbinder war ein Ringer, Kommunist, der bei den Olympischen Spielen 1936 den Hitlergruß verweigert hatte. An Korns Vorschlag interessierte mich das Geld, das er in Aussicht stellte. Und seine Geschichten haben mich interessiert. Zum Beispiel die von Himmlers Sonderkommission, die in den letzten Kriegsjahren die Zuchthäuser bereiste und zum Tode verurteilte Kommunisten – es waren meist Kommunisten, die den rassischen Vorschriften entsprachen, blauäugig, breitschultrig – für eine Sondereinheit der SS anwarb. Ein paar haben sich gemeldet, so daß einige der zum Tode verurteilten Kommunisten später von den Russen als SS-Leute liquidiert worden sind. Korn kannte einen, der das alles überlebt hat. Von dem wußte er auch, wie das ablief: eine Kurzausbildung in Prag, vierzehn Tage, und dann statt zur Hinrichtung an die Front nach Rußland – eine Art Ehrenstrafkompanie. Das letzte Kommando nach dem Ausbildungskurs war: »Jetzt geht euch ausficken.«
Über das Weihespiel haben wir uns nicht einigen kön-

nen. Aber da ich so lange meine Zeit vertan hatte mit einem Stoff, der mich von mir aus auch nie interessiert hätte, wollte ich das nicht umsonst gemacht haben. Ein Sportler als Held eines Stückes ist von vornherein fragwürdig, mit einem Boxer geht es vielleicht gerade noch. Wahrscheinlich, weil das mehr mit Kommerz zu tun hat, und in den USA auch mit der Mafia. Brecht hat zwar kein Boxer-Stück geschrieben, aber ein gutes Gedicht über Boxer. Ich schrieb das Stück nach dem Modell der »Mutter« von Brecht. Deshalb spielte auch die Mutter von Seelenbinder eine große Rolle. Es war eine Brecht-Kopie. Brecht konnte man ja leicht nachmachen. Das Manuskript habe ich erst vor einem Jahr aus dem Brecht-Archiv wiederbekommen. Ich hatte davon durch eine amerikanische Germanistin gehört, die es dort entdeckt hatte. Sonst hätte ich das nie erfahren. Das einzig Interessante in dem Text sind drei Zwischenspiele, in Blankversen.[13] Um dieses Stück ging es bei dem Gespräch.

Was hat Dich damals als 22jähriger an Brecht interessiert?

An Brecht hat mich damals eine Seite interessiert, die sich zum Beispiel im Vorspiel zu »Antigone« zeigt. Diese Seite Brechts ist ganz prägend für mich. Die fängt bei »Fatzer« an, man erkennt sie auch in dem Gedicht, »Falladah, da du hangest«. Dann kommt dieser Ton in dem »Aufbaulied« wieder: »Keiner plagt sich gerne, doch wir wissen / Grau ist's immer, wenn ein Morgen naht«. Oder die Anti-Hitler-Texte. Hitler war ja Brechts Traumfeind. Also eigentlich der gotische Brecht. Nicht der klassische Brecht, eher schon der chinesische. Dieses »Antigone«-Vorspiel ist in Knittelversen geschrieben. Und da ist der Brecht am besten, also, wenn er deutsch wird. Er ist auch am besten, wenn er böse ist. Die berühmte Freundlichkeit ist Programmusik.

Wie sah Dein Leben damals in Berlin aus?

Nomadisch. Das Hauptproblem war, daß ich keine Einnahmen hatte, auch keine Wohnung, keine Aufenthaltsgenehmigung für Berlin. Um eine Aufenthalts- oder Zuzugsgenehmigung zu kriegen, brauchte man eine Arbeit in Berlin. Um eine Arbeit zu kriegen, brauchte man eine Aufenthaltsgenehmigung. Das war so der übliche bürokratische Teufelskreis. Das möblierte Zimmer von Herbert Richter, wo ich zuerst unterkam, war sehr klein, das ging auf die Dauer nicht, es gab auch Krach mit der Wirtin. Interessant war die Gegend, in der er wohnte, Warschauer Brücke, Warschauer Straße, Ostkreuz. Es gab dort damals eine legendäre Figur, Gladow von der Gladow-Bande. Über ihn wurde in den Kneipen viel geredet. Das war ein Dauergesprächsthema der Gegend, weil hier die Bande ihre Hauptaktivitäten entfaltete, auch die letzte große Schlacht mit der Polizei fand hier statt. An Gladow ist das erste Todesurteil der DDR vollstreckt worden;

Gladow war neunzehn, soviel ich weiß. Eine ziemlich brutale Geschichte. Es gab später ein Buch von Erich Loest, ein dickes Buch, mit dem drolligen Titel »Die Westmark fällt weiter«, das sehr gutes Material über Gladow enthält. Nur wegen des Titels, glaube ich, traut sich heute keiner mehr, es auf den Ladentisch zu legen. Jedenfalls hatten sie für die Hinrichtung keine qualifizierten Henker mehr, und so haben sie dem Gladow erst mal mit dem Fallbeil die Schulter zerhackt. Unter normalen Umständen oder im Mittelalter hätte das eine Begnadigung zur Folge gehabt, jedenfalls die Aussetzung der Hinrichtung. Aber die religiösen Aspekte waren längst vergessen, und es mußte ein Exempel statuiert werden. Das war ein unideologisches Vorspiel zu späteren Ereignissen, bei denen der Staat glaubte, sich stark zeigen zu müssen, damit das nicht Schule macht, damit das nicht Platz greift, weil der Kampf gegen die Polizei natürlich populär war, da die Polizei mit der Besatzungsmacht identifiziert wurde. Deshalb war es ein Politikum, obwohl die Gladow-Gruppe kein politisches Programm hatte, überhaupt nicht, sie arbeiteten einfach nach amerikanischen Modellen.

Die beste Informationsquelle über die Lage in Deutschland waren für mich immer die Kneipen. Du lernst eine Stadt von innen kennen und nicht touristisch. Kneipe ist das Gegenteil von Tourismus. Jedenfalls die Kneipen im Prenzlauer Berg, im Friedrichshain und in Lichtenberg.

Es gehörte auch zur Politik in der DDR, diese Milieus

auszurotten. Diese Kneipen sind nach und nach planiert und zu Cafés gemacht worden, kontrollierbar, nicht mehr proletarisch. Das proletarische Berlin ist durch die großen Baumaßnahmen der SED beseitigt worden. Es war der Versuch, das wilhelminische Berlin wiederherzustellen, aber in Plastik. Das war ein Lieblingsprojekt von Honecker, ich weiß nicht, von wem noch. Ein Beispiel ist das Nikolaiviertel und das ganze Stadtzentrum. Es lief alles darauf hinaus, die Zeit von 1933 bis 1945 zu verdrängen. Das durfte es nicht gegeben haben, nur das alte Berlin, das davor. Und damit wurde auch das proletarische Milieu liquidiert. Das Proletariat und die Jugend waren die Hauptfeinde.

Ich bin damals zwangsläufig viel in Kneipen gegangen. Ich hatte höchstens eine Couch zum Übernachten, nicht mehr, und war sehr auf Kneipen angewiesen. Man konnte auch in der Mitropa übernachten. Das war damals noch relativ einfach. Die Mitropa am Bahnhof Friedrichstraße war durchgehend offen. Man ging dahin, mußte Geld haben für ein Bier, eine Schrippe konnte man sich mitbringen. Dann konnte man nach dem Bier oder während des Bieres schlafen, Kopf auf dem Tisch. Um zwei Uhr war Schichtschluß, und um vier kam erst die neue Schicht, erst die Ablösung zog einem den Stuhl unter dem Arsch weg. Dann wachte man auf und mußte Geld haben für noch ein Bier, und dann konnte man weiter dasitzen und wieder schlafen. Das war sehr wichtig für mich. Man lernt

ja in Kneipen ungeheuer viele Leute ganz anders kennen. Das war der Bauch von Berlin. Später ging ich oft ins Café Nord. Das war die Hauptzeit der Stoffsammlung. Café Nord war eine Nachtkneipe, ein Tanzschuppen, Ecke Schönhauser/Wiechertstraße, die ganze Nacht offen. Die gibt es auch noch, aber inzwischen ist sie aufgemotzt, Discothek mit Türsteher. Das war wirklich eine gute Zeit, viel Arbeitsmaterial. Die Gestrandeten tauchten in diesen Lokalen auf. Zum Beispiel hörte ich dort die Geschichte von dem Stalingrad-Kämpfer, die ziemlich wörtlich in »Germania« steht.[14] Ich habe nichts dazuerfunden. Der Stalingrad-Kämpfer kam besoffen herein, der Wirt gab ihm nichts mehr, und er setzte sich zu mir. Ich habe dann etwas bestellt, und er fing an, diese Geschichte zu erzählen. Auch die mit dem Staatssekretär, den er später in der DDR wiedergetroffen hatte, ist von ihm. Der Staatssekretär hatte bei ihm in Stalingrad gedient und konnte immer noch robben. Wörtlich: »Kannst du noch robben, Willy, altes Schwein?« So was kann man nicht erfinden, oder ich hätte es nicht erfinden können.
Die Geschichte von dem Schädelverkäufer[15] stammt nicht aus dem Café Nord. Das erzählte mir jemand anderes, ich weiß nicht mehr, wer. Damals wurde eine Straße gebaut, eine Fernverkehrsstraße Berlin-Rostock, dafür mußten unter anderem Friedhöfe geräumt werden. Das machte der Tiefbau, und das war die Arbeit, die da beschrieben ist. Mit viel Schnaps im Bauch mußten sie Friedhöfe planieren, ab und zu

auch Tote »umbetten«. Der Schädelverkäufer ist eine Erfindung. Aber natürlich haben die Tiefbauarbeiter mit Schädeln gehandelt. Es gab Abnehmer dafür, Medizinstudenten, die einen Schädel in der Wohnung haben wollten, um sich für das Studium zu motivieren. Auch mit Skeletten wurde Geld gemacht. Merkwürdig war, wie das mit meiner Lektüre zusammenging, zum Beispiel das Motiv der Polizeistunde am Schluß von »Waste Land« von T. S. Eliot: »Hurry up please, it's time«. Bei Eliot ist das religiös fundiert: der Aufruf zum Jüngsten Gericht. Der graue Morgen, wenn die Kneipen schließen. Die Kneipen sind die Paradiese, aus denen man die Zeit vertreiben kann. Und wenn man nach Hause geht, bricht das Jüngste Gericht an. Das konnte ich in »Germania« auch politisch verwenden: die Unterbrechung des Vergil-Zitats über das goldene Zeitalter durch den Wirt, der die Polizeistunde ausruft.

Welche Erinnerungen hast Du an Deinen Zweiten Schriftstellerlehrgang in Bad Saarow bei Berlin?

Die Veranstalter waren der Kulturbund und der Schriftstellerverband. Zuerst einmal bedeutete dieser Lehrgang in Bad Saarow vier Wochen gute Verpflegung, der Rest war sekundär.
Ich weiß nicht mehr, wie ich dahingeraten bin. Wie in Radebeul gab es wieder Vorträge von Prominenten, Klaus Gysi, gehörte dazu, Stephan Hermlin, Johannes

R. Becher. Ich erinnere mich, wir fragten den Becher, ob man von Brecht lernen könnte. Das war lange, bevor ich mit dem Berliner Ensemble Kontakt hatte. Becher sagte: »Nein, auf keinen Fall. Brecht ist ein großer Dramatiker, ein bedeutender Dichter, aber das ist ein Endpunkt, da geht nichts weiter.« Das war ganz wichtig für ihn und auch für die DDR-Kulturpolitik, daß von da nichts ausgehen durfte. Klaus Gysi war immer der Wendigste. In Bad Saarow fragte ihn jemand nach seiner Meinung über Bechers Text der Nationalhymne. Das war auch eine gefährliche Frage, denn natürlich ist das ein Idiotentext, wie die meisten Nationalhymnen. Gysi sagte: »Was wollt ihr? Wenn Becher sie nicht geschrieben hätte, hätte Koplowitz sie geschrieben.« Jan Koplowitz war ein etwas unbedarfter böhmischer Halbproletarier, der Reportagen und schlechte Gedichte über den Produktionsausstoß schrieb. Das war schon sehr zynisch von Gysi, weil der Koplowitz zur offiziellen Literatur gehörte. Brecht hat auch einen Text zur Nationalhymne geschrieben. Aber der ist durchgefallen, »Kinderhymne«. Brechts Text war einfach zu vernünftig. Das kann man schon verstehen. Den Koplowitz habe ich in der Masurenallee beim Rundfunk kennengelernt. Der Zonenrundfunk war noch in der Masurenallee, und Koplowitz arbeitete dort. Er hat versucht, mir zu helfen, etwas unterzubringen. Er war sehr solidarisch. Ich habe nur eine vage Erinnerung an ein Büro in der Masurenallee, in dem Koplowitz saß und versuchte, mich zu irgendwas zu überreden. Ich habe ihn auch zu Hause besucht. Er hatte eine schöne, exotisch aussehende Frau.

Wer nahm an dem Lehrgang damals teil?

Leute wie Erich Loest, Günter Kunert, Horst Bienek, Martin Pohl. Eine geschlossene Gruppe waren die Thüringer, die standen auf den Zinnen der Partei. Armin Müller, Walter Stranka, Günther Deicke, Harry Thürk. Wir, Kunert, Bienek und Loest, waren eher der dekadente Gegenpulk. Einige von den Thüringern waren schon in Radebeul dabeigewesen, wie Stranka. Stranka hatte inzwischen eine Entwicklung durchgemacht. In Radebeul gab es ein Gedicht von ihm, das enthielt die Zeile: »Und Schlange Wollust züngelt aus Zisternen«. In Bad Saarow war er dann schon auf dem Niveau, mit dem er prominent wurde: »Wer ist überall der erste / das ist Fritz der Traktorist.«

Erinnerst Du Dich genauer an diese Veranstaltung?

Vor allem, daß sich ein Drama ereignete. In Bad Saarow waren auch zwei Frauen dabei. Ich erinnere mich an die jüngere, die ansehnlichere. Die ganze Aufmerksamkeit konzentrierte sich auf sie. Später stellte sich heraus, sie war schwanger, aber von keinem Lehrgangsteilnehmer, sondern von einem prominenten Schriftsteller und Funktionär, der sie da auf diesen Lehrgang plaziert hatte. Mit der hatte dort als erster, glaube ich, Erich Loest ein Verhältnis, dann Kunert, dann Manfred Künne, ein Autor aus Leipzig, der einen Roman über den Kautschuk geschrieben hatte, und dann wurde Künne abgelöst von einem Mitglied der Thüringer Gruppe, einem parteilichen Lyriker. Der hatte moralische Werte, die er hochhielt. Loest, Kunert und Künne haben dann eine »Feme« gegründet und mit der Frau ausgemacht, daß sie über jeden Beischlaf mit Thüringern detailliert zu berichten hätte. Sie hat das wohl dann auch getan. Das war pubertär, was eben bei einer Kasernierung so entsteht. Die Frau hat dann wiederum den Feme-Beschluß dem Thüringer erzählt, mit dem sie gerade zu tun hatte. Die Thüringer haben das dann öffentlich gemacht und im Namen der kommunistischen Moral einen Prozeß verlangt. Zu diesem Prozeß reisten hohe Menschen aus Berlin an. Das war für mich eine ungeheure Parodie auf die Schauprozesse. Die drei Schuldigen, Loest, Kunert, Künne, hatten die Aufgabe, sich vor versammelter Mannschaft in Anwesenheit von höheren Funktionären aus Berlin zu rechtfertigen. Ich fragte einen aus dem Ministerium für Kultur: »Was soll der Quatsch?« Und er zu mir: »Weißt du, Heiner, wir, die wir aus der Bourgeoisie kommen, wir müssen besonders dienen.« Ich erinnere mich, die Feme-Leute sollten – ganz im sowjetischen Stil – durch Aufarbeitung und Erzählung ihrer Biographie herausfinden, wo diese Fehlentwicklung bei ihnen eingesetzt hatte. Also die sowjetische Form der Psychoanalyse. Es war gespenstisch. Die drei saßen da mit gesenkten Köpfen. Kunert, das hat mich erschüttert, sprach ganz leise, mit einer fast zerbrochenen Stimme erzählte er sein Leben. Loest etwas robuster, Künne war eher ein Routinier. Zwei Funktionäre in der ersten Reihe überwachten den Vorgang der Selbstkritik. Es gibt eine Riesenakte über diesen Lehrgang. Kunert hat uns dann gerettet. In dem Haus nebenan gab es einen Lehrgang für HO-Verkäuferinnen, mit sehr vielen ganz gut aussehenden jüngeren Damen, und Kunert hat sich mit der Lehrgangsleiterin ganz konventionell verlobt. Dadurch stimmte die Moral wieder. Sie war die unansehnlichste, ein dikker Kommandotyp, aber vielleicht mochte er sie wirklich. Jedenfalls war er mit ihr verlobt, dadurch hatten wir freien Zugang zu diesem Lehrgang und dort fanden festliche Abende statt. Das letzte war dann, daß wir nach so einem alkoholischen Abend bei den HO-Verkäuferinnen den Keller geplündert haben; es gab dort Riesenvorräte an Wurst und Schinken.

Der Lehrgang bestand hauptsächlich aus Vorträgen. Auffällig war die Verwendung des Wortes »dekadent«. Kunert, Loest und ich, wir waren dekadent. Bienek war auch dekadent. Dekadent war eine moralische Kategorie. Dekadent war alles, was nicht auf die Linie paßte oder auf der Linie lag. Ein Mecklenburger Dramatiker, dumm, aber freundlich, sagte zu mir: »Du, ich war auch schon mal dekadent. Aber ein sowjetischer Offizier hat mich umgespult.« Es interessierte mich sehr, wie der ihn umgespult hat, aber darüber war lei-

der keine Auskunft zu bekommen. Dann gab es einen, der sah aus, wie man sich den jungen Professor Unrat vorstellt. Der hatte einen Vorrat an Wirtinnenversen. Sein Lieblingsvers: »Frau Wirtin hatt' auch einen Inder / der trieb es nur mit kleine Kinder / doch noch im ärgsten Lustgekeuche / behielt er seinen Turban auf / So streng sind dort die Bräuche.« Das war sein Lieblingsgedicht, er rezitierte es bei jeder Gelegenheit. Aber was er veröffentlichte, war nicht dekadent. Er veröffentlichte viel, denn er war ein berühmter Lyriker, Radio Moskau sendete seine Lyrik gelegentlich in deutschsprachigen Sendungen. Ein Gedicht von ihm, das nur in Verbindung zu den Wirtinnenversen interessant ist, war die erwähnte »Ode an Karl Marx«. »Wie Goethe, Shakespeare und Aischylos / erbaut er aus Marmor ein herrliches Schloß ...« Interessant ist die Spannweite. Er hieß Walter Forberg.
Nur in diesem Zusammenhang ist auch die Geschichte mit der schwangeren Lehrgangsteilnehmerin – schwanger von einem prominenten Schriftsteller und Funktionär – interessant. Das war zu der Zeit ein extremer Sprengstoff. Über so was konnte man in der Partei stürzen, wie im amerikanischen Wahlkampf. »Feindarbeit kann ja mal vorkommen, aber moralisch ...« hieß es im Parteijargon. Das ist klassisch beschrieben in der Erzählung »Der Polyp« von Gladkow, in der sich ein Karrierist durchschlängelt bis an die Spitze und die ehrlichen, also naiven Kommunisten an den Rand des Selbstmords treibt. Den kriegen sie dann nur, weil er

seine Sekretärin vergewaltigt, anders ist ihm nicht beizukommen. Das war später auch ein Punkt in dem Krieg um die »Umsiedlerin«. Da ist eine Textstelle drin, wo der Parteisekretär Flint seine Träume erzählt: »Einen Papst hats gegeben sogar, ders erlaubt hat. Jeder mit jeder von Mai bis August.«[16] Das wurde von Alfred Kurella, wie mir jemand erzählt hat, als eine Anspielung auf bestimmte Rituale in Parteiinternaten aufgefaßt, in denen man sich Signale mit Schuhen vor den Türen gab, wer gerade wieder mit wem in einem Bett lag. Allerdings war das ein Ritual aus der Frühgeschichte der Partei. Nach der Machtübernahme in der DDR konnte man keinen Schuh mehr vor die Tür stellen, das Leben fand zwischen vier Wänden statt. In einem System, das auf der Verwaltung des Mangels beruht, wo Macht nicht durch Geld definiert ist, bedeutet Macht das Gegenteil von Freiheit. Die ersten Gefangenen des Systems sind die Führer, die herrschende Schicht ist die unterdrückte.
Kurella hatte eine Sängerin von einem westdeutschen Frauenchor geschwängert, die auf dem Wartburg-Fest in Eisenach aufgetreten war. Die fragte dann in einem Brief ans Politbüro nach Alimenten. Ich möchte da nicht in der Haut von Kurella gesteckt haben.

Dein Geld hast Du mit Journalismus verdient?

Ja, meine journalistischen Aktivitäten in den frühen Berliner Jahren liefen alle über die Bekanntschaft mit

Eduard Zak, dem Redakteur beim »Sonntag«-Feuilleton. Zak war der Mann von Annemarie Auer. Annemarie Auer war Sekretärin der Sektion Literatur der Akademie. Irgendwer hatte mir gesagt: »Wenn du am Theater unterkommen willst« – was ich immer wollte –, »dann rede doch mal mit der.« Ich bin zu ihr gegangen, und sie fragte: »Was wollen Sie? Dramaturgie oder Regie?« Da war kein Gespräch mehr möglich. Mich interessierte natürlich nicht diese Spezialisierung, diese Arbeitsteilung, sondern das Theater als ganzer Organismus. Das war ja die Qualität beim Berliner Ensemble, daß es diese Arbeitsteilung nicht gab. Die Regisseure machten Dramaturgie und spielten auch. Der »Sonntag« saß im Haus des Aufbau-Verlags, der auch dauernd Lohnschreiber für Klappentexte brauchte. Das wurde relativ gut bezahlt. Das Problem war nur, daß es mir ungeheuer schwerfiel, weil ich eigentlich ganz was anderes machen wollte. Dieses Geldverdienen fraß eigentlich die ganze Zeit auf. Ich brauchte unverhältnismäßig lange für so einen Klappentext oder die Rezension eines Buches, das mich nicht interessierte. Es war ein völlig unangemessenes Verhältnis zwischen Aufwand und Anlässen. Die ganze Energie, die ich eigentlich für ein Drama hätte verwenden wollen, ging in die Rezension von schlechten Büchern. So viele gute Bücher gab es nicht, und das führte zu diesem aggressiven Ton in meinen Rezensionen und machmal auch zu Arroganz. Es gab Leute, die das lange vor mir begriffen haben und mich dann instrumentalisieren, also für ihre Interessen einsetzen konnten. Die Redaktionsleitung des »Sonntag« bestand aus Heinz Zöger und Gustav Just; es gab einen Dritten, den habe ich vergessen. Ich wurde also in bestimmten kulturpolitischen Zusammenhängen als taktische Bombe eingesetzt. Die Redaktion war keine Widerstandsgruppe innerhalb der Partei, das wäre wirklich zuviel gesagt. Das hat sich erst später herauskristallisiert, im Zusammenhang mit Janka und Harich. Da kam dann heraus, daß die was gewollt hatten. Das war aber in der Redaktion selbst nicht zu merken. Ich glaube, die Redaktion war sehr abhängig von Becher. Becher war der Papst. Einmal kriegte ich von Zak den Auftrag, ein Buch von Käthe Miethe, »Das Fischland«, zu besprechen. Käthe Miethe war eine ältere Dame, Heimatschriftstellerin, die Königin von Ahrenshoop. Ahrenshoop war das Domizil des Kulturbundes, ein Künstlerkurort mit FKK-Strand. Auch Becher hatte da seine Reeddachbude und wollte Ahrenshoop regieren. Aber Käthe Miethe war die große alte Dame von Ahrenshoop. Gerade in Mecklenburg halten sich viele alte Strukturen lange, bis heute. Ich wußte nichts von diesem Hintergrund. Ich habe nur das Buch gelesen, und das war für mich Blut-und-Boden-Literatur. Ich habe einen wüsten Verriß fabriziert[17] und mich dann nur gewundert über die empörten Leserbriefe aus Ahrenshoop. Sehr viel später erst habe ich erfahren, was dahintersteckte, und zwar durch einen anderen Auftrag. Ich bekam den Auftrag,

Ehm Welk zu porträtieren. Der wohnte in Bad Doberan. Wir fuhren da hoch, meine zweite Frau Inge und ich, und ich merkte, daß der sehr reserviert war, sehr kühl. Welk sollte den Nationalpreis kriegen, und das Porträt war gedacht als eine Art Reklame. Wir haben dann versucht, uns zu unterhalten, und ich merkte, daß er nicht mit mir reden wollte. Da habe ich ihn gefragt, was los sei. Dann erzählte er die Geschichte von Käthe Miethe. Käthe Miethe war eine alte Freundin von ihm gewesen; sie war inzwischen auf ihrem letzten Gang zum Wodka gestorben. Sie war eine große Trinkerin, das gehört zu Mecklenburg. Welk hatte sich sehr empört über meinen Artikel im »Sonntag«. Er hat sich bei Willi Bredel in Schwerin erkundigt, wer dieser Müller wäre, und Bredel hat sich in Berlin erkundigt und die Auskunft gegeben: »eine Kreatur von Becher«. Ich habe Becher nie gesehen, außer einmal in Bad Saarow als Vortragenden. Der Verriß für Käthe Miethe war also ein Auftrag von Becher ...
»Der Sonntag« war damals die einzige Zeitung, in der es lebendige Debatten gab. Hier versuchte man, Kulturpolitik zu machen, sie zu beeinflussen und nicht nur zu repräsentieren.

Es gab Konflikte zwischen Dir und der Redaktion?

Es gab zwei Krisen in meinem Verhältnis zum »Sonntag«. Einmal hatte ich über Pablo Nerudas »Der Große Gesang« geschrieben. Bei der Gelegenheit lernte ich übrigens den Neruda-Übersetzer Erich Ahrendt kennen, der ein großartiger Mensch war, ein Kind unter Wölfen, mit einer tiefen, ansteckenden Liebe zu bildender Kunst aller Zonen und Zeiten. Ich hatte in den Text über Neruda ein Brecht-Zitat plaziert, über das Verhältnis von rationalen und emotionalen Aspekten oder Energien in Texten. Seine These war, daß, wenn die rationalen Aspekte stimmen, auch die emotionalen wirkungsstärker sind. Ob das stimmt, ist eine andere Frage. Ich habe dazu geschrieben, daß man die Richtigkeit dieser These an den Stärken und Schwächen der Lyrik Johannes R. Bechers ablesen könne. Das schrieb ich damals in aller Unschuld. Am nächsten Morgen, nachdem das gedruckt war, kam ich in die Redaktion. Keiner sah mich an, alle gingen an mir vorbei, keiner grüßte mich, nur eine alte mütterliche Sekretärin flüsterte: »Herr Müller, kommen Sie doch mal rein«, und holte mich in ihr Zimmer. »Etwas ganz Schreckliches ist passiert, der Chef hat angerufen. Er hat getobt. Er will mit Ihnen sprechen. Rufen Sie gleich an, machen Sie einen Termin.« Ich habe angerufen, und das Datum der Hinrichtung wurde festgelegt. Es gab einen Termin, zu dem ich bei Becher erscheinen sollte. Der Termin fiel dann ins Wasser, weil Becher in München für den Frieden kämpfen mußte. Das war natürlich dringender. Dadurch fiel der Termin aus, und danach war die Sache vergessen. Aber ich kannte nun die Abhängigkeit der Redaktion von Becher. Der erste klassische Dissidentenkonflikt war dann ein Text, den ich nur mit Initialen unterzeichnet hatte. Es war ein Bericht über eine Diskussion mit einem Germanisten aus Moskau, Samarin, und mit Konstantin Fedin.[18] Es ging um das Verhältnis von Literatur und Literaturwissenschaft in der Sowjetunion. Die Russen hatten nach Stalins Tod eine etwas liberalere Art, über Kulturpolitik zu reden. Ich habe das benutzt, um unsere Kulturpolitik zu kritisieren, was offenbar auch das Interesse der Redaktion war, sonst hätten sie es nicht fett gedruckt. Es gab überhaupt mehrmals derartige Aufträge, im Zusammenhang mit dem sogenannten »Neuen Kurs«. Wieder kam ich in die Redaktion und wieder scheue Blicke. Wolfgang Joho saß in seinem Büro bei offener Tür und tippte mit rasender Geschwindigkeit. Wir haben uns für mittags verabredet, und dann hat er mir seinen Gegenartikel gezeigt, in dem sich die Redaktion von dem unflätigen Bericht des Mitarbeiters H. M. abgrenzte. Der volle Name wurde nicht genannt. Von da ab wurde es schwierig mit dem »Sonntag«, aber es war keine Feindschaft zwischen Joho und mir. »Einer mußte es ja machen«, sagte er, »es mußte gemacht werden, und ich war gerade da um diese Zeit, und da habe ich das schnell geschrieben.«

Ich war in einen politischen Kontext geraten, den ich nicht kannte. Ich schrieb über Liberalität, und Leute, die mehr Liberalität in der DDR durchsetzen wollten, kritisieren mich, um ihre Vorbereitungen weiter betreiben zu können. Ich wußte nichts davon. Gustav

Just war eine dunkle, unsympathische Gestalt, die ich ab und zu durch die Räume huschen sah. Zöger war ein merkwürdig holzgeschnitzter Charakter, der Chefredakteur. Ich hatte keinen Kontakt zu ihm. Ich war nur Lieferant. Ich habe die Polemik gegen meinen Text nicht dramatisch erlebt. Man wurde dadurch zur Kenntnis genommen. Danach erschienen beim »Sonntag« nur noch Buchrezensionen unter H. M. Das war die Zurückstufung. Da mußte ich dann Erbauungsliteratur amerikanischer Kommunisten oder serbokroatische Heimatdichtung rezensieren.

Ich habe dann einige Texte unter Pseudonym veröffentlicht, auch weil ich den Allerweltsnamen Müller als Belastung empfand. Die erste Rezension in einer westdeutschen Zeitung über Philoktet schloß zwangsläufig mit dem Satz: »Der Mann heißt Müller, den Namen wird man sich merken müssen.« Der Deutschlehrer in Frankenberg, der mir das Geld für die Novelle geben wollte, hatte einmal gesagt, und da war ich tief getroffen: »Richtige Dichter heißen schon so: Hölderlin, Grillparzer, Strittmatter.«

Zwischendurch habe ich Sachen gemacht, die mir eher fremd waren. Das ging über Personen. So kam zum Beispiel Paul Dessau zu mir und sagte: »Lenin hat Geburtstag. Schreib mir einen Text.« Bei Paul Dessau hatte ich Schulden. Da habe ich ihm also einen Text über Lenin geschrieben. Vor dem Text sträuben sich mir heute noch die Haare. Ich dachte, wenn es von Paul Dessau komponiert wird, versteht man den Text sowieso nicht. Das war leichtsinnig: Der Text wurde im »Neuen Deutschland« abgedruckt.

Worum ging es damals bei den Konflikten mit den staatlichen Stellen?

Zum Beispiel um Sprachregelung. Ein Heft der Zeitschrift »Junge Kunst« wurde wegen eines Textes von Gerhard Scholz, einem Germanisten und Nordisten, beschlagnahmt und aus den Kiosken genommen. Es ging um den Reflex der Oktoberrevolution in der isländischen Literatur. Und da stand das Wort: Oktoberumwälzung. Wegen dieses Wortes, der Abweichung von der üblichen Formulierung, wurde das Heft beschlagnahmt. Man schrieb eben »Große Sozialistische Oktoberrevolution«. Und warum schrieb Scholz auf einmal »Oktoberumwälzung«? Da mußte eine Konzeption dahinterstehen. Eine Plattform. Vielleicht war die Biographie von Scholz das primäre Verdachtsmoment. Er hatte die Nazizeit in Schweden verbracht, kannte Brecht, auch Willy Brandt, vielleicht Wehner, und hatte als erster Direktor des Goethehauses in Weimar das letzte erhaltene Kleidungsstück Goethes, einen mottenzerfressenen Schlafrock, in einem Autodafé vor Studenten zu einer Rede über ein neues Verhältnis zum Erbe verbrennen lassen. Kurz darauf wollte eine Germanistendelegation aus Moskau den legendären Schlafrock sehen und denunzierte Scholz wegen seiner Aktivitäten beim Zentralkomitee in Berlin als Trotzkisten. Damals gab es auch immer wieder Zensurmaßnahmen gegen Brecht. Das »Versuche«-Heft »Der gute Mensch von Sezuan« wurde vom Amt für Literatur gestoppt. Die Sachen erschienen immer erst bei Suhrkamp und dann im Aufbau-Verlag. Bei Suhrkamp war es erschienen, im Aufbau-Verlag durfte es zunächst nicht erscheinen. Die Begründung war, daß Sezuan in der Volksrepublik China liegt und daß die Chinesen das Stück als Beleidigung auffassen könnten. Deshalb hat Brecht dann den Vorspann geschrieben: »Die Provinz Sezuan steht für alle Orte, an denen Menschen ausgebeutet werden. Die Provinz Sezuan gehört heute nicht mehr zu diesen Orten.« Eine kühne Behauptung, aber nun durfte es gedruckt werden. Oder der Hofmeister-Band. In der Aufbau-Ausgabe fehlen vier oder fünf Zeilen. Zu den »Übungsstükken« gehört ein Text von Hesiod in der Übersetzung von Schadewaldt. Bei den im Hesiod-Text fehlenden vier oder fünf Zeilen ist von Nacktheit die Rede: »Nackt folge der Jüngling dem Pfluge, nackt sei der Säer zumal ...« Das durfte nicht gedruckt werden. Das Argument des Amts für Literatur war, das könnte bei den gerade neu gegründeten LPGs Furore machen. Dann fangen die alle an, nackt auf dem Feld herumzulaufen. Der eigentliche Grund war aber wahrscheinlich der Kampf Bechers um die Moral, das heißt um die Macht, in Ahrenshoop. Becher hatte gehört, in Ahrenshoop laufen nackte Menschen über die Straße, es wird nicht mehr nur nackt gebadet. Becher hatte sich

sofort, als er das gehört hatte, in seinen Dienstwagen geworfen und ließ sich nach Ahrenshoop fahren, um gegen diesen Sittenverfall einzuschreiten. Auf der Dorfstraße kam ihm ein Trupp Nackter entgegen, an der Spitze seine Kreatur Alexander Abusch. Das war der Hintergrund. Becher war eine kranke Figur. Vielleicht auch eine tragische, aber irgendwo hört die Tragödie auf und wird Komödie.
Auch das letzte Heft der »Versuche«, »Die Tage der Commune«, erschien bei Aufbau mit großer Verspätung. Anstoß erregten zwei Repliken: »Die Commune hat nichts zu fürchten als sich selber...« und »Das Gehirn der Bevölkerung arbeitet in vollem Licht.« Das fand schon nach Brechts Tod statt, in der Zuständigkeit des Ministeriums für Kultur.

Dann hast Du auch für die »Neue Deutsche Literatur« gearbeitet, die Zeitschrift des Schriftstellerverbandes.

Das war nur Brotarbeit. Ich habe ein paarmal versucht, Literatur unterzubringen, das scheiterte aber an den Redakteuren. Weißkopf war Chefredakteur, der wollte mir beibringen, wie man Prosa schreibt. Ich habe noch ein paar Texte mit Korrekturen von ihm in Richtung Biedermeier-Prosa. Ich erinnere mich, ich habe damals auch die »Liebesgeschichte« eingereicht,[19] ohne Erfolg, obwohl es doch ein ziemlich simpler Text ist. Oder »Bericht vom Anfang«, das wurde überall mit dem Argument abgelehnt, es fehle die führende Rolle

der Partei.[20] Man könnte eher sagen, daß sie romantisch überbetont ist. Aber ich glaube, es ging im wesentlichen um die Verhinderung von Brecht-Nachfolge. Das war der Maßstab. Einer der dümmsten Redakteure der NDL war Henryk Keisch. Der hat Sachen geändert, sogar in Gedichten, die dümmsten Änderungen, stilistische Wortklauberei. Das war unerträglich. Einmal hat er einen Text von Claus und Vera Küchenmeister abgelehnt. Die hatten im Auftrag des Berliner Ensembles ein spätmittelalterliches Stück bearbeitet. Sie haben das der »Neuen Deutschen Literatur« gegeben, und Keisch hat es abgelehnt wegen mangelnder literarischer Qualität. Da hat Brecht den Keisch am Telefon angeschrien. Der hat es dann gedruckt.
Eine Zeitlang war ich beim Schriftstellerverband angestellt. Heinz Nahke, ein guter Germanist aus der Gerhard-Scholz-Schule, hatte von Eduard Claudius, Sekretär des Schriftstellerverbands, den Auftrag, eine wissenschaftliche Abteilung zu gründen. Das war eine Art Arbeitsbeschaffung für Autoren. Manfred Bieler war für Lyrik zuständig, ich für Dramatik, ein dritter für Prosa. Wir bekamen 400 Mark im Monat, gutes Geld damals. Wir mußten theoretisch immer da sein. Später wurde mir meine Disziplinlosigkeit vorgeworfen. Bieler war da einfach besser, der hatte schon in der DDR studiert, er kam immer gegen elf, halb zwölf und schrieb ins Anwesenheitsbuch 8.10 Uhr. Wenn ich um eins kam, trug ich eben 13.00 Uhr ein, was ein

schwerer Fehler war. 1961 gehörte das zu der Materialsammlung gegen mich. Ich hatte damals, 1956, gerade »Lohndrücker« zu Ende geschrieben. Auf dem Flur gegenüber war die Redaktion der »Neuen Deutschen Literatur«, Claus Hammel, der spätere Dramatiker, war auch Redakteur der »Neuen Deutschen Literatur«. Sie hatten gerade ein Heft gemacht, »Arbeiterklasse und Arbeiterbewegung in der deutschen Literatur«, und es fehlte ihnen etwas Neues. Sie hatten viel aus dem 19. Jahrhundert und den ersten Jahrzehnten dieses Jahrhunderts, aber es fehlte ein neuer Beitrag. Und da habe ich ihm »Lohndrücker« gegeben, das ging gleich in den Satz. Er hatte selbst kaum Zeit, es zu lesen, sonst wäre es vielleicht nie gedruckt worden. Das war ein Glücksumstand. Danach fing das Geraune in der Redaktion an: »Kann man so was publizieren?«, und Hammel fragte mich: »Kannst du nicht etwas dazu schreiben?« Deshalb habe ich einen Vorspruch geschrieben.[21] Wir hielten das beide für eine Absicherung, aber es war ein Bumerang, jedenfalls in seiner Langzeitwirkung auf die Kulturabteilung der SED. Es fehlte die »offene Parteilichkeit«; in einem Gutachten stand, wie ich später erfuhr, das Verdikt »trotzkistisch«. Im Grunde war es immer noch und wieder der Kampf gegen Brecht und die Folgen.

Dein Umzug nach Berlin hatte auch persönliche Gründe?

Es war auch eine Flucht vor der Schwangerschaft meiner Freundin in Frankenberg. Ich habe Schwangerschaft immer als Freiheitsberaubung betrachtet. Brecht: »Aber Kinder fürchtet sogar Baal.« Kinder machen erpreßbar und abhängig.
Ich wohnte damals in Hohen-Neuendorf bei Wilm Weinstock. Ich hatte ein Mädchen kennengelernt, ich weiß nicht wo und wie, mit der war ich eines Tages unterwegs in den Kiefernwäldern bei Hohen-Neuendorf. Am späten Abend fuhren wir dann nach Berlin. Ich habe sie bis zum Bahnhof Friedrichstraße begleitet, sie fuhr dann weiter nach Hause, und ich saß versonnen auf einer Bank am Bahnhof. Plötzlich höre ich eine Stimme, und vor mir steht meine schwangere Freundin aus Frankenberg. Sie sagte, daß wir jetzt nach Kleinmachnow fahren müßten, um zu heiraten. Sie hatte schon alles vorbereitet. Dort wohnten ein Onkel und eine Tante von ihr. Bald danach fand die Hochzeit in Kleinmachnow statt, und dann war ich verheiratet. Sie arbeitete in der Charité und wohnte im Schwesternheim. Ich hatte ein möbliertes Zimmer in Pankow, wo sie mich ab und zu besuchte. Aber sie hatte viel Nachtdienst, es war ein lockeres Verhältnis. Das Kind bekam sie dann in Frankenberg bei ihrer Mutter. Ich war bei der Geburt dabei.
Irgendwann hatte ich in Pankow Besuch von einer anderen Frau. Meine Frau kam von der Nachtschicht, da

lag die andere noch in meinem Bett. Ich war schon aufgestanden, und sie sagte: »Ich mach jetzt mal Frühstück.« Am nächsten Tag hat sie die Scheidung eingereicht. Bei der Scheidung war ich für die Richterin ein kriminelles Element, weil sie gerade vorher einen Scheidungsprozeß durchgeführt hatte, bei dem ich der Scheidungsgrund gewesen war. Da hatte der Mann die Scheidung eingereicht. Meine Frau trat sehr gut auf, war ganz schwarz gekleidet, bleich und schön. Danach haben wir in einer Kneipe beim Gericht Kaffee getrunken. Ein halbes Jahr später habe ich sie wieder geheiratet. Dann kam die zweite Scheidung, und die war grausam. Ich hatte Inge kennengelernt. Meine Frau war mit dem Kind in Westdeutschland, bei meinen Eltern. Ich wußte, wenn sie zurückkommt, muß ich ihr sagen: »Es ist aus.« Das Gespräch fand im Bürgerpark in Pankow statt. Wir gingen mit dem Kind spazieren.

Was waren diese ersten Jahre in Berlin für Dich für eine Zeit?

Es war eine Zeit der Vorbereitung und des Wartens. Kurz bevor oder nachdem ich zu Brecht ging, hatte ich einen dramatischen Text an das Deutsche Theater geschickt, an Jhering, den damaligen Chefdramaturgen am Deutschen Theater. Dieser Text ist nie wiederaufgetaucht, es gab auch keine Reaktion darauf. Es war ein Heimkehrer-Drama, Treck mit Umsiedlern, Deserteur und Umsiedlerin.

Was passierte nach der Veröffentlichung von »Lohndrücker«?

Wekwerth wollte »Lohndrücker« für das Berliner Ensemble haben. Brecht war schon tot. Die andern haben das abgewürgt, besonders Palitzsch. Das lag aber daran, das hat Palitzsch mir später erzählt, daß sie gehört hatten, ich sei Funktionär, und von einem Funktionär konnte nichts Vernünftiges kommen. Sie dachten das, weil ich beim Schriftstellerverband gearbeitet hatte. Wekwerth hatte nur einen Verbesserungsvorschlag, er wollte, daß man die Verhaftungen öffentlich zeigt, man müßte die Stasi populär machen. Alle Verhaftungen müßten auf der Bühne stattfinden. Wieder ein paar Jahre später ist das Stück dann dem Deutschen Theater angeboten worden, vom Verlag, und Kipphardt hat es abgelehnt. Das war später seine einzige Selbstkritik. Als er abserviert wurde, sagte er: »Der einzige Fehler, den ich gemacht habe, war, dieses Stück abzulehnen.« Dann ist er in den Westen gegangen.
Das war eigentlich die durchgehende Erfahrung, daß alles, was ich ernst meinte oder für gut hielt, abgelehnt wurde. Mein Hauptproblem war immer Geld. Die Rezensionen haben viel Zeit gekostet und wurden schlecht bezahlt. Ich konnte das nicht so schnell. Das war ein Alptraum. Es bedeutete immer, Eigenes zu unterdrücken. Eh ich fertig war, war das Geld schon ausgegeben. Oder ich habe Übersetzungen korrigiert. Zum Beispiel einen Roman von Trifonow. Ich habe keine Ahnung mehr, was da drin stand. Ein paar Ab-

fallprodukte sind erschienen, im »Sonntag« »Das Volk ist in Bewegung«,[22] oder Gelegenheitsarbeiten wie »Das Eiserne Kreuz«,[23] in der NDL.

Du hast damals eindeutig für die junge DDR Partei ergriffen.

Dieses Parteiergreifen für die DDR hing mit Brecht zusammen, Brecht war die Legitimation, warum man für die DDR sein konnte. Das war ganz wichtig. Weil Brecht da war, mußte man dableiben. Damit gab es einen Grund, das System grundsätzlich zu akzeptieren. Ein Beweis für die Überlegenheit des Systems war die bessere Literatur, Brecht, Seghers, Scholochow, Majakowski. Ich habe nie daran gedacht, wegzugehen. Vielleicht ging es gar nicht darum, ob der Sozialismus in der DDR gewinnen könnte oder nicht, das ist schon eine zu praktische oder politische Überlegung. Brecht war das Beispiel, daß man Kommunist und Künstler sein konnte – ohne das oder mit dem System, gegen das System oder trotz des Systems. Brecht war eine europäische Position gegenüber der nationalen. Und natürlich ist eine Diktatur für Dramatiker farbiger als eine Demokratie. Shakespeare ist in einer Demokratie undenkbar. Die DDR war in dieser Phase eine gut ausbalancierte Monarchie. Das hat Kounellis, mein Bühnenbildner für die »Mauser«-Inszenierung 1990, als griechischer Bauer ganz schön gesagt: »Je mehr Staat, desto mehr Drama. Je weniger Staat, desto mehr Komödie.« Das war für Brecht auch ein Punkt, dieser Erfahrungsdruck. Der Aufenthalt in der DDR war in erster Linie ein Aufenthalt in einem Material. Das ist wie in der Architektur, auch Architektur hat mehr mit Staat zu tun als Malerei, und das Drama hat mehr mit Staat zu tun als andre literarische Gattungen. Da gibt es auch ein bestimmtes Verhältnis zur Macht, auch eine Faszination durch Macht, ein Sich-Reiben an Macht und an Macht teilhaben, auch vielleicht sich der Macht unterwerfen, damit man teilhat. Und was dann im Laufe der Jahre mit meinen Texten passiert ist, geht weniger von mir aus, es ist ein Reflex auf die Aushöhlung der Macht. Zuletzt war da nur noch ein Vakuum, und darauf reagieren die Texte. Das ist dann die Suche nach einer Macht, an der man sich noch reiben kann. Außer Brecht gab es in der DDR kaum Autoren, die für mich eine Bedeutung hatten. Ein Rivale von einiger Ernsthaftigkeit war Hacks. Peter Hacks ist allein wegen Brecht in die DDR gekommen. Ich lernte ihn erst 1957 kennen, über Kipphardt, glaube ich, Hacks kannte Kipphardt, er hatte »Lohndrücker« gelesen. Manfred Bieler kannte ich gut aus der Arbeit im Schriftstellerverband. Er war der beste Trinker von Berlin, intelligent, ursprünglich ein Freund von Hermann Kant, hatte mit ihm studiert. Er erzählte mir, er sei sehr oft mit Bobrowski zusammengewesen und hatte einmal versucht, mit ihm über mich zu reden. Für Bobrowski war ich ein Rationalist und gehörte nicht zur Familie.

Noch mal zur Faszination der Macht.

Ich habe jahrzehntelang ein Problem mit Uniformen, mit Polizei gehabt, das war angstbesetzt aus der Kindheit, und mit Angst mußt du irgendwie umgehen. Das galt auch für Gespräche mit Funktionären – nicht, daß ich da Angst hatte, aber sie waren für mich immer die Polizei, und auf diesem Terrain mußte man sich vorsichtig bewegen. Es gab eigentlich immer seit der Verhaftung meines Vaters durch die Nazis – wenn damals auch noch nicht bewußt – ein Schuldgefühl, weil man ja immer anders dachte, als offiziell gedacht werden sollte. Ich war immer anders und hatte immer etwas zu verbergen.

Du kanntest schon früh Klaus Gysi?

Er war damals beim Kulturbund und war eine Ausnahme, eine intelligente, witzige Figur. Wenn er später als Kulturminister einen Reiseantrag von mir ablehnte, weil das Stück, das ich mir ansehen wollte, in der DDR verboten war, konnte ich ihm einen Brief schreiben, und dann ging es manchmal. Der hat immer alles mit der linken Hand erledigt. Bevor er Kulturminister wurde, sie hatten keinen anderen, gab es ein Gespräch mit Stoph. Gysi sagte: »Ich gehe gern fremd, da kann man doch nicht Minister werden.« Stoph hat ihm ausdrücklich garantiert, daß er das weiter machen könnte. In der Zeit, als er Kulturminister war, hat er grundsätzlich kein DDR-Manuskript gelesen, nur Kriminalromane von Desch. Er hat sich zusammen mit dem jeweiligen Musical-Clown des Zentralkomitees die verbotenen Filme angesehen, zum Beispiel »Letzter Tango in Paris«. Natürlich haben sie dann festgestellt: Das kann man der Bevölkerung nicht zumuten. Oder bei der um fünfzehn Jahre »verschobenen« Aufführung der »Umsiedlerin«, 1975 in der Volksbühne, er war gerade Botschafter in Rom, sagte er mir: »Siehst du, Heiner, ich habe dir immer gesagt, das war zu früh damals. Ein wunderbares Stück.« Ich war nie in irgendeinem Arbeitskontakt mit ihm, er hatte nie die Aufgabe, mich zu irgend etwas zu überreden. Privaten Kontakt hatte ich mit Gysi erst, als er keine Funktionen mehr hatte.

Was hast Du damals von den internen Auseinandersetzungen in der SED mitbekommen?

Die Auseinandersetzungen innerhalb der SED haben mich nur in bezug auf Kunst und Literatur interessiert. Da gab es den berühmten Kampf gegen den Formalismus, eröffnet von Shdanow. Auf dem fünften Plenum des ZK der SED 1951 wurde Brecht als dekadent entlarvt, als volksfremd, wegen der »Mutter«. Grotesk. Die einzige Verteidigung in der Debatte kam von der Weigel, sie zitierte Brecht, der darauf bestand, daß »Mutter« eine Volksliedstruktur hätte und auf der Tradition des Volkslieds basierte. Das zeigt, daß es auch für Brecht nicht möglich war, sich offen zu verteidigen.

Ruth Berghaus war als Choreographin am Berliner Ensemble, und es wurde ein Programm vorbereitet für Betriebe, auch mit Laiengruppen – die Berghaus hatte dafür ein Ballett entworfen, im Palucca-Stil. Die Berghaus kam von der Palucca, die verpönt war, also dekadent, formalistisch, volksfremd, wie während der Nazizeit, die die Palucca knapp überlebt hatte. Genauso war es nun wieder. Das galt auch für die Bauhaustradition und dergleichen. Brecht sagte: »Frau Berghaus, Sie sind nicht stärker als die Sowjetunion.« Daran hat er sich immer gehalten, daß er nicht stärker war als die Sowjetunion. Er hat zum Beispiel in einer fast betrüblichen Weise nachzuweisen versucht, daß er auch von Stanislawski gelernt hat. Immer eine ganz hinhaltende Verteidigung. Er hatte viel zu verlieren.

Du hast einen aktiven dichterischen Beitrag zu den Weltfestspielen 1951 geliefert ...

Ich hatte wie immer kein Geld und hörte von den Schriftstellern, mit denen ich in Saarow gewesen war, daß man beim Zentralrat der FDJ gutes Geld verdienen könnte. Es gab eine Kulturkommission zur Vorbereitung der Weltfestspiele unter Leitung von Kuba, Kurt Barthel, und es gab eine Übersetzerkommission, die ließ, um für die Weltfestspiele im Schnellverfahren ein Liederbuch herzustellen, en masse Lieder übersetzen. Als ich dazukam, waren Horst Bienek, Harald Kootz, ein damals schon sehr anerkannter Lyriker, an der Arbeit. Von Harald Kootz stammte die erste Hymne auf die MAS (Maschinenausleih-Stationen), die im »Aufbau« gedruckt worden war: »M das heißt Mutiges Meistern des Morgen / A das heißt Arbeit und Aufbau für alle / S das heißt Sieg solidarischer Sichler«. Ein erfolgreicher Zyniker, Germanist, sehr klug, sehr gebildet, Stefan George war sein Modell. Horst Bienek war beeinflußt von Apollinaire, Aragon und Eluard. Er dichtete wilde Dinge, mit großen Metaphern, ein etwas blumiger Surrealismus. Aber diesmal sollten wir nur übersetzen. Martin Pohl und Franz Fühmann kamen noch dazu. Fühmann kam direkt aus der Kriegsgefangenschaft dorthin, noch schwitzend vor Eifer, sich als neuer Mensch zu bewähren. Er war da umgedreht worden wie in den Schauprozessen, nach dem Prinzip: auseinandernehmen, neu zusammensetzen ... Ich kam etwas zu spät, es waren nur noch polnische Volkslieder und Stalin-Hymnen übrig. Stalin-Hymnen gab es bergeweise aus aller Welt, es gab Rohübersetzungen, das metrische Schema und die Melodie. Und 300 bis 350 Mark pro Hymne. Da habe ich am Fließband Stalin-Hymnen nachgedichtet. Es war relativ leicht, meistens stand das gleiche drin: »Rose des Morgens«, oder: »Lilie des Mai«, je nach Völkerschaft, Rasse und Gegend. Ein paar Mao Tse-tung-Hymnen waren auch noch da. Ich habe dann noch polnische Volkslieder gemacht, es mußte schnell gehen, den Rest hat Fühmann übernommen.

Ein paar Lieder habe ich zusammen mit Kuba übersetzt. Wir hatten auch einen ziemlichen Schnapsverbrauch. Kuba hatte mich auf Grund eines Streits über ein Gedicht von ihm sehr schnell als dekadent erkannt. Er schrieb nebenher dauernd Gedichte, nachts im Zentralrat, saß da in merkwürdig verkrümmter Haltung und schrieb. Er hatte ein Tanzlied geschrieben: »Tanz immer tanz immer tanz Marie.« Da gab es den Refrain: »Ich möchte ein Kindchen austragen, austragen, austragen.« Kuba las es uns vor, und ich wagte die Bemerkung, daß dieser Refrain mich doch sehr landwirtschaftlich anmuten würde, worauf er brüllte: »Du bist dekadent, du bist pervers, du bist arrogant.« Das Ergebnis dieses Ausbruchs war nicht der Abbruch unsrer gelegentlichen Zusammenarbeit, aber er schickte mich danach immer »schräge«, das heißt Schwarzmarkt-Zigaretten kaufen, und zwar mit seinem Chauffeur und Dienstwagen. Der Chauffeur war ein munterer Knabe, kannte alle Nachtlokale, den ganzen Sumpf von Berlin. Wir fuhren abends um sieben los, mit viel Geld, und klapperten die Lokale ab. »Du bist doch dekadent, Junge, ich geb dir meinen Chauffeur, kauf schräge Zigaretten.« Die brauchte er zum Dichten, DDR-Zigaretten schmeckten ihm nicht. So habe ich sehr viel Nachtleben von Berlin kennengelernt. Eine schielende Nutte verliebte sich in mich, fast eine Tragödie. Dann lernte ich auch die Frau von Kuba kennen, die nahmen wir manchmal mit, weil der Chauffeur mit ihr schlief. Das wußte Kuba auch. An Fühmann erinnere ich mich, weil er den Eifer eines

Konvertiten hatte. Er schrieb sehr gut, eine ganz zerrissene Figur.
Und dann war das Heft fertig. Es müßten noch Exemplare existieren.
Der Zentralrat hatte ein Preisausschreiben für Kurzgeschichten zu den Weltfestspielen ausgeschrieben, ohne thematische Auflage. Doch es waren keine eingegangen, oder wenn, dann nur Schutt, und das war nun eine Prestigefrage. Es mußten Kurzgeschichten da sein, also wurden wir, Bienek, Kootz, Pohl und ich eine Nacht in ein großes Zimmer gesperrt und hatten jeder eine Kurzgeschichte zu erstellen. Pohl kriegte den Preis für eine Geschichte über einen ermordeten FDJler in Köln, dessen Blut vor dem Kölner Dom auf die Straße rann. Sie war gut geschrieben. Der FDJler in Köln hätte auch ein Missionar in Kenia sein können. Das war dem Pohl egal. Später wurde er Meisterschüler bei Brecht. Meine Kurzgeschichte war die »Legende vom Großen Sargverkäufer«, die ich jetzt erst wiederbekommen habe aus dem Nachlaß von Weinstock, allerdings nicht in der Endfassung, die ist verschollen.[24] Zu der Jury gehörte Dieter Noll, er erklärte mich wegen dieser Geschichte zum Hauptfeind der Arbeiterklasse, er meinte, das sei Kafka, epigonal, dekadent, formalistisch. Ansonsten weiß ich nichts mehr von diesen Weltfestspielen. Außer, daß ich in ein Mädchen verliebt war, eine schwarzhaarige Schönheit. Sie war die Sekretärin von Honecker, das hatte ich übersehn. Die habe ich damals verfolgt, bis in das Internat, in

dem sie wohnte, sechs Mädchen in einem Zimmer, und ich habe mich sofort zu ihr ins Bett gelegt, und sie hat mich hinausgeworfen. Dann kam der Hausmeister. Viele Jahre später habe ich sie dann wiedergesehen, als ich wegen der Ausweisung von Ginka Tscholakowa zu Honecker ging. Sie saß im Vorzimmer, immer noch schön.

Mit deiner Parteimitgliedschaft ging es damals schon zu Ende, wie das?

Ich wohnte damals in Hohen-Neuendorf bei Wilm Weinstock, einem Schriftsteller. Ich hatte ihn im Zentralrat der FDJ kennengelernt. Er war mit Kuba befreundet gewesen, bis es irgendwann zwischen den beiden einen Riesenkrach gab. Wir hörten nur ein Brüllen, und es verbreitete sich das Gerücht, daß Weinstock Kuba an den Armen aus dem Fenster im sechsten Stock gehalten hatte, damit der ruhig wurde, und er wurde dann auch ruhig. Ich weiß noch, daß Weinstock nie einen Personalausweis hatte. Das war eine Leistung in der DDR, an jedem Pförtner kam er ohne Ausweis vorbei, in der S-Bahn gab es ständig Kontrollen, überall auf den Strecken von Berlin in die Provinz, er hatte keinen Ausweis und kam trotzdem überall durch. Er hat auch nie Miete bezahlt. In seinem Haus erreichte mich ein Brief aus Frankenberg, weil man mich zum Dokumentenumtausch suchte. Das übliche Ritual. Ich fuhr also nach Frankenberg, und da saßen kleine Funktionäre, die hatten eigentlich keine besonderen Fragen. Ich kann mich jedenfalls nicht erinnern. Dann habe ich mein altes Parteibuch dagelassen, hatte aber keine Paßbilder dabei für das neue. Ich sollte die Paßbilder nachreichen. Dann wohnte ich eine Zeitlang in Köpenick in der Wohnung eines Schauspielers, der mit seiner Frau auf Tournee war. Dort lebte ich zwei Wochen von Mondamin, dem einzigen Inhalt des Kühlschranks, und ich hatte kein Geld für Paßbilder, und dann habe ich es vergessen, und dann war es mir auch ganz recht. Ich habe mich nicht mehr gemeldet. Ich hatte keine Adresse, und sie haben mich dann wegen Unauffindbarkeit gestrichen. Inge hat sich später, 1954, bei einer Parteiinstanz wegen mir erkundigt. Sie war doch ziemlich parteitreu. Da gab es dann die Auskunft, daß ich wegen mangelnder Parteiverbundenheit gestrichen worden sei. Für mich war das da schon bedeutungslos, ich war froh, daß ich heraus war. In Konfliktsituationen war es immer besser, nicht in der Partei zu sein.

Es gab damals harte Auseinandersetzungen innerhalb der DDR-Germanistik. Was weißt Du davon?

Eine wichtige Person für mich war Heinz Nahke, ein Germanist aus der Schule von Gerhard Scholz, auch ein wichtiger Mann, im Westen ganz unbekannt, einer der besten Germanisten nicht nur der DDR. Er war der erste Leiter des Goethe-Schiller-Archivs in Weimar nach dem Krieg. Damals in den 50er Jahren – ein Reflex auf die Entwicklung in der Sowjetunion – fing der Kampf zwischen der traditionellen Germanistik und dem marxistischen Versuch, die Germanistik umzubauen, an. Die Marxisten waren die Verlierer. Scholz erzählte einmal über eine Diskussion mit Brecht in Schweden über die Politik nach Hitler und nach dem Krieg. Brecht war gegen die Volksfront-Politik, seine Vorstellung war, man sollte radikale Beispiele schaffen: revolutionäre Zellen im Ruhrgebiet, in Schlesien, mit Terror, und von dort aus neue Strukturen aufbauen. Allerdings war das noch sehr früh, späte 30er Jahre, aber es war bezeichnend für die unterschiedlichen Positionen im antifaschistischen Kampf und für Brechts Haltung, von der Scholz beeinflußt war. Und so wie damals gehörte nun zum Volksfront-Konzept in der DDR im Bereich der Kultur natürlich die Allianz mit den bürgerlichen, traditionellen, konservativen Universitätsleuten. Sie durften nicht kritisiert werden. Studenten mit einer marxistischen Position, die sich daran nicht hielten, hatten es sehr schwer. Dadurch ist auch die Karriere von Nahke abgebrochen worden, er war Student von Scholz und hatte Korff kritisiert, ein germanistisches Denkmal. Aus der Schule von Scholz kamen gute Arbeiten über die Sturm-und-Drang-Zeit, der Akzent lag auf dem Sturm und Drang, nicht auf Weimar. Die Bücher von Thalheim und Braemer zum Beispiel, überhaupt alles, was gut und wichtig war in der Germanistik der DDR. Anerkannt waren die Bürgerlichen, die brauchten sich nicht zu wenden, die machten Museum, und das war die offizielle Kulturpolitik. In den 70er Jahren wurden sie dann abgelöst durch Parteiwissenschaftler, die diese konservative Germanistik weiterbetrieben. Der Marxismus ist vom Staat, von der Partei, allmählich zersetzt worden, der revolutionäre Diskurs vom staatlichen erstickt. Gefährlich waren die Marxisten. Auch das Subversive an Brecht war sein Marxismus. Politische Gefangene durften Marx nicht lesen. Diese Entwicklung in der DDR war ein Reflex auf die sowjetischen Entwicklungen, also Stanislawski gegen Meyerhold oder Majakowski, die Linke wurde zerschlagen, mit ihr die Avantgarde. Als Brecht aus der Schweiz in die damalige SBZ kam, 1948, hatte er eine Diskussion mit Studenten in Leipzig. Brecht hatte sich ausdrücklich die Anwesenheit von Journalisten verbeten, Hans Mayer war schon da, Bloch. Leipzig war eine Bastion. In dieser Diskussion wurde Brecht gefragt, was sein Programm wäre, was er in der sowjetischen Besatzungszone wollte, und er sagte: »Was dieses Land braucht, sind zwanzig Jahre Ideologiezertrümmerung«, und er brauche oder wolle ein »Theater zur wissenschaftlichen Erzeugung von Skandalen«, nur mit Skandalen könnte man Ideologien zertrümmern. Das ging ganz klar gegen die stalinistische Politik. Stalin war auf die Neutralisierung Deutschlands aus, auf Volksfront, auf nationale Front, alle Schichten sollten dazugehören, eine Art Volksgemeinschaft im Grunde.

Ulbricht hat das dann als erster formuliert, es hieß dann sozialistische Menschengemeinschaft, nicht mehr Klassenkampf, es gab keine Klassen mehr, und das bis in die letzten Verästelungen der Kulturpolitik hinein, deswegen auch die Bekämpfung von Eisler und Dessau, Bekämpfung von Avantgarde, von Moderne. Es war nur Tradition, bürgerliche Ethik, bürgerlicher Kunstbegriff zugelassen.

Mit Heinz Nahke hattest Du später im Schriftstellerverband Kontakt ...

Heinz Nahke hat dann diese sogenannte wissenschaftliche Abteilung im Schriftstellerverband gegründet, das war ein Versuch, auf andere Weise in die Kulturpolitik einzugreifen. Jeder Mitarbeiter war für ein Genre zuständig, ich für Dramatik, der Genre-Begriff war auch für Scholz noch etwas Heiliges.
Scholz war in Detailfragen auch in Polemik mit Brecht, zum Beispiel gegen die »Hofmeister«-Bearbeitung, die offiziell sowieso verdammt wurde, aber ganz unqualifiziert. Scholz polemisierte dagegen von einem anderen Punkt aus. Sein Argument gegen die »Hofmeister«-Bearbeitung war, daß Brecht die plebejisch-progressiven Elemente bei Lenz eliminiert habe, die in der Figur des Schulmeisters Wenzeslaus angelegt waren, einer Figur mit Aufklärungspotential als Reflex auf die Französische Revolution, und das hätte Brecht als großer Vereinfacher einfach weggeschnitten, er ist

statt dessen ganz auf die Darstellung der deutschen Misere, des Untertanenproblems, der Kastration des Hofmeisters gegangen. Da fielen Differenzierungen weg. Brechts Bearbeitungen waren immer sehr stark von tagespolitischen Polemiken geprägt, auch »Coriolan« war ein Beispiel. Es war ein Versuch, das Stalin-Problem auf die Bühne zu bringen, auch verbunden mit einer Reduzierung Shakespeares.

Was wurde aus Scholz?

Er lehrte später an der Humboldt-Universität als eine Art Exot. Seine Vorlesungen waren berühmt und chaotisch, er konnte keinen Satz zu Ende sprechen, weil ihm beim ersten Hauptsatz schon der vierte Nebensatz einfiel. Das war ungeheuer interessant, diese Assoziationswut. Ich habe selbst eine Vorlesung von ihm gehört, über Schillers »Ode an die Freude«, in der er mit einem ungeheuren Aufwand an Quellen, an Zitaten, vom Mittelalter bis sonstwo nachwies, daß diese Ode ein atheistisches Pamphlet sei. Das ging natürlich gegen das traditionelle Verständnis. Da mischten sich damals sehr viele Positionen, aber die bürgerliche Tradition blieb unangetastet, sie war die offizielle, die Parteiposition. Auch Hans Mayer kam dagegen nicht an, er war ein besserer Formulierer als Scholz, elegant, aber es war auch immer gutes Feuilleton, er war vielleicht weniger differenziert als Scholz. Mayer war für Brecht als Verteidiger seiner Position sehr wichtig und wurde auch immer eingeladen, wenn es wieder um irgendeine Aufführung, um irgendein Stück Krieg gab. Zum Beispiel gab es eine scharfe interne Polemik gegen den »Kaukasischen Kreidekreis«. Kurella war, das erzählte mir Nahke, in der Aufführung und saß neben ihm. Kurella sagte: »Das soll Kunst sein, das ist doch die Position der südafrikanischen Rassisten: ›Die Wagen den guten Fahrern, damit gut gefahren wird, und das Tal den Bewässerern, damit es Frucht bringt.‹ Man soll also die Maschinen denen geben, die damit umgehen können, das heißt nicht den Negern, die es nicht können.« Das klingt grotesk, aber dahinter steckte die Angst vor Emanzipation. Zu »Kreidekreis« ist nie eine Kritik im »Neuen Deutschland« erschienen, nur in »Theater der Zeit« und in anderen Zeitungen. Die Hauptpolemik kam immer von Erpenbeck, das war Moskau-Emigration, das ging alles zurück bis auf »Das Wort«, auf den Krieg von Lukács gegen den Expressionismus, gegen Brecht, gegen die Moderne. Bei Bloch wurde dann dieser Konflikt unmittelbar Politik. Die Oppositionsbewegung, die damals zerschlagen wurde, war eine linke Opposition. Zwerenz gehörte dazu, Loest, Ralf Schröder und andre, die in den Westen gegangen sind, einige gingen ins Gefängnis. Ein anderer typischer Konflikt in dem Zusammenhang war übrigens der interne Streit um die Uniform für die NVA, die im Schnitt betont an die Nazi-Uniform der Wehrmacht angeglichen worden war. Brecht hat deswegen noch einen Protestbrief an Stoph geschrieben, einige andere auch. Es wurde ihm geantwortet, man müsse alle Schichten gewinnen, gerade die bürgerlichen, und deswegen werde das nationale Moment betont. Sie hatten die Illusion, daß sie durch solche Gesten die bürgerlichen Schichten gewinnen könnten, sogar die ehemaligen Nazis, dazu wurde auch die NDPD gegründet. Dabei war das von vornherein aussichtslos. Das ist einfach am Ökonomischen gescheitert. Der Antikommunismus blieb der Konsens der Mehrheit. Nahke hat diese wissenschaftliche Abteilung im Schriftstellerverband mit Claudius erfunden, der hat ihn dazu überredet. Eduard Claudius hatte als junger Mann noch mit dem Bund proletarisch-revolutionärer Schriftsteller zu tun gehabt und war im spanischen Bürgerkrieg gewesen, worüber er ein Buch geschrieben hat: »Grüne Oliven und nackte Berge«. Dann später den Garbe-Roman, »Menschen an unserer Seite«. Claudius stand ziemlich »links«, wenn es so etwas gab, er war in dieser Hinsicht nie ein offizieller Schriftsteller. Nahke hat nun diese Struktur entworfen und durchgesetzt, die wissenschaftliche Abteilung, und wir haben Veranstaltungen organisiert und Sektionen gegründet. In der Sektion Dramatik gab es Diskussionen über Brecht, es wurden Mitarbeiter des Berliner Ensembles eingeladen. Das war schon alles am Rand des Erlaubten, die Abteilung wurde dann auch nach ein, zwei Jahren aufgelöst.

Danach hat Nahke die FDJ-Zeitschrift »Junge Kunst« gegründet, das war ein Versuch, linke Tradition, auch plebejische, proletarische Tradition fortzusetzen, ein Organ gegen die offiziellen Organe zu entwickeln. Die NDL zum Beispiel machte ziemlich verwaschen auf Volksfront, allgemeiner Literaturbegriff unter Ausklammerung von Politik, Politik kam höchstens als Ideologie vor, aber nicht als etwas Praktisches. »Sinn und Form« war das Nobelblatt, am Anfang sehr gut, aber absolut elitär orientiert. Es gab kein Organ, keine Plattform für junge Schriftsteller, deswegen auch der Titel. Wir haben zum Beispiel im ersten oder zweiten Heft die »Katzgraben-Notate« von Brecht gedruckt, das war ein sehr wichtiger Text damals, der erste konkrete Text über die Arbeit mit Gegenwartsmaterial in einem Theater, auf Jahre hinaus eigentlich der einzige. Auch das geriet dann immer mehr unter Beschuß und ging dann ein.

Dann ging Nahke zum »Forum« und wurde stellvertretender Chefredakteur. Das »Forum« war die einzige Zeitung unter den Wochenzeitungen, wo es Mitte der 60er Jahre offene Diskussionen gab. Da gab es zum Beispiel ein Interview mit dem Kernphysiker Thiessen, der an der sowjetischen Bombe mitgearbeitet hatte. Er hatte bereits bei den Nazis an der Bombe gearbeitet, die Russen hatten sich ein paar Kernphysiker gegriffen und nach Dubna bei Moskau geschleppt. Die haben dann an der sowjetischen Bombe gearbeitet, Ardenne war dabei, genau wie Wernher von Braun und andere bei den Amerikanern. Solche Interviews waren im Grunde ganz subversive Dinge. Thiessen sprach darüber, daß alle Institutionen und Apparate die Tendenz zur Konservierung ihrer Struktur hätten, daß heißt, sie stoßen alles Kreative ab. Das Kreative tritt zuerst als das Verworrene auf, weil es nicht in die gegebenen Kategorien paßt und in den gegebenen Kategorien nicht zu erfassen ist. Deswegen entzieht es sich der Kontrolle, und deswegen tendieren Institutionen und Strukturen dazu, diese Phänomene abzustoßen und abzutöten, und deswegen, so seine Position, sei es wichtig, daß man den Spinnern besondere Aufmerksamkeit schenkt. Das zielte auf die Ausbildung, es war ein Versuch, die Universitäten und Hochschulen aufzubrechen, denn es galt überall dieses negative Selektionsprinzip, nach dem die Besten aussortiert wurden, weil sie nicht einzuordnen, nicht zu kontrollieren waren. Das waren ganz wichtige Dinge damals. Es gab immer wieder Krach und wilde Anrufe, aber es ging eine Zeitlang. Rudolf Bahro war ein ständiger Mitarbeiter, den habe ich damals auch über Nahke kennengelernt, der schrieb schon in der »Jungen Kunst«. Eine bezeichnende Geschichte für die Zeit war, daß ich später einmal, 1963, im »Forum« im Auftrag von Nahke eine Kritik am Volksbildungsministerium mit Namensnennung des Ministers geschrieben habe.[25] Allerdings saß der Minister schon auf dem Schleudersitz, das wußte ich aber nicht, Nahke wußte es wahrscheinlich, immerhin war es das einzige Mal in der Geschichte der DDR, daß ein Minister in einem offiziellen Organ mit Namen genannt und kritisiert wurde.

Das war da plötzlich möglich. Danach kam das sogenannte Jugendkommuniqué – das ist im Westen wahrscheinlich gar nicht aufgefallen, das war so was wie die Kulturrevolution in der DDR, durchgesetzt von Ulbricht gegen die Mehrheit des Politbüros. In der Diskussion im Politbüro darüber wurde Ulbricht direkt vorgeworfen, das sei ein »innerer Staatsstreich«. Es ging darum, junge Kader zu etablieren, die Überalterung der Partei und der Apparate zu bekämpfen. Ulbricht hat das durchgesetzt, dann ist es aber wieder versackt, weil dadurch natürlich Kräfte frei wurden, die man nicht mehr in der Hand hatte. Und dann kam der Gegenschlag, auch von Ulbricht, zum Beispiel gegen Henselmann. Er war in einem Interview gefragt worden, was wichtig wäre für die Ausbildung der Architekturstudenten, und er hat gesagt: »Das Wichtigste ist, daß die Studenten rechtzeitig Kontakt mit den Leuten bekommen, die das Zeug bauen, und mit den Leuten, die darin wohnen sollen.« Sie sollten auf die Baustellen gehen und mit den Arbeitern diskutieren. Dann wurde er ins ZK bestellt und von Walter Ulbricht zusammengedonnert, was ihm einfiele, die Studenten sollten studieren und die Arbeiter sollten arbeiten. Das war dann die Reaktion auf das Aus-dem-Gleis-Geraten dieser Bewegung, das wurde dann die Strategie: Keine Kontakte von Intellektuellen zu Arbeitern, die Schichten oder Klassen trennen.
Alle diese kleinen Subversionsversuche sind später systematisch eliminiert worden. Ungarn 1956 war

eigentlich schon das Ende. Man darf das alles nicht überschätzen. Bahro war damals ein blauhemdiger FDJler, das ist klar, aber trotzdem gab es ein paar Abweichungen, sicher auch aus einer illusionären Vorstellung von der wirklichen Situation. Manchmal war es sogar so, daß die Dogmatiker in der Partei besser wußten, wie die wirkliche Lage war. Die große Qualität von Ulbricht war, daß er nie versucht hat, populär aufzutreten oder populistisch zu sein. Er hat damit gerechnet, daß er ein Volk von Feinden regiert, Honecker dann nicht mehr. Einige dieser kritischen Impulse gingen dann später in die Kultur ein. Biermanns große Zeit zum Beispiel waren die 60er Jahre, er war zuerst Assistent am Berliner Ensemble, da kannte ich ihn ganz gut, er war oft bei uns zu Hause und schrieb immer sehr schöne Abend-Regie-Berichte. Die 60er Jahre, das war seine Zeit. Das BAT, das Berliner Arbeiter-Theater, war eine Biermann-Gründung, wenn auch nicht von ihm allein. Da gab es ein Stück von Biermann, 1961, »Berliner Brautgang«, ein positives Stück über den Mauerbau, über die Rettung einer vom kapitalistischen Sumpf bedrohten jungen Frau, sie wird durch den Mauerbau vor diesem Sumpf gerettet. Manfred Krug hat zu der gleichen Geschichte einen Film geschrieben, bei Biermann war es poetischer. Das Stück wurde verboten. Auch die Zustimmung zum Mauerbau war ein Tabu, wenn sie klug formuliert war.

Der 17. Juni 1953

Den 17. Juni habe ich nur als Beobachter erlebt. Ich weiß, daß alles ziemlich überraschend kam. Ich wohnte damals in Pankow, ich hatte im Radio gehört: Streik, Stalin-Allee, Demonstrationen. Ich wollte mir das ansehn und ging zur Straßenbahn, die Straßenbahn fuhr nicht, dann bis zur U-Bahn, die U-Bahn fuhr auch nicht. Aus dem U-Bahn-Schacht stieg Stephan Hermlin, pfeiferauchend. Er war der einzige bekannte Prominente, den ich auf der Straße gesehen habe. (Ich muß ein Gespenst gesehen haben. Hermlin sagt, daß er zu in dieser Zeit in Budapest war.) Ich bin dann zu Fuß ins Zentrum, bis in die Leipziger Straße, vor dem Haus der Ministerien stand ein Pulk von Leuten, Funktionäre, einen davon kannte ich. Ich merkte, die Leute waren eher angenehm erregt. Dann bin ich in Richtung Alexanderplatz gelaufen, und da wurde es dann schon turbulent, da brannten Kioske, da war schon zu sehen, was der Brecht ganz gut beschrieben hat: Es bildeten sich Klumpen von Leuten, und es stiegen Redner daraus hervor. Ein fast biologischer Vorgang. Für Brecht waren das die Feme-Gesichter, hagere, fanatische Gesichter. »Spitzbart weg! Russen raus!«-Rufe. Dann kamen die Jugendlichen aus West-Berlin, Ringelsocken und Windjacken, das war die Jugendmode damals, große Fahrradkolonnen, die sich da einmisch-

ten. Ich stand auf dem Alexanderplatz und sah und hörte einem Redner zu, der für die Freiheit kämpfte, und plötzlich trat ein älterer Mann neben mich und sagte: »Ein Verrückter, was?« Er sah sympathisch aus. Er sagte: »Komm mal mit.« Der wollte offenbar mit mir den Redner hochnehmen, suchte einen Verbündeten. Ich habe mich mit ihm in die Menge begeben und mir dann einen anderen Weg gesucht. Das hatte zur Folge, daß ich ein paar Wochen später in Pankow Besuch kriegte von einem Mitarbeiter der Staatssicherheit. Er zeigte seinen Dienstausweis und fragte mich nach dem Ingenieur, der über mir wohnte. Ich fragte, wie er darauf komme, ich kenne den gar nicht. Und er: »Na, du warst doch am 17. Juni auf dem Alex.« Diese Vernetzung fand ich schon stark. Der Mann ist dann wieder gegangen, es war nichts weiter.
Ich kam dann zum Potsdamer Platz. Das war das Hauptschlachtfeld. Da kamen dann auch die Panzer, da brannte schon sehr viel, das Columbia-Haus. Man sieht ja immer nur Segmente, wenn man selbst dabei ist. Es war einfach interessant, ein Schauspiel. Ich hatte so etwas vorher noch nie gesehen. Wie eine Menschenmenge auf Panzer reagiert, wie sie sich dann zerstreut. Dieser 17. Juni kam für mich überraschend. Mir sind da nur ein paar Zusammenhänge aufgefallen. Vorher gab es so was wie den Neuen Kurs, und das war auch im »Sonntag« so, der ganze Progadanda-Apparat wurde in Frage gestellt. Mein kritischer Artikel über Radiosendungen in der DDR, geschrieben im Auftrag

der Redaktion, war dann schon nicht mehr gedruckt worden. Der Wind hatte sich schon wieder gedreht. Als die Panzer auftauchten, merktest du bei den Russen deutlich das Zögern und daß sie eigentlich damit gar nichts zu tun haben wollten, die standen einfach da, und wenn da was passiert ist, dann war es ein Unfall. Da bin ich ganz sicher, die hatten offenbar keinen eindeutigen Befehl, die DDR-Polizei hatte sowieso Schießverbot von Ulbricht, und die Russen haben das auch nicht gern gemacht. Von Brutalität war da keine Rede. Es ging zunächst nur um Stillegung, der Terror kam erst danach, die Verhaftungen, die Prozesse, aber die Sache selbst war eher ein klinischer Vorgang. Das kann in den Provinzen anders gewesen sein. Ich hatte selbst keine Hoffnungen, auch keine zerschlagenen, ich war ein Beobachter, nichts weiter. Ich hatte zum Beispiel mit Ulbricht weder positiv noch negativ etwas im Sinn. Ulbricht war eine komische Figur für uns alle. Für viele Leute war er eine Haßfigur. Gefürchtet haben ihn die Leute, die genauer Bescheid wußten. Das Merkwürdige am 17. Juni war, daß die Niederwerfung des Aufstandes so reibungslos geklappt hat. Das hing wohl auch damit zusammen, daß der 17. Juni in die Semesterferien fiel, die Studenten konnten sich gar nicht beteiligen, weil sie nicht da waren. Das war ein wichtiger Punkt, glaube ich. Der Ausgangspunkt in Berlin war die Stalin-Allee, Bauarbeiter. Da gibt es eine ganz gute Untersuchung drüber. Die Bauarbeiter-Gewerkschaft war vor dem Krieg die Gewerkschaft mit den

meisten Kommunisten, also dann danach mit den meisten Lücken. Nach dem Krieg wurde nichts so dringend gebraucht wie Bauarbeiter, die Russen haben alles, was Nazi gewesen war – außer den, nach ihren Kategorien, Kriegsverbrechern –, auf den Bau geschickt, das waren Offiziere, Studienräte, Lehrer, Angestellte, Beamte. Die wurden alle Bauarbeiter, das heißt, sie kriegten die beste Verpflegung, Schwerstarbeiterzuschläge, ihre Kinder waren Arbeiterkinder und durften bevorzugt studieren.
Es gab etwas Merkwürdiges vorher, vor dem 17. Juni, den Hucker-Streik. Hucker waren die, die die Steine auf dem Rücken schleppten, das Gerüst hoch. Das wurde irgendwann mechanisiert und deswegen streikten die Hucker, weil sie dadurch einen Lohnverlust erlitten, das war noch vor dem 17. Juni, und danach wurden die Normerhöhungen wieder zurückgenommen, noch vor dem 17. Juni. Nach der Zurücknahme kam dann der Aufstand. Natürlich hat mit Sicherheit auch der Westen mitgemischt, das ist klar, vielleicht nicht so ausschließlich wie Stefan Heym das darstellt in seinem Buch, aber einiges stimmt da sicher. Er kannte ja den CIA.
Die Ulbricht-Beschreibung von Hermlin ist ganz gut. Hermlin hatte mit der DEFA zu tun, da war erst mal alles sehr liberal. Erst waren die Sowjets da, die Kulturoffiziere, dann so Halbintellektuelle von der Partei. Hermlin kam irgendwann zu einer DEFA-Beratung, und da saß ein Mensch mit einem Spitzbart, den er

nicht kannte, und der erhob sich plötzlich und sprach, und es war eine Eiseskälte im Raum. Das beschreibt er sehr gut, das Auftreten von Ulbricht. Ulbricht war eiskalt. Ganz gut ist auch die Beschreibung von Gadamer. In einem Gespräch mit ihm, das Sebastian Kleinschmidt von »Sinn und Form« geführt hat, beschreibt Gadamer Ulbricht, den er kannte, als Feigling. Die Qualität von Ulbricht war, daß er ein Feigling war und deswegen geeignet für die Diktatur. Die Angst hat er in Moskau gelernt. Stalin liebte ihn nicht. Ulbricht wußte genau, daß er nicht beliebt war. Wenn Not am Mann war, hat er natürlich auch Kinder geküßt. Eine finstere Figur. Er war eine Entsprechung zu Adenauer.
Sein Plan, die DDR autark zu machen, war schwachsinnig, aber es war seine beste Idee. Verbal war er den Sowjets gegenüber ganz devot, verlogen, wie jeder erfolgreiche Politiker. Irgendwann traf ich in Ahrenshoop Jan Koplowitz, einen DDR-Schriftsteller, er erzählte mir, er habe Ulbricht getroffen, und der habe ihn gefragt: »Nu, Genosse Koplowitz, was schreibst'n jetzt?« Koplowitz war noch im »Bund proletarisch-revolutionärer Schriftsteller« gewesen und sagte: »Ich will jetzt ein Buch über den 17. Juni schreiben.« Da hat ihm Ulbricht erklärt, wie er das schreiben muß: »Nu, paß uff, das mußte so schreiben. Da ist ein Funktionär, ja, und der hat Mist gebaut und muß in die Produktion, an die Basis. Und nu hat er weeche Hände, Macht macht weeche Hände, und kann nicht arbeeten, und nu moopt er.« Also eine Erklärung des 17. Juni aus der

Schwierigkeit eines geschaßten Funktionärs, der an die Basis versetzt wird und nicht mehr so richtig körperlich arbeiten kann und dann anfängt, die Proleten zum Aufstand anzustacheln, damit er nicht mehr arbeiten muß. Die wirkliche Geschichte war ja wohl, daß Ulbricht, Honecker und ein Dritter nach Moskau bestellt wurden, und sie wurden da mit dem Konzept von Berija konfrontiert, die DDR aufzugeben. Also freie Wahlen und Schluß mit dem Experiment. Sie waren einverstanden, sie mußten es sein, kamen zurück nach Berlin, und da war der 17. Juni. Und der 17. Juni hat ihnen geholfen, dadurch konnten sie überleben. Aber es gab dann wieder ein Problem, Ulbricht bat die Russen, einzugreifen, und die wollten nicht. Sie haben zunächst gesagt: »Das ist eure Sache.« Und erst über Moskau hat Ulbricht erreicht, daß sie doch eingegriffen haben. Das ist, glaube ich, ein Drehpunkt in der DDR-Geschichte, der 17. Juni als die letzte Chance für eine neue Politik, für eine andre DDR-Geschichte, verpaßt aus Angst vor der Bevölkerung und vor dem übermächtigen westlichen Gegner. Aber vielleicht ist auch das eine Illusion.

Erinnerst Du Dich an Stalins Tod?

Der Tod Stalins spielte für mich eigentlich keine große Rolle. Er war für mich schon lange tot. Über die ganze Dimension des Stalinismus war ich mir 1952/53 allerdings noch nicht im klaren. Theoretisch hätte ich es wissen müssen, weil ich die Literatur darüber zum großen Teil kannte, von Koestler bis zu Albrechts Buch über die Gulags. Aber natürlich hat man das doch irgendwie verdrängt oder nicht in dem ganzen Ausmaß wahrgenommen oder im Gedächtnis behalten. Als Rechtfertigung und Verdrängungshilfe dienten der Kalte Krieg und die Auspowerung der Dritten Welt, die durch die Oktoberrevolution in Bewegung gekommen war, durch die kapitalistische Erste.

»Der Lohndrücker«

Dein erster fester Wohnsitz in den 50er Jahren war bei Inge, Deiner zweiten Frau ...

Ja, sie wohnte in einem Haus in einer Siedlung, die für SS-Offiziere des Lagers Sachsenhausen gebaut worden war, da wohnten nach dem Krieg Funktionäre. Es waren sehr solide gemauerte Klinkerhäuser mit großem Komfort, von Häftlingen gebaut. Inge war, vor unserer Ehe, mit dem ökonomischen Direktor des Friedrichstadt-Palastes verheiratet, der vorher Direktor des Zirkus Busch gewesen war. Der Generalstaatsanwalt lebte dort in der Siedlung, die Witwe von Friedrich Wolf und viele andere.

Wie hast Du Inge getroffen?

Ich habe Inge in der Arbeitsgemeinschaft junger Autoren im Schriftstellerverband kennengelernt. Wir lasen einander unsre Texte vor, die dann diskutiert wurden. Der eigentliche Anfang unsrer Beziehung war, daß wir in eine Kneipe in der Zetkinstraße gingen, sie hatte eine grüne, gestreifte Bluse an, der oberste Knopf dieser schönen, teuren Bluse war auf, sie erzählte von zu Hause, und ich erfuhr, daß sie zu den oberen Zehntausend gehörte, und ich weiß noch diesen Moment, als meine proletarische Gier auf die Oberschicht sich regte. Bei Inge war dann mein erster fester Wohnsitz. Ihr Mann hat mit uns dort im Haus gewohnt, allerdings auf einer anderen Etage. Trotzdem war es traumatisch. Er hat als Funktionär am Anfang sogar versucht, mich per Staatssicherheit aus dem Haus herauszukriegen. Das ist ihm aber nicht gelungen. Das waren schon ziemliche Kämpfe im dunkeln.

Was machte Inge damals, als Du sie kennenlerntest?

Inge schrieb damals Kinderbücher – ein Kinderbuch war schon erschienen – und Kinderreime, Kinderverse, Programme für Kinder, Revuen oder auch mal ein Programm für den Friedrichstadt-Palast. Ich habe den großen Fehler gemacht, ihr zu sagen, was ich davon hielt. Ich war jung und arrogant. Dann begann ihr großer Kampf, mir zu beweisen, daß sie auch anders schreiben konnte. Selten hat sie mir etwas davon gezeigt. Wir waren zusammen auf der Großbaustelle »Schwarze Pumpe«, vierzehn Tage, drei Wochen, Material sammeln für ein Hörspiel, »Die Korrektur«.[26] Das war eine Auftragsarbeit für den Rundfunk. Inge hat fotografiert, wir haben mit vielen Leuten geredet, sie konnte sehr gut mit Leuten sprechen. Und wir haben zusammen eine Materialsammlung angelegt. Dann habe ich das Ding geschrieben, und da sie an der Vorbereitung beteiligt gewesen war, im Grunde mehr als ich, ich brauchte wenig Material, habe ich sie als Mitautorin genannt. Der Hacks sagte mir damals, daß das ein schwerer Fehler gewesen sei, und das stimmt, das hätte ich nicht tun sollen, denn es entsprach nicht den Tatsachen. Andrerseits: Was ist ein Autor? So kam ein Riß in die Beziehung. Auch bei »Lohndrücker« habe ich ihren Namen als Mitautorin genannt. Sie hatte in dem Betrieb, Siemens-Plania, in dem die Handlung spielt, gearbeitet, wahrscheinlich schwerer als ich an dem Stück, als der Betrieb noch von den Russen verwaltet war, Aufräumungsarbeiten. Ich hatte den Betrieb nie gesehen, hatte auch nie das Bedürfnis. Das Milieu interessierte mich gar nicht.

Wie sah Euer Leben damals, davon abgesehen, aus?

Draußen in Lehnitz war viel Platz, und wir hatten viel Besuch. Djacenko hatte ein Haus am See, auch ein Boot, und so sahen wir uns dort. Boris Djacenko habe ich als Autor durch einen Novellen-Band kennengelernt, den ich für die NDL rezensiert habe.[27]

Damals trafst Du auch Peter Hacks ...

Inge und ich waren oft bei Hacks, und Hacks war oft bei uns. Hacks war damals schon ein etablierter Dramatiker. Er hatte zusammen mit seiner Frau eine Übersetzung für das Berliner Ensemble gemacht, »Playboy of the Western World« von Synge. Brecht hatte ihm ab und zu einen weisen Ratschlag erteilt. Einen hat er befolgt, mit seinem Stück »Der Müller von Sanssouci«. Die Idee war von Brecht. Ich habe sie dann noch einmal kolportiert.[28] Hacks fühlte sich als eine Art Praeceptor Germaniae. Er hatte »Lohndrücker« gelesen und fand, daß es ein großes Stück sei. Es war für ihn – wie er sich ausdrückte – nur etwas positivistisch. Ich wußte nicht, was positivistisch ist, und habe im Fremdwörterbuch nachgeschlagen. Daraufhin habe ich drei Szenen dazugeschrieben, die ganz schlecht sind. Später habe ich sie wieder herausgestrichen. Hacks sprach und dachte in vorgegebenen Kategorien und Sprachformen, die von der Universität kamen. Ich hatte nie eine solche Sprache, ich mußte mir meine Terminologie selbst machen. Deswegen gab es von Anfang an Mißverständnisse, aber er war immer sehr fair. Zum Beispiel bei den Auseinandersetzungen im Schriftstellerverband um die »Umsiedlerin« 1961 war Hacks neben Hans Bunge, der aber nicht Mitglied des Schriftstellerverbandes war, der einzige mit einer solidarischen Haltung. Er war der einzige, der dort nicht für meinen Ausschluß gestimmt hat. Hacks hat auch als einziger in der Versammlung etwas Positives über das Stück gesagt. Wir mußten ihn sogar bremsen, damit er nicht noch mehr Positives sagt. Wirklich eine absolut faire Haltung. Das hörte dann schlagartig auf, als nicht mehr gesagt wurde: »Müller, nach Hacks der bekannteste ...«, sondern: »Müller, der neben Hacks ...« Das war das erste. Dann fiel der Name Hacks ganz weg, und dann war es aus. Seitdem ist da eine Feindschaft.

Ganz konkret seit meiner »Macbeth«-Bearbeitung. Da hat er – das behauptet zumindest Harich – Harich animiert, seine Polemik in »Sinn und Form« zu schreiben.

1956 hast Du »Lohndrücker« geschrieben, Dein erstes großes Stück, unter Mitarbeit von Inge.

Geschrieben habe ich es allein, und zwar lediglich am Schreibtisch. Es gab unter anderem ein gutes Material, das die Rülicke für Brecht zusammengestellt hatte. Sie hatte mit diesem DDR-Helden der Arbeit Hans Garbe, dem lebenden Vorbild für die Hauptperson, Tonband-Interviews gemacht, weil Brecht darüber schreiben wollte. Der erste Impuls war die Garbe-Geschichte aus der Zeitung, danach ein unsägliches Buch »Helden der Arbeit«. Das waren die ersten Quellen. Dann kam das Buch von Claudius, »Menschen an unserer Seite«, das ich allerdings nie gelesen habe. Der eigentliche Anlaß war, daß auf einer Parteikonferenz den Schriftstellern dieser Stoff ans Herz gelegt worden war. Das Brecht-Fragment kannte ich nur als Gerücht. Meine Kenntnisse über das Arbeitermilieu, über die Anfänge der DDR-Industrie, stammten aus der Zeit in Frankenberg, wo ich Drehbänke entrostet hatte. Und ich hatte keine Schwierigkeiten, Arbeiter zu beschreiben. Ich kannte ihre Sprache. Das war die Welt, in der ich aufgewachsen war.

Wenn man so will, eine Auftragsarbeit für die Partei.

Es ist mir bis heute überhaupt nicht unangenehm, wenn man mir Aufträge gibt. Ich war auch jahrelang darauf angewiesen. Auch »Der Bau« war eine Auftragsarbeit, und vorher »Korrektur«, dann »Klettwitzer Bericht«[29], ebenfalls eine Auftragsarbeit, ein furchtbares Opus, was mit den Bedingungen zusammenhing. Ich war nach Klettwitz geschickt worden, weil dort eine Förderbrücke abgestürzt war, eine große Katastrophe. Die Sendung des Hörspiels »Korrektur« war verboten worden, und ich brauchte Geld. Im Rundfunk waren sie mir freundlich gesinnt: »Du fährst nach Klettwitz, dann kriegst du wieder eine Rate.« Und so bin ich mit der ersten Rate in der Tasche nach Klettwitz gefahren, und dann hörte ich da finstere Geschichten über dumpfe Verwicklungen, Sabotage, Stasi, alles mögliche. Es war gar nicht mehr möglich, darüber etwas Realistisches zu schreiben. Das war aussichtslos. Und so habe ich dann eine Hymne verfaßt, ganz abstrakt. Es war der erste Text, der in der Parteizeitschrift »Einheit« lobend erwähnt wurde, weil ich mich auf dem Weg zum sozialistischen Realismus befände.

*Die Uraufführung von »Lohndrücker«
fand 1958 in Leipzig statt.*

Ich war bei dieser Premiere nicht dabei, erst später in Berlin am Maxim-Gorki-Theater. Hans Mayer hat die

Aufführung gesehen, wie er mir später in dem Gratulations-Brief zum Ausschluß aus dem Schriftstellerverband schrieb. Er schrieb, daß er das Stück damals gesehen und auch in einem Vortrag in Warschau darüber berichtet hätte. »Lohndrücker« war für ihn das erste Beispiel für eine offene Dialektik nach Brecht, über Brecht hinaus. Die Theater-Leute in Berlin meinten, daß »Lohndrücker« zu kurz wäre für einen Abend, deswegen zusammen mit »Korrektur« aufgeführt werden sollte. Die Aufführung wurde zunächst verboten. Der Streitpunkt war »Korrektur«. »Lohndrücker« war schon gegessen durch die Aufführung vorher in Leipzig. Ich habe »Korrektur« dann während der Theaterferien umgearbeitet. Die Korrektur der »Korrektur« ist nur als Dokument interessant. Ich hatte »Korrektur« in der ersten Fassung zunächst mit Geld vom Rundfunk als Hörspiel geschrieben. Die Sendung wurde vom Rundfunkkomitee verboten. Dann wurde das Band in »Schwarze Pumpe«, dem Braunkohlenkombinat, abgespielt. Das hatte ein Funktionär vom Bauministerium, ein sehr sympathischer Mann, organisiert. Dort wurde es dann einmal in einer Baracke abgespielt, um die Meinung der Werktätigen zu dem Stück zu erforschen. Von der anschließenden Diskussion stammt das in dem Rotbuch-Band abgedruckte Schrumpfprotokoll.[30] Dann gab es noch eine Diskussion in einer Brigade, in der ein Arbeiter fragte: »Ist es Film oder Leben?« Und dann sagte ich: »Es ist nicht Leben, es ist Film.« Und er sagte: »Dann möchte ich doch mal sa-

gen: Wir haben zwar manchmal eine deftige Sprache, das muß man aber doch nicht an die Öffentlichkeit bringen.« Da hatten die Funktionäre wieder ein Argument. Der Terminus war »harte Schreibweise«. Das durfte auch nicht sein.
Und dann die Aufführung. Bei der Generalprobe war Schluß. Die Partei hatte das Verbot ausgesprochen. Die kamen immer zu den Schlußproben, spätestens zur Generalprobe, und da wurde dann entschieden, ob das herauskommen darf oder nicht. In der Bezirksleitung der SED in Berlin gab es einen besonderen Idioten. Das Maxim-Gorki-Theater war ein städtisches Theater, deswegen war zunächst Berlin zuständig, nicht das Kulturministerium. Der hatte schon beim Lesen Schwierigkeiten, sagte er. »Also eh wir uns be . . ., na ihr wißt schon – lassen, baun wir vor.« Er konnte das Wort bescheißen nicht aussprechen. In »Korrektur« standen ja auch wüste Sätze, zum Beispiel, daß bei der Wismut kein Arbeitsschutz existiere, Schächte absoffen. Das ist mir gar nicht klargeworden. Ich war ganz naiv. Ich kannte das einfach. Ich habe Leute gekannt, die bei der Wismut gearbeitet haben. Die Aufführung fand also nicht statt.

Wie ging so etwas formal?

Es gab immer zwei Möglichkeiten, Empfehlung oder Weisung, das heißt Verbot. Bei der Empfehlung, das nicht zu spielen, lag es dann in der Verantwortung des

Intendanten. Bei den meisten Intendanten genügte die Empfehlung. Auf Empfehlungen hat zum Beispiel Besson, als Intendant der Volksbühne, nie reagiert. Bei »Schlacht« 1975, bei »Bauern« 1978 gab es die Empfehlung, das nicht herauszubringen, und er hat die Verantwortung übernommen. Bei »Zement« 1973 am Berliner Ensemble auch, die Berghaus hat es trotzdem gemacht. Diese Empfehlung gab es eigentlich fast immer, die einzige Weisung in der Ära Besson an der Volksbühne bezog sich auf »Weiberkomödie«, ein absolut harmloses Stück.

Sie haben mich bekniet im Theater, der Regisseur, der Intendant, »Korrektur« umzuschreiben, und ich habe es dann umgeschrieben. Und dann gab es einen Kompromiß, es fand eine sogenannte Versuchsaufführung statt, eine geschlossene Vorstellung für Funktionäre und geladene Gäste. In der Pause traf ich Kipphardt, damals Chefdramaturg am Deutschen Theater, er amüsierte sich und sagte, er hätte gerade den Genossen Drommer getroffen von der Kulturabteilung, der hätte gesagt: »Na, Genosse Kipphardt, wie gefällt es Ihnen? So machen wir das jetzt immer.« Nach dieser Versuchsaufführung gab es eine Diskussion in einem größeren Kreis von Funktionären und geladenen Gästen. Wir hatten – der Chefdramaturg war Wolfram – Gerhart Eisler für diese Diskussion angeworben, als bekannten großen Propagandisten. Wir hatten uns vorher mit ihm getroffen, mit ihm gegessen und getrunken, und er hatte alles eingesehen, das müßte man durchsetzen. Dann kam die Diskussion, und der Eisler stand auf und sprach gegen die Aufführung. Da war inzwischen wieder etwas passiert. Gerhart Eisler hatte ein schwieriges Verhältnis zu Ulbricht. Ulbricht haßte ihn. Der Hintergrund war eine Geschichte um eine Korruptionsaffäre während der Weimarer Republik, in die Thälmann verwickelt war. Thälmann hatte einen Kumpel, der gerade aus dem Gefängnis kam, zum Kassierer des »Roten Frontkämpfer-Bundes« gemacht, und der hatte aus Gewohnheit in die Kasse gegriffen, auch noch vor einer Reichstagswahl, bei der Thälmann der Spitzenkandidat der KPD war. Die Intellektuellen in der Parteispitze, Gerhart Eisler besonders, hatten nun verlangt, den Skandal mit dem Kassierer öffentlich zu machen, weil man dadurch seine Kraft bewiese, aber Ulbricht war natürlich für Unterdrückung, für Vertuschung des Skandals. Ulbricht hatte sich Rückendeckung aus Moskau geholt. Und Gerhart Eisler war der Stänkerer, wie die Intellektuellen überhaupt, die Geschichte zog sich durch. Das war der Hintergrund.

Auf dieser Versammlung redeten fast alle Funktionäre gegen die Aufführung: ein falsches Bild der Arbeiterklasse, Beleidigung der Arbeiterklasse, Verzerrung der sozialistischen Realität, das übliche. Das war immer derselbe Katalog, ohne jede Differenzierung. Die einzige Störung in der Debatte war Hans Garbe, den ich inzwischen auf Proben kennengelernt hatte. Als er auf die Proben kam, war er schon entwurzelt, war zu einer

öffentlichen Figur gemacht worden, das hat er selbst auch gut beschrieben, wie das war, wenn man ihm sagte: »Jetzt mußt du reden. Wir schreiben dir das auf.« Dann stand er oben und sollte eine Rede halten, er konnte das gar nicht, er wurde immer mehr sich selbst entfremdet, eine öffentliche Figur, mit der er sich gar nicht identifizieren konnte. Er hatte seine Identität an den Staat abgegeben, ein volkseigener Mensch. Deshalb hat es ihn auch nicht gestört, daß ich ihm im Stück eine Nazi-Vergangenheit angedichtet habe, die er gar nicht hatte. Eine Geschichte, die er gern erzählte: Brecht fuhr nach Buckow mit einer Remington-Schreibmaschine, weil er da schreiben wollte, und die Volkspolizei hat ihm bei einer Kontrolle die Schreibmaschine abgenommen, weil er nicht nachweisen konnte, wo er die herhatte. Und dann hat Brecht hilflos und berechnend den Garbe, den verdienten Arbeiter, angerufen. Garbe hat auf Grund seiner Beziehungen zu höchsten Staatsstellen erreicht, daß Brecht seine Schreibmaschine wiederkriegte. Darauf war Garbe sehr stolz. Eine andere Geschichte: Garbe hatte Rheuma, Brecht hatte auch Rheuma, und Brecht sagte: »Da habe ich doch was zum Einreiben, lassen wir uns doch mal von der Rülicke einreiben.« Dann hat Brecht sich einfach ausgezogen und sich von der Rülicke einreiben lassen. Garbe sagte: »Ick sollte mir ooch ausziehn, aber ick konnte det nich.«
Garbe stand also bei der Diskussion nach der Versuchsaufführung auf und sagte: »Also, Genossen, ich

möchte mal sagen, es war noch viel schlimmer.« Dann erzählte er wüste Geschichten. Wie er nicht nur von seinen Kollegen, sondern auch vom Parteisekretär fast gekillt worden war wegen seiner Aktivistentat, wie ihn die Partei behindert hat und alles mögliche, dagegen war das Stück harmlos. Die Funktionäre waren peinlich berührt und ignorierten die Störung.

Es war beschlossen: Das Stück wird nicht aufgeführt. Mäde, der Regisseur der Aufführung, hat mir hinterher erzählt, er hätte mich nie so bleich gesehen wie bei dieser Debatte. Das Ganze hat mich wahrscheinlich tiefer getroffen als später die Kampagne gegen die »Umsiedlerin«. Die Intellektuellen hatten keine Chance. Kipphardt hat nichts gesagt, keiner hat etwas gesagt. Von vornherein waren die Panzer aufgefahren, zum Beispiel die damalige Stadträtin für Kultur, eine Walküre. Die Aufführung wurde von der Bezirksleitung verboten. Dann hat das Zentralkomitee das Verbot der Bezirksleitung aufgehoben, und es durfte gespielt werden. Plötzlich war es dann ein großes Werk des sozialistischen Realismus. Ich weiß nicht, was da an Machtkämpfen im Hintergrund gelaufen ist. Daß das ein Problem gewesen war, merkte man an den Formulierungen im »Neuen Deutschland«, dort stand dann: »Haben wir mit ›Lohndrücker‹/›Korrektur‹ ein Werk des sozialistischen Realismus? Jawohl, wir haben es!« Da hatte offenbar eine Fraktion über eine andere gesiegt. Das hing mit irgendwelchen ökonomisch-politischen Machtkämpfen zusammen, die ich nicht durchschaut habe. Die wurden ja oft in der Kultur ausgetragen.

Plötzlich war das Stück sogar preiswürdig ...

An sich war vorgesehen, daß wir den FDGB-Preis für das Stück kriegen sollten, das waren mindestens 10 000 Mark mehr als der Heinrich-Mann-Preis. Aber dazu kam es nicht, weil kurz danach Ulbricht den Kampf gegen das sogenannte »didaktische Lehrtheater« eröffnet hatte, was auch schon als Formulierung eine Leistung war. Der muß wirklich schlechte Referenten gehabt haben. Die Polemik von Ulbricht gegen das didaktische Lehrtheater ging wieder gegen die Brecht-Nachfolge. Gegen die volle, runde, saftige Menschendarstellung war dieses didaktische Lehrtheater eben dürr, abstrakt, den Werktätigen fremd, der Realität nicht gewachsen und so weiter. Als positives Gegenbeispiel wurde uns zum Beispiel Pavel Kohouts Stück »So eine Liebe« vorgehalten. »Lohndrücker/Korrektur« war didaktisches Lehrtheater, deswegen fiel der FDGB-Preis aus. Wir kriegten nur – das war wiederum eine Geste der Akademie der Künste gegen diesen Trend – den Heinrich-Mann-Preis der Akademie, aber es waren 10 000 Mark weniger.

Noch mal zu den Recherchen mit Inge für »Korrektur« vor Ort . . .

Ich war mit Inge zwei, drei Wochen auf der Baustelle »Schwarze Pumpe« gewesen. Der Rundfunk wollte von mir ein Hörspiel über die »Produktion«. Ursprünglich hatte ich auch »Lohndrücker« als Hörspiel konzipiert, mit Zwischenberichten von Figuren, die über sich erzählten. Das war einfach der schnellste Weg, zu Geld zu kommen. Dieser Text ist leider verschollen, er war, glaube ich, ganz gut. Dadurch waren sie im Rundfunk darauf gekommen. Die mußten ja immer ihren Themenplan erfüllen und fragten mich, ob ich ein Hörspiel, etwas über »Schwarze Pumpe«, schreiben könnte. Das wurde »Die Korrektur«. Damals war »Schwarze Pumpe« das größte Industrie-Projekt der DDR. Das Ziel war, die DDR autark zu machen. Auf der Baustelle ging ein Volkslied um: »Der Pole kriegt die Kohle, der Tscheche kriegt das Licht, der Deutsche kriegt nischt!« Die hatten das da schon erfaßt. »Schwarze Pumpe« war das erste Renommierobjekt von Ulbricht, das zweite war dann das Eisenhütten-Kombinat Ost, ein Stahl- und Walzwerk. Wir waren zwei Wochen dort. Wir trafen dort einen Haufen von Abenteurern, von Goldgräbern, sie nannten sich Goldgräber. Kriminelle, Asoziale, ein wüster Haufen, nomadische Figuren, die von einer Großbaustelle zur andern zogen, auch alte Nazis, die einfach nur für viel Geld das Ding dort aus dem Boden gestampft haben, Anarchisten, Figuren wie Fondrak aus der »Umsiedlerin«, die in allen meinen Stücken auftauchen. Keine domestizierten Industriearbeiter, eher entwurzelte Bauern oder Kleinbürger. Wir haben mit denen dann nicht nur Interviews gemacht, wir haben auch in den Baracken gewohnt und mit ihnen gefrühstückt und mit ihnen getrunken, abends, und auf den Baustellen. Da war die Inge sehr gut, sie hat schnell Vertrauen erweckt, sie war auch attraktiv, und dann versammelte sich alles um unseren Tisch, denn Frauen waren knapp. Das war so ein Köder, da erzählten sie. Ich erinnere mich an eine Episode: Irgendwann sprach mich ein Arbeiter an: »Du bist Schriftsteller, na ja, was schreibst du? Über ›Schwarze Pumpe‹? Wenn du dir das Genick brechen willst, komm um acht, und ich erzähl dir, wie es hier zugeht.« Aber er kam dann nicht. Trotzdem haben sie mir eine Menge erzählt, die andern.

Hatte das bereits mit dem sogenannten
»Bitterfelder Weg« zu tun?

Die Bitterfelder Konferenz, das war später, 1959. Dieses Bitterfelder Programm, »Greif zur Feder, Kumpel«, war ja ganz einsichtig, heraus kam eine Parodie, Domestizierung statt Klassenemanzipation. Auch eine ABM für erfolglose Schriftsteller. Die Höhen der Kultur mußten planiert werden, damit sie erstürmt werden konnten. Ich habe einmal einen Zirkel schreibender Arbeiter besucht, er bestand aus schreibenden Sekretärinnen, schreibenden Buchhaltern und zwei Renommierarbeitern. Der Zirkel wurde von einer älteren Lyrikerin angeleitet, die brachte denen bei, wie man Naturgedichte schreibt. Generationen von Schriftstellern lebten von dieser Tätigkeit. Einige ernst zu nehmende Autoren sind aus diesen Zirkeln hervorgegangen, Werner Bräunig zum Beispiel. Bräunig hat einen Wismut-Roman geschrieben, der nicht erschienen ist, weil er die Realität beschrieb.

Erinnerst Du Dich an die Preisverleihung 1959?

Den Heinrich-Mann-Preis bekam ich mit Inge für »Lohndrücker« und »Korrektur«. Ich erinnere mich daran, daß Inge krank war, ich bin also allein dorthin gefahren. Mein erstes Problem war, daß ich keinen Anzug hatte, auch keine vorzeigbare Jacke, und so erschien ich schon in einem unpassenden Aufzug. Das war übrigens auch schon kurz vorher bei der Premiere von »Zehn Tage, die die Welt erschüttern« in der Volksbühne der Fall gewesen, da waren die Schauspieler zu Tode beleidigt über meine Gummijacke, weil sie dachten, ich wollte damit meine Mißachtung ihrer Arbeit zum Ausdruck bringen. Ich hatte aber keine andere Jacke. Zu dem Ritual der Preisverleihung gehörte, daß man etwas vorliest. Ich las also irgend etwas vor – ich weiß nicht mehr, was. Die meisten älteren Herren waren natürlich schon schwerhörig und etwas pikiert, daß sie nichts verstanden. Ich bin dann zusammen mit Hans Henny Jahnn und Ludwig Renn im Taxi gefahren. Mich interessierte Hans Henny Jahnn natürlich am meisten, der wohnte bei Ludwig Renn in Pankow. Jedenfalls fuhr ich mit den beiden Taxi und wagte es, mir eine Zigarette anzuzünden, worauf beide mir einen großen Vortrag hielten, daß das Rauchen gesundheitsschädlich sei. Und Ludwig Renn erzählte mir, wie er sich im Spanischen Bürgerkrieg in der Schlacht von Teruel das Rauchen abgewöhnt hatte, im Kugelhagel.

Hat sich durch den Preis Eure Lage verändert?

Die einzige Veränderung durch den Preis war, daß wir nun Geld hatten, um eine Urlaubsreise, nach Bulgarien, anzutreten, mein erstes Ausland.

Wie ging es nach »Lohndrücker« mit Deiner Arbeit weiter?

Nach der Premiere von »Lohndrücker« am Maxim-Gorki-Theater kriegte ich dort einen Dramaturgenvertrag. In der Zeit gab es dann Aufträge des Theaters, zum Beispiel machte ich eine Fassung von »Aristokraten« von Pogodin, das war ein Stück über die ersten Straflager in der Sowjetunion am Eismeerkanal, die natürlich nicht Straflager hießen. Es waren die ersten von der Tscheka bewachten Lager, wo Tausende umgekommen sind. Das Stück von Pogodin beschreibt das eher lustig als eine Umerziehung von Kriminellen zu fröhlichen Bolschewiken, trotzdem wurde die Aufführung verboten. Mich hat das interessiert wegen des Themas, das hier zum ersten Mal vorkam, auch wegen der Figuren, der Kriminellen, Nutten, Zuhälter. Ich habe eine Fassung gemacht mit einem – von heute aus betrachtet – blamablen Prolog, der aber Gott sei Dank verlorenging. Ich erinnere mich noch an ein paar Zeilen: »Sie sehn in unserm Musentempel / heut mit Erlaubnis ein Exempel / wie die Sowjetmacht mit Gaunern verfuhr / im Jahr 23 in freier Natur ...«

Es gibt ein Photo von Dir und Inge aus dieser Zeit, auf dem Ihr mit einem Bauern sprecht ...

Die Geschichte zu diesem Photo ist die Geschichte meines einzigen Versuchs, zusammen mit Inge, ein Szenarium für die DEFA zu schreiben. Ein Dramaturg hatte die Idee, einen Film zu machen über eine besonders schlecht funktionierende LPG. Und sie hatten auch eine gefunden. Wir fuhren da hin und lernten diesen Mann kennen, einen Bauern, der uns die Geschichte seines Eintritts in die LPG erzählt hat. Er war Kommunist oder Sozialdemokrat gewesen vor 1933. Das war bei Halle. Und dort gab es ein Programm einer sozialdemokratischen Regierung, den Arbeitslosen Land zu geben. Er war also seit damals Bauer, seit 1930 oder seit Ende der 20er Jahre. Der Hof funktionierte sehr gut die ganzen Jahre über, und nach dem Krieg auch. Und als die LPG gegründet wurde, wollte er sofort eintreten. Er hatte zwei Söhne. Seine Söhne waren dagegen. Sie wollten nicht das, was sie erarbeitet hatten, einfach aufgeben. Und die Frau war auch dagegen. Sie haben versucht, ihn auszuhungern, das erzählte er. Sie haben den Kühlschrank abgeschlossen oder leergemacht, wenn er nach Hause kam. Er hat schon Galle gespuckt. Er hatte nichts mehr zu essen, war aber zu stolz, irgendwo hinzugehen, um sich Essen zu holen. Und so haben sie ihn dazu gebracht, auszutreten aus der LPG. Für seine Frau, die besonders feindlich gegen ihn war, hätte er Verständnis, sagte er. Und zeigte uns unauffällig die krummen Hände seiner Frau. Sie konnte sie nicht mehr aufmachen, sie waren krumm von 50 Jahren Arbeit.

Inge hat auch für das Maxim-Gorki-Theater gearbeitet …

Es gab ein Stück von einem Iren, das damals sehr beliebt war, das hat Inge bearbeitet. Das war ein Auftrag, eine Geldsache. Sie hat »Unterwegs« von Wiktor Rosow für das Deutsche Theater bearbeitet. Dann ein Hörspiel, »Die Weiberbrigade«. Das basierte auf Material aus »Schwarze Pumpe«. Es war schwer für sie, sich frei zu schreiben, auch frei von mir, außer in den Gedichten, die ich eigentlich erst nach ihrem Tod in ihrer Qualität erkannt habe. Das war ihre eigene Welt. Manchmal hat sie mir eines gezeigt, ganz selten. Sie waren mir fremd. Ich habe nur gemerkt, wenn ich ihr Verbesserungen vorschlug, wurde etwas anderes daraus, etwas für sie Falsches, deswegen ließ ich dann die Finger davon. Es ist schwer, zusammenarbeiten, wenn man zusammenlebt. Da kann man leicht etwas zerstören. In »Bau« gab es zwei Verbesserungen von Inge: »Mein Lebenslauf ist Brückenbau. Ich bin / Der Ponton zwischen Eiszeit und Commune«, hatte ich geschrieben. Sie schlug statt »der Ponton« »die Fähre« vor. Bei mir stand: »Gern laß ich mich in jeden andern sperrn / ob er der erste war oder der letzte / von dem dein Bauch blüht.« Sie bestand auf »Schoß« statt »Bauch«. Der Konflikt eskalierte dann wegen »Umsiedlerin«, auch weil sie da zum ersten Mal völlig ausgeschlossen war. Dann kam der Skandal um das Stück, und Inge wurde wochenlang von der Parteigruppe im Schriftstellerverband bearbeitet, sich von mir zu trennen. Ich sei ein destruktives Element, das die Menschen nicht liebt, und so weiter. Jedenfalls war da ein ungeheurer Druck auf ihr. Später habe ich einen Brief an mich gefunden, in dem sie mir ganz scharf meine Verantwortungslosigkeit vorwirft, dieses Stück in dieser unreifen Form an die Öffentlichkeit gebracht zu haben. In dieser Zeit wurden die Selbstmordversuche auch häufiger, sie war immer wieder im Krankenhaus, es war ein Prozeß bei ihr, der nicht aufzuhalten war, der angefangen hat nach dem Krieg. Sie hatte traumatische Erfahrungen, zum Beispiel war sie verschüttet, sogar zweimal, einmal sehr lange, nach Bombenangriffen, und sie hat ihre Eltern ausgegraben aus einem zerbombten Haus, auf einen Handwagen geladen und begraben, das kam immer wieder hoch bei ihr, wenn sie betrunken war. Wenn sie betrunken in der Wohnung in Pankow saß – wir hatten Fenster mit Kreuzrahmen –, dann waren das immer Grabkreuze, das der Großmutter und das der Eltern. Sie war in Behandlung, aber es nutzte nichts. Herbert Richter hat sie vermittelt an einen Kollegen, der war sicher ein guter Psychiater, aber er war hilflos. Acht Jahre vergingen mit Selbstmordversuchen. Ich habe ihr den Arm abgebunden, wenn sie sich die Pulsadern aufgeschnitten hatte und den Arzt angerufen, sie vom Strick abgeschnitten, ihr das Thermometer aus dem Mund genommen, wenn sie das Quecksilber schlucken wollte, und so weiter. Es war eine schwierige Zeit, ohne Geld, mit Schulden. Sie litt ungeheuer unter solchen Dingen. Mir machte es nichts aus, asozial zu sein, aber für sie war es das Ende. Sie war sehr preußisch erzogen. Manchmal erzählte sie, und ohne Haß, daß ihre Mutter sie geschlagen hat, mit allem, was greifbar war.

Die »Umsiedlerin«-Affäre, 1961

Die Zeit nach »Lohndrücker« und dem Heinrich-Mann-Preis war ein Freiraum für Dein nächstes großes Stück ...

Das Problem mit einer repressiven Kulturpolitik ist ja – damals im Westen und jetzt überall in Deutschland auf andere Weise durch den Druck des Kommerzes –, daß keiner dazu kommt, sich »auszukotzen«. Und das ist ja die Voraussetzung für ein dramatisches Œuvre, daß man wenigstens einmal die Gelegenheit hat, den ganzen »Glanz und Schmutz« seiner Seele von sich zu geben. Die ersten Stücke großer Dramatiker – »Titus Andronikus«, »Räuber«, »Götz«, »Schroffenstein«, »Herzog Theodor von Gotland«, »Baal« – sind ja immer Stücke, in denen die Eimer ausgekippt werden, aus welchen Gründen immer, und in einer repressiven politischen Struktur kommt man schwer dazu, da wird alles schnell verbindlich und orientiert auf ein Bezugssystem. Deswegen war ich Ulbricht dankbar für seinen Einsatz gegen das »didaktische Lehrtheater«, denn danach hat erst einmal niemand gefragt, was wir machten. Ich schrieb in unmittelbarer Verbindung mit der Probenarbeit. Ich habe die Szenen geschrieben, habe sie auf der Probe angesehen, neu geschrieben. Das fängt an mit einer ganz zögernden Prosafassung, bis ich auf den Vers kam. Das war eine Befreiung, das ging immer mehr weg vom Naturalismus. Am Anfang klebte ich am Milieu. Ich habe zwei Jahre daran gearbeitet, die »Umsiedlerin« war zum ersten Mal kein Auftrag. Ich kriegte ein Stipendium, eine Rate sofort und dann noch mal eine, gebunden an das Deutsche Theater, aus dem Kulturfonds. Es war vereinbart, daß Tragelehn eine Versuchsaufführung an der Hochschule für Ökonomie mit Studenten machen sollte. Danach war eine Inszenierung am Deutschen Theater vorgesehn. Tragelehn hatte mit den Studenten schon einmal gearbeitet, er hatte dort die »Korrektur« gemacht. Zwei Jahre hat sich das Theater und der Staat um nichts gekümmert. Ich kriegte ab und zu einen Drohbrief vom Ministerium[31], weil ich nichts geliefert hatte, der mich nicht interessiert hat.

Termine habe ich nie gehalten. Die einzige Möglichkeit, mich zu Terminen zu verhalten, war für mich immer, daß ich sie überschritt. Das Geld wurde zurückgefordert, der Gerichtsvollzieher kam, aber es war dann meine Sache. Ich konnte nicht anders damit umgehen.

Die politische Bedeutung des Themas von »Umsiedlerin« ergab sich eigentlich erst im Verlauf der Arbeit, als die Kollektivierung in der Landwirtschaft der DDR stattfand, also ungefähr 1960. Da kriegte das plötzlich eine Kontur, an die ich vorher nicht gedacht hatte. Aber das Stück hatte sich bereits verselbständigt. Ich schrieb mit dem Gefühl der absoluten Freiheit im Umgang mit dem Material, auch das Politische war nur mehr Material. Es war wie auf einer Insel, es gab keine Kontrolle, keine Diskussion über den Text. Wir haben einfach probiert, und ich habe geschrieben. Der Spaß bestand auch darin, daß wir böse Buben waren, die dem Lehrer ins Pult scheißen.

Zwei Jahre lang liefen die Proben, Schreiben und Proben immer parallel, doch weder beim Schreiben noch beim Proben war uns bewußt, daß wir da eine Bombe gelegt haben. Wir waren ganz heiter, fanden das so richtig sozialistisch, was wir da machten, die Studenten auch, die hatten eine große Freude daran, Ökonomiestudenten, die kamen vom Land oder aus proletarischen Milieus, einige waren in der Armee gewesen, ein paar sogar Offiziere. Wir probten in der Aula der Hochschule für Ökonomie in Karlshorst. Es gab zum erstenmal Aufmerksamkeit ein Vierteljahr vor der Uraufführung, als im »Sonntag« eine Szene aus dem Text erschien mit einem Kommentar von Tragelehn dazu, ein Hinweis auf unsere Arbeit. Und es gab zum erstenmal eine besorgte Anfrage des Leiters der Theaterabteilung in der Kulturabteilung des Zentralkomitees an die Parteileitung der Hochschule für Ökonomie in Karlshorst. Da war etwas verdächtig, und das war der Grund, warum es dann einen Durchlauf der schon geprobten Szenen gab, und danach eine Diskussion mit der Parteileitung der Hochschule und einigen Vertretern des Lehrkörpers. Da war ein Punkt, der uns später als Verschwörung ausgelegt wurde: Boris Djacenko kam dazu, der war gerade beim Zahnarzt gewesen, hatte eine dicke Backe und dadurch noch mehr russischen Akzent als sonst, der sprach nun emphatisch mit russischem Akzent für diese Aufführung. Daraufhin waren die Genossen eingeschüchtert und dachten, wenn die Russen dafür sind, müssen wir vorsichtig sein. Wir hatten Djacenko nicht vorgestellt, das wurde uns später als Bösartigkeit ausgelegt – daß wir einen Russen vorgeschoben hätten, um die Wachsamkeit der Partei einzuschläfern. Er war nicht so bekannt, trotz »Herz und Asche«, dessen zweiter Teil verboten wurde, weil er zum ersten Mal Vergewaltigungen im und nach dem Zweiten Weltkrieg beschrieben hatte, die Wahrheit über den Einmarsch der Roten Armee. Aber die anwesenden Funktionäre dachten: Das ist ein Russe, und der ist dafür, dann kann es nicht falsch sein. Sie haben also sehr vorsichtig argumentiert: »Das ist natürlich ein hartes Ding, aber so ist eben das Leben«. Einer sagte: »Ich komme aus Mecklenburg, das ist schon so gewesen, das war hart.« Mehr kam nicht, die Wachsamkeit war wieder eingeschläfert. Einer sagte dann privat zu uns, das war der Stellvertreter des Parteisekretärs: »Ich möchte mal so sagen, es wird Diskussionen geben.« Das war der einzige, der ungefähr ahnte, was auf uns zukam.

Tragelehn war Meisterschüler bei Brecht gewesen, er war aus Dresden gekommen und hatte von Brecht gehört und gelesen und gefiel dem und wurde Meisterschüler am Berliner Ensemble, hauptsächlich arbeite-

te er als Regieassistent. Bei Brecht lief das so: Alle Assistenten mußten zur Probe ein Shakespeare-Stück übersetzen, und weil sie alle kein Englisch konnten, haben sie sich dann Studenten gemietet oder einen, der ihnen den Schlegel erst mal in Prosa übersetzt hat. Wekwerth kann bis heute keinen englischen Satz, hat aber auch ein Shakespeare-Stück abgeliefert. Tragelehn hatte für seine Übersetzung seine spätere Frau Christa gemietet. Tragelehn hatte »Lohndrücker« gelesen – das war in der NDL abgedruckt – und kam zu mir, weil ihn das interessierte. Er wollte das am Berliner Ensemble inszenieren, aber er hatte dort keine Chance. Auch Wekwerth wollte das machen, die anderen haben es aber zum Scheitern gebracht.
Dann trafen wir uns öfter. Tragelehn war gerade in die Partei eingetreten und hatte einen Vertrag mit dem Theater in Senftenberg als Regisseur, hatte vorher in Wittenberg inszeniert, irgendeinen Brecht, kriegte da Krach, weil er gerade mit der Schauspielerin geschlafen hatte, mit der auch der Intendant schlief, und flog raus.
Wir trafen uns sehr oft, ihn interessierte dann dieses Projekt »Umsiedlerin«. Das Berliner Ensemble war eine Insel, eine Eliteanstalt, auch von der Mentalität her, abgeschirmt gegen die Niederungen des DDR-Alltags, DDR-Kultur mit Arroganz, man war da etwas, was nichts mit der Misere zu tun hatte, mit der Dummheit, die einen umbrandete. Tragelehn hatte es, weil er aus dieser Schule kam, besonders schwer, als er 1961

mit der Realität konfrontiert wurde. Das Berliner Ensemble hat ihn nach der Aufführung rigoros fallen lassen.

Wie ging es weiter mit der Inszenierung?

Nach dieser Geschichte, dem Durchlauf mit dem »Russen« Djacenko, gab es offenbar eine Beruhigungsmeldung, und dann hat sich keiner mehr darum gekümmert. Erst in der Zeit der Schlußproben hat sich der Zentralrat der FDJ gemeldet, denn die Aufführung von »Umsiedlerin« sollte die Eröffnungsveranstaltung für eine Internationale Studenten-Theaterwoche sein, die unter der Ägide des Zentralrats der FDJ stattfand. In den letzten Wochen haben die angefangen, sich für die Sache zu interessieren. Am 11. September war die Premiere, davor gab es den 13. August 1961, und das war natürlich entscheidend. Danach fing der Zentralrat an, sich genauer anzusehn, was wir dort machten. Die Inszenierungsarbeiten liefen, während die Mauer gebaut wurde. Außerdem gab es einen Kontext: In der Akademie der Künste lief eine Ausstellung junger Künstler, die ein Skandal wurde, in Leipzig gab es ein Kabarett-Programm der »Pfeffermühle«. Diese Dinge wurden nun plötzlich als ein Bermudadreieck, als Umsturzplan gesehen. Die Funktionäre dachten ja immer in Verschwörungen, da gab es keinen Zufall. Die Verschwörung begann schon damit, daß ich kein Exposé abgeliefert hatte. Das war immer die Bedingung für ein Stipendium. Du mußtest eine Konzeption vorlegen, und du mußtest dich an die Konzeption halten. Wenn man davon abwich, konnte das Stipendium gefährdet sein. So etwas tötet natürlich die Kreativität, deswegen habe ich das nie gemacht, und sie hatten das schließlich akzeptiert. Das galt aber nachher als Beweis, als der Skandal da war, daß ich etwas zu verheimlichen hatte, ihnen in tückischer Absicht die Konzeption vorenthalten hätte. Das andere war, daß alle beteiligten Organe und Behörden ihre Kontrollpflicht vernachlässigt hatten, keiner hat kontrolliert, was passiert. Dann der Russe, den wir eingesetzt hatten, um einen Rauchvorhang zu erzeugen. Das war alles Verschwörung.

Jetzt schwärmten sie aus und kriegten mit, daß Übles im Gange war. Sie verstanden nichts, merkten aber, da ging etwas vor, das sie selbst nicht mehr beurteilen konnten, etwas Gefährliches. Bestimmte Sätze des Stückes klangen zu dem Zeitpunkt wie die totale Provokation, obwohl zwei Jahre vor dem Mauerbau geschrieben. Zum Beispiel, wenn Fondrak sagt: »Kann sein, der Rasen zwischen uns wird Staatsgrenze plötzlich, man hat schon Pferde kalben sehn aus Politik, du stehst in Rußland ohne einen Schritt, ich in Amerika, und Kinder machen auf dem Grenzstrich ist Export und verboten, Einfuhr wird auch bestraft. Wenn ich bloß nach deiner Brust greif, wird schon geschossen.«[32] Das wurde jetzt natürlich als Angriff auf die frisch begrünte Staatsgrenze gelesen. Der Zentralrat kriegte Angst. Sie haben dann mit der Leitung der Hochschule, der Parteileitung und dem Direktor der Hochschule beraten. Ihnen stand aber diese Studenten-Theaterwoche bevor, also etwas Internationales, was sich nicht abblasen ließ. In diesem Dilemma haben sie dann entschieden, daß man die Aufführung zwar macht, aber nur einmal, und daß man sie vorher als Versuchsaufführung deklariert, über die es verschiedene Meinungen gibt. Der Rektor, der übrigens seit 1990 ein Institut für Management betreibt, erklärte, er sei dagegen, und bestand darauf, daß das in der Erklärung steht. Der Zentralrat war eigentlich auch dagegen, aber man gab sich demokratisch und stellte das Stück zur Diskussion. Nun kam die Generalprobe. Das Stück war nicht fertig, es fehlte noch eine Szene, die ich gerade geschrieben hatte. Das galt danach alles als Beleg für die Verschwörung. Ich hätte die Szene mit Absicht zurückgehalten, hieß es später, um die letzten Schweinereien erst herauszulassen, wenn es zu spät war, um die Sache noch in den Griff zu kriegen. Da erschienen zum ersten Mal Vertreter des Ministeriums, des Stipendiumgebers, ich glaube, drei waren es. Die Generalprobe dauerte zehn, zwölf Stunden, weil immer wieder neu probiert werden mußte. Es gab keine Kantine in der Hochschule, nichts zu essen, außer Bockwurst. Die haben sich das drei Stunden klaglos angesehen. Dann kriegten sie Hunger und gingen essen. Von da aus berichteten sie an ihren Abteilungslei-

ter, die Sache sei hart, aber parteilich, sie sei zu verkraften. Damit hatten sie den beruhigt, und am nächsten Tag fand dann die Aufführung statt. Der Zentralrat hatte allerdings schon ein wenig vororganisiert. Die Genossen Zuschauer wurden vor der Aufführung versammelt und instruiert, daß sie zu protestieren hätten. Das war die Methode der FDJ, das hatten sie bei Brecht/Dessaus »Lukullus« exerziert. Da hatte es nicht geklappt, weil die FDJler, die zum Protestieren hingeschickt worden waren, ihre Karten teuer an Interessierte verkauft hatten. Und hier klappte es auch nicht, unter anderem wegen Manfred Krug, der spielte eine führende Rolle. Er saß vorn in der Mitte, ein Kleiderschrank, und lachte gröhlend über jeden Witz. Einige Genossen mußten dann auch lachen und haben nicht mehr protestiert, dadurch wurde es zur Katastrophe. Berta Waterstradt, eine alte Schriftstellerin aus dem Bund proletarisch-revolutionärer Schriftsteller, mußte sich später vor ihrer Parteiorganisation im Schriftstellerverband verantworten, weil sie nicht protestiert, sondern sogar gelacht hatte. Sie hätte ja Buh rufen wollen, sagte sie, aber sie hätte immer lachen müssen, und das könne man nicht gleichzeitig.
Danach gab es die rituelle Premierenfeier, und Hacks kam zu mir und sagte: »Eine große Komödie, aber dramaturgisch müssen wir harte Worte reden. Politisch werden sie dich totschlagen.« Er hatte damit recht, und er hatte auch eine gute Begründung: »Sie werden dich politisch totschlagen, weil du sie entschuldigst.«

An den Nebentischen sagten die Kenner der Sachlage: »Die können jetzt bald die Bautzener Gefängnisfestspiele eröffnen.« Wir wunderten uns nur, daß die Studenten, die gespielt hatten, einer nach dem anderen verschwanden. Die haben sie dann in der gleichen Nacht versammelt. Sie mußten die ganze Nacht lang ihre Texte aufsagen, sie konnten sie ja alle noch auswendig, und sie mußten selbst herausfinden, warum das konterrevolutionär war, was sie dort getan hatten, antikommunistisch, antihumanistisch und so weiter. Die ganze Nacht haben sie denen das Gehirn gewaschen.

Kurz, sie sind alle umgefallen.[33] Einer hat die Selbstkritik nicht ausreichend geschafft, der wurde relegiert. Er war Offizier bei der NVA gewesen und spielte im Stück den Parteisekretär. Am schnellsten hat es der Darsteller des karrieristischen Bürgermeisters geschafft, der war am schnellsten aus dem Schneider, der brauchte eigentlich nur seinen Text aufzusagen. Am übernächsten Tag kam Tragelehn und wollte sich in aller Naivität die Aufführung einer Studentengruppe aus Erlangen ansehen. In der Straßenbahn fuhr mit ihm eine Germanistin, die ihn in eine Diskussion über das Stück am Vorabend verwickelte. Sie hatte die Aufführung gesehen. Es ging ihr darum, daß die »Aristophanes«-Rezeption nicht gelungen sei in dem Stück. Dann stieg er mit ihr aus, sie gingen zum Eingang, da stand die geschlossene Gruppe der Schauspieler-Studenten, und der Darsteller des Bürgermeisters trat vor und verkündete ihm, daß er Hausverbot hätte und daß sie mit ihm nichts mehr zu tun haben wollten. Er hätte das Gelände sofort zu verlassen. Ein einmaliger Fall, die Schauspieler entließen den Regisseur. Dann wurden wir zum Ministerium bestellt, zu Fritz Rödel, später Intendant der Volksbühne.

Es war von Verhaftung die Rede. Tragelehn erinnert sich an den Wortlaut anders als ich: Er, Rödel, wolle uns nicht verschweigen, daß einige Genossen gefordert hätten, uns zu verhaften. Wir wurden zur Selbstkritik aufgefordert. Den später in Theaterkantinengerüchten kolportierten Satz über das reaktionäre Machwerk der »Umsiedlerin«, das nicht Gegenstand der Literaturkritik, sondern der Staatssicherheit wäre, habe ich selbst nicht gehört. In Gesellschaften ohne Öffentlichkeit gehören Gerüchte zu den Grundnahrungsmitteln, und Rödel wird nicht der einzige sein, dem in meiner Erinnerung vielleicht Unrecht geschieht. Die Dichter lügen zu viel, aber nicht mehr als andere Berufsgruppen. Und da saßen noch zwei Damen des Ministeriums und schüttelten empört die Köpfe, vor allem über die Pornographie, über die Schweinereien in dem Stück, und als schlimmstes Beispiel für Schweinerei zitierte eine die Stelle, wo die Umsiedlerin es ablehnt, sich heiraten zu lassen: »Grad von den Knien aufgestanden und / Hervorgekrochen unter einem Mann / Der nicht der Beste war, der Schlimmste auch nicht / Soll ich mich auf den Rücken legen wieder / In Eile unter einen andern Mann.« Das »von den Knien aufgestanden« hatte sie aufgefaßt als Beschreibung einer sexuellen Position. Dann gab es für Tragelehn, der ja seinen Vertrag in Senftenberg hatte, ein Parteiverfahren. Er wurde dorthin bestellt. Man hat ihn eine ganze Nacht verhört und wollte die Hintermänner kennenlernen. Der Chef der Kulturabteilung Berlin, der ehemalige SA-Mann Siegfried Wagner und Hans Rainer John, Chefredakteur von »Theater der Zeit«, dessen Aufstieg mit einem Artikel über »Stalin und das deutsche Nationaltheater« begonnen hatte, verhörten ihn rund um die Uhr. Tragelehn zitierte einen Satz: »Mit stinkender Frechheit abgrundtief das eigene Nest beschmutzt.« Der Vorwurf war: konterrevolutionär, antikommunistisch, antihumanistisch, nichts Konkretes. Es ging nur um die Hintermänner, um die Gesamtverschwörung. Die Ausstellung junger Künstler wurde auch verboten und geschlossen, das Kabarett-Programm verboten. Tragelehn wußte keine Hintermänner, der arme Hund. Er konnte auch keine erfinden, dadurch hat sich das so hingezogen. Er wurde aus der Partei ausgeschlossen, sein Vertrag mit dem Theater annulliert, und verurteilt zur Strafarbeit beim Gleisbau in der Braunkohle in Klettwitz. Sein tragisches Los war, daß er dort dann der einzige in seiner Brigade war, der für die DDR eintrat und für die Partei, und die Arbeiter meinten: so blöd darf man nicht sein, und haben ihn nach jeder Diskussion verprügelt. Wesentlich für seine Verurteilung war auch, daß das Berliner Ensemble ihn fallenließ. Die erste schriftliche Denunziation der Aufführung ging vom

Berliner Ensemble an das Ministerium.[34] In dem Brief kam zum ersten Mal die Vokabel konterrevolutionär vor. Sie haben versucht, alles auf Tragelehn zu schieben: »Die Regie ist verbrecherisch.« Alle kulturellen Institutionen mußten nun zu dem Fall Stellung nehmen. Alexander Abusch hatte einen Brief an den Akademiepräsidenten geschrieben. Abusch war stellvertretender Ministerpräsident. Die Sektion Theater und die Sektion Literatur der Akademie sollten zu dem Stück und der Aufführung Stellung nehmen. Die Grundlage für die Sektionssitzung Literatur war das Gutachten von Fühmann.[35] Alle haben sich dann darauf geeinigt und sich diesem negativen Gutachten angeschlossen, zum Beispiel Arnold Zweig, Ludwig Renn, Wieland Herzfelde, Erich Engel. Vor der Versammlung des Schriftstellerverbandes zum Fall »Umsiedlerin«[36], die ein Diskussionsforum sein sollte, aber eher wie ein kleiner Schauprozeß ablief, kam Gerhard Piens zu mir, Chefdramaturg des Deutschen Theaters nach Kipphardt. Er sagte, er hätte den Parteiauftrag von der Kulturabteilung des Zentralkomitees, also von Wagner, das Referat zu halten. Er sollte nachweisen, daß das Stück und die Aufführung sowohl objektiv als auch subjektiv konterrevolutionär seien. Subjektiv hieß Verhaftung, objektiv hieß Dummheit. Er sagte, er wird das nicht machen, er wird lediglich nachweisen, daß das Stück objektiv konterrevolutionär ist, aber subjektiv, das macht er nicht. Dann gab es noch ein Problem: Piens sagte, der Hacks wolle für das

Stück sprechen, aber das sei gefährlich. Der müsse auch etwas dagegen sagen, sonst würde es noch schlimmer. Wir haben dann mit Hacks gesprochen, und der sah das ein und hat eine kleine Negativpassage eingebaut. Dann fand die Versammlung statt. Das erste Referat hielt Siegfried Wagner, der Chef der Kulturabteilung: konterrevolutionär und bla bla, nur Phrasen, nichts Konkretes. Die schlimmste Beschimpfung war: »Ein Beckett des Ostens«. Das hat mir über ein paar Minuten hinweggeholfen. Dann sprach Alfred Kurella, eine legendäre und berüchtigte Figur der kommunistischen Bewegung, von dem das Gerücht ging, daß er beim Bergsteigen im Kaukasus eine Frau verloren hatte. Er sprach über bürgerliche Bildung, über die Schwierigkeiten von Begabungen, darüber, daß Begabungen natürlich auch gefährdet seien. Man hält vielleicht jemanden für begabt, der es gar nicht ist, und Begabung sei auch eine Frage der Moral, und so weiter. Über das Stück sagte er: »Alle RIAS-Lügen über die DDR werden in dem Stück kolportiert. Das Stück ist zynisch bis in die letzte Silbe. Ich habe in meinem Leben nur zwei wirkliche Zyniker kennengelernt«, dann kam eine große Kunstpause, und alle warteten gespannt auf die beiden großen Zyniker im Leben von Kurella: »Radek und Bucharin.« Das war die Dimension. Dann dachte ich, ich müßte doch mal etwas sagen. Ich habe an Ferdinand gedacht, »Kabale und Liebe«, bin aufgesprungen, etwas schneller, als es meine Gewohnheit war, und habe gesagt: »Ich bin kein Zyniker.« Kurella meinte leicht irritiert, das habe er auch nicht gesagt. Dann stand Paul Dessau auf und schlug sich an die Brust und sagte, er müsse der Partei natürlich glauben, daß das Stück konterrevolutionär sei, aber es gäbe in dem Stück eine Szene – er zitierte die Traktoristenszene –, da sei doch auch das Positive. Er habe mit mir gearbeitet, und ich sei sein Freund, er werde weiter mit mir arbeiten. Wolfgang Heinz sagte, mit Begabungen, da könne man sich eben doch täuschen, und es wäre ja ein schlimmes Stück. Hacks hielt dagegen, das sei der beste Dialog, den er in der Gegenwartsdramatik kenne, und die Geschichte der Umsiedlerin sei eine große Darstellung einer Emanzipation. Das Ganze hätte natürlich einen etwas mürrischen Ton, das sei doch vielleicht nicht ganz die richtige Einstellung zur Realität der DDR, aber trotzdem. Piens hatte vorher gesprochen und das objektiv Konterrevolutionäre nachgewiesen. Dann sprach Bunge, sehr lange und sehr gut, er gab seine Stellungnahme zu dem Stück ab und erklärte am Schluß, daß der falsche Umgang mit diesem Stück, dieser Aufführung, daß die ganze Diskussion über dieses – seines Erachtens – im Ganzen gelungene Stück, ihn dazu veranlassen würde, bei seiner Grundorganisation die Aufnahme in die Partei zu beantragen. Das war ein guter taktischer Schachzug. Siegfried Wagner war verwirrt und sagte: »Wer ist dieser Wirrkopf?« Der Bunge war wirklich gut, es war auch sehr klug, wie er versuchte, denen beizubringen, was sie falsch gemacht hatten und wie man

damit umgehen müßte. Nach der Rede von Siegfried Wagner war Anna Seghers aufgestanden und zu mir und Inge herübergekommen, sie gab uns beiden die Hand und ging. Das war ihr Beitrag. Ansonsten saßen wir ziemlich verloren herum. Einer kam zu spät, das war Werner Baum, Leiter der Abteilung Belletristik im Ministerium für Kultur, den ich schon aus dem Moralprozeß in Bad Saarow kannte, der mich damals darauf hingewiesen hatte, daß »wir aus der Bourgeoisie« besonders dienen müßten. Nur neben mir war noch ein Platz frei, da mußte der arme Exbourgeois sich nun hinsetzen. Ich sah, wie er mit weichen Knien heranschlich, er nickte mir freundlich zu und sagte: »Du kannst dich ja nicht beschweren, ein großer Bahnhof, alle sind gekommen. Ich bin auch in dienstlicher Eigenschaft hier. Ich muß hier dienstlich eine kleine Rede halten.« Mit dem Bahnhof hatte er recht. Rodenberg, der Denunziant von Moskau, Abusch und andre Kreaturen. Dann war Baum mit seiner kleinen Rede an der Reihe und verwandelte sich in einen flammenden Propheten gegen den Antichrist, er verglich das Stück mit den Scherben des Teufelspiegels in einer Erzählung von Gorki. Er gestikulierte gräßlich mit verzerrtem Mund. Dann kam er zurück, setzte sich wieder neben mich, nickte mir wieder freundlich zu.
Hanns Eisler sagte zu alledem damals: »Müller, Sie sollten froh sein, in einem Land zu leben, in dem Literatur so ernst genommen wird.«
Nachdem die Versammlung zu Ende war, fuhren wir

nach Hause nach Pankow, und im dunklen Hausflur schoß uns eine Figur entgegen: »Macht kein Licht, sie sind hinter uns her.« Das war Tragelehn. Dann kriegte ich Anrufe, zum Beispiel von Gustav von Wangenheim: »Ich habe gehört, du bist verhaftet. Stimmt das?« Ich sagte: »Dann könnte ich jetzt nicht mit Ihnen reden.« Inge sagte dann: »Geh doch einfach zur Stasi und frage, ob du verhaftet wirst.« Ich bin dann also zum Polizeirevier marschiert und sagte: »Ich will einen Mitarbeiter der Staatssicherheit in einer persönlichen Angelegenheit sprechen.« Dann mußte ich erst einmal eine Stunde warten. Dann führten sie mich in ein Hintergebäude in einen Raum, in dem ich eine weitere halbe Stunde warten mußte. Dort gab es Beobachtungslöcher. Schließlich wurde ich in den nächsten Raum geholt und wurde gefragt: »In welcher Angelegenheit? Gibt es Probleme?« Ich sagte: »Ja, ich kriege Anrufe von Leuten, die wissen wollen, ob ich schon verhaftet bin. Das ist geschäftsschädigend. Nun wollte ich wissen, was gegen mich vorliegt.« Wieder in einen anderen Raum, wieder eine halbe Stunde warten. Dann kam die Auskunft: »Von seiten der Staatssicherheit liegt gegen Sie nichts vor.« Die Manuskripte waren beschlagnahmt worden. In der Akademie gab es noch ein Exemplar, das war mit einer Kette befestigt, und man mußte es dort lesen. Im Schriftstellerverband lag auch ein Exemplar an der Kette. Zu mir kam Meves, Mitarbeiter des Ministeriums für Kultur. Er kam mit dem Justitiar des Ministeriums und teilte mit, daß sie das Manuskript und alles Arbeitsmaterial zu »Umsiedlerin« beschlagnahmen müßten, um einen zweiten Fall Pasternak zu verhindern. Ich sagte, ich müsse das erst mal zusammensuchen, ich wüßte nicht, wo das alles liegt, und wir haben verabredet, daß ich es am nächsten Tag im Ministerium vorbeibringe. Ich hatte nur ein Manuskript. Mir ging es darum, das Manuskript zu retten. Wir haben also in der Nacht alles noch einmal abgetippt, Inge und ich. Dann haben wir ein Manuskript abgeliefert, ein paar Zettel dazu, unwichtige Notizen. Dieses Manuskript hatte dann auch wieder sein Schicksal: Jahre später, als die zweiunddreißig Parteistrafen, die wegen »Umsiedlerin« vergeben worden sind, schon gestrichen waren, saßen die gleichen Leute bei einer Abschiedsfeier wegen der Pensionierung des Theaterministers zusammen, der auch damals schon während dieser Affäre Theaterminister gewesen war. Sie erinnerten sich an die alten Tage, und so kamen sie auch auf dieses schlimme Manuskript, besonders dachten sie an die Pornographie und an die Parteistrafen. In gehobener Stimmung sagte dann der Minister: »Dann holt es doch mal her.« Sie haben sich dann die schlimmsten Stellen im Suff vorgelesen, und danach sagte der Minister Bork: »Verbrennt es.« Dann haben sie es verbrannt. Das hat mir Meves erzählt, der war dabei. Der Minister Bork war ein verkrachter Tenor aus Neubrandenburg. Meves hat es mir auch nur erzählt, weil er inzwischen als Generalintendant in Magdeburg selbst gefeuert worden

war wegen der Aufführung eines anderen Stücks von mir, »Mauser«.
Hermlin hatte das Stück gelesen und sagte, er fände das völlig in Ordnung, es sei dasselbe, was im »Neuen Deutschland« steht, nur besser formuliert, und das hätte er auch im Zentralkomitee gesagt. Dann hatte er gemerkt, wie sie zu Eis erstarrten. Da wußte er, daß da politisch nichts zu machen war. Hanns Eisler hatte es gelesen und machte Witze: »Wenn Sie von mir einen Rat wollen, Müller, denken Sie an Schiller. Ein österreichischer Tyrann wird in der Schweiz ermordet. Solche Stücke müssen Sie in Deutschland schreiben. Und wenn Sie von mir noch einen Rat wollen, nehmen Sie Ihren Hut, und gehn Sie zur Weigel. Wenn Sie keinen Hut haben, draußen hängen welche, nehmen Sie sich einen mit.« Ich bin nicht zur Weigel gegangen. Zwei Tage später rief die Weigel mich an. Das war der Rettungsversuch. Sie sagte, die Anna Seghers hätte mit ihr gesprochen und Siegfried Wagner, der Chef der Kulturabteilung, und sie, Weigel, wäre jetzt mein Engel. Ich müßte eine Selbstkritik schreiben, und sie würde mir dabei helfen, weil sie wüßte, wie man so etwas macht. Ich kriegte das Turmzimmmer. »Da hat der Brecht auch immer gesessen«, und: »Du darfst nichts erklären, nichts entschuldigen. Du bist schuld, sonst hat es gar keinen Zweck.« Ich habe dann im Turmzimmer diese Selbstkritik geschrieben, und der Weigel jede halbe Seite vorgelegt, zur Korrektur. Und korrigiert, und weitergeschrieben.[37] Es hat Tage gedauert.

Einmal hat sie mich zu Kohlrouladen eingeladen (1,80 Mark). Um mich aufzurichten, erzählte sie mir beim Essen, sie hätte dem Brecht einmal einen mechanischen Esel geschenkt, der, wenn man ihn aufzog, kopfnickend Ja sagen konnte. Sie hat sogar versucht, mich am Berliner Ensemble unterzubringen, um mich aus der Schußlinie zu nehmen. Das wurde aber abgelehnt von Otto Gotsche, dem Sekretär von Ulbricht, der auch Akademiemitglied war. Meine Selbstkritik habe ich dann im Club der Kulturschaffenden vor versammelter Mannschaft, Polit-Prominenz und Schriftstellern, vorgetragen. Eine große Szene. Ich stand da oben an der Treppe, und alle gingen mehr oder weniger scheu an mir vorbei. Der erste, der mir die Hand gab, war Gustav von Wangenheim. Er sagte: »Du bist also nicht verhaftet, gut, daß es nicht stimmt.« Dann kamen Marchwitza und Otto Gotsche die Treppe hoch, und sie gaben mir die Hand, mit betont proletarischem Händedruck. Ich schritt ans Podium und trug meine Selbstkritik vor, die dann als unzureichend verworfen wurde, obwohl die Weigel mit mir geübt hatte. Ich hatte auch bei dieser Geschichte noch den Ehrgeiz, alles gut zu formulieren.

An dieser Stelle unterscheidet sich Heiner Müller von Václav Havel ...

Der Vater von Havel war Mühlenbesitzer, meiner nicht. Die andere Seite ist: Ich kann mich nicht erinnern, daß mich größere Scham befallen hätte beim Verfassen der Selbstkritik. Es ging um meine Existenz als Autor. Havel ist primär ein Kämpfer für politische Rechte, auch für die politische Rechte. Hinzu kommt, die Situation in der DDR nach dem 13. August 1961 war von größerer Härte als vergleichbare Situationen in den letzten Jahren im Ostblock. Ich weiß auch nicht, ob ich damals die DDR überhaupt hätte verlassen können, wenn ich gewollt hätte; wahrscheinlich hätten sie mich gar nicht rausgelassen. Ich wußte ja auch, daß zum Beispiel Eisenstein immer Selbstkritik geübt hatte. Er hat als Künstler dadurch überlebt. Dann war sicher auch Angst vor dem Gefängnis mit im Spiel. Mir war das Schreiben wichtiger als meine Moral.

Wie hat Inge reagiert?

Inge war mit meiner Selbstkritik eigentlich einverstanden. Sie fand sowieso verantwortungslos, was ich mit dem Stück gemacht hatte. Es ist auch nicht so leicht, dabeizubleiben, daß man recht hat, wenn plötzlich alle andern gegen einen reden. Ich wußte, daß »Umsiedlerin« ein guter Text war, aber das war auch alles, was ich wußte. Ich war durchaus bereit, darüber nachzudenken, ob ich politisch irgend etwas falsch sah. Es gab ja immer wieder solche Erfahrungen, aber viel harmloser, später war das sehr aufgeweicht. Von »Bau« gibt es mindestens vier Fassungen, die letzte Fassung habe ich in einem Wutanfall am Nacktbadestrand Ahrenshoop hergestellt. Ich konnte mir eine Existenz als Autor nur in diesem Land vorstellen, nicht in Westdeutschland. Ich wollte ja nicht nur dieses Stück geschrieben haben, sondern auch noch andere Stücke schreiben. Knast war keine Alternative, und weggehen war auch keine. Meine eigentliche Existenz war die als Autor, und zwar als Autor von Theaterstücken, und die Realität eines Theaterstücks ist seine Aufführung.

Als Hermlin im Zentralkomitee nach meinem Stück fragte, war die empörte Antwort, daß die DDR bei mir als Diktatur dargestellt würde. Hermlin sagte: »Das verstehe ich nicht, wir haben doch die Diktatur des Proletariats. Das war auch in meinem Denken: eine Diktatur um den Preis des Aufbaus einer neuen Ordnung, die vielleicht noch entwickelbar ist, eine Diktatur gegen die Leute, die meine Kindheit beschädigt hatten. Das eine war für mich das alte Deutschland, und das andere war das wenn auch schlechte neue. Die Brecht-Formel: »Ich bestehe darauf, daß dies eine neue Zeit ist, auch wenn sie aussieht wie eine blutbeschmierte alte Vettel.« Das war die Position, das schlechte Neue gegen das vielleicht bequeme Alte. Ich erinnere mich nur noch ganz dumpf an diese Veranstaltung, in der ich die Selbstkritik vorgetragen habe. Es hatte durchaus auch einen Theateraspekt, wie die Leute an mir vorbeigingen und mich nicht grüßten. Ich war nicht verletzt, ich habe das alles mit Interesse beobachtet.

Die Protokolle über die Diskussion in der Akademie der Künste und im Schriftstellerverband konntest Du erst jetzt einsehen?

Ja, einiges wußte ich nicht, bevor ich diese Protokolle gelesen habe. Da lese ich Sätze von Leuten, mit denen ich noch heute Kontakt habe. Ich habe kein Rachebedürfnis gegen Günter Rücker zum Beispiel, oder gegen Wolfgang Kohlhaase, Christa Wolf hat sich nicht geäußert, aber wohl auch für den Ausschluß gestimmt. Auch Manfred Bieler. Sie haben alle für den Ausschluß aus dem Schriftstellerverband gestimmt, außer Hacks, der Stimmenthaltung geübt hat. Er hat das begründet: Er sagte, er ist gegen den Ausschluß, aber er hätte auch den Eindruck, daß es für mich im Moment besser wäre oder mir sogar lieber wäre, nicht in diesem Verband zu sein, und deswegen enthielte er sich der Stimme. Das war die einzige präzise Haltung von jemandem. Zwei sind aufs Klo gegangen und sind heute noch stolz darauf. Der einzige, der außer Hacks gegen den Ausschluß war, war Ulbricht, aber Gotsche, sein Sekretär, kam zu der Vorstandssitzung zu spät. Da waren die Genossen schon auf den Ausschluß eingeschworen, und Gotsche kam mit der Information zu spät, daß der Chef dagegen sei. Ulbricht war für Erziehen, nicht für Ausschluß. Bieler hat mir erzählt, daß er Angst hatte, gegen den Ausschluß zu stimmen. Es wäre tatsächlich eine Gefahr gewesen. Dann kam etwas anderes hinzu: Es ist gelungen, die Information über die ganze Affäre in Richtung Westen zu verhindern. Es gab dort keine Kommentare zu der Angelegenheit.

Erinnerst Du Dich genau an Deine Haltung zu den Vorgängen?

Ich habe das Ganze als dramatisches Material betrachtet, ich selbst war auch Material, meine Selbstkritik ist Material für mich. Es war immer ein Irrtum zu glauben, daß ich ein politischer Dichter bin. Es gab mal einen schönen Dialog zwischen Pohl und Brecht. Pohl fragte Brecht: »Brecht, sind Sie ein politischer Dichter?« Brecht sagte: »Nein, der einzige politische Dichter, den ich kenne, ist Kuba.« Und das war nicht höhnisch gemeint. Eine ganz andere Frage ist, ob es unpolitische *Literatur* gibt. Jean-Luc Godard hat es einmal so formuliert: »Es geht nicht darum, politische Filme zu machen, sondern politisch Filme zu machen.«
Ich versuche mich jetzt nur an die Situation zu erinnern, die lange zurückliegt. Ich sitze da im Turmzimmer und versuche, unrecht zu haben, und unten sitzt die Weigel und wartet auf mein Papier, in der besten Absicht, mir zu helfen. Ich hatte ein großes Widerstreben, etwas aufzugeben, ich wollte mein Verhalten, meinen Text, erklären. Sie sagte immer wieder: »Bub, das muß raus.« Sie hatte recht. Ein Chef der Spezialeinheit von Scotland Yard beschreibt in seinen Erinnerungen, wie er Klaus Fuchs verhört hat. Sie wußten Bescheid über ihn, konnten ihm aber nichts nachweisen. Beim

zweiten Verhör haben sie ihn gekriegt, durch eine ganz einfache Methode. Der Chef der Spezialeinheit beschreibt sie so: Wenn man einem Kriminellen etwas vorwirft, was nicht stimmt, wird er nicht widersprechen, er schweigt. Ein Intellektueller dagegen hält es nicht aus, wenn man ihm etwas vorwirft, was nicht stimmt. Er hält es nicht aus, nicht zu widersprechen. Und dann ist er im Spiel, dann beginnt das Gespräch, dann kriegt man ihn. Ein Intellektueller will immer eine Rolle spielen, man muß ihm eine Rolle anbieten. Das ist auch der Bucharin-Punkt, der Punkt der Moskauer Prozesse. Dem Intellektuellen kommt man so bei, dem Kriminellen nicht, der weiß Bescheid.

Hast Du Dich anschließend wegen Deiner Selbstkritik geschämt?

Ich hatte damals kein Gefühl von Scham, ich kann mich wirklich nicht daran erinnern. Selbst wenn ich diesen Text jetzt lese, habe ich dieses Gefühl nicht. Auf jeden Fall hatte ich danach zwei Jahre Ruhe. Der Abschluß der Geschichte war: Ich mußte den Mitgliedsausweis abgeben beim Sekretär des Schriftstellerverbandes, das war Otto Braun, der einzige deutsche Teilnehmer an Mao Tse-tungs »Langem Marsch« – von ihm stammt angeblich sogar, laut »Spiegel«, die Idee zum »Langen Marsch« – ein alter Freund von Kurella, Komintern-Mann, und der sagte zu mir: »Ich habe dein Stück gelesen. Wenn du von mir einen Rat willst, es ist Schund. Ich weiß, du hast es gut gemeint, du hast das Beste gewollt, aber was du geschrieben hast, ist Schund. Nimm es und verbrenne es. Mein Rat: Geh dorthin, wo dein Stück spielt, damit du die Wirklichkeit kennenlernst. Arbeite als Traktorist und schlage dich dort erst mal durch. Zwei Jahre lang wird kein Hund dir ein Stück Brot geben. Und zwei Jahre lang wird kein Hund von dir ein Stück Brot nehmen. Mach's gut.« Seine letzte Arbeit war übrigens – ein Parteiauftrag – ein Buch über seine Zeit bei Mao Tse-tung. Er sollte nachweisen, daß Mao ein verkommener Mensch gewesen sei. Das war sein letzter Parteiauftrag, den hat er noch erfüllt, danach ist er gestorben.

Wie denkst Du heute über »Umsiedlerin«?

Das Problem ist, daß man dieses Stück heute nicht mehr schreiben könnte. Auch schon vor fünf Jahren hätte man das nicht mehr schreiben können, weil es diese Bauern nicht mehr gab. Die Industrialisierung der Landwirtschaft ist der eigentliche Vorgang – ob privat oder kollektiv ist eigentlich sekundär. Und die Anfänge dieses Prozesses in der DDR beschreibt das Stück. Wenn man die amerikanische Landwirtschaft mit der sowjetischen vergleicht, so ist der Vorteil der Amerikaner, daß da drei Mann ein Gebiet ausbeuten, für das die Russen achthundert Arbeitskräfte beschäftigen, und es kommt viel weniger dabei heraus. Eine Frage des technischen Standards.

Wann wurde das Stück endlich aufgeführt?

Die erste offizielle Aufführung gab es 1975 in der Volksbühne in Berlin unter der Regie von Fritz Marquardt, da war das aber eigentlich für die Leute schon eine sehr ferne Geschichte. Die Wirkung war auch ziemlich begrenzt, glaube ich. Kein Bauer aus Mecklenburg fährt nach Berlin ins Theater. In Mecklenburg gab es schon vor 1975 einen Versuch, das Stück zu inszenieren. Das wurde von der Bezirksleitung der Partei aber mit dem Argument verboten, sie möchten keine alten Wunden aufreißen. Merkwürdig war das Gastspiel mit der Volksbühnen-Inszenierung in Amsterdam. Ein Erfolg durch den Märcheneffekt. Auch später beim Gastspiel der Dresdner Inszenierung (1985) von Tragelehn in Hamburg. Die Hauptsache war dabei, daß ein Bild von einer Welt auftauchte, in der etwas andres gedacht werden konnte als das Bestehende, der Glanz des Märchens, der Utopie. Geschildert wird eine weit zurückliegende, fast archaische Situation, in der alles in Bewegung war, alles möglich schien. Daß die Bauern in Versen reden, fällt gar nicht auf. Karl Mickel hat das Stück 1961 mit Hegel kommentiert: Der Weltgeist arbeitet in den kleinsten Köpfen. Das ist das, was man da noch spürt; danach hat sich der Weltgeist entfernt.

Eure Lebenssituation hat sich danach geändert ...

Materiell sind wir nach 1961 ziemlich in Streß geraten. Das einzige, was wir hatten, war Deputatschnaps, weil es den beim Bergbau umsonst gab, wo Tragelehn seine Zeit verbrachte.

Die Isolierung nach der »Umsiedlerin« war aber auch sehr wichtig, zwei Jahre Isolation. Das ist ja das Schwierigste in so einer Gesellschaft, wie kommt man zu einer Insel, zumal mit einem bestimmten Bekanntheitsgrad. Danach, von 1961 bis 1963, war ich zwei Jahre tabu, selbst eine Art Insel, und in der Zeit habe ich dann »Philoktet« geschrieben. Das war nur so möglich, eine ganz ähnliche Situation: Ohne Hitler wäre aus Brecht nicht Brecht geworden, sondern ein Erfolgsautor. »Dreigroschenoper«, »Mahagonny«, das wäre glänzend weitergegangen, aber Gott sei Dank kam Hitler, dann hatte er Zeit für sich.

»Philoktet«

Das einzige, was ich nach der Affäre »Umsiedlerin« verkaufen konnte, war ein Kriminalhörspiel, »Der Tod ist kein Geschäft«, unter dem Pseudonym Max Messer. Das lief über Beziehungen zum Rundfunk und ging nur per Pseudonym. Da kriegte ich einiges an Geld, denn es wurde sehr oft gesendet. Geschrieben habe ich in dieser Zeit »Philoktet«.

Offiziell wurde ich 1961 aus dem Schriftstellerverband wegen nicht gezahlter Mitgliedsbeiträge ausgeschlossen. Das war die offizielle Begründung. Das mit den Beiträgen stimmte übrigens auch. Solidarität habe ich danach hauptsächlich von Schauspielern bekommen. In den Theatern war ich schon ziemlich bekannt.

»Philoktet« war für mich schon ein uralter Stoff, als ich anfing, daran zu arbeiten. Ich hatte das Stück von Sophokles schon in Sachsen gelesen, Ende der 40er Jahre. Es hatte mich seitdem immer beschäftigt. Die Erfahrungen, die gerade hinter mir lagen, haben mir den Stoff ganz anders aktuell gemacht. Vorher hatte ich an einen anderen Verlauf, an einen andern Schluß gedacht. Ich hatte ein »Philoktet«-Gedicht[38] um 1950 geschrieben, eine stalinistische Version, in der der beleidigte einzelne eher ins Unrecht gesetzt wird. Später, 1953, gab es schon eine Szene eines Stücks zu dem

Thema, dann, nach 1961, habe ich das Ganze fertiggeschrieben, und es wurde dann natürlich etwas anderes, als ich mir vorher gedacht hatte.
»Philoktet« wurde 1965 in der DDR in »Sinn und Form« gedruckt, aber nicht gespielt. Es gab einen Plan, das in Potsdam zu inszenieren, aber das wurde verboten, und dann noch zwei andere Projekte, glaube ich. Am Berliner Ensemble wollte es der einzige Narr des Hauses machen. Als das Ensemble auf Gastspiel in London war, kam Guy de Chambure, Assistent am Berliner Ensemble, zu mir und wollte es inszenieren. Es war dann sogar im »Neuen Deutschland« angekündigt, daß Wekwerth das Stück angenommen hätte für das Berliner Ensemble. Chambure wollte es mit Bühnenmusik von Strawinski und mit Picasso als Bühnenbildner machen. Aber es wurde natürlich nichts daraus, die Weigel vor allem war dagegen, sie fand, daß dem Stück der Kies fehlt, das gleiche Problem wie bei der »Maßnahme«. Das Stück wurde dann 1968 in Westdeutschland bei Suhrkamp in der Edition gedruckt. Eine Resonanz gab es erst nach der Aufführung am Residenztheater 1968 in München, die ich selbst ziemlich flach fand. Mir fehlte eine Dimension. Ein Jahr später, als Lietzau das noch einmal in Berlin gemacht hat, haben wir darüber gesprochen, und er fragte mich sehr verspätet nach meiner Meinung. Und ich sagte ihm sehr verspätet meine Meinung. Er konnte schwer begreifen, warum für mich Odysseus die wichtigste, die tragische Figur in dem Stück ist. Odys-

seus war für ihn einfach der Böse, der Stalinist. Noch ausgeprägter war das in andern Inszenierungen, zum Beispiel in Frankfurt, wo das Kutscher gemacht hat, ein Schauspieler und Regisseur mit Ost-Erfahrung, der lange am Deutschen Theater gewesen war. Bei Kutscher war Odysseus einfach der stalinistische Korporal. Auf jeden Fall war er in allen West-Inszenierungen der Schurke, das war ein ganz wesentlicher politischer, auch historischer Unterschied. Die Figur des Odysseus ist ein Grenzfall. Das konnten sie nicht begreifen. Was nicht funktionierte im Westen, war die Tragödie. Für die tragische Dimension der Geschichte gab es keinen Blick, nur den sentimentalen.
Eine Germanistin kam zu mir, sie hatte entdeckt, daß das Stück den Stalinismus behandelt. Das war mir nicht aufgefallen, sonst hätte ich das Stück vielleicht so nicht schreiben können. Dann kam ein Student zu mir, der bei Walter Jens promovierte, mit einer Zettelsammlung in einer Socke, aus Angst vor dem DDR-Zoll, und meinte, das sei doch offenbar ein Schlüsselstück über Trotzki, denn die erste Insel vor der Türkei, auf der Trotzki nach seiner Austreibung aus der Sowjetunion sich aufgehalten hatte, bestand aus rotem Stein. Darauf wäre ich auch nie gekommen, aber so kann man es natürlich lesen. Man muß es dann nur noch einmal lesen, oder dreimal. Oder so lange, bis man Stalin und Trotzki vergessen hat.

Wie hast Du Benno Besson kennengelernt?

Wie habe ich Benno Besson kennengelernt? Ich war meines Wissens der erste, dem es jemals gelungen ist, Benno Besson anzupumpen. Ich habe nie Sinn für Geld gehabt, ich habe auch heute noch keinen Sinn dafür. Ich war ein berühmter Pumper. Inzwischen gibt es eine Menge Leute, die bei mir Schulden haben, aber das weiß ich auch nicht so genau. Ich komme genausowenig auf die Idee, etwas zurückzuverlangen, wie auf die Idee, etwas zurückzuzahlen. Mit Besson, das war eine große Begegnung. Wir saßen alle in der Kantine des Berliner Ensemble und hatten kein Geld für ein Bier, und einer hatte gehört, daß Besson gerade seine Gage abholte. Dann habe ich gesagt: »Ich pumpe ihn an.« Die anderen lachten nur höhnisch und sagten: »Das ist noch keinem gelungen, der ist Schweizer.« Benno kam, und wir dachten, wenn wir zehn Mark hätten, kämen wir weit. Vorsichtshalber habe ich gleich nach fünfzig Mark gefragt, und das hat ihn so erschreckt, diese Riesensumme, daß er sofort die fünfzig Mark herauszog und mir gab. Dafür hat er sich an mir gerächt, Jahrzehnte später. Da saß ich in der Kantine der Volksbühne, hatte gerade von einem Bekannten aus Westberlin tausend Mark gekriegt, DM, Tantiemen von Suhrkamp, da kam Besson, sah die illegale Geldübergabe und sagte ganz konspirativ: »Heiner, kannst du mal in mein Büro kommen? Ich muß schnell nach Paris fliegen, kannst du mir fünfhundert

Mark borgen?« Und ich mußte ihm fünfhundert Mark pumpen. Das war seine Rache. Dann habe ich mich aber wieder gerächt, das war während eines Gastspiels in Holland, im Hotel in Amsterdam. Ich brauchte Geld, und ich sagte: »Ich kriege noch tausend Mark von dir«, und er hat mir tausend Mark gegeben.

»Der Bau«, 1964

Der Auftrag für »Bau« kam 1963/64 vom Deutschen Theater, der Intendant war Wolfgang Heinz, der Chefdramaturg Hans Rainer John. Das Stück entstand parallel zu der Bearbeitung des gleichen Stoffs als Film, ebenfalls nach dem Roman »Spur der Steine« von Erik Neutsch. Der Film wurde dann fast gleichzeitig mit dem Stück verboten. Zwischen dem Stück und dem Film gab es keinen Zusammenhang. Der Roman war noch nicht gedruckt. Das Theater hatte das Manuskript von der DEFA. Die Arbeit am Film und am Stück lief unabhängig voneinander, parallel. Ich habe den Film gesehen, es gab eine interne Vorführung vor dem Verbot. In Halle war er schon genehmigt, verboten wurde er dann in Berlin. Es gab auch in diesem Fall einen Machtkampf zwischen zwei Bezirkssekretären. Es ist eine flache, unterhaltsame Geschichte, und sie lebt eigentlich von Manfred Krug.
Irgendwann bin ich mit dem Neutsch-Manuskript sehr frei umgegangen. Dann gab es Differenzen mit Neutsch darüber, dann die Einigung, daß die Namen geändert werden, der Titel geändert wird, daß es nur noch heißt: »Nach Motiven von Erik Neutsch«, dann ein langes Hin und Her im Ministerium und die üblichen Diskussionen. Mein Manuskript lag im Ministerium, in der Bezirksleitung der Partei, im Zentralkomi-

tee. Es gibt ein Manuskript, wahrscheinlich die zweite Fassung, mit Randbemerkungen aller Abteilungen, Apparate und Personen. Das ist urkomisch. Ministerium und Partei schrieben immer nur: »Falsche Sicht der Partei«.

Welche Erinnerungen hast Du an die Zeit vor 1968?

Die Unruhe in der ČSSR begann langsam. Es gab die berühmte Kafka-Konferenz, das war eigentlich der Beginn. Ein Literaturwissenschaftler an der Humboldt-Universität sagte damals: »Die Methode Franz Kafkas, einen Menschen in einen Käfer zu verwandeln, ist für uns nicht akzeptabel.« Sie hatten andre Methoden. Ich erinnere mich, daß 1963 Nahke, damals Redakteur vom »Forum«, mich anrief und sagte: »Kannst du mal vorbeikommen, ich muß dir den Umbruch zeigen von unsrer nächsten Nummer.« Er zeigte mir den Umbruch: »Hier haben wir Havemann angepißt, hier haben wir ein bißchen viel von Freiheit drin, da nehmen wir hier den Ulbricht ganz groß, und hier mußt du die Tschechen anpissen.« Ich habe das abgelehnt, aber so war die Zeit vor 1968. Es war für mich eine Konzentrationszeit, ich habe Krimis gelesen. Gelebt habe ich von Geborgtem und von Honoraren als »Max Messer«. Dann habe ich für das Fernsehen eine Dokumentarsendung gemacht, über westdeutsche Schulbücher. In dem Material dafür fand ich einen Text aus einem wilhelminischen Schulbuch über eine Inspektionsrei-

se Friedrichs des Großen aufs Land, die mich penetrant/erfreulich an einen Bericht über eine Inspektionsreise von Ulbricht in die Landwirtschaft der DDR erinnerte. Das konnte ich später für mein Preußenstück »Gundling« gebrauchen. Die Arbeit an dem Skript zu einem Dokumentarfilm war einer der Gründe, warum ich 1961 nicht bei der Sitzung des Schriftstellerverbandes anwesend war, auf der ich ausgeschlossen wurde. Es ging um eine Pipeline, die durch die Oder gezogen wurde. Es gab dort zwar ein Telefon, aber das funktionierte nicht. Ich konnte also nicht anrufen. Es gab auch kein Auto und keine Zugverbindung.
Dann habe ich einen Text gemacht für einen Dokumentarfilm über Buchenwald, der dann in Buchenwald als Teil des Besucherprogramms gezeigt wurde. Für mich war interessant: Wir hatten Archivmaterial gesehn über das Außenlager Dora bei Buchenwald, mit Wernher von Braun, der dort die Arbeit für sein Projekt V1 und V2 inspizierte. Wir durften dieses Material nicht verwenden, weil Manfred von Ardenne, von Brauns Klassenkamerad, im Lager Sachsenhausen eine gleiche Werkstatt unterhalten ließ. Es gab ein paar Bereiche, wo man noch etwas Geld verdienen konnte, wo die Texte nicht auffielen. Inge hat Dia-Serien gemacht, Kindergeschichten, Tiergeschichten in Versen. Das Bedrückende ist, wieviel Zeit man mit diesen Brotarbeiten vertan hat, tote Zeit.

Wie haben die »Instanzen« auf »Bau« reagiert?

Die Reaktion bei den Ämtern war weniger enthusiastisch als vorsichtig. Von »Bau« gab es mindestens vier Fassungen, oder fünf, ein Riesenkonvolut. Diese fünf Fassungen waren Reaktionen auf Reaktionen. Ich habe immer mehr von dem Stoff weggeschrieben, obwohl oder weil der Stoff mich von Anfang an interessierte. Es wurde immer metaphorischer, immer mehr Parabel, von Neutschs Titel auf den Kafkatitel zu. Es fiel immer mehr konkreter Romanstoff weg. Parallel dazu liefen die Debatten. Für die Kontrolleure wurde die Sache immer undurchsichtiger. Daß die Aufführung nicht stattfinden würde, war klar, nachdem in der »Jungen Welt« – nach der Veröffentlichung des Textes in »Sinn und Form« 1965 – ein Artikel von dem DDR-Germanisten Hermann Kähler gegen das Stück erschienen war, einer gestandenen Kreatur. Das war der Warnschuß. Für den Abdruck in »Sinn und Form« hatte Kurella noch die russischen Textstellen übersetzt. Kurella war als Stotterer zum Sekretär der Sektion Dichtkunst und Sprachpflege der Akademie der Künste degradiert worden und wohnte nicht mehr in Wandlitz, sondern an der »Windigen Ecke« in Pankow. Bunge arbeitete bei »Sinn und Form«, nachdem die Weigel ihn aus dem Brecht-Archiv hinausgeworfen hatte, weil er Photomaterial, Brecht-Dokumente nach Moskau hatte bringen lassen, damit das Material zugänglich bleibt. Moskau war lange Zeit der einzige

Platz in der Welt, wo man Zugang zu dem ganzen Brecht hatte. Der Bunge hatte Wilhelm Girnus, dem Chefredakteur, meinen Text einen halben Tag vor Redaktionsschluß hingeschoben. Der las das schnell und war davon begeistert, wie er sagte, ein Metaphernrausch. Er bestand auf zwei Strichen: »Chruschtschow kann mit Kennedy über die Koexistenz reden, die den Kapitalismus umbringt früher oder später ...« – wegen des militärischen Gleichgewichts. »Denken Sie an Jesus, Narr aus Nazareth, erblich belastet, Mutter Jungfrau, Vater Zimmermann, der Teufel hat ihm die Chemie angeboten auf dem Tempeldach, er hat sie abgelehnt und ist am Holz gestorben als Märtyrer im Zeitlohn ...« wegen der guten Beziehungen der DDR zum Vatikan. Girnus war vorher Kulturredakteur beim »Neuen Deutschland« gewesen, ein Hauptkämpfer gegen die Moderne in der bildenden Kunst. Bei »Sinn und Form« mußte er sich nun gegen seinen Vorgänger Peter Huchel profilieren. Er wollte kühn sein. Er hat »Philoktet« abgedruckt, ein Stück, das nicht gespielt werden durfte. Bei dem Gespräch über »Bau« und »Philoktet« in Heft 1/66 der Zeitschrift[39] ging es bereits um seinen Stuhl. Das »11. Plenum des ZK der SED« hatte stattgefunden. Das Gespräch fing damit an, daß er zu mir sagte: »Müller, die Abgrenzung gegen Biermann übernehme ich, darum brauchen Sie sich nicht zu kümmern.« Biermann war der Hauptfeind. Die einzigen, die das Gespräch ernst genommen haben, waren wohl die West-Germanisten. Für DDR-

Leser war klar, daß ich da lüge, daß es nur um die Möglichkeit ging, »Bau« aufzuführen. Da mußte gelogen werden. Es war mehr ein Verhör als ein Gespräch. Ich bekam die Chance, durch gutes Lügen meine Texte vor der Verurteilung zu retten – das Verhör war auch eine Verschwörung. Wir waren zu viert, Girnus, Mittenzwei, Münz und ich. Münz war Theaterwissenschaftler, und er hatte für das ZK ein Gutachten zu »Bau« geschrieben. Das hatte großen Schaden angerichtet durch Intelligenz. Er hatte da eine Linie konstruiert, von Majakowskis futuristischem »Mysterium buffo« bis zu »Bau«. Im Theater wurde mir der Abdruck in »Sinn und Form« übelgenommen. Sie meinten, jetzt könne die Aufführung nicht mehr stattfinden. Das Verbot kam nicht sofort, nach der Erwähnung des Stückes auf dem 11. ZK-Plenum liefen die Proben erst noch weiter.

Ernst Kahler hatte angefangen zu probieren, noch vor dem Plenum. Er bekam aber ein Zwölffingerdarmgeschwür, das während der Proben aufbrach, weil er mit dem Stück nicht zurechtkam. Die Schauspieler waren sehr renitent, er selbst war Schauspieler, und er hatte die Inszenierung mit dem Bühnenbildner Heinrich Kilger detailliert vorbereitet. Kilger hatte ein Modell gebaut, und sie hatten das Stück Szene für Szene durcharrangiert. Und das brach dann völlig zusammen, schon auf der zweiten Probe, weil die Schauspieler immer wissen wollten: Warum soll ich denn nun genau hier stehen, warum nicht da? Da war es aus. Das war für mich sehr lehrreich, der Zusammenbruch einer Beamtenregie. Dann hat Wolfgang Heinz die Regie übernommen. Bei ihm gab es einen großen passiven Widerstand der Schauspieler, die wollten, daß Besson inszeniert. Besson war der neue Mann am Deutschen Theater, nachdem Wekwerth und Palitzsch ihn aus dem Berliner Ensemble hinausgedrängt hatten, weil er keine Fabel erzählen konnte, das heißt, sie wollten ihn loswerden, weil er der Bessere war. So arbeitete er dann am Deutschen Theater, und die Schauspieler wollten, daß er »Bau« inszeniert, das war einleuchtend, auch für mich. Aber keiner sagte es dem Wolfgang Heinz, und mich bedrängten alle, ihm zu sagen, daß er das nicht könne. Er war Intendant, das war etwas prekär, ein alter Wiener Großschauspieler. Und dann war eine Sitzung bei Wolfgang Heinz. Er hatte die Proben abgebrochen. Er sagte, er hätte den Eindruck, daß etwas in der Luft liegt, die Kollegen, die etwas zu sagen hätten, sollten zu ihm ins Büro kommen. Heinz hatte früh erklärt, er liebe dieses Stück, er liebe den Text. Das war auch so. Er hat das mit seiner großen Mimenstimme immer den Funktionären vorgelesen, und da waren die natürlich beeindruckt. Ein paar hatte er wirklich überfahren damit. Er hat es laut vorgelesen und geschwärmt, wie herrlich das Stück klingt. Er hat wirklich etwas dafür getan. Nun standen wir in seinem Büro, und ich habe ihm gesagt, daß ich der Meinung bin – ich konnte ja nicht für die Schauspieler reden –, daß er das nicht kann. Er sei ein großer Mann, ein gro-

ßer Regisseur, aber das wäre vielleicht nicht eine Literatur von der Art, die er gewöhnt sei zu inszenieren. Und ich wäre der Meinung, daß Besson das übernehmen sollte. Es folgte ein langes Schweigen, und dann sagte er, er hätte in seinem Leben drei große Eindrükke von Dramatik gehabt, das waren Hauptmann, Gorki und ich – und deswegen würde es ihn besonders schmerzen, daß ich das sage. Aber er muß es akzeptieren, und er wird mit Besson sprechen. Er hat es nie übelgenommen.
Heinz war vielleicht kein großer Geist, aber eine integre Figur, manchmal mehr als naiv im Politischen, aber er hatte eine Haltung. Ein anderes Beispiel: Er kam in eine Sitzung während der Vorbereitungszeit von »Bau« und erzählte, die Partei hätte ihn gebeten, die »Ermittlung« von Peter Weiss zu inszenieren. Er hatte ihnen gesagt, ein Großteil seiner Familie sei in Auschwitz umgekommen und es sei ein wichtiges Stück, aber er könne dieses Stück nicht inszenieren, weil er bei der Lektüre sexuelle Vorstellungen gehabt habe.
Dann hat Besson die »Bau«-Inszenierung übernommen, und nach einer Probenwoche wurde es verboten. Ein klares Verbot, eine Weisung, als Folge des 11. Plenums, mit dem Referat von Honecker, in dem er verschiedene Untaten der Künstler aufgedeckt hatte – unter anderem mein Stück. Aber diesmal hatte das kein Nachspiel wie bei »Umsiedlerin«, ich hatte nur wieder kein Geld. Honecker zitierte als einen Beleg für das fal-

sche Geschichtsbild und die falsche politische Position des Stücks eine Stelle: »Ich bin der Ponton zwischen Eiszeit und Kommune.«[40] Diese Kritik hatte einen theoretischen Grund: Damals hatte die Partei gerade beschlossen, daß der Sozialismus eine selbständige geschichtliche Formation und nicht der Übergang zum Kommunismus sei, die Heiligsprechung der Misere, die Geburt der Karikatur »real existierender Sozialismus«. Deswegen war das eine Todsünde. Natürlich ging es auch um andere Dinge, aber die wurden gar nicht erst erwähnt. Es gab zwischendurch Diskussionen mit einem meiner Lieblinge, mit dem ich öfter Streit hatte, ein Böhme, Roland Bauer, der für Ideologie in der Bezirksleitung der SED in Berlin zuständig war. Er war brutal und direkt. Es machte manchmal sogar Spaß, mit ihm zu streiten. Es ging um die Stelle, in der der ältere Bauleiter den jungen Ingenieur beschimpft, weil der sich nicht gegen ihn durchgesetzt hat. Der Bauleiter hat gerade Weisung gekriegt, das zu machen, was er dem Ingenieur verboten hatte, und er sagt: »... Mein Humor ist freiwillig: jede Sitzung eine Schwenkung, und das zehn Jahre lang, da lernt man sich von allen Seiten kennen. Ich kann mir nichts vormachen, nicht mehr, nicht über mich, ein feiger Hund noch vor dem Spiegel ...« Und dann als Vorwurf an den Jüngeren: »Aber ich habe gehorchen gelernt, als von einem Zungenschlag der Kopf fiel, ich habe beinahe ein Recht auf meine Feigheit, wo ist euer Hitler?« Bauer fragte: »Wer ist Hitler?« Er hat nichts verstanden, reiner Verfolgungswahn. Oder er hat mich genauer gelesen als ich.

Das Stück wurde dann erst 14 Jahre später aufgeführt.

Als das Stück 1980 an der Volksbühne von Fritz Marquardt aufgeführt wurde, gab es eine Empfehlung der Partei, das Stück nicht zu machen. Der neue Intendant hat es riskiert, wie Besson fünf Jahre vorher die »Umsiedlerin«. Die einzige Bedingung der Partei war damals ein anderer Titel: »Die Bauern« statt »Die Umsiedlerin oder das Leben auf dem Lande«. Es ging um die Erinnerung an den Skandal 1961. Ein Funktionär formulierte das so: Die Partei demütigt sich nicht. Der neue Intendant der Volksbühne war Dr. Rödel, in dessen Dissertation die »Umsiedlerin« in den Bereich der Staatssicherheit verwiesen worden war. Von Marquardt haben sie Streichungen verlangt, zum Beispiel der Satz des Arbeiters Barka zum Bezirksfunktionär, der nach dem 13. August auf die Baustelle kommt: »Hätt ich gewußt, daß ich mein eignes Gefängnis bau hier, jede Wand hätt ich mit Dynamit geladen«.[41] Marquardt hat sich geweigert, das zu streichen. Und dann ging es darum: Wie reagiert das Publikum? Das war der Angstpunkt. Auf Barkas Satz reagierte das Publikum mit absolutem Schweigen. Und das war die Rettung. Wenn es da eine Reaktion gegeben hätte, hätten sie es verboten. Die Kritik war langweilig. Es gab nur noch Zustimmung.

»Ödipus Tyrann«, 1966

Der »Ödipus« war in der Zwischenzeit eine gute Nebenbeschäftigung, und es war sehr interessant, am Deutschen Theater mit Besson zu arbeiten. Nach dem Verbot von »Bau« haben sie Besson den »Ödipus« als Ersatz angeboten. Besson kam zu mir und fragte: »Interessiert dich das zu übersetzen?« Es hat mich sehr interessiert, weil es die Hölderlin-Fassung gab. Ich habe gedacht, das kann man einfach in die Schreibmaschine nehmen, ein paar Kommata anders setzen, und fertig. Dann hat es mich aber wirklich interessiert. Für Besson war der Ausgangspunkt eine von Voltaire kommentierte Ausgabe. Die Geschichte mit dem Orakel war für den Aufklärer Voltaire natürlich Unsinn, und genau das war auch Bessons Problem, wie man damit umgeht, weil man das Orakel in dem Stück nicht eliminieren kann. Gerade durch diesen Kampf zwischen Aufklärung und Orakel kamen wir auf einiges. Es wurde plötzlich ein Stück über Chruschtschow und die Krise der Landwirtschaft in dem Sinne, daß ohne die Pest in Theben keiner das Orakel ernst genommen hätte. Das war auf einmal eine aktuelle Parallele zu dem Sturz von Chruschtschow, der ja über eine Mißernte gestürzt war, den Zusammenbruch seines Landwirtschaftsprogramms. Es hatte für uns nun jedenfalls einen Sinn, sich damit zu beschäftigen. Oder das Problem der Hybris von Ödipus, der noch seine Blindheit zur Philosophie macht. Bei Hölderlin ist das so formuliert: »Denn süß ist wohnen, wo der Gedanke wohnt/ entfernt von Übeln.« Ich habe das gefälscht, das Moralische herausgenommen. Bei mir steht: »entfernt von allem«. Das Auslöschen der konkreten Wahrnehmung zugunsten einer Idee, in der man sich jetzt ansiedeln will. Es war ganz interessant, auch wie Besson damit umging.

Für Besson war Ödipus der starke einzelne, der Schweizer Selfmademan: Schwellfuß gegen den Rest der Welt. Ödipus wurde eingedeutscht, er hieß Schwellfuß. Ich war dagegen. Das kann man ins Programmheft schreiben, auf der Bühne verstellt es den Blick auf die wirkliche Dimension der Tragödie.

Aber das war natürlich auch Bessons Qualität, dieser niedere Blick auf alles. Das hat auch dem Brecht gefallen, glaube ich. Die Schüler haben sich ja den Brecht aufgeteilt, da hat sich jeder seinen Teil herausgeschnitten. Das Stück, das Besson sich herausgeschnitten hat, war das theatralisch Ergiebigste, die plebejische Seite, also der Blick von unten, auch der denunziatorische Blick auf Figuren, auf Situationen. Bei »Hamlet« zum Beispiel war für Besson der entscheidende Punkt, daß Horatio nur ein Spitzel sein konnte, was für das Stück völlig uninteressant ist. Das kann einmal ein Aspekt sein, die Verengung des Blickwinkels und die Trivialisierung von »großen Gegenständen« war theatralisch eine Qualität, gerade in der DDR. Auch gegen den hehren Umgang mit Klassikern. Aber wir waren deswegen immer etwas im Clinch, wir waren nie einig darüber. Was mir bei Besson fehlte, war das Tragische. Für Brecht gab es das ja auch nicht, außer in seinen besten Texten. Aber er hat das theoretisch immer abgewehrt, und für Besson gab es das eben auch nicht. Das wurde immer ein Witzpunkt. Mich hat seine Arbeit eigentlich nie wirklich berührt. Aber sie war ein Sprengsatz in der DDR, auch wegen des romanischen Elements. Außerdem war sein Umgang mit Empfehlungen und Verboten vorbildlich. Besson war eine Voraussetzung für viele Aufführungen meiner Stücke in der DDR. Er hatte auch Reserven gegen Marquardt, aber er hat ihm ermöglicht, zu arbeiten. Alle haben sehr viel von ihm gelernt, weil er im Umgang mit Theater und mit Situationen ungeheuer pragmatisch war. In seiner Arbeit blieb er innerhalb der Welt von Brecht, es war nie etwas wirklich Neues. Das ist im Theater oft so, Theatertriumphe sind Arbeiten, die nicht wirklich neu sind, erfolgreich ist das alte Neue. Theater ist ja generell nicht innovativ, schon wegen des Apparats. Man kann in der Lyrik sprachlich innovativer sein als im Drama. Theater muß in der Nähe von Gemeinplätzen bleiben, damit es ankommt. Genau das war eine Qualität von Besson, der listige Gemeinplatz: Tragik war fast gleichbedeutend mit Faschismus. Brechts aufklärerische Pose gegenüber dem Mythos. Die vorsätzliche Blindheit für die dunklen Seiten der Aufklärung, ihre Schamteile. Um zu erzählen, daß Horatio ein Spitzel ist, braucht

man »Hamlet« nicht zu inszenieren. Bei »Ödipus« haben wir uns dann auf Kompromisse geeinigt. Ich habe Sachen so interpretiert und er anders. Fürs Publikum kam es sowieso nicht darauf an. Es war ein großer Erfolg, eine schöne Aufführung mit Bühnenbild von Horst Sagert, der nun wieder eine ganz andere Welt auf die Bühne gebracht hat, die nichts mit Konzepten von Besson zu tun hatte. Es war exotisch, eine Afrikanisierung von »Ödipus«. Eine ideale Kombination waren Hacks und Besson. Das war immer glänzend gemacht und äußerst erfolgreich. Die »Ödipus«-Inszenierung 1967 ist als eine Klassikerinszenierung von hoher Qualität rezipiert worden, als Kunstwerk. Politisch fiel sie nicht auf. Besson hat politische Ideen, aber sie verschwinden auf der Bühne, in der Kunstfalle, die nicht nur Ideen frißt. Die Proben waren interessanter als die Aufführung, auch das gehörte zu Besson. Je mehr es auf die Premiere zuging, desto mehr Brüche und Risse fielen weg. Ich erinnre mich an seinen Kampf mit dem Chor: deutsche Männerdarsteller mit Bierbäuchen zum Tanzen bringen. Er hat eine hervorragende Lösung gefunden: die Gruppen waren ganz eng und hatten nur kleine Bewegungen. Das ist ja ein Grundproblem des deutschen Theaters, daß die Schauspieler nicht mit den Füßen sprechen. Der Text kommt meistens nur aus dem Kopf. Auf den Proben hat Besson Entdeckungen gemacht, da war er kühn.
Bessons Erfolgsinszenierung »Der Drache« war das

Ende des politischen Theaters in der DDR. Jewgenij Schwarz' antistalinistische Parabel war durch die Inszenierung zu einem Märchenstück geworden. Der Drache war ein »wirklicher« Drache, hergestellt von dem Theaterplastiker Eduard Fischer, der Feuer speien konnte, das Maul aufklappen, brüllen und donnern. Rolf Ludwig war ein guter alter Drache, ein Denkmal der Gerontokratie, aber die Idee, den Drachen außerdem zum Kinderschreck zu machen, entschärfte das Stück.

Einmal fragte mich Besson, er wollte an der Volksbühne den »Guten Menschen von Sezuan« inszenieren: »Sag mal, wie mach ich das jetzt hier in dieser Stadt, geteilt durch die Mauer?« Er zitierte: »Und wenn in dieser Stadt ein Unrecht geschieht, dann ist sie wert, daß sie zugrunde geht, vor es Nacht wird.« – »Was mach ich mit dieser Stelle, diesem Satz in Berlin, jetzt in der politischen Situation?« Ich verstand die Frage nicht. Auf der Probe fragte er die Karusseit, die die Shen Te spielte: »Wie machst du diesen Satz?« Sie marschierte an die Rampe und rief den Satz in den Zuschauerraum. Besson sagte: »Du bleibst hinten, diesen Satz mußt du leise sagen. Und du hast falsch betont. Du mußt sagen: ›Wenn in dieser Stadt ein Unrecht geschieht, dann ist sie wert, daß sie zugrunde geht, *vor* es Nacht wird.‹« Das hat sie dann gemacht. Kein Mensch hat mehr den Satz verstanden. Wieso vorher und nicht nachher? Das ist die Geburt des Manierismus aus dem Geist der Feigheit. Und das war das Schicksal des DDR-Thea-

ters, es wurde immer manieristischer, immer artifizieller aus dieser Haltung heraus.
Etwas Ähnliches ist mir einmal aufgefallen, als ich mit dem Bus von der Friedrichstraße zum Alexanderplatz fuhr. Ein Bühnenarbeiter vom Berliner Ensemble stieg zu, der etwas Schweres zu schleppen hatte, in die Werkstatt. Es war »Füchschen«, ein kleiner Dikker. Bühnenarbeiter waren ja immer ein Hort der Konterrevolution in der DDR, weil sie täglich die soziale Diskrepanz zu den Schauspielern erlebten, nicht nur in der Kantine. Sie saßen getrennt von den Schauspielern. Der Bus fuhr einen Umweg, weil im Palast der Republik ein FDJ-Kongreß stattfand. Das hieß für ihn, er mußte länger laufen mit dem Zeug. Er war sauer und sagte: »Scheiß FDJ. Heiner, kennste det? ›Und eines Tages, und es wird bald sein, werden sie merken, daß ihnen das alles nichts mehr nützt.‹« Ein Zitat aus der »Mutter« von Brecht. Da fiel mir auf, daß nie jemand in der DDR in der »Mutter«-Aufführung diesen Text verstanden hatte, wahrscheinlich wegen der schönen Musik von Eisler. Also die Rolle der Kunst als Verschleierung und Beruhigung, als Schlafpille.
Endgültig weggegangen aus der DDR ist Besson 1978 oder 1979, sein Spielplan wurde vom Magistrat abgelehnt. Im Spielplan standen auch Stücke von mir, die zwar nicht er, aber Matthias Langhoff, Karge und Marquardt machen wollten. Ein Brecht-Stück wurde von den Erben abgelehnt, also durften sie Brecht nicht ma-

chen, meine Stücke vom Magistrat. Deswegen ist er gegangen und Langhoff und Karge auch.
Der »Herakles« war schon fertig, als »Ödipus« geprobt wurde. Das hatte ich eigentlich geschrieben, weil wir lange über das Problem der Kanalisation gesprochen hatten, darüber, daß die Pest ein Kanalisationsproblem ist. Ich habe verzweifelt und vergeblich versucht, dem Besson einzureden, diesen Text als Satyrspiel vor »Ödipus« zu inszenieren.

Am 1. Juni 1966 ist Inge gestorben, erinnerst Du Dich an den Tag?

Das Zusammenleben mit ihr war für mich inzwischen auch ein Arbeitsproblem geworden. Ich konnte in unserer Wohnung nicht mehr arbeiten. Am 1. Juni habe ich zum ersten Mal im Theater gefragt, ob sie mir eine Wohnung besorgen könnten. Und dann habe ich noch lange auf einem U-Bahnsteig mit Adolf Dresen über die Zukunft oder Nicht-Zukunft des Marxismus diskutiert. Als ich nach Hause kam, war sie tot. Das war der Abend, an dem im Fernsehen zum ersten Mal eine Sendung über den Selbstmord der Monroe lief. Die Wochen und Monate danach habe ich fast pausenlos das »Wohltemperierte Klavier« gehört. Ich habe mir Schlaftabletten gekauft, aber keine genommen. Es war schon schwierig. Bei der Beerdigung habe ich mir endgültig Peter Hacks zum Feind gemacht. Ich stand da so ungünstig, und alle mußten mir kondolieren, und

Hacks stolperte über eine Unebenheit und fiel vor mir auf die Knie. Natürlich durfte niemand lachen. Es waren viele Leute da, viele Schauspieler. Einer hat Gedichte von ihr vorgetragen. Ich stand kurz unter Mordverdacht, weil sie keinen Abschiedsbrief geschrieben hatte. Ihr Abschiedsbrief waren die Gedichte, die sie in ihren letzten acht Jahren schrieb.
Einmal habe ich sie nach einem Selbstmordversuch, sie wollte vom Balkon springen, ins Krankenhaus bringen müssen. Da waren meine Eltern gerade zu Besuch. Für Inge war das ein Vertrauensbruch. Sie fand es so grauenhaft im Krankenhaus, daß ich sie danach nicht mehr hingebracht habe. Einmal habe ich die Wohnung mit Hilfe der Feuerwehr über die Leiter betreten, weil sie von innen abgeschlossen hatte und nicht aufmachte. Im allgemeinen war es so: Wenn ich nicht zu Hause war, passierte nichts. Das erste Mal, daß sie es in meiner Abwesenheit versucht hat, war auch gleich das letzte Mal. Vielleicht hätte es auch noch zehn Jahre so weitergehen können. Und sicher hatte ich auch keinen großen Glauben an die Psychiatrie. Und irgendwann hatte ich auch wirklich die Haltung: Wenn sie sterben will, dann ist das ihre Sache. Eine Zigeunerin hatte ihr gesagt, daß sie mit 41 stirbt.

An dieser Stelle müßtest Du etwas zu Deinem Text »Todesanzeige«[42] *sagen.*

Ich erinnere mich, wie ich den letzten Abschnitt schrieb, die Stelle mit dem »Hühnergesicht«, meine erste Beschreibung eines Mordes in der ersten Person. Da war plötzlich ein merkwürdiger Unterschied zum Stückeschreiben. In einem Stück sind vierzig Morde kein Problem, aber plötzlich schreibe ich: »*Ich* erstach ihn.« Das war ein Schock, eine ganz andere Erfahrung. Ich hatte angefangen, das in der dritten Person zu schreiben, dann habe ich gemerkt, das ist kein Ausweg. Daher die abschreckende Wirkung auf viele, auch auf mich. Ich war erschrocken über das, was ich da schreibe, aber das gab mir nicht das Recht, es nicht zu schreiben.

Kannst Du etwas über das Verhältnis zwischen Männern und Frauen in Deinen Stücken sagen?

Warum ich? Es gibt Analysen meiner Arbeiten von Männern und Frauen, die man/frau nachlesen kann.[43] Von Marthe Robert, der Psychoanalytikerin und Literaturtheoretikerin, leider nur mündlich. Sie hat »Philoktet« gelesen und eine Liste der Perversionen aufgestellt, die der Text sublimiert. Das ging bis zur Koprophagie. Das ist sicher auch bei meinen Stücken leicht zu machen.

Wie hast Du die Studentenunruhen und Prag 1968 mitbekommen?

Stark verfremdet, weil ich mich in der Zeit häufig in Bulgarien aufhielt. Und da habe ich hauptsächlich mit Afrikanern an der Bar über Prag gesprochen. Die hatten einen eher distanzierten Blick auf diese nordeuropäischen Bandenkämpfe, die fanden das alles nicht so wichtig. Die Niederwerfung der Reformbewegung in der ČSSR hat einen Prozeß gebremst, keinen neuen in Gang gesetzt. Die Studentenunruhen im Westen 1968 waren schon interessanter, global gesehn auch folgenreicher, wenn auch mit andern Folgen als geträumt, aber in der DDR konnte man die Illusionen der Linken nicht teilen. Ich war erleichtert, als ich bei Foucault gelesen habe, daß die eigentliche Funktion der Studentenbewegung 1968 war, die Struktur der Universitäten für die Bedürfnisse der modernen Industrie zu verändern. Und das hat ja auch funktioniert. Ich hatte Glück, daß ich in Bulgarien war, dadurch kam ich nicht in die Verlegenheit, ein Papier für oder gegen Prag zu unterschreiben oder nicht zu unterschreiben. Ich war wegen Ginka Tscholakowa, die ich in Berlin kennengelernt hatte, länger in Bulgarien, weil sie nicht in die DDR zurückdurfte. Ginka hatte ich während der »Ödipus«-Inszenierung kennengelernt. Sie studierte Theaterwissenschaften und war dort Praktikantin. Unsre Beziehung wurde dann ein neues Drama mit vielen Verwicklungen. Auch meine erste Begegnung mit Honecker hängt damit zusammen.

Die Macht und die Herrlichkeit

Die Geschichte der DDR ist auch eine Geschichte der Dummheit, der Inkompetenz von Personen. Daß man in der SED von den Personen, die diese Partei vertreten oder verkörpern, so völlig abgesehen hat, erinnert mich an Graham Greene, »Die Macht und die Herrlichkeit«, »Power and Glory«, der Roman über den saufenden Priester in Mexico. In der Revolutionszeit in Mexico wurden unter Juárez katholische Priester gejagt und von der Bevölkerung versteckt und ernährt. Der Roman ist die Geschichte eines Priesters, der auch gejagt wird, ein schwerer Alkoholiker, immer betrunken, verkommen und asozial, aber er bleibt der Priester und verkörpert die Kirche. So sah ich damals auch die Funktionäre, sonst wäre es gar nicht möglich gewesen, mit den Leuten umzugehen. Viele waren primitiv, dumm, brutal, verkommen, gierig nach bürgerlichem Standard, überfordert alle.

Es gab einfach kaum Funktionäre, in die man Hoffnung hätte projizieren können, jedenfalls keine mit Einfluß und Macht. Ganz am Anfang gab es wohl manchmal integre Figuren, die wurden dann eliminiert. Die andere Seite war die Nähe. Ein Beispiel: Ich hatte im »Spiegel« einen Artikel geschrieben über Thomas Braschs zweites Buch, das bei Suhrkamp erschienen war. Da gab es in der Partei einen ungeheuren Krach, und bei irgendeiner Theaterpremiere im Theater im Palast traf ich meinen für mich zuständigen Wachhund, den Ideologie-Chef der Berliner Bezirksleitung, Roland Bauer. Er sagte: »Auf dich bin ich immer noch wütend.« Der Grund war diese »Spiegel«-Rezension. Das artikulierte sich dann so, wie an der Theke bei Mafiosi.

Höpcke war der Playboy unter den Funktionären. Ich war einmal bei ihm wegen einer Reise. Ich war ja nicht mehr im Schriftstellerverband, und dadurch lief das über das Ministerium für Kultur, die Bezugsperson war Höpcke, verantwortlich für Literatur. Typisch für ihn war so eine Äußerung: »Na, ist ja gut, daß du nicht im Schriftstellerverband bist, da können die kein Veto einlegen.« Oder ich war bei ihm wegen einer anderen Reisegeschichte, und dann fragte er mich: »Sag mal, der Henschel-Verlag will ›Hamletmaschine‹ drucken, was meinst denn du dazu?« Und ich sagte: »Von mir aus, ich hab nichts dagegen. Wenn ihr das drucken wollt.« Ich hörte dann anschließend im Verlag: Höpcke hat dem Verlag mitgeteilt, ich wäre auch nicht dafür, daß es gedruckt wird! Bei »Germania« war es so: Der Text durfte nicht gedruckt werden, gespielt werden durfte er sowieso nicht, bis 1988. Ich kam ins Ministerium, da saß eine Vertreterin der Theaterabteilung, die jetzt hier im Museum eine hohe Dame ist – ich habe sie neulich wiedergetroffen, in einem violetten Kostüm, bei der Eröffnung der John-Heartfield-Ausstellung –, außerdem ein Vertreter des Henschel-Verlages und Höpcke. Höpcke sagte: »In diesem Jahr nicht. Aber das Stück hat Zukunft.« Dann sagte ich: »Das heißt also: Im nächsten Jahr auch nicht.« Sagt er: »Na ja, ich dachte, vielleicht in zwei Jahren.« Ich: »Warum?« – »Na ja, es gibt zwei Punkte: Wenn du die ändern könntest, dann könnte man das Stück diskutieren.« Der erste Punkt war die unzulässige Identifizierung Stalins mit dem großen Sowjetvolk in der Szene »Hommage à Stalin II« und der zweite Punkt war die Identifizierung Rosa Luxemburgs mit einer Prostituierten.

Das Reisen war etwa seit 1968/70 für mehr Autoren eine Normalität geworden. Ich hatte keinen Paß zur beliebigen Ein- und Ausreise, bevor ich 1984 in die Akademie kam. Das war dann ein Extrastatus. Es war einfacher, sobald man Akademiemitglied war. Ich habe nie versucht, mehr als ein Halbjahresvisum zu bekommen, weil man sonst einen anderen Status gehabt hätte. Dann war man heraus aus dem Kontext, den ich brauchte, auch aus dem Erfahrungsdruck. Ich hatte mit Theatern zu tun und saß nicht zu Hause und habe einen Roman geschrieben.

Daß ich 1984 zusammen mit Volker Braun Akademiemitglied wurde, hatte mit Konrad Wolf, dem Bruder von Markus Wolf, zu tun. Es gab den üblichen Kaufpreis, zwei, drei andere mußten mit hinein, damit wir gewählt werden konnten. Vorher waren ich und Volker Braun immer nur vorgeschlagen, dann aber auf der Regierungsebene abgelehnt worden.

Kontakt zur Parteispitze hatte ich kaum. Schabowski zum Beispiel habe ich zum ersten Mal am 4. November 1989 gesprochen. Da war er sehr interessiert an meiner Meinung. Es war ganz einfach so: Seit der »Umsiedlerin«-Affäre wußten alle Funktionäre in allen Parteileitungen in der DDR: mit dem Müller war mal was. Jedesmal, wenn ein Theater in der Provinz ein Stück von mir spielen wollte, klingelte es bei denen, der jeweilige Bezirkshäuptling oder Kreissekretär wußte: Da war doch mal was. Das ging bis zur DKP. Ich habe einmal eine Lesereise durch Baden-Württemberg gemacht, und in Heidelberg oder Freiburg hängte sich eine DKP-Buchhandlung dran, die vor und nach der Lesung Bücher verkaufte. Dann luden sie mich ein zu der rituellen Trinkerei, und auf dem Pissoir stand plötzlich der Buchhändler neben mir und sagte: »Ich wollt's dir eigentlich nicht beim Schiffen sagen, aber ich find's prima, daß du noch zur Fahne stehst.« Und dann gestand er mir, daß sie von der Zentrale einen relativ dringlichen Anruf gekriegt hatten: »Paßt bloß auf mit dem Müller, daß da nichts passiert.«
Ich bin einmal vom Kulturministerium aufgefordert worden, einen Bericht zu schreiben, nach der ersten Reise. Das habe ich nicht getan, gar nicht aus einem heroischen Widerstand heraus, nur aus Schlamperei, aus

Faulheit. Ich sah keinen Sinn darin. Und dann bin ich nie mehr gefragt worden.
Ich habe mich nicht bespitzelt gefühlt, die Präsenz der Staatssicherheit gehörte zum Leben in der DDR. Offene »Beschattung« habe ich erst 1976 kennengelernt, nach der Austreibung Biermanns. Man sollte es damals merken. Am Telefon wußte man, es wird abgehört.
Immer, wenn es um eine Aufführung in der Volksbühne ging, wurde der zuständige Parteisekretär dort auf mich losgelassen, ein mecklenburgischer Fanatiker, nicht unsympathisch. Er glaubte an die Linie und an die jeweils neueste Kurve, und an die nächste genauso fanatisch. Er versuchte immer, sich das intellektuell anzueignen, was gerade richtig war und neu, und dann war es wieder anders richtig. Er war ein leidenschaftlicher Diskutierer – ich weiß nicht, ob er den Auftrag hatte, ich glaube es kaum, aber er hatte den inneren Auftrag, mich zu missionieren.
Das Netz wurde mit den Jahren immer dichter und gleichzeitig auch immer poröser. Ich habe von einigen Leuten gehört, die zu Verhören in Stasi-Büros waren, daß da schon früh Gorbatschow-Porträts hingen. Die DDR ist im Grunde mehr von der Staatssicherheit aufgelöst worden, durch Überproduktion von Staatsfeinden, als von den Demonstrationen. Die waren Schaum auf der Welle, ein Fernseh-Ereignis. Ihr politischer Wille wurde sehr schnell zum Marktfaktor deformiert. Seit Gorbatschow muß die Staatssicherheit auf

Grund ihres Informationsstandes gewußt haben, daß die Festung DDR militärisch und ökonomisch nicht mehr zu halten ist. Es gab auch deutliche Signale dafür, daß die Diskrepanz zwischen dem Wissensstand der führenden Funktionäre und der Staatssicherheit zunahm. Die Intelligenz war bei der Staatssicherheit, die Blindheit bei der Parteiführung. Und natürlich hatte die Staatssicherheit nicht erst seit Gorbatschow bessere Kontakte zu den Russen als die Parteiführung. Mein Interesse an den mich betreffenden Akten der Staatssicherheit ist gering. Wenn ich über die Person, die sie beschreiben, einen Roman schreiben will, werden sie ein gutes Material sein. Ich ist ein anderer. Immerhin bin ich mit andern DDR-Bürgern zum Beispiel Günter Grass gegenüber im Vorteil, der seine BND-Akte, falls sie ihn interessieren sollte, erst einsehen kann, wenn die Bundesrepublik Deutschland untergegangen ist oder aufgegangen in einer andern Struktur. Was wir beide wahrscheinlich nicht mehr erleben werden.

Wie war Dein Verhältnis zu Hermann Kant?

Er rief mich 1965 an, nachdem »Bau« in »Sinn und Form« abgedruckt war, und er sagte mir, daß er das sehr gut fände und ich solle mich nicht davon abbringen lassen. Diese Geste war für mich damals nicht unwichtig. Er war schon Vorsitzender des Schriftstellerverbandes. Ich erinnere mich dunkel, 1961, nach dem

Ausschluß aus dem Verband, hat er mich auch angerufen und sagte mir, es wäre ein schwerer Fehler gewesen, daß ich nicht bei der Versammlung anwesend war. Deswegen wäre da nichts mehr zu machen gewesen. Warum ich nicht gekommen sei? Danach haben wir uns nicht mehr getroffen, außer bei der »Berliner Begegnung« 1981[44] oder anderen offiziellen Anlässen. Von ihm als Schriftsteller halte ich nicht ganz so viel wie Marcel Reich-Ranicki. Er hat eine schrullige Art, sich um direkte Aussagen kunstfertig herumzudrükken. Andererseits: Ich habe vor ein paar Jahren in »Sinn und Form« eine Erzählung von ihm gelesen, »Bronzezeit«, über die Geschichte des Denkmals von Friedrich dem Großen Unter den Linden, das vor den Weltfestspielen 1951 weggeräumt wurde, Honecker war dafür verantwortlich, genauso wie für die Wiederaufrichtung des Denkmals in der nationalen Welle 1983. Da ging es um den Versuch, eine DDR-Nation mit eigenen Traditionen zu etablieren. Die Geschichte von Kant dazu ist vielleicht die schärfste DDR-Satire, die ich in den letzten Jahren gelesen habe. Aber das liest natürlich keiner mehr, weil der Name Hermann Kant darüber steht. Es gab im Westen überhaupt keine Reaktion darauf. »Die Aula« habe ich nicht gelesen, weil Fritz Marquardt, der in der gleichen Arbeiter-und-Bauern-Fakultät mit Hermann Kant war, eine Erzählung über die Zeit dort geschrieben hat. Diese Erzählung ist in der DDR nie veröffentlicht worden, nur in der Anthologie »Geländewagen«, herausgegeben von

Wolfgang Storch.[45] Das ist ein wunderbarer Text über die Geschichte dieser Bildungsinstitute. »Der Aufenthalt«, Kants Roman über seinen Zweiten Weltkrieg, ist sicher besser als die »Aula«. Das ist eine wirkliche Erfahrung, die er da beschreibt. Auch wenn Hermlin das schon gesagt hat, es ist richtig, daß Kant, wie viele seiner Generation, mit einem Schuldbewußtsein angetreten ist, mit dem Bewußtsein, daß er eine Schuld durch besonderen Einsatz, durch besondere Pflichttreue gegenüber diesem neuen Staat abarbeiten muß. Das war sein Problem. Jetzt hat er andre Probleme.

Welche Kontakte hattest Du mit DDR-Verlagen?

Wenige. Der Hauptverlag für mich war Henschel, wegen des Bühnenvertriebs. Mit Aufbau gab es nur sehr früh einen Kontakt, 1949/50. Ich habe Auszüge aus meinen Jugendwerken geschickt, Szenen aus angefangenen oder auch fertigen Stücken, mit einem Eigenkommentar. Ich erinnere mich an einen Kommentar zu einer Szene: »Intriganten liegen mir und Schiller«. Das war mit jugendlicher Arroganz geschrieben und gleichzeitig mit der Einsicht, daß es noch nicht fertig ist, noch nicht das »Eigentliche«. Es wurde mir mit der Bemerkung zurückgeschickt: »Machen Sie weiter, Sie sagen ja selbst, daß es noch nicht soweit ist.« Mit Reclam hatte ich in den letzten Jahren etwas mehr zu tun durch Stefan Richter. Vorher mit Hans Marquardt. Er hat »Zement« gedruckt, zusammen mit dem Gladkow-

Roman. Später stellte sich heraus, es fehlten ein paar Sätze aus dem Prometheus-Text in »Zement«. Das erfuhr ich zufällig von einer Amerikanerin, die auf einem Hochschulferienkurs für Ausländer in Weimar einen Vortrag von einem Germanisten, Rüdiger Bernhard, gehört hatte. Er zitierte in diesem Vortrag auch meinen Prometheus-Text. Die Ausländer entdeckten dabei, daß im DDR-Text im Unterschied zur Westausgabe die Sätze über die Masturbation von Prometheus fehlten. Als ich Marquardt später darauf ansprach, war er etwas verlegen und sagte, das müsse dann wohl ein Schreibfehler der Sekretärin sein. Später habe ich entdeckt, daß dieselben Sätze auch in der Henschel-Ausgabe fehlten. Mich hat nie jemand gefragt, sie haben das stillschweigend eliminiert.
Das waren die einzigen Verlagskontakte. Ansonsten gab es kein Interesse von einem DDR-Verlag, auch weil ich nie als Schriftsteller, sondern nur als Dramatiker betrachtet wurde.
Ich hatte Henschel angeboten, die Rotbuch-Ausgabe parallel mitzumachen. Sie waren auch daran interessiert, und das Ganze starb dann durch einen Anruf von Hager, der am Telefon empört war über ein Gedicht im ersten Band der Rotbuch-Ausgabe. Es war das Gedicht »Film«.[46] Er hatte das aber nicht in dem Band selbst gelesen, sondern in einer Rezension von Benjamin Henrichs in der »Zeit«, der es zitiert hatte. Das war dann das Ende für diesen Plan.
Persönlich hatte ich zu Hager nie Kontakt. In den letz-

ten Jahren lief das immer so ab: Wenn wir uns irgendwo trafen, zum Beispiel auf Empfängen der Ständigen Vertretung oder in der Französischen Botschaft, sagte er: »Wir müssen mal miteinander reden.« Und dann sagte ich: »Soll ich Sie anrufen?« Und er sagte: »Nein, ich rufe Sie an.« So ging das über fünf Jahre, der Anruf kam nie. Und dann habe ich ihn natürlich 1986 bei der Nationalpreisverleihung getroffen. Der Theaterkritiker Ernst Schumacher stand bei Hager, und ich gratulierte ihm zu seinem Nationalpreis. Schumacher sagte, er hätte ja immer gewußt und gesagt, daß der Müller ein Kommunist wäre. Und Hager sagte: »Ja, das wußte ich doch auch immer« oder so ähnlich. Das ist alles. Hager war in der Premiere von »Zement« im Berliner Ensemble. Da gab es dieses kleine Ritual, daß der jeweilige Intendant die hohen Menschen in sein Zimmer rief zu einem Glas Sekt. Und beim Sekt sagte Hager, den Hydratext hätte er nicht verstanden, aber seiner Tochter hätte er gefallen. Auch bei »Lohndrükker« saß auf seinem Platz seine Tochter. Zu Premieren von Hochhuth und Peter Weiss ist Hager immer gekommen. Das war politische Pflicht.

Peter Weiss habe ich zum erstenmal getroffen nach der Aufführung von »Vietnamdiskurs« am Berliner Ensemble. Da haben wir uns wüst gestritten, und er hat sich darüber sehr beschwert bei Bunge. Ich habe ihm Blauäugigkeit vorgeworfen, und daß er sich benutzen läßt. Natürlich habe ich ihm das auch aus Neid vorgeworfen. Er war das Hätschelkind der Partei. Es war ja leicht, gegen den Vietnam-Krieg zu schreiben, und das in der DDR zu spielen war noch leichter. Der Streitpunkt war, daß ich es unangemessen fand, in der DDR gegen den Vietnam-Krieg zu schreiben. Es war hypokritisch, in der DDR gegen den Imperialismus zu schreiben, solange man nicht die Strukturen der DDR auf die Bühne bringen konnte, die eignen Probleme. Das war der Streit. Peter Weiss verstand das nicht, weil für ihn die DDR noch eine Hoffnung war, konnte es nicht verstehn, weil er im Westen lebte. Das war in den 70er Jahren. Seinen ersten DDR-Schock hatte Peter Weiss, als er an der Grenze gefilzt und nicht hereingelassen wurde wegen des Trotzki-Stücks. Dann hat Perthen, Intendant in Rostock, sich dafür eingesetzt, daß er doch herein darf. Perthen war ein übler Typ, ein Paranoiker und Intrigant, aber für Peter Weiss und auch für Hochhuth eine Art Vater. Sie wurden hofiert von ihm. Und er hatte den reichsten, den vielfältigsten Spielplan. Die Aufführungen waren das Letzte. Dieser Perthen hat bei Hager erreicht, daß das Einreiseverbot für Peter Weiss aufgehoben wurde. Aber die Bedingung war ein Gespräch im Politbüro über das Trotzki-Stück, das Weiss dann quasi in diesem Gespräch zurückgenommen hat.

Die »Ästhetik des Widerstands« ist ein großes Buch. Ich habe Peter Weiss wiedergetroffen – es war das letzte Mal –, nachdem er den Vertrag bei Henschel für die DDR-Ausgabe von »Widerstand« unterschrieben hatte. Er war damals sehr glücklich und sehr gelöst, und wir haben zusammengesessen und über Pläne gesprochen, unter anderm eine Inszenierung an der Volksbühne. So viele Illusionen wie bei unserm ersten Treffen hatte er nicht mehr, aber immer noch seine mönchische Haltung zur Utopie.

Brecht

Mein Verhältnis zu Brecht ist selektiv von Anfang an. Es gibt eine Linie, die bei Brecht durchgeht und die mich interessiert. Das ist die gotische Linie, das Deutsche. Ein klassisches Beispiel ist das schon erwähnte Gedicht »Oh du Falladah, da du hangest«. Das ist sehr deutsch, und es ist sehr zerrissen, eben nicht heiter, beruhigt, römisch, klassisch, chinesisch. Chinesisch oder römisch gab sich Brecht in bestimmten Lebenssituationen, die auch politisch-historische Situationen waren – Zeiten, in denen er aus dem Verkehr gezogen war. Die wichtigste Werketappe ist für mich die Zeit vom Ende der 20er Jahre bis 1933. Erst viel später, in Brechts ersten Jahren in der DDR, gab es das dann wieder, zum Beispiel im »Aufbaulied«. Erst ganz am Ende, in den »Buckower Elegien«, aus der Enttäuschung an der DDR, dem Schock des 17. Juni 1953, geht das Gotische im Römischen auf. Von »Baal« gibt es eine Fassung – die letzte, glaube ich –, wo Baal Mechaniker ist, mit Maschinen arbeitet, die in der Konfrontation mit Berlin, mit der Großstadt, entstanden ist. Das war der Einschnitt. Von da ab wird Brecht für mich interessant. Weniger der Augsburger Junge Wilde, das ist bayrischer Expressionismus. In der Konfrontation mit der Stadt wird er scharf und schnell. Das ist der Ton, der in diesem Falladah-Gedicht aufkommt, der in »Fatzer« ganz extrem da ist. »Fatzer« ist natürlich der beste Text von Brecht überhaupt, die Essenz einer nachbürgerlichen Erfahrung. Und interessant ist, daß Leute wie Stein oder Peymann diesen Text verabscheuen, weil da die Sprache eine eigene Schwerkraft hat und das Theater in Frage stellt. Brecht selbst hat zuletzt erklärt, »Fatzer« sei technisch der höchste Standard gewesen, daneben die »Maßnahme«. Es geht um diesen technischen Standard. Technischer Standard ist ein Begriff, der ohne Großstadt, ohne Industrie nicht denkbar ist. Der beliebte Brecht aber ist der agrarische, der vorindustrielle Brecht, der junge Wilde oder der Klassiker, stalinistisch gebremst. Dabei war Brechts Sinnlichkeit immer angeschafft, Lektüre. Dann gibt es noch einen andern Aspekt in den Texten, die ich meine, bis zum »Antigone«-Vorspiel, die »deutschen« Knittelverse, die eine ungeheure Gewalt haben. Das ist so wie ein Anschluß an einen Blutstrom, der durch die deutsche Literatur geht, seit dem Mittelalter, und das Mittelalter war die eigentlich große deutsche Zeit. Im Mittelalter gab es eine deutsche Kultur, als etwas Einheitliches. Danach zerfiel das in Regionen, dann in private Provinzen. Aber es gab nie mehr diese kulturelle Einheit, die deutlich in der bildenden Kunst erkennbar ist. Darüber hat der Brecht gelegentlich auch ganz gut geschrieben. Die Bauernkriege, das größte Unglück der deutschen Geschichte. Dann kam der Dreißigjährige Krieg, und danach gab es diese Gesichter nicht mehr in Deutschland, Gesichter wie bei

Cranach, wie bei Dürer, so etwas wie einen Volkscharakter. Nur im Sturm und Drang kam das noch mal hoch, bei Büchner sowieso, bei Lenz ganz extrem, Kleist ist ein Sonderfall. Das Deutsche bei Brecht hat wirklich sehr mit Formen zu tun. Die Knittelverse sind immer höchstes Niveau, mindestens so gut wie bei Goethe, wenn nicht besser. Der Knittelvers ist die einzige deutsche Versform, die originäre deutsche Versform vor dem Blankvers. Aber den Blankvers kann man nur über Shakespeare revitalisieren. Brecht war eine Zwischenstation, ein Agent Shakespeares. Im »Arturo Ui« gibt es viel Mechanisches, Pennälerhaftes, Travestie, aber plötzlich kommen böse Stellen, zum Beispiel wenn Givola (Goebbels) zu Roma (Röhm) sagt: »Mein Bein ist kurz, wie? So ist's dein Verstand / Jetzt geh mit guten Beinen an die Wand.« Das sind die großen Stellen bei ihm, nicht die freundlichen. Der Terrorismus ist die eigentliche Kraft, der Schrecken. Deswegen war der Hitler als Gegner ganz wichtig für ihn, auch formal. Das war ein Idealfeind. Benjamin beschreibt das gut, diesen Grabenkampf Brechts gegen Hitler. Das ist die gleiche Art von Bosheit, da war eine ungeheure Affinität. Man merkt das noch in den Agitationsgedichten gegen Hitler, diesen bösen Ton. Interessant ist Brecht eben nicht als Aufklärer.
Das Berliner Ensemble war nach Brechts Tod leider nur eine Grabstätte. Da ist nichts mehr da von alledem. »Hofmeister« war der Höhepunkt, von Brecht inszeniert. Peter Brook hat einmal, als er gefragt wurde,

ob er schon einmal »Theater der Grausamkeit«, im Sinne von Artaud, gesehen hätte, geantwortet: »Ja, einmal, im Berliner Ensemble, den Hofmeister. Das war grausames Theater, Eingriff in Bewußtsein, Angriff auf falsches Bewußtsein, Zerstörung von Illusionen.« Vielleicht auch dadurch, daß ein Schweizer den Hofmeister spielte. Der Prolog – die scharfe Stimme werde ich nie vergessen, es war fast gequäkt: »Will's euch verraten, was ich euch lehre / Das ABC der deutschen Misere.« Das war auch der Ton von Brechts Stimme. Einen ähnlichen Tonfall hatten Bismarck und Ulbricht, auch Hitler und Artaud.
Es gab in dieser Inszenierung eine Szene, die Kastrationsszene, mit Gewitter, einem großen Theatergewitter, und Nacht, und der Hofmeister kastrierte sich nach einem langen Monolog, reißt sich einen roten Latz aus der Hose und schneidet den ab. So etwas habe ich nie wieder im Theater erlebt. Ein ganzes Publikum, das die Luft anhielt. »Galilei« ist ein Stück, das ich sehr liebe. Das hat Schärfe und Tempo, jedenfalls in der ersten Fassung. Es ist immer nur falsch inszeniert worden. Es ist eine Selbstdenunziation, sein einziges autobiographisches Stück, bis hin zu dem Problem mit seiner Tochter Virginia, deren Heirat platzt, weil er auf seinen Planetenbahnen besteht.
Was die Nachfolge betrifft, so war für Brecht offenbar Strehler als Regisseur die Erfüllung. Sicher hängt das mit dem Süden zusammen, bei Strehler ist einfach ein anderes Licht, kein Nebel. Dadurch haben die Dinge

eine scharfe Kontur. Der Süden eben nicht als etwas Weiches und Warmes, sondern eher als etwas Hartes und Scharfes. Das war in Deutschland schwer herzustellen, so eine Stimmung, so ein Licht. Strehlers »Der gute Mensch von Sezuan« war allerdings schon problematisch, ein Märchen. Das Stück verführt dazu. Wichtiger war wohl Strehlers »Dreigroschenoper« und »Lukullus« mit dem kalten Blick auf die Hinrichtung Mussolinis. Das war sehr direkt verbunden mit der sozialen und politischen Situation in Italien. Brecht hat auf jeden Fall Strehlers »Dreigroschenoper« gesehen.

Mein unmittelbarer Anschluß an Brecht war eigentlich der »Lohndrücker«. Interessant ist, daß wir einmal in den 50er Jahren in der Sektion Dramatik im Schriftstellerverband, die ich leiten und organisieren sollte, über Brechts »Garbe«-Fragment diskutiert haben. Wir kannten das Material nicht, das war im Archiv, die Rülicke sprach darüber. Sie erzählte, warum Brecht das Ganze schließlich aufgegeben hätte. Zuerst wollte er ein Stück im Stil der »Maßnahme« machen, mit Chören. Das ging von der falschen Voraussetzung aus, daß es in der DDR eine intakte Arbeiterklasse gäbe. Das war überhaupt ein Problem, daß Brecht mit seinen klassisch marxistischen Kategorien in eine Wirklichkeit kam, die damit überhaupt nicht zu fassen, die viel differenzierter und komplexer war. Deswegen konnte er kein Stück über die DDR schreiben. Das galt auch für die Seghers oder eigentlich für alle, die aus der Emigration kamen und versuchten, an 1933 anzuschließen, oder an 1932. Und das ging dann nicht mehr nach dem Krieg, im »Arbeiter-und-Bauern-Staat«, der nur eine Behauptung war, wie der Sozialismus, ein Phantom. Aber interessant war, wie der Brecht begründet hat, warum er das Stück nicht schreiben kann. Er sagte, der Garbe hätte nicht die Bewußtseinsskala, die er, Brecht, für den Protagonisten eines Stückes brauche, und deswegen reiche das höchstens für einen Einakter. Er hat nicht verstanden, daß der Protagonist im Kontext DDR verschwunden war, daß es keinen Protagonisten gab in diesem andern Kontext. Er konnte Dramatik ohne Protagonisten nicht denken. Auch sein Fabelbegriff war letztlich gebunden an die Präsenz eines Protagonisten. Die Stücke laufen alle über Protagonisten, insofern war das letztlich noch bürgerliche Dramaturgie. Ich habe dann ganz instinktiv ein Stück ohne Protagonisten geschrieben. Es wurde dann immer so inszeniert, als wäre da ein Held, der »Aktivist«. Dieser Blick ist aber rein ideologisch. Man hat dadurch das Subversive im Text nicht gesehn. Das lief als Heldenstück. Überall da, wo in meinem Text »Pause« oder »Schweigen« steht, wäre für Brecht der Raum für die Arien gewesen. Seine Stücke haben ja eine Arienstruktur, die er dann selbst durch seine Intrigendramaturgie zerstört hat. Diese Intrigendramaturgie, die aus dem Kopf kam, aus ideologischem Denken, hat die Stücke langsam gemacht. Da hat auch das Kleine Organon nicht geholfen.

1956 ist Brecht gestorben. Was weißt Du über seinen Tod?

Nur, was erzählt wird. Es steht inzwischen fest, daß er nach dem Stand der westlichen Medizin damals durchaus nicht hätte sterben müssen. Das war ein Betriebsunfall. Er hatte eine Grippe und eine Herzinsuffizienz oder so etwas, er hatte ja ein neurotisches Herz, nichts Organisches, und ist an der Grippe gestorben. Schön ist eine Geschichte aus der Zeit nach seinem Tod: Wolfgang Harich war verhaftet worden, die Brecht-Witwen berieten mit der Frau von Harich, die Brechts letzte Geliebte gewesen war, was man tun könnte. Dann kam Fritz Cremer mit vier Arbeitern vom Stahl- und Walzwerk Hennigsdorf mit dem Stahlsarg für Brecht. Der war in Hennigsdorf nach einem Entwurf von Cremer angefertigt worden, Cremer hatte aber vergessen, Maß zu nehmen. Er hatte nun Angst – es war der erste Abguß von dem Stahlsarg –, daß Brecht nicht hineinpaßt, wie Wallenstein, dem ja die Verschwörer die Beine brechen mußten, weil der Sarg zu klein war. Und die Weigel, die eine praktische Frau war, ersuchte einen der Werktätigen, der ungefähr die Statur von Brecht hatte, sich probeweise in den Sarg zu legen. Der Sarg paßte. Dann zogen sie mit dem Sarg wieder ab. Das war »Die Maßnahme« 1956.

»Horizonte«/»Waldstück«, 1968

Bei den Ödipus-Proben 1966 hast Du Ginka Tscholakowa kennengelernt.

Sie arbeitete da als Praktikantin, studierte Theaterwissenschaft in Berlin. Sie war Bulgarin und mit einem Bulgaren seit Jahren verlobt, einem Sohn aus einer Beamtenfamilie. Sie war schon zweimal einem Hochzeitstermin durch die Flucht entwichen, einmal nach Südfrankreich, einmal nach Italien. Und dann habe ich mit ihr geschlafen, und der dritte Hochzeitstermin stand ins Haus. Sie sagte, sie müsse nach Bulgarien fahren, sie wisse noch nicht, ob sie ihn nun heiratet oder nicht. Wir hatten ausgemacht, daß sie mir ein Telegramm schickt. Dann kam ein Telegramm, in dem stand: »Frau«. Wahrscheinlich hat sie nur geheiratet für die Fotos im Hochzeitskleid. Das verstehe ich heute besser als damals. Dann kam sie aber zurück und sagte, es wären jetzt so ungleiche Wettbewerbsbedingungen, und der Junge müßte nach Berlin, damit sie sich richtig entscheiden könnte. Er kam nach Berlin, und dann gab es einen sozialistischen Wettbewerb, und schließlich wohnte sie bei mir und ließ sich scheiden. Der Bulgare versuchte gelegentlich, mich totzuschlagen, aber man konnte das alles noch auf einer zivilen Ebene abwickeln. Nach zwei Wochen erschien eines Vormittags ein Polizist mit einem Papier und teilte mit, daß sie innerhalb von vierundzwanzig Stunden die DDR zu verlassen habe, und zwar für immer. Ich habe nach Beratung mit Matthias Langhoff, der gute medizinische Beziehungen hatte, mit einer Charité-Ärztin gesprochen. Die Ärztin hat Ginka in die geschlossene Abteilung der Psychiatrie aufgenommen, damit ich Zeit hatte, mich zu informieren, was dahintersteckte und was man da machen kann. So saß Ginka zwei oder drei Tage und Nächte in der geschlossenen Abteilung. Es war für sie sehr interessant, sie erzählte später gute Geschichten darüber. Nach zwei Tagen rief mich ein Arzt aus der Charité an, ein griechischer Kommunist und Immigrant, er sagte, meine Frau oder Freundin wäre nachts oder früh morgens von zwei Herren in Ledermänteln abgeholt worden, und seine Kollegin, die die Möglichkeit gehabt hätte, sich dem zu widersetzen, hatte dies nicht getan. Dann hörte ich eine Weile gar nichts mehr. Ich habe mich dann bei meinem Intimfeind, Roland Bauer, dem Bezirksideologiechef, erkundigt. Der sagte bloß: »Das ist eine bulgarische Angelegenheit.« Daraufhin habe ich einen Heiratsantrag gestellt. Man mußte eine staatliche Erlaubnis haben, um Ausländer zu heiraten. Der Antrag wurde abgelehnt. Dann habe ich denselben Antrag bei der nächsthöheren Stelle gestellt, er wurde wieder abgelehnt. Dann habe ich mit Paul Dessau beraten, der sagte: »Da gehst du zu Erich.« Ich bekam auch einen Termin in der Angelegenheit bei Honekker. Im Vorzimmer saß die gutaussehende Frau, der ich während der Weltfestspiele nachgestellt hatte. Als ich hereinkam, hatte Honecker die Akte vor sich auf dem Tisch liegen. Er war noch nicht Staatschef, er war zweiter Sekretär und zuständig für das Ressort Sicherheit. Er hat mir auch ziemlich freigebig daraus vorgelesen. Ein paar Sachen hat er ausgelassen, das waren offensichtlich die geheimen Dinge, aber er hat mich sogar vor einem bestimmten Mann gewarnt. Die Namen ließ er meistens aus, diesen einen hat er genannt. Das war offenbar eine Warnung. Es war ein Assistent an der Humboldt-Universität, der als Reiseführer in Bulgarien gearbeitet hatte. Ginka hatte ihn dort auch kennengelernt und später an der Humboldt-Universität wiedergetroffen. Was laut Akte gegen sie vorlag, war, daß sie Kontakte zu einem amerikanischen Studenten in Westberlin gehabt hatte, mit dem sie auch in Wohnungen gewesen war, in ihrer Wohnung in Pankow und in seiner Wohnung in Westberlin. Und man wußte nicht, was da gesprochen worden war. Ich war verwirrt von der Situation und wußte nicht, was ich dazu sagen sollte. Dann hat er mich verabschiedet. Den Tag darauf habe ich wieder angerufen. Die Sekretärin sagte: »Der Fall ist schon bei den Akten.« Ich sagte: »Das geht nicht. Ich muß noch einmal mit ihm reden.« Sie gab mir einen Termin, sehr kurzfristig, und ich ging wieder hin. Er sagte: »Wir haben uns doch schon mal gesehen.« Ich weiß nicht, ob er vergessen hatte, daß ich ein paar Tage vorher schon mal da gewesen war, oder ob er meinte, daß wir uns früher schon gesehen haben. Und da hatte ich eine Eingebung und sagte: »Ja, im Zentralrat.« Vorher, beim ersten Mal, hatte ich noch gesagt, ich könnte mir nicht denken, warum sie ausgewiesen worden ist. Vielleicht meinetwegen, ich sei ja öfter kritisiert worden, zuletzt auf dem 11. Plenum. Da hatte er nur gesagt: »Wer wird nicht kritisiert?« Und jetzt, beim zweiten Mal, also: »Wir haben uns doch schon mal gesehen.« Und ich sagte: »Ja, im Zentralrat.« Er ging sofort zum Du über: »Damals haben wir ja auch gut mit den Schriftstellern gearbeitet. Die, mit denen wir gearbeitet haben, sind ja auch alle hiergeblieben.« Nun kannte ich ungefähr drei, die nicht mehr da waren. Ich habe mich aber gehütet, das zu sagen. Nun kam die übliche Frage: »Wie stehst du zu unsrer Arbeiter-und-Bauern-Macht?« Ich habe irgendwas gemurmelt, was als Zustimmung verstanden werden konnte, und, damit es glaubhaft war, kritisch angemerkt, daß ich manchmal Selbstbewußtsein vermisse beim staatlichen Umgang mit Realitäten. Und dann sagte er: »Ja, also, wenn du nicht ohne sie sein kannst«, und wir plauderten noch ein wenig über die Arbeiter-und-Bauern-Macht, bis Honecker sagte: »Na ja, dann gehst du zu Oberst Soundso« – dieser Oberst saß zwei Zimmer weiter – »und der wird das regeln mit der Heirat.« Dann habe ich mich verabschiedet. Ich war schon an der Tür, da sagte er in meinen Rücken: »Ausreisen darfste.« Ich drehte mich um. »Und wieder einreisen.« Dann ging ich zu Oberst Soundso. Oberst Soundso erzählte mir, er sei oft in Bulgarien gewesen: »Bin dort immer runtergedonnert mit meinem Wartburg. Na ja, dann machen wir das doch mal hier mit der Heiratssache. Werden wir schon in Gang bringen, na ja, es wird ne Weile dauern, aber das kriegen wir schon in den Griff.« Ein Jahr später hatte ich die Erlaubnis, Ginka in Sofia zu heiraten. Dessau sagte mir später, nach dem ersten Mal habe Honecker ihm gesagt: »Der Müller kann doch vierzig Frauen haben. Muß es gerade die sein?« Und nach dem zweiten Gespräch: »Der Müller weiß doch hoffentlich, daß seine Auslandsgespräche abgehört werden.« Das war schon fast rührend, eine Warnung vor dem eignen Apparat, dessen Gefangener er auch war. Ginka hat mir später erzählt: Aus der Charité wurde sie von der Staatssicherheit abgeholt, war dann in dem berühmten Gefängnis in Hohenschönhausen, wo Honecker noch während seiner Haftzeit bei den Nazis das Dach gedeckt hatte. Honecker war immer sehr stolz darauf, er hat es einmal Thomas Brasch erzählt, der auch dort gesessen hatte. Honecker fragte ihn: »Hat's durchgeregnet?« – »Nein«, antwortete Brasch. Und Honecker: »Das Dach habe ich gedeckt.« Dort saß sie also vierzehn Tage. Sie ist erst mal in den Hungerstreik getreten. Es gab dort Fernsehen, alle Westprogramme. Und Bananen, Apfelsinen, alles. Sie wurde sehr freundlich behandelt und sehr zuvorkommend. Und dann ist sie in einer Sondermaschine der Interflug nach Sofia geflogen worden, im Flugzeug ein Arzt, zwei Krankenschwestern, zwei Beamte. Dort

wurde sie bei der bulgarischen Staatssicherheit abgeliefert. Die haben dann ihren Vater angerufen, und der hat sie dort abgeholt. Er war fassungslos und wollte sich umbringen, wegen der Schande für seine kommunistische Familie.
Mir ist später klargeworden, warum sie ausgewiesen wurde. Sie ist mit diesem Amerikaner im Oktober 1966, am Jubiläumstag der Republik, am Strausberger Platz/Stalinallee unterwegs gewesen, wo eine Schlägerei zwischen Jugendlichen und der Polizei stattgefunden hatte. Das gehörte zum Ritual dieser Jubiläen. Die beiden sind da hineingeraten, und aus einer Kneipe am Strausberger Platz kamen ein paar ältere Herren, die dazwischengingen und auch selbst aktiv wurden, besonders ein Mann in Hemdsärmeln, betrunken, mit rotem, dickem Gesicht. Und dann sind sie mit zwanzig, dreißig anderen verhaftet worden. Ginka hat im Polizeirevier darauf bestanden, daß dieser Betrunkene – sie hat ihn auch beschrieben – besonders kräftig zugeschlagen hätte. Sie wurde gleich entlassen, der Amerikaner sehr viel später. Ein paar Tage später hat sie im »Neuen Deutschland« ein Foto von diesem älteren Herrn gesehen – es war Mielke. Das wurde relevant, nachdem sie mich getroffen hatte. Ich bin ziemlich sicher, daß das die Erklärung ist. Es dauerte dann im ganzen drei Jahre, bis Ginka in die DDR zurückdurfte. Statt dessen bin ich dann oft zu ihr nach Bulgarien gefahren. Wir durften in Sofia heiraten, ein Jahr nach der Heirat durfte sie zurück in die DDR.

Ich war mit Ginka in der Zeit danach fast jedes Jahr einmal in Bulgarien, weil das der billigste Urlaub war. Das hatte Auswirkungen auf meine Arbeit, weil es eine antike Landschaft ist und weil ich nicht Bulgarisch spreche. Ich erinnere mich, wie angenehm es war, in einem Restaurant zu sitzen und kein Wort von dem, was die Leute reden, zu verstehen. Man ist mit seiner eigenen Sprache allein. Das war zum Schreiben eine günstige Situation.

Hing die Arbeit an »Horizonte« mit Ginka zusammen?

Ja, ich hätte das nicht gemacht ohne den opportunistischen Hintergedanken, daß ich damit die Sache mit Bulgarien beschleunigen könnte. Das Stück »Horizonte« steht in der Rotbuch-Ausgabe unter dem Titel »Waldstück«.[47] Die Arbeit war ein aussichtsloser Versuch, unter staatlicher Kontrolle das Experiment »Umsiedlerin« zu wiederholen. Ein Schriftsteller, Gerhard Winterlich, der im Eisenhüttenkombinat in Schwedt auf dem »Bitterfelder Weg« war, hatte mit Laien, angeblich Arbeitern, aber hauptsächlich mit Sekretärinnen, Ingenieuren und Buchhaltern ein Stück inszeniert, das er auch selbst geschrieben hatte. Es ging um die Einführung der EDV und der Kybernetik in menschliche Beziehungen, also darum, wie man kybernetisch Leute zu neuen Menschen macht. Er glaubte fest daran. Die Kybernetik war in der DDR jahrelang verpönt gewesen. Der Philosoph Georg Klaus,

Pionier der DDR-Kybernetik, war persona non grata, bis die Russen eine Kybernetik hatten. Dann wurde er rehabilitiert, und die Kybernetik wurde eine Zeitlang ein Religionsersatz für Funktionäre. Man sprach vom Rückkopplungseffekt, vom Störfaktor, vom Leitfaktor und von sich selbst regulierenden Systemen. Und auf dieser Basis hat Winterlich nach dem Modell von Shakespeares »Sommernachtstraum« ein Stück verfaßt, und Besson, der immer bereit war, in jede Pfütze zu treten, wenn das Wasser warm war, fuhr nach Schwedt und inszenierte das zu Ende. Er half den Werktätigen. Ulbricht besuchte die Aufführung mit seiner Frau Lotte, und Winterlich bekam den FDGB-Preis. Besson wurde von Lotte geküßt, Lotte kam seitdem in jede Aufführung von Benno. Ich hatte die Idee, daraus ein Stück für die Volksbühne zu machen, aus Scheiße Gold. Besson war dort gerade Intendant geworden. Und dann haben wir uns zusammengesetzt. Es wurde ein groteskes Experiment. Ich habe angefangen, eine Fassung zu schreiben. Besson hatte die schweizerische Idee, daß man mit dem Staat zusammenarbeiten muß, mit der Partei. Also wurde ein Parteifunktionär zugezogen, Roland Bauer, dazu Dieter Klein, der Verwaltungschef, ehemaliger FDGB-Funktionär, und Hans Peter Minetti, genannt Doktor Sonnenschein, der Sohn von Bernhard Minetti. Es wurde im Kollektiv diskutiert, beraten, geändert. Besson hat die Schauspieler manchmal auch Szenen improvisieren lassen. Ich habe das dann notiert und in einer halben Stunde zu einer Szene gemacht. Das war als Sport ganz interessant und hat mir bei den Bühnenarbeitern großen Respekt verschafft. Das ganze Unternehmen galt als Kollektivwerk, alle dichteten mit. Trotz Anerkennung des technischen Standards wurde die erste Fassung verworfen. Da kam eine Stelle vor, wo der Betriebsdirektor sich ans Herz greift und sagt: »Mein Kreislauf«, um sich herauszureden aus einer Situation und sich um eine Entscheidung zu drücken. Dazu sagte Bauer: »Wir haben schon genug Infarkte unter den führenden Genossen, das muß raus.« Die rauhe Wirklichkeit hatte auf der Bühne nichts zu suchen. Wozu haben wir die Kunst. Es entstanden ungefähr vier, fünf, sechs, sieben Fassungen, eine nach der anderen. Die Aufführung war ein Flop, vor allem durch das Bühnenbild. Als Zaubertheater war es geschrieben, mit Drehbühne, der Wald fährt vorbei und so weiter, aber Besson wollte zum ersten Mal in seinem Leben »armes« politisches Theater machen, und das ging natürlich schlecht aus. Meinen genialen Schluß hat er verworfen, den Auftritt der unbekannten Oma, einer Riesin, die endlich nicht mehr nur zu Hause ausgebeutet werden will: »Die halbe Industrie läg schon im Koma / Wenn ich nicht wär, die unbekannte Oma«. Er wollte einen Epilog, bei dem Publikum auf die Bühne gefahren wird, die Volksgemeinschaft von Schauspielern und Zuschauern. Der Autor der Vorlage war nach der Premiere unser Feind. Die Leute, die in Schwedt das Original gespielt hatten, sich selbst gespielt hatten, was die Qualität der Grundidee von Winterlich war, fühlten sich beleidigt, weil sie sich auf der Bühne nicht wiedererkannten. Es gab bei der Premierenfeier in der Kantine keinen Platz für sie, ein verhängnisvoller Organisationsfehler. Sie haben dann eine politische Denunziation geschrieben. Der Kritiker des »Neuen Deutschland«, Kerndl, bekam den Parteiauftrag, die Aufführung zu verreißen, vor allem meinen Text im Verhältnis zu der Fassung von Winterlich. Aber Kerndl hatte einen Anfall von Redlichkeit. Er hat den Winterlich-Text gelesen und meinen Text und konnte den Auftrag nicht ausführen. Er hat dann doch wenigstens die Aufführung verrissen, und wir waren jetzt bei allen Beteiligten unbeliebt. Der große Versuch in Opportunismus war ein Eigentor. Es wurde aber doch mehrmals aufgeführt. Es gab sogar eine schöne Aufführung im Patenbetrieb der Volksbühne, im Berliner Glühlampenwerk NARVA. Im Kultursaal standen Podeste, die Leute saßen da herum, tranken und aßen, und die Schauspieler hüpften von Podest zu Podest. Es war eine ungeheuer schnelle Aufführung, zwischen den Arbeitern mit ihren Familien. Danach tranken die Schauspieler mit den Werktätigen Bier. Dann erschien ein Bote des Generaldirektors und flüsterte mit Besson. Sie hätten da ein kleines Buffet, einen Imbiß vorbereitet, und reichlich Getränke für uns und für die leitenden Genossen, und wir sollten durch einen unterirdischen Gang in einen anderen Raum kommen. Das dürften aber die Werktätigen nicht wissen. Es wäre am besten, wenn wir jetzt sagen würden: Die Schauspieler haben schwer gearbeitet, sind müde und müssen morgen wieder spielen, wir müßten jetzt leider nach Hause gehen. So haben wir das dann auch gemacht und wurden von dem Boten durch einen unterirdischen Gang in die geräumige Trinkhalle des Generaldirektors geleitet. Zuerst wurden Toasts ausgebracht. Und bei dem ersten Toast habe ich Besson zum ersten Mal erbleichen sehn. Der Generaldirektor sagte: »Wir wissen ja alle, daß es in Wirklichkeit ganz anders ist, aber ihr habt das wirklich sehr schön dargestellt.« Besson hatte geglaubt, unser Stück zeige die Wirklichkeit – eine schwere Enttäuschung. Dann kam der Parteisekretär und machte Witze, weil der Kognak alle war, denn verantwortlich für den Kognak war der FDGB. Da stand der alte, krumme FDGB-Vorsitzende auf, dem man den Arbeiter noch ansah, und ging hinter das Rednerpult und holte die nächste Flasche Kognak. Gut waren die Namen, die der Winterlich seinen Figuren gegeben hatte. Mullebär zum Beispiel, Miru Mullebär. Interessant war auch die kannibalische Metaphorik. Den Mitmenschen ändern, das hieß im Kannibalenvokabular: »Jetzt grillen wir dich zum neuen Menschen.«

Theaterarbeit in Ostberlin, die siebziger Jahre

1973 wurde am Berliner Ensemble Dein Stück »Zement« uraufgeführt. Wann bist Du auf die Romanvorlage gestoßen?

Gladkows Roman »Zement« erschien nach dem Krieg in der zweiten gereinigten Fassung. Das war die offizielle Version in der DDR. Die ursprüngliche Fassung war vor 1933 erschienen. Der Unterschied der beiden Fassungen liegt hauptsächlich in der Sprache. Gladkow wurde wegen seiner ruppigen Sprache kritisiert. Die Funktionäre wollten sich edler sehn. Auch einige Situationen sind in der ersten Fassung ruppiger dargestellt. Seit ich das Buch gelesen hatte, wollte ich ein Stück daraus machen. Und ich habe es immer vor mir hergeschoben. Es ist ein zu spät geschriebenes Stück. Tragelehn sagte polemisch: »Zement ist dein Wilhelm Tell.« Das Stück hat im Verhältnis zum behandelten Stoff etwas sehr Beruhigtes, etwas Abgehobenes. Vielleicht bin ich auch beeinflußt durch die Inszenierungen, die ich gesehen habe und nicht gut fand. Die Inszenierung der Berghaus 1973 am Berliner Ensemble war eine heroische Anstrengung und ganz wichtig für meine Rehabilitation in der DDR.
Ruth Berghaus war Intendantin des Berliner Ensembles geworden, nachdem die Weigel den Wekwerth ab-

serviert hatte. Wekwerth hatte versucht, die Weigel zu stürzen, weil sie sich zuviel in künstlerische Belange einmischte, aber sie war ein Nationaldenkmal, also fiel Wekwerth. Er hatte dann Hausverbot. Es ging ihm sehr schlecht in dieser Zeit. Die Berghaus kam zu mir, assistiert von Paul Dessau, und sagte: »Ich brauche dich da, und du wirst am BE arbeiten.« Ich habe gesagt: »Gut, aber nur, wenn ich nicht weniger Geld kriege als Pintzka.« Pintzka war der Parteisekretär am Berliner Ensemble, ein mittelmäßiger Regisseur. Dann hat sie mich natürlich doch übers Ohr gehauen, und ich kriegte 500 Mark weniger als Pintzka, wie ich später erfahren habe. Trotzdem war es viel Geld für meine damaligen Verhältnisse. Und dann habe ich angefangen, das Stück zu schreiben.

Ich erinnere mich, es gab für mich beim Schreiben einen längeren Stop vor diesem Hydra-Text innerhalb des Stückes. Zwei Wochen lang wußte ich nicht weiter. Der Hydra-Text[48] war der Wirbel, den ich brauchte, um weiterzukommen. Denn davor liegt die Szene »Die Bauern«,[49] in der es um die Revolution in Deutschland geht bzw. um das Ausbleiben der Revolution in Deutschland, der Anfang vom Ende der Sowjetunion. Lenins Prämisse – womit er auch die Mehrheit überfahren hat, die Mehrheit war ja gegen den Staatsstreich, gegen den Oktoberputsch – war: Die deutsche Revolution steht unmittelbar bevor. Der dynamischste Kapitalismus Europas, das ökonomisch-industriell hochentwickelte Deutschland, wird uns die Last abnehmen. Als die deutsche Revolution ausfiel, standen sie im Regen. Sozialismus in einem unterentwickelten Land hieß Kolonisierung der eignen Bevölkerung. Und das ist der Punkt in dieser kurzen Szene in »Zement«. Der Hydra-Text war der Versuch, sich an den eignen Haaren aus dem Sumpf zu ziehn, geschrieben nach einer Flasche Wodka, fast bewußtlos. Am nächsten Tag habe ich gelesen, was ich nachts geschrieben hatte, und es war mit wenig Änderungen zu gebrauchen.

Der Rest ist dann eher eine Ausfächerung, die Zuspitzung des Mann-Frau-Problems in der großen Szene danach, dann eine Genre-Szene im Stil des Sozialistischen Realismus, fast nicht inszenierbar, die NEP-Szene im Schatten des Kapitalismus, und die Selbstzerfleischung der Partei. Schließlich lag das Manuskript vor, auch dem Ministerium. Die haben das sofort als verderblich erkannt und erst einmal verboten. Ich habe das damals nicht verstanden. 1990 hat Palitzsch, der es in den 70er Jahren in Frankfurt gemacht hatte, mit ein paar Schauspielern von damals ein paar Szenen aus »Zement« improvisiert. Das war für mich eine gespenstische Erfahrung. Bei der ersten Szene, die ich eher als so etwas wie ein Plakat im Gedächtnis hatte: Soldat und Arbeiter, wenn auch in einer merkwürdigen Gegnerschaft, wurde mir plötzlich klar, daß die bornierten Funktionäre und Zensoren 1973 mein Stück genauer gelesen hatten als ich, als Beschreibung der maroden Wirtschaft all dieser sogenannten sozialistischen Län-

der. Für mich war das damals noch besetzt mit einem großen historischen Aufbaupathos. Ich erinnre mich an einen Dialog im Ministerium für Kultur zwischen zwei Beamten der Theaterabteilung. Der eine hieß Willy Schrader und der andere Pachnicke. Der war dann später im staatlichen Kunsthandel der DDR tätig. Jedenfalls saßen die da, und Schrader sagte: »Also in so einer Partei, wie du sie beschreibst, möchte ich nicht drin sein.« Und Pachnicke sagte: »Dann mußt du austreten.« Pachnicke war der intelligentere. Deshalb ist er jetzt wieder im Kunsthandel.
Die Berghaus war mitten in den Proben, da kam vom Ministerium der Bescheid, die Produktion müsse um mindestens ein Jahr verschoben werden, Müller muß umschreiben. Diese Fassung kann nicht gespielt werden. Die Berghaus hatte inzwischen veranlaßt, daß am Berliner Ensemble ein »Parteiaktiv Zement« gegründet wird.
Kipphardt hatte eine gute Geschichte dazu, die erzählte er nicht mir, sondern irgend jemand anderem, von dem ich sie dann hörte. Die Geschichte ging so: Der Müller erinnert ihn, Kipphardt, an einen Mann, der von einem vermögenden Menschen eingeladen wird. »Besuchen Sie mich doch mal in meiner Villa.« Der Mann geht hin, sie unterhalten sich nett, und es ist eine schöne Atmosphäre. Dann sagt der Gastgeber zum Gast: »Ach wissen Sie, Sie können gleich durch den Garten gehen, da können Sie den Weg abkürzen.« Der Gast geht in den Garten, fällt in eine Jauchegrube, rap-

pelt sich heraus und geht nach Hause. Ein Jahr später wird der Mann wieder von demselben Gastgeber eingeladen, wieder ein schönes Gespräch. Der Gastgeber sagt: »Gehen Sie doch gleich durch den Garten, da können Sie den Weg abkürzen.« Der Gast fällt wieder in die Jauchegrube. Ein Jahr später derselbe Vorgang. Kipphardts Moral zu der Geschichte: Beim ersten Mal könnte man annehmen, daß es sich um ein bedauerliches Mißverständnis handelt, beim zweiten Mal fängt man an zu argwöhnen, daß der Gastgeber ein böser Mensch ist, beim dritten Mal fängt man doch an, darüber nachzudenken, ob nicht der Gast ein Depp ist. Das fand ich eine sehr gute Geschichte.
Parallel zu der Verbotsaktion vom Ministerium ging ein Bericht vom »Parteiaktiv Zement« an Erich Honecker, verbunden mit einer Ergebenheitsadresse. Daß in schwierigen Situationen die »staatlichen Leiter« Ergebenheitsadressen der Werktätigen sammelten, gehörte zum Brauchtum. Offenbar war Honecker gerade wieder in einer schwierigen Lage. Zeitgleich mit dem Verbotsbescheid des Ministeriums hing dann ein Dankschreiben von Honecker am Schwarzen Brett. Die Berghaus ging zu Hoffmann, dem Kulturminister, und sagte ihm: »Wenn ich das nicht inszenieren darf, weiß ich nicht mehr, was ich mit dem BE anfangen soll.« Und Hoffmann fragte: »Kannst du das als Kommunistin verantworten, dieses Stück zu inszenieren, so wie es ist?« Und sie sagte ja. Und Hoffmann atmete tief durch: »Dann komme ich in vierzehn Tagen

und schaue mir das an.« Also gab es einen Durchlauf speziell für den Minister. Der kam aber schon in Hemdsärmeln – es war Sommer –, fuhr auch seinen Wagen selbst, es war nur noch eine Formalität. Entscheidend war die Parallelaktion. Der Zwang zur Absicherung hat sich auf die Inszenierung ausgewirkt.

Wie lange hast Du am Berliner Ensemble gearbeitet?

Bis zur Ablösung der Berghaus Mitte der siebziger Jahre. Sie wurde auf Grund einer Intervention von Barbara Schall, Brechts Tochter, abgelöst. Es waren ein paar Sachen passiert, gute Aufführungen. Die Berghaus hat versucht, aus dem Museum wieder ein Theater zu machen, zum Beispiel durch ihre »Mutter«-Inszenierung. Karl Mickel war ein wichtiger Mitarbeiter. Sie haben versucht, den Brecht aufzubrechen für neue Situationen, auch bei »Dickicht der Städte«. Das ging gegen die konservativen Vorstellungen der Brecht-Erben. Die endgültige Provokation war dann die Inszenierung von Tragelehn und Schleef, »Fräulein Julie«. Ein großer Skandal. Barbara Schall ist zu Hager marschiert, sie wollte, daß Schall Intendant wird. Es wurde dann ein Kompromiß geschlossen, weil Hager davor Angst hatte, daß die Familie total die Macht übernimmt. Der Kompromiß war Wekwerth, Schall wurde stellvertretender Intendant. Seitdem lief der Krieg zwischen der Familie und Wekwerth. Einar Schleef hat mit Tragelehn am Berliner Ensemble »Katzgraben«,

»Frühlingserwachen« und »Fräulein Julie« inszeniert. Das war die einzige Zeit nach Brecht, in der das Berliner Ensemble lebendig war. Bei Wekwerth wurde es ein geschlossener Raum, in dem Kirchengeschichte stattfand.

Nach dem Berliner Ensemble bist Du als fester Mitarbeiter zur Volksbühne gewechselt ...

Anfang der 70er Jahre war Holan Intendant der Volksbühne, er wurde dann Schloßherr im »Palast der Republik«. 1974 wurde Besson Intendant, der seit 1969 Oberspielleiter gewesen war. Bei meinem Antrittsbesuch in der Volksbühne war Holan beim Packen. Er hatte 1961 zu den verantwortlichen und bestraften Hauptabteilungsleitern im Kulturministerium gehört. Er begrüßte mich als alten Kampfgefährten: »Weißt du noch, damals, die ›Umsiedlerin‹? Wie war noch der Text? ›Ein Traktorist mag keinen Bauern leiden, doch seine Töchter fickt er gern.‹« Das steht überhaupt nicht im Stück, das war ein Witz während der Proben. Daß Holan das wußte, war interessant. Das bedeutet, da hat schon einer bei den Proben gut aufgepaßt. Ich wurde dann bei der Volksbühne zu den gleichen Konditionen engagiert wie vorher am Berliner Ensemble. Das war ein DDR-Mechanismus, wenn man einmal in einer bestimmten Höhe bezahlt worden war, konnte man, wenn man nicht in Sünde fiel, auf dem nächsten Posten mit der gleichen Summe rechnen. Manfred

Karge und Matthias Langhoff hatten ebenfalls gerade in der Volksbühne angefangen. Fritz Marquardt habe ich Besson eingeredet. Marquardt hatte in Babelsberg als Dozent für Schauspiel an der Filmhochschule mit Studenten Szenen aus »Richard III« gemacht. Das war fast gesungen, ein ganz anderes Theater als das gewohnte, näher an Artaud (den er nicht kannte) als an Brecht, für Besson tief befremdlich, aber er sah die Qualität. Auch Langhoff hat sehr darauf gedrängt, daß Besson den Marquardt an die Volksbühne holt. Das war auch wichtig, weil so ein Theater nicht mit zwei Personen oder Regieteams funktioniert, nur über ein Dreieck, dann können die Allianzen wechseln. Ein wesentliches Strukturelement von Theaterarbeit ist die Intrige, sind Rivalität und Feindschaft. Deswegen wird das fest, wenn es nur zwei Personen oder Gruppen gibt, da entwickelt sich nichts mehr. Das Dreieck ist ein beweglicheres System als die Parallele.

Seit wann kennst Du Fritz Marquardt?

Seit 1963/64. 1961 war er Redakteur bei der Zeitschrift »Theater der Zeit« und hatte die »Umsiedlerin«-Aufführung gesehen. Auch er hat damals dagegen Stellung bezogen, was er später bereut hat. Kennengelernt haben wir uns erst, nachdem »Bau« geschrieben war. Er tauchte bei Tragelehn auf, in dessen Wohnung ich das Stück vorlas. Fritz Marquardt hielt das für Kunstgewerbe. Er war dagegen, Tragelehn beschimpfte Mar-

quardt und umgekehrt. Für Marquardt war das Ästhetisierung einer Realität, die er kannte, die er besser kannte als ich. Das war unsre erste Begegnung.
Der Vater von Fritz Marquardt war Bauer. Durch ein Versehen war er als Jugendlicher anderthalb Jahre in Sibirien. Dem folgte dann eine sehr wechselvolle Biographie in der DDR, er studierte Philosophie, vorher hatte er auf dem Bau gearbeitet. Und überall geriet er in Schwierigkeiten, immer wieder. Das erste Theater, an dem er gearbeitet hat, war in Mecklenburg, in Lübz bei Parchim. Nach seiner ersten Inszenierung, »Woyzeck«, mußte er, nach seiner Darstellung, die Stadt verlassen. Die Friseure von Lübz hatten sich beleidigt gefühlt durch die Darstellung des Barbiers, die Ärzte durch die Darstellung des Doktors, auch der Apotheker war verprellt. Während des Philosophie-Studiums war Wolfgang Heise sein Mentor, der hat ihn durch das Studium geschleust, weil er überall aneckte. Schon auf der Arbeiter-und-Bauern-Fakultät hatte er Probleme, das ist auch Gegenstand der schon erwähnten Geschichte, die er geschrieben hat.[50] Der Konflikt war vorprogrammiert, denn er hatte keinen Beleg darüber, daß er in Sibirien gewesen war. Man mußte überall einen Fragebogen ausfüllen, einen Lebenslauf schreiben. Er schrieb dann immer wahrheitsgemäß »anderthalb Jahre Sibirien«. Dann kam die Frage: »Kannst du das beweisen?« – Das konnte er natürlich nicht. In beiden Fällen war es Urkundenfälschung; wenn er es hineinschrieb, war es Urkundenfälschung, und wenn er es

nicht hineinschrieb, war es vielleicht auch Urkundenfälschung.

Mein erstes Stück an der Volksbühne war »Die Schlacht«, 1975, inszeniert von Karge und Langhoff. Es gab im Vorfeld Diskussionen im Patenbetrieb des Theaters, dem Glühlampenwerk NARVA. Die Schauspieler haben dort den Text vorgelesen und mit den Arbeitern darüber geredet, wie die das Kriegsende erlebt hatten und die Nazi-Zeit. So entstand ein ziemlich umfangreiches Material, und das hat einiges an Skepsis abgefedert. Es gab wie üblich die Empfehlung, das Stück nicht zu machen, aber kein Verbot. In den ersten Aufführungen war »Schlacht« mit »Traktor« kombiniert. Die Strategie von Matthias Langhoff war Einschüchterung durch Kunst, eine aufwendige Inszenierung, mit vielleicht sogar zuviel Prunk und Ästhetik. Auch die Koppelung von »Traktor« und »Schlacht« war ein strategischer Punkt: die alten Greuel in »Schlacht«, die Geburt des Neuen in »Traktor«. »Traktor« fiel später weg. »Schlacht« lief sehr lange, bis 1985. Die Szene »Das Laken« war schon 1966 in »Sinn und Form« gedruckt und 1974 als Teil des ersten sogenannten »Spektakels« der Volksbühne aufgeführt worden. Daraufhin habe ich dann andere Szenen vorgekramt, alte Entwürfe, angefangene Sachen aus den 50er Jahren und das Ganze zu Ende geschrieben.

Warum hast Du so lange gebraucht, um den Stoff, das Thema dramatisch auszuarbeiten?

In den 50er Jahren hatte ich kein Instrumentarium, das in eine Theaterform zu bringen, bzw. in der DDR kein Theater dafür. Die herrschende Ästhetik war Stanislawski, Lukács. Das bürgerliche, das französische Boulevard-Theater war ja eigentlich das Modell für die sowjetische Dramatik nach dem Sieg der Shdanowschen Doktrin, im besten Fall ein gewendeter Ibsen. So etwas wie Brechts »Antigone«-Vorspiel oder »Die Schlacht« war im Theater der 50er und 60er Jahre in der DDR gar nicht vorstellbar. Durch die Aufführung dieser einen Szene, die dann im Stück die Schlußszene wurde, »Das Laken«, im Rahmen des »Spektakels« 1974 sah ich plötzlich die Möglichkeit, den ganzen Stoff so zu behandeln. Das Publikum saß auf der Bühne, mit Blick auf die Schauspieler und den leeren Zuschauerraum. Eine Situation wie im Luftschutzkeller. Es war sehr formalisiert, sehr streng, sehr fremde Kostüme. Ganz real war nur das Bombergeräusch. Ich erinnere mich, vor oder neben mir saß eine dicke, ältere Frau, die sagte, als dieses Geräusch einsetzte: »Die Flieger kommen« und fing an zu weinen. Diese Wirkung war möglich gerade durch die Überhöhung. Durch das Weggehen vom Naturalismus wurde die Szene real. »Schlacht« konnte man von offizieller Seite als historisch abbuchen. Es gab ein Unbehagen über die erste Szene, diese Brüder-Szene, der eine Kommunist, der andre ein SA-Mann, auch interne Kritik mit dem Tenor, das sei ein falsches Bild vom antifaschistischen Widerstand. Das Stück war eine Polemik gegen das offizielle Geschichtsbild, die Inszenierung vielleicht sogar noch mehr. Das ist schon verstanden worden, aber man konnte es einstecken, auch Hitler als Clown, das war schon vorbereitet durch Brechts »Arturo Ui«, sogar den Kannibalismus in der Szene »Ich hatt einen Kameraden«, deutsche Soldaten fressen deutsche Soldaten. Jedenfalls war die Empörung bei Aufführungen in der Bundesrepublik lautstärker.

»Germania Tod in Berlin« war das zweite Stück, das deutsche Geschichte behandelt.

Mit »Germania« habe ich 1956 angefangen, das heißt, auch hier sind die ersten Szenen ziemlich alt, ich habe sie später nur zusammengestrichen. Da waren viel mehr Details drin, mehr Kies, mehr Stoff. Die Geschichte von den beiden Brüdern war zuerst Teil von »Schlacht«. Sie geht zurück auf eine von Weißkopf aufgeschriebene Anekdote, die ich sehr früh gelesen hatte. Weißkopfs »Anekdoten-Buch«[51] war eine gute Sammlung, ein sozialistischer Plutarch, sicher nicht so gut geschrieben, Geschichten aus der Nazi-Zeit, aus dem Widerstand und aus dem Krieg. Ich habe das oft benutzt, auch für das Seelenbinder-Stück.
»Germania Tod in Berlin« durfte weder gespielt noch gedruckt werden. Das galt bis 1988, als Wekwerth das

Stück am Berliner Ensemble von Marquardt inszeniert haben wollte. Eine Sondergenehmigung von Hager, die nur für Wekwerth und für das Berliner Ensemble galt, machte es möglich. Thomas Brasch hat das Stück, bevor er in den Westen ging, seinem Vater gegeben, dem ehemaligen Filmminister. Der sagte ihm dazu: »Die Darstellung des 17. Juni ist parteilich, aber wenn Gandhi auftritt, muß Thomas Müntzer auch auftreten.« Allerdings hatte er den Eindruck, daß das Stück die Kommunisten in der Defensive zeigt, ohne Massenbasis, mit dem Rücken an der Wand. Ich glaube, der eigentliche Anstoß war die Gefängnisszene, über die man nicht sprach, der Kommunist im DDR-Gefängnis. Als eine Aufführung in der Bundesrepublik anstand, gab es ein langes Hin und Her im Ministerium der DDR, ob man das Stück nicht auch für die Bundesrepublik verbieten müßte. Das hätte allerdings nur ich tun können. Das Argument war, wir können nicht vor dem Breschnew-Besuch in Bonn ein Stück spielen lassen, in dem von roten Fahnen über Rhein und Ruhr die Rede ist. Das sieht aus wie Export der Revolution, und wir exportieren doch die Revolution nicht mehr. Interessant war die unterschiedliche Reaktion in Ost und West auf die Münchner Uraufführung 1978, inszeniert von Ernst Wendt. Die Ablehnung war gesamtdeutsch, die Argumentation verschieden. Georg Hensel, Kritiker der FAZ, schrieb über die Unverschämtheit, Steuergelder zu verschwenden auf die Aufführung eines Machwerks, das alle SED-Propa-

gandalügen über den Volksaufstand des 17. Juni kolportiert. Das haben Theaterleute in der DDR versucht, als Argument zu verwenden für die Aufführbarkeit in der DDR. Es wurde sogar eine Kommission von Historikern gebildet, die über die Frage der Aufführbarkeit des Stücks entscheiden sollte. Die Antwort blieb Nein.
Bei der Inszenierung am Berliner Ensemble, 1988, kurz vor dem Ende der DDR, hat Marquardt auf die kabarettistische Dimension bewußt verzichtet, gegen die Erwartungen. Bei einem achtzehn Jahre verbotenen Stück erwartet man von der Premiere etwas wie einen Bombenanschlag. Marquardts Inszenierung war eine Verweigerung. Aber er war tief erschrocken, als Höpcke sagte, er würde gar nicht mehr verstehen, daß er das Stück damals verboten hat. Es wirkte jetzt eher affirmativ auf das Publikum, also abstoßend. Es gab ein paar empörte Briefe von Zuschauern, etwas verwirrte Briefe gegen die Schändung der deutschen Ehre, gegen das falsche Geschichtsbild, allerdings anonym. Das letzte war eine Karte an die Akademie der Künste. »Rote Schweinescheiße in den Orkus, Tod in Berlin für Müllers ›Germania‹«. Das war 1989, im Wendejahr, trotzdem immer noch anonym.

Was interessierte Dich am Thema Deutsche Geschichte?

Wenn du siehst, daß der Baum keine Äpfel mehr bringt, daß er anfängt zu verfaulen, siehst du nach den

Wurzeln. In der DDR war die Stagnation in diesen Jahren absolut. Da kommt dann alles hoch, was drunter liegt, verschüttet oder begraben. Es gab keine Bewegung mehr, nur noch Bremsmanöver und Befestigung. Die DDR, als Gegenentwurf zur deutschen Geschichte real existierend nur noch im falschen Bewußtsein ihrer Führungsschicht, ging ihrem ebenso fremdbestimmten Ende entgegen, Nebenprodukt des sowjetischen Untergangs. Ich wußte das damals nicht, ich habe es nur beschrieben, der Text weiß mehr als der Autor.

Ist das Thema Deutschland / Deutsche Geschichte für Deine Arbeit abgeschlossen?

Mich interessiert, was Deutschland betrifft, der Zweite Weltkrieg. Jetzt ist es möglich, Hitler und Stalin in Beziehung zu setzen, auch im Theater. Die beiden können jetzt miteinander reden, ihre Arbeit ist getan. Oder, mit Gottfried Benn: »Ihr Werk ist zur Ruhe gekommen und leuchtet in der Vollendung.« Der Plan, das zu machen, ist fünf, sechs Jahre alt. Es gibt Notizen und Entwürfe.

1970 hast Du »Mauser« geschrieben, das Stück wurde aber zu DDR-Zeiten überhaupt nicht aufgeführt.

Hans Diether Meves wollte »Mauser« inszenieren. Das war der Mann, der 1961 zusammen mit dem Justitiar des Ministeriums das Manuskript von »Umsiedlerin« beschlagnahmt hatte und der mir später die Verbrennungsgeschichte dieses Manuskripts erzählt hat. Er war inzwischen Generalintendant in Magdeburg geworden. Er machte 1972 eine »Woche des sowjetischen Gegenwartstheaters«, und in diesem Rahmen wollte er »Mauser« inszenieren, mit Orgelmusik und weißen Gewändern als eine Art Liturgie. Nach zwei Wochen Proben kam ein reitender Bote des Ministeriums für Kultur und teilte ihm mit, daß er die Proben sofort abzubrechen hätte. Inzwischen war das Manuskript gelesen worden. Meves hat sich geweigert und wurde als Generalintendant fristlos gekündigt. Er war auch Mitglied der Bezirksleitung, nach dem Parteiverfahren nicht mehr. Dann war er ein paar Jahre arbeitslos. Bei jedem Angebot, an einem Theater zu arbeiten, sagte er: »Wenn ich ›Mauser‹ inszenieren kann.« Das hat er ein paar Jahre durchgehalten. »Mauser« ist der einzige Text, zu dem es ein schriftliches Verbot gibt: Die Publikation und Verbreitung dieses Textes auf dem Territorium der Deutschen Demokratischen Republik ist verboten.

Und »Der Horatier«?

»Horatier« habe ich im wesentlichen 1968 in Bulgarien geschrieben. Bulgarien war ein guter Ort zum Schreiben, ich hatte einen Abstand zu Deutschland. Aber auch der Plan zu »Horatier« war schon alt. Der

Text war meine Reaktion auf Prag 1968, ein Kommentar zu Prag. »Horatier« durfte auch nicht gespielt werden. Es gab einen Versuch, das Stück am Berliner Ensemble zu inszenieren, aber auch der wurde von der Bezirksleitung unterbunden, und zwar mit dem Argument, daß dies die Prager Position wäre, die Forderung: Intellektuelle an die Macht.

Welche Argumente gab es für das Verbot von »Mauser«?

Bei »Mauser« gab es keine Argumente, es galt einfach als konterrevolutionär. Etwa zehn Jahre später habe ich »Mauser« vorgelesen, im P.E.N.-Zentrum der DDR, an einem der rituellen Nachmittage mit Gebäck und Tee. Der Text war in der DDR noch nicht gedruckt, und niemand kannte ihn. Alle waren dagegen, von Herzfelde bis Hermlin und Hacks. Die Argumente waren interessant. Hacks sagte: »Das ist Studikerproblematik.« Hermlin: »Das ist stalinistisch.« Und Herzfelde fand das auch. Es kam zu einem Streit zwischen Henryk Keisch und Hermlin. Henryk Keisch war ein Idiot und damals eine Figur mit einem gewissen Aktionsradius. Er war in der französischen Emigration gewesen wie Hermlin. Und Keisch sagte, er würde das nicht ganz verstehen, so was gab es doch nicht in der Sowjetunion, diesen Terror, diese Hinrichtungen. Davon hätte er nie gehört. Da wurde Hermlin ganz wild und erzählte ihm fürchterlichste Geschichten aus der sowjetischen Frühgeschichte, wie zum Beispiel Stalin und Tscherschinski von Lenin nach Georgien geschickt wurden, um mit den Menschewiken zu diskutieren, und sie haben dort aus der Diskussion ein Massaker gemacht, ein Blutbad. Dem Keisch fielen die Augen aus dem Kopf. Das war grotesk in diesem Kontext, auch wie Hermlin darauf kam, nachdem er den Text heftig abgelehnt hatte. Der einzig Vernünftige war Eduard Claudius, kein Intellektueller. Er sagte, er müsse jetzt leider weg, er hätte zum ersten Mal ein Visum nach Frankreich. Er könne mir dazu nur sagen: Wenn er den Text hört, fällt ihm eine Episode aus dem Spanischen Bürgerkrieg ein. In der Schlacht von Teruel hätten sie viele Marokkaner erschossen. Und da lagen dann diese schönen, jungen Menschen tot in der Gebirgslandschaft, und sie hatten eigentlich mit der ganzen Sache nichts zu tun. Daran erinnerte ihn »Mauser«, dann ging er.

War Deine Macbeth-Bearbeitung von 1971
eine bewußte Auseinandersetzung mit dem Stalinismus?

Bei »Macbeth« war ich mir keiner Schuld bewußt, was das Stalin-Thema betrifft. Zunächst hatte mich nur Shakespeares Stück interessiert, auch im Zusammenhang mit »Mauser«, und es gab die Gelegenheit: In Brandenburg stand »Macbeth« auf dem Spielplan. Da habe ich gesagt: »Wartet doch, bis ich meine Fassung fertig habe.« Und diese Fassung haben sie dann 1972 aufgeführt. Es fiel nicht weiter auf. Und dann kam die

Aufführung von Hollmann in Basel. Ein großer Schweizer Skandal, denn Hollmann hatte das in seiner modischen Art aktualisiert. Aktuell war damals gerade die Verfolgung der Kommunisten im Irak. Sie haben dort die Kommunisten einfach in Gullis gestopft, massenweise. Das hat Hollmann inszeniert, die Toten, die Gullis, und in den Mordszenen wurde statt Blut Nestle-Schokolade verwendet. Die Sponsoren wollten ihr Geld zurückziehen. Ich habe es leider nicht gesehen. Ich kriegte keine Ausreise dafür, kein Visum. Gleichzeitig ist der Text aber 1972 in »Theater der Zeit« veröffentlicht worden, es lag nichts gegen das Stück in der DDR vor, es war ja nur eine Bearbeitung. Was mich persönlich daran interessiert hatte, war, Shakespeare zu ändern. Ich hatte gerade vorher eine genaue Übersetzung von »Wie es euch gefällt« für Tragelehn hergestellt, der nach langer Zeit eine Gelegenheit hatte zu inszenieren, und zwar an der Filmhochschule Babelsberg mit Schauspielschülern. Der »Macbeth«-Text ist sehr schlecht überliefert und dadurch eine gute Gelegenheit für eine Bearbeitung. Die zweite Hälfte oder das letzte Drittel meines Textes ist im Fieber geschrieben. Das ergab eine seltsame Beschleunigung, einen Sog. Pasternak meinte, daß Shakespeare in Versen geschrieben hätte, weil das schneller geht. Und das stimmt, von einem bestimmten Hitzegrad an geht das schneller. Es schreibt sich dann automatisch, der Rhythmus erzwingt den Text.
Es gab um dieses Stück einen Papierkrieg mit Harich,

nach dem Abdruck des Textes in »Theater der Zeit«. Ich kannte Harich seit seiner Entlassung aus dem Zuchthaus Bautzen. Ich hatte ihn bei Guy de Chambure kennengelernt. Er hatte »Philoktet« gelesen und war davon begeistert. Er hatte auch einen Text über »Philoktet« geschrieben. Er las das als eine tragédie classique, eine Beschreibung seiner Erfahrung der Einzelhaft. Den Essay, den er darüber geschrieben hatte, hat »Sinn und Form« nicht gedruckt, wahrscheinlich wegen des Namens Harich. Wir hatten also bis dahin sehr guten Kontakt, es gab keine Probleme.

Und durch »Macbeth« kam es zum Konflikt?

Wir trafen uns, weil gerade ein WDR-Redakteur bei mir war, der eine »Philoktet«-Inszenierung mit bekannten Schauspielern für das Fernsehen gemacht hatte, keine gute Arbeit. Und dieser Redakteur wollte mit mir über ein Projekt reden. Er kam, wir verabredeten uns im »Ganymed« und trafen uns dort. Der Redakteur wollte auch mit Gisela May reden, die Harichs Frau war, sie hatte Vorstellung, und Harich kam. Wir haben uns zuerst ganz friedlich unterhalten. Es war die Zeit nach dem Mord an Feltrinelli. Harich kannte Feltrinelli, und die Atmosphäre war etwas aufgeheizt. Harich trug ein paar Ideen vor, zum Beispiel, der Staat Israel müßte in die Lüneburger Heide verlegt werden. Das wäre die Lösung der Palästinafrage. Er war oft ein bißchen spinnös, aber immer brillant. Dann kam er auf Lukács, das war sein Trauma. Es hatte in der Frühzeit der DDR, in Berlin, einen Debattierclub gegeben, in dem ich auch ein paarmal gewesen war. Harich hatte dort die Frage vorgetragen, was man als Intellektueller tut, wenn die Panzer gegen die Arbeiter auffahren. Auf welcher Seite muß der Intellektuelle stehen? Das war 1956, der Reflex auf Ungarn. Harich hatte ein politisches Konzept, das Programm der Harich-Gruppe war ein ernsthafter Versuch, die DDR umzubauen. Er hatte einen Termin bei Ulbricht und trug sein Programm vor, partielle Reprivatisierung, Umstrukturierung der Regierung, Pressefreiheit, und so weiter. Die Diskussion war kurz. Harich sagte etwa: »Genosse Ulbricht, Sie werden einsehen, daß Sie jetzt zurücktreten müssen.« Und Ulbricht sagte: »Ich glaube, wir brauchen jetzt beide was zu trinken. Kaffee oder Cola?« Harich sagte »Kaffee«, und Ulbricht klingelte und sagte der Sekretärin: »Ein Kaffee für den Genossen Harich, eine Cola für mich.« Dann tranken sie schweigend den Kaffee und die Cola, und am nächsten Morgen wurde Harich verhaftet. Harich war Dozent an der Humboldt-Universität gewesen, mit engen Kontakten zu Brecht, zum Berliner Ensemble, und er war Theaterkritiker. In seinem Prozeß hatte sich Harich, das erzählen Mitangeklagte, als erster von Lukács distanziert. Lukács war aber sein Idol, noch mehr nach dem Gefängnis.

Ich habe dann bei diesem Treffen im »Ganymed« etwas Unqualifiziertes gegen den Dekadenz-Begriff bei

Lukács gesagt: Die Art, wie Lukács mit dem Etikett Dekadenz umginge, fände ich schon ziemlich faschistisch. Da sprang Harich auf, zerdrückte sein Sektglas in der Hand und schrie: »Sie, Sie sind ein Idiot. Ich werde nie mehr im Leben ein Wort mit Ihnen reden.« Dann lief er mit blutender Hand hinaus. Am nächsten Tag hat er Wolfgang Heise angerufen: »Ich werde den Müller jetzt mit zehn Bänden Lukács auf die gute, alte stalinistische Art totschlagen.« Und dann hat er diesen Text gegen »Macbeth« geschrieben.[52] Später, wenn wir uns auf Empfängen trafen und er eine Frau dabeihatte, stellte er mich immer als seinen »Lieblingsfeind« vor. Er hat auch inzwischen wieder ein paarmal meine Hinrichtung beantragt, aber nur telefonisch im Gespräch mit anderen, beim letzten Mal wegen Nietzsche. Harald Hauser, ein DDR-Erfolgsdramatiker der frühen Jahre, erzählte mir, daß Roland Bauer, der immer noch Ideologiechef der Bezirksleitung war, gesagt hatte: »Es ist eine Schweinerei, daß ausgerechnet Harich unsre Position zu Müller formulieren muß.« Mich hat gekränkt, daß ich den Film »Clockwork Orange« noch gar nicht kannte, auf den Harich in seinem Essay meinen »Macbeth« zurückführt. Seit ich den Film gesehen habe, stehe ich zu meinem damaligen Neid auf Harich.
Die Aufführung von »Macbeth« an der Volksbühne, wieder mit Ginka Tscholakowa und Schlieker, war ein mittlerer Skandal. Der Zentralrat der FDJ veranstaltete ein Kesseltreiben gegen eine Aufführung von Vol-

ker Brauns »Tinka« in Leipzig und gegen »Macbeth«.
Das Präsidium des Theaterverbands mußte die Aufführung ansehn, um mitzuentscheiden, ob sie der Jugend zuzumuten sei. Der Präsident Wolfgang Heinz sagte den großen Satz: »Das hat ein Wahnsinniger inszeniert«, und später: »Ich werde diese Inszenierung auch in hundert Jahren nicht verstehen.« Die Aufführung wurde nicht abgesetzt, aber der Intendant bat mich, doch bitte so schnell nicht wieder zu inszenieren. Arbeitspausen waren in der DDR garantiert.

Wann fing Deine Auseinandersetzung mit Shakespeare an?

Als wir anfingen, in der Oberschule Englisch zu lernen, habe ich mir in der Schulbibliothek, die ganz gut war, »Hamlet« ausgeliehen – eine kommentierte Ausgabe in Englisch. Ich habe natürlich fast nichts verstanden, aber immer wieder gelesen. Es ist in einer ganz bestimmten Phase überhaupt gut, wenn man gute Texte in einer Sprache liest, die man fast nicht versteht oder nur halb versteht. Man lernt dabei viel mehr, als wenn man alles versteht. Dadurch kommt man sozusagen von unten heran an die Sache, aus dem Keller. Shakespeare war für mich auch ein Gegengift gegen Brecht, gegen die Vereinfachung bei Brecht, gegen die Simplifizierung, die Gefahr, an der die meisten kaputtgegangen sind, die in der Nähe von Brecht gearbeitet haben. Diese Simplifizierung ist verführerisch, »technically sweet«, wie der Atomphysiker Oppenheimer das genannt hat. Shakespeare ist nicht einfach und nicht kalkuliert. Das ist eine ungeheuer komplexe organische Struktur, keine Montage. Ich erinnere mich, das erste Mal habe ich das ganz deutlich empfunden, als ich »Richard II« gelesen habe, ein Stück als Körper, die Bewegung dieses Körpers ist das Stück, eine animalische Bewegung. Das war später beim Übersetzen von »Wie es euch gefällt« genauso, eine sinnliche Erfahrung. Die Doppelgeschlechtlichkeit in diesem Shakespeare-Stück, Mann und Frau, das geht so ineinander, eine Gangart zwischen Schlange und Tiger. Diese Geschmeidigkeit im Ablauf, das gibt es bei Brecht nirgends, dagegen ist das, was er machte, Schuhplattler. Oder: Was er nicht konnte, wollte er nicht.

Das wichtigste Stück für Dich?

Ich fürchte schon, das wichtigste Stück ist für mich »Hamlet«. Wahrscheinlich, weil es das erste von Shakespeare war, das ich versucht habe zu lesen, und weil es am meisten mit mir zu tun hat, und mit Deutschland. »Hamlet« ist für Engländer wahrscheinlich gar kein so wichtiges Stück, oder, wie für Eliot, einfach ein mißlungenes. Das ideale Stück für die englischen Shakespeare-Fans ist »Coriolan«, was sicher von der Form her auch stimmt. Aber für uns ist »Hamlet« schon interessant, weil der Shakespeare da versucht, etwas zu formulieren, was er nicht im Griff hat, eine Erfahrung, die er nicht fassen kann. Das kann man in Deutschland mit Kohlköpfen spielen, und die Leute gehen hin.

Shakespeare hatte für Dich eine Bedeutung in bezug auf die DDR?

Brecht sagte: »Die letzte Zeit, über die man ein Stück im elisabethanischen Stil schreiben kann, ist die Nazi-Zeit.« Da konnte ein Stück noch anfangen mit der Regieanweisung: Nacht. Wald vor Nürnberg, Bewaffnete treten auf. So konnte ein DDR-Stück, das nach 1961 spielt, dann auch anfangen, und, seit der Aufrüstung gegen die RAF, auch ein BRD-Stück. Deutschland war ein gutes Material für Dramatik, bis zur Wiedervereinigung. Es ist zu befürchten, daß mit dem Ende der DDR das Ende der Shakespeare-Rezeption in Deutschland gekommen ist. Ich wüßte nicht, warum man in der Bundesrepublik Shakespeare inszenieren sollte, es sei denn die Komödien. Vielleicht kommt erst einmal eine Zeit für Molière. Aber Shakespeare wird natürlich nicht verschwinden, denn der Staat ist auch wieder im Kommen, mehr Staat, mehr Shakespeare. In New York 1986, bei der Aufführung von »Hamletmaschine«, inszeniert von Robert Wilson an der Columbia-University, war für mich interessant die unmittelbare Verbindung von Theater und Realität, wie in der Shakespeare-Zeit, einfach dadurch, daß viele Leute mit der U-Bahn dorthin fuhren, was nicht immer gutgeht. Giordano Bruno beschreibt den Weg zum Globe-Theater durch das dunkle London. Wie man an jeder zweiten Ecke überfallen wird, an jeder dritten in eine Baugrube fällt, und so weiter. Eine ganz ähnliche Situation wie damals in New York, und jetzt zunehmend in Berlin. Insofern hat Theater eine große Chance.

1976 ist, auch in Bulgarien, »Leben Gundlings« entstanden. Die Szene »Lieber Gott mach mich fromm / weil ich aus der Hölle komm« wurde von einigen als Beschreibung des historischen Falls Schreber gelesen, der in der Psychiatrie endete und nach dessen Vater die Schrebergärten benannt sind.

Den »Fall Schreber« kannte ich nicht, als ich anfing, das Stück zu schreiben. Ich kannte nur den Fall Zebahl, den Hegemann in seinem Buch »Fridericus oder das Königsopfer«[53] beschrieben hat. Ein preußischer Korporal, Lehrer nach dem Siebenjährigen Krieg, der seinen Lieblingsschüler totgeprügelt hatte und sich im Irrenhaus für Gott hielt. Die Szene auf dem Rübenacker[54] hat zwei Quellen. Einmal ein Schulbuch aus der wilhelminischen Zeit, in dem eine Inspektionsfahrt Friedrichs des Großen aufs Land beschrieben wird, im Stil eines Hofberichts. Er gibt den Bauern den guten Ratschlag, Kartoffeln anzubauen. Die zweite Quelle war ein Bericht im »Neuen Deutschland« über eine Inspektionsreise von Walter Ulbricht aufs Land, der auch immer wußte, was und wie die Bauern anbauen und was und wie die Maler malen sollten. Von der

Methode her ist »Gundling« so etwas wie die Collageromane von Max Ernst, auch das gleiche Verhältnis zu den Vorlagen.

Das zentrale Thema des Stücks ist das Verhältnis der Intellektuellen zur Macht.

An dem Reiterstandbild von Friedrich dem Großen in Ostberlin fällt auf, daß die Generalität vorn steht und um das Pferd herum, aber hinten am Schwanz, da wo die Scheiße fällt, stehen die Intellektuellen.
Nach einer »Gundling«-Aufführung in der Bundesrepublik schrieb ein Kritiker über den Preußenhaß des Sachsen Müller. Dabei war Friedrich der Große fast eine Identifikationsfigur für mich. Der erste Satz, der mir einfiel, als ich in Bulgarien angefangen habe, das zu schreiben, war: »Sire, das war ich.«[55] Das ist der Kernsatz. Und dieses seltsame Kinderlied, das er in der Schlachtszene singt, lange vorher geschrieben. Wichtig ist, daß der junge Friedrich, Kleist und Lessing eine Figur sind, gespielt von einem Schauspieler, drei Figurationen eines Traums von Preußen, der dann staatlich abgewürgt wurde in der Allianz mit Rußland gegen Napoleon. Es ist ein Irrtum, das Stück als Montage von Teilen zu lesen. Interessant sind die fließenden Übergänge zwischen den disparaten Teilen.

In Darmstadt 1985 bei der Büchner-Preis-Verleihung begrüßte mich Richard von Weizsäcker mit den Worten: »Wissen Sie, Herr Müller, wo ich gerade gewesen bin? Am Grab von Gundling.« Jetzt traf ich ihn wieder in Berlin, und er und seine Frau erinnerten sich an die Aufführung von »Gundling« im Schiller-Theater. Im Verhältnis zu Weizsäcker ist Kohl der Soldatenkönig.

Und Dein eigenes Verhältnis zu dem Stück?

Wenn ich das wieder lese oder wenn ich daraus zitiere, merke ich, daß es mich mehr angeht als viele andere Texte. Ich kann nicht distanziert darüber reden. Das ist vielleicht ein Punkt, über den ich einmal nachdenken müßte. Was geht da in mir vor, wenn ich so etwas schreibe? Wenn ich aus »Gundling« zitiere, werde ich traurig, in dem Stück ist Mitleid. Mitleid mit allem, was da beschrieben wird. Es ist in vielen Punkten auch ein Selbstporträt, bis zu der Figur des Nathan und der Emilia, dieser Kopftausch, der alte Mann und das junge Mädchen.

Gibt es einen Zusammenhang zwischen der Psychiatrieszene in »Leben Gundlings« und Foucaults »Wahnsinn und Gesellschaft«?

Als ich zum erstenmal Foucault gelesen habe, hatte ich das Gefühl, ich erfahre eine Bestätigung. Kein philosophischer Text, den ich gelesen habe, ist so parat für mich, daß ich ihn referieren könnte. Ich nehme anders

auf. Wenn ich schreibe, ist Philosophie ein Nährboden, ein Humus. Ich kann sie verwerten.
Mich interessiert auch nicht, warum Elektrizität funktioniert, Hauptsache, das Licht geht an, wenn ich den Schalter drücke. Ich will nicht wissen, was die Welt im Innersten zusammenhält. Ich will wissen, wie sie abläuft. Es geht eher um Erfahrung als um Erkenntnis. Bei der Hinrichtungsversammlung im Schriftstellerverband 1961 gegen »Umsiedlerin« sagte Kurella einen Satz, der mich getroffen hat: »Aus diesem Text spricht ein ungeheurer Ekel an der Wirklichkeit.« Aus diesem Ekel wächst das Bedürfnis, die Wirklichkeit unmöglich zu machen. Das fiel mir jetzt wieder auf bei einem Text von Malraux über Goya. An Goya interessiert mich der Angriff auf die Wirklichkeit. Als er taub war und Angst hatte, blind zu werden, ging er zum Angriff auf die Wirklichkeit über. Was man bei Goya auch historisch erklären kann. Diese Situation, die ich erst in den letzten Jahren wirklich begriffen habe: Goya sitzt da in seinem reaktionären Spanien, in dieser Monarchie, gierig interessiert an der französischen Aufklärung. Dann kommt endlich das Neue, der Fortschritt, die Aufklärung, die Revolution, aber als Besatzungsarmee, mit dem ganzen Terror der Besatzungsarmee. Die Bauern bilden die erste Guerilla für ihre bedrohten Unterdrücker. Sie bekämpfen den Fortschritt, der ihnen in Gestalt von Terror entgegentritt. In dieser Zerreißsituation entsteht bei Goya der breite Pinselstrich und der gebrochene Strich. Es gibt keine festen

Konturen mehr, keinen klaren Pinselstrich. Es entstehen die Brüche und auch das Zittern des Strichs.

Gilt das, was Du über Philosophie sagst,
zum Beispiel auch für jemanden wie Carl Schmitt?

Carl Schmitt ist Theater. Seine Texte sind Inszenierungen. Mich interessiert da nicht, ob er recht hat oder nicht. Seine guten Texte sind einfach gute Inszenierungen. Zum Beispiel die »Theorie des Partisanen«, das war ein Schlüsseltext für mich. Mich interessiert die Dramaturgie. Carl Schmitt ordnet ein Material nach bestimmten, wahrscheinlich ziemlich willkürlich gesetzten juristischen und theologischen Kategorien und macht aus Geschichte einen Rechtsfall. Theater hat ja auch mit Prozessen zu tun, der Prozeß ist eine Theaterstruktur. Theaterstücke sind oft Prozesse, Rechtsfälle. Der Prozeß im wissenschaftlichen Sinn ist Bewegung. Und der Prozeß im juristischen Sinn ist eine Fixierung, ein Versuch, etwas festzuschreiben, etwas zu fixieren, das im Fluß ist. Beim Theater gibt es ein Stück als Material und die Schauspieler. Wenn du inszenierst, mußt du fixieren und bewegen.

Zurück in die siebziger Jahre: 1976 war das Jahr der Biermann-Ausbürgerung. Kanntest Du Wolf Biermann?

Ich hatte immer ein gutes Verhältnis zu Biermann. Als er am Berliner Ensemble gearbeitet hat, sahen wir uns oft. Er kam oft zu uns nach Lehnitz. Seine ersten Liederabende waren ein Ereignis. Ich habe ihn dann später einfach aus den Augen verloren, vielleicht auch mit Absicht, weil das irgendwann ein Kreis wurde, aus dem man sich heraushielt, wenn man selbst ungestört arbeiten wollte.

Du hast neben anderen die Petition gegen die Ausbürgerung unterschrieben. Dann gab es aber noch ein Nachspiel ...

Das erste Nachspiel war nur ein Versuch. Ich hatte mit Thomas Brasch gesprochen, und wir kamen darauf, daß man nach den Folgen dieses Protestes, der übrigens ja nur als »Bitte« formuliert war, einen zweiten Schritt tun müßte. Die »Bitte« war entstanden, weil wir wollten, daß zum Beispiel auch Fritz Cremer unterschreibt. Cremer lag im Krankenhaus und sagte, er könne das nur unterschreiben, wenn da statt »wir fordern« »wir bitten« steht. Die vielen unbekannten Unterzeichner wurden reihenweise unter Druck gesetzt, zum Teil verhaftet. Deswegen kamen wir auf die Idee, es wäre gut, wenn man jetzt einen Brief der Erstunterzeichner schreiben würde, in dem die sich von dem Gebrauch distanzieren, den jetzt der Westen von diesem Protest machte. Darüber habe ich dann mit Christa Wolf gesprochen. Sie war auch einigermaßen geneigt, das richtig zu finden. Sie sagte, man müßte mit Hermlin darüber reden. Dann habe ich mit Hermlin gesprochen, und Hermlin sagte: »Ich bin am Dienstag bei Honecker, und da werde ich das klären.« Die »Klärung« erfolgte durch die Ausschlüsse aus dem Schriftstellerverband.

Dann hat Ruth Berghaus als Intendantin des Berliner Ensembles mich bearbeitet, daß ich selbst etwas machen sollte, um den Protest zu relativieren, und ich habe das dann als Einzelperson formuliert, die Abgrenzung von dem westlichen Gebrauch. Das haben sie in der Bezirksleitung der Partei wohl als Zurücknahme interpretiert, und die Berghaus brauchte mich nicht zu entlassen.

Ernst Jünger

Ich hatte Jünger schon vor dem Krieg gelesen. Mein Vater hatte mir »Marmorklippen« gegeben, als ein geheimes Widerstandsbuch, ich war dreizehn oder vierzehn. Ich würde heute nicht sagen, daß »Marmorklippen« zu den besten Texten von Jünger gehört, aber die marmorierte Allegorie war ganz durchsichtig in dieser Zeit. Der Oberförster mit seiner Schinderhütte da im Wald war für uns Hitler. Schon 1933 nannte man Hitler in Sachsen den »Oberförster«. Später ging der Name auf Göring über. Man sprach von Hitler auch als dem böhmischen Gefreiten. Nach dem Krieg las ich »Blätter und Steine«, eine Essaysammlung, die unter anderm »Die totale Mobilmachung«, »Über den Schmerz«, »Sizilischer Brief an den Mann im Mond« und »Lob der Vokale« enthält. Texte von Jünger und Nietzsche waren das erste, was ich nach dem Krieg überhaupt gelesen habe.

Wie kam es 1988 zu Deinem Besuch bei Ernst Jünger?

Ich hatte immer den Wunsch, ihn zu treffen. Das hat dann ein Bekannter, Manfred Giesler, Kneipier und Galerist in Berlin, arrangiert. Ich habe einen Brief an Jünger geschrieben mit Erwähnung meiner ersten Leseeindrücke, im besonderen »Blätter und Steine«, und wir wurden nach Wilflingen eingeladen, wo er das Haus des ehemaligen Gutsverwalters der Stauffenbergs bewohnt. Jünger hatte sich informiert oder informieren lassen. Er sprach zuerst über den Eindruck, den sein Verleger Klett von »Alkestis« hatte, der Aufführung von Wilson in Stuttgart. In »Alkestis« hat Wilson einen Text von mir verwendet. Danach über Wolfgang Harich, einen gemeinsamen Feind. Er zeigte mir die E. T. A. Hoffmann-Ausgabe von Harichs Vater, die für ihn ein Schatz war, etwas ganz Wichtiges. Ich habe sie kurz danach in einem Antiquariat gefunden, eine schöne Ausgabe mit guten Einleitungen, Kommentaren. Jünger erzählte, daß ihn besonders getroffen hat, daß gerade der Sohn des Mannes, den er wegen dieser Ausgabe schätzte, der erste war, der nach dem Krieg in der Zeitschrift »Aufbau« gegen ihn polemisiert hat. Es war der erste umfassende Essay gegen Jünger als Wegbereiter und Weggenosse des Faschismus. Harich zitierte als besonderen Beweis für die Barbarei Jüngers einen Aphorismus aus »Blätter und Steine«: »In einem Vorgang wie dem der Somme-Schlacht war der Angriff so etwas wie eine Erholung, ein geselliger Akt.« Das ist ein Satz, der mir schon damals sehr einleuchtete, Jünger beschreibt eine Erfahrung der Materialschlacht, der man mit Pazifismus nicht beikommt, nicht mit einer moralischen Position. Die Somme-Schlacht war eine der ersten großen Materialschlachten.

Wie wirkte er als Person auf Dich?

Jünger ist ein sehr graziler alter Mann. Er bewegt sich sehr leicht. Er hat ungeheuer viel Sekt getrunken. Ich vertrage keinen Sekt. Es war sehr schwierig für mich, mitzuhalten, so ein Glas nach dem anderen. Es gab ein Frühstück dazu. Die Plätze waren vorgeschrieben, Giesler galt als mein Fahrer. Aber er konnte sich auch als Kenner von Jüngers Werk profilieren, weil er gerade etwas Unangenehmes an der Grenze von Italien nach Deutschland erlebt hatte. Er hatte »Annäherungen. Drogen und Rausch« von Jünger neben sich im Wagen liegen gehabt. Der italienische Zöllner sah hin und sagte: »Sie lesen Ernst Jünger, interessant.« Der bayrische Zöllner sah das Buch und sagte: »Machen Sie den Kofferraum auf, und leeren Sie Ihre Taschen.« Jünger war glücklich über die Geschichte. Er hatte eine ganz jugendliche, fast kindliche Freude daran, ein böser Junge zu sein. Er erzählte, daß er – nachdem das Buch erschienen war – einen Brief von einem CDU-Bundestagsabgeordneten erhalten hätte. Darin hat der CDU-Mensch ihm mitgeteilt, er würde nach diesem jugendverderbenden Werk nie wieder ein Buch von Jünger in die Hand nehmen und sich persönlich dafür einsetzen, daß Jünger in der Bundesrepublik nie mehr einen Preis bekommt. Jünger war glücklich, daß er immer noch stört, daß er immer noch böse ist.
Er sagte: »Wissen Sie, wer vor Ihnen auf diesem Stuhl gesessen hat? Mitterrand.« Er hatte eine Saint-Simon-

Ausgabe und erzählte, er lese seit vier oder fünf Jahren Saint-Simon, jeden Abend vierzig Seiten. Er lese überhaupt nur noch 18. Jahrhundert oder Literatur bis zum 18. Jahrhundert. Die Zeit danach interessiere ihn eigentlich nicht sehr. Und Mitterrand, der auf dem Stuhl gesessen hatte, auf dem ich jetzt saß, hatte etwas Abschätziges über Saint-Simon gesagt und sich damit disqualifiziert. Seine Frau, Archivarin aus Marbach, bewirtschaftete ihn wie ein geliebtes Denkmal. Und als sie uns in das Zimmer mit den Devotionalien führte, sagte sie: »Jetzt gehen wir ins Museum.« Jünger hat vor nichts Angst als vor Frauen. Das war mein Eindruck.

Ich fragte ihn, ob er in seiner Berliner Zeit vor 1933 Brecht getroffen habe. Jünger sagte ganz schnell: »Nein, nie.« Dann mischte sich seine Frau ein, sagte: »Aber du hast doch diese Geschichte mit Rudolf Schlichter erzählt.« – »Ach so, ja, ungefähr zwölfmal«, sagte er, genauso schnell. Und dann erzählte er die Geschichte: Brecht stand vor dem Jünger-Porträt von Schlichting, einem Ölgemälde – die haben sich natürlich doch öfter getroffen: Carl Schmitt, Jünger, Brecht, Bronnen, ich glaube, auch Benn, es gab da eine Kneipe in Berlin, »Zum schwarzen Ferkel« – jedenfalls stand Brecht vor dem Bild und sagte: »Deutscher Kitsch«. Das war vielleicht der Grund, warum Jünger, als ich ihn nach Brecht fragte, ganz schnell »nein, nie« gesagt hat.

Was wußte Jünger von Dir?

Daß er etwas von mir kannte, glaube ich nicht, nein. Sie hatte sich natürlich informiert, und er wußte von der Harich-Polemik gegen »Macbeth«. Und das war der Anknüpfungspunkt, der gemeinsame Feind. Er war wirklich in jeder Phase angenehm, und er hatte auch Humor, konnte sich selber auch ironisch sehen.

Ich fragte ihn nach einer Stelle in »Gärten und Straßen«, wo er beschreibt, wie er an der Spitze seiner Kompanie in Frankreich im Zweiten Weltkrieg auf eine Schlacht zureitet. Man hört und sieht, daß es eine fürchterliche Schlacht ist, aber die ganze Zeit denkt er überhaupt nicht an die Schlacht, sondern nur an einen Artikel im »Völkischen Beobachter«, wo etwas Negatives über ihn drinstand, ein Angriff. Und daran schließt er eine Betrachtung über den Unterschied zwischen Mut im Krieg und Mut im Bürgerkrieg. Mut im Krieg ist eine Frage der Ausbildung, es gibt wenige, die im Krieg nicht mutig sind. Aber im Bürgerkrieg ist man allein, Mut im Bürgerkrieg ist etwas Seltenes. Sein Vorbild dafür war Ernst Niekisch, nach dem Krieg Mitglied des ZK der SED, mit dem er befreundet war. Jünger beschreibt, wie er nach der Verhaftung von Niekisch in seiner Wohnung in Charlottenburg anfing, alles zusammenzuklauben, was ihn belasten könnte. Er hat es verbrannt und die Asche im Hinterhof in eine Mülltonne gekippt. Ich fragte ihn also nach der

Geschichte, und er schwieg, leicht verlegen. Seine Frau sprach für ihn: »Die jungen Menschen wissen ja gar nicht, unter welchem Druck man damals gestanden hat.« Mir gefiel, daß er dazu nichts gesagt hat. Danach wurden wir von seiner Frau ins Museum geführt. Dort stand unter anderem eine Breker-Büste von ihm. Wir gingen vorbei, da sagte er nebenher: »Ein verkannter Mann.« Und dann kamen wir an einem Regal vorbei, in dem etwas von Carl Schmitt stand, und ich fragte ihn nach Carl Schmitt. Dazu sagte er auch nichts. Da gab es wohl ein Zerwürfnis. Schmitt hat einmal etwas Ironisches über einen Text von Jünger geschrieben, einen Brief zu Jüngers Text »Über die Linie«.
In einem Gasthaus im Dorf hatten sie ein Essen bestellt, auch Zimmer für uns. Wir gingen hinaus, sie holte ihren Toyota aus der Garage und fuhr plötzlich ab, das heißt, er hatte eine Viertelstunde frei, er fuhr mit uns. Wir fragten ihn, ob wir rauchen dürften, ob ihn das stört. Er sagte, er hätte immer gern im Garten vormittags seine Dunhill geraucht, aber seine Frau meinte, das wäre nicht gut für seine Bronchien. Natürlich haben wir ihn bei der Gelegenheit nach seinen Drogenerfahrungen gefragt. Da blühte er auf, über politische Themen sprachen wir kaum.
Man merkte, er ist nicht reich, die Bücher bringen nicht sehr viel. Er empfindet wohl auch sehr stark seine Isolation, daß junge Leute nicht mit ihm reden wollen, weil er für viele suspekt ist. Wir streiften noch

ein Thema. Im »Spiegel« war gerade ein Katastrophenszenarium abgedruckt, ein finsterer Ausblick auf kommende Katastrophen. Wir hatten einen echten Kontakt als Katastrophenliebhaber, auch später beim Essen. Ich habe einen Witz erzählt, der für seine Frau am Rand des Erträglichen war, über den er sich aber sehr freute. Dann hat er noch mindestens zwei oder drei Humpen Bier getrunken ohne sichtbare Folgen.

Was denkst Du zu den Protesten gegen Jünger, zum Beispiel gegen die Verleihung des Goethe-Preises 1982?

Für mich war Jünger nie ein Held, ich habe die Proteste gegen ihn bei der Goethe-Preis-Verleihung in Frankfurt also auch nicht als Heldenbeleidigung aufgefaßt, ich fand sie nur überflüssig. Mich interessierte seine Literatur. Ich kann nicht moralisch lesen, genausowenig wie ich moralisch schreiben kann. Es gibt andere Probleme, alles hat seinen Preis: Wenn er schreiben will, daß er mit dem Rad ins Nachbardorf fährt, um Sämereien zu kaufen, steht bei ihm: »Für derlei Fahrten bediene ich mich des Rades.«
Ich kenne das Problem, aber weil ich das Sämereien-Einkaufen einfach weglasse, komme ich nicht in die Verlegenheit. Ein andrer Unterschied besteht einfach darin, daß ich mit der Schreibmaschine schreibe, Jünger mit einem Federkiel. Ich kann nicht mehr mit der Hand schreiben, außer Notizen. Das wirkt sich natür-

lich auf die Form aus, auf die Schreibweise, die Technologie.
Jüngers Problem ist ein Jahrhundertproblem: Bevor Frauen für ihn eine Erfahrung sein konnten, war es der Krieg.

USA

Meine erste Amerikareise 1975 dauerte ein Dreivierteljahr, und ich habe mein Visum weit überschritten. Als ich zurückkam, war ich schon abgeschrieben. Meine Gage am Berliner Ensemble war von der Berghaus schon storniert. In San Francisco hatte ich einen Journalisten kennengelernt – das war wichtig für »Gundling«, für die Schlußszene –, der mit Charles Manson Kontakt hatte. Wir waren auch im Death Valley, wo die Familie von Charles Manson angefangen hatte, ihre Feldzüge zu planen. Eine Zeitlang wohnten wir in Beverly Hills gegenüber dem Haus, wo der Mord an Sharon Tate stattgefunden hatte. Es war immer noch zu vermieten, niemand wollte es haben. Dieser Journalist besaß eine Menge Briefe von Manson aus dem Zuchthaus in St. Quentin. Er hatte auch Erlaubnis, ihn zu besuchen, und erzählte davon. Charles Manson hatte eine Riesenschrift wie Zarah Leander. Die Briefe waren lyrisch: »Kill all people who don't hear the song of the sun.« Wichtig war ihm, daß er ein Scapegoat war, daß er zum Scapegoat gemacht worden ist, zum Sündenbock. Nixon habe viel mehr Leute umgebracht als er. Überhaupt hatten alle amerikanischen Präsidenten viel mehr Leute umgebracht als er. Manson ist deshalb als USA-Präsident in die Schlußszene von »Gundling« eingegangen, Manson for President. Später in New

York sah ich die Steubenparade. Seitdem hatte ich ein Bild, das taucht im Text nicht auf, war aber ein Ausgangspunkt für das Stück: Steuben reitet über den Atlantik nach Amerika und holt die Kartoffel nach Preußen.
Meine Grunderfahrung in den USA war die Landschaft, zum ersten Mal in meinem Leben hatte ich ein Gefühl für Landschaft, für den Raum. Die eigentliche amerikanische Dimension ist ja nicht die Zeit, sondern der Raum. Wir sind ziemlich weit durchs ganze Land gekommen: Kalifornien, New Mexico, Arizona, Nevada, Mississippi. Eine Dampferfahrt ins Mississippi-Delta, verrottete Bohrtürme, ganze Industrieanlagen, die halb im Sumpf steckten, verrostet, und dann am Ufer die verkommenen alten Plantagenhäuser. Das war schon seltsam, dieser Kapitalismus mit Rändern. In Europa hat er keine Ränder mehr, oder es ist da ganz schwer, die Ränder zu sehen. In Amerika sind die Ränder das Lebendige, überall gibt es noch nicht besetzte Landschaft, auch sozial noch nicht besetzte Landschaft. Landschaften, die nicht domestizierbar sind, wo die Legenden von den Flying Saucers entstehen konnten. Das wird ganz verständlich in Nevada, Arizona oder Grand Canyon.
Der Reisegrund war eine Einladung nach Austin/Texas an die Universität. Ich sollte ein Semester über DDR-Dramatik oder DDR-Literatur abhalten. Das war aber keine wirklich ernste Angelegenheit. Wir haben das zum Teil im Swimmingpool gemacht. Die Ger-

manistin Betty Weber war als Assistant Professor dort in Austin, sie hatte mich eingeladen, sie kannte mich über das Brecht-Archiv. Dann hatte sie Texte von mir gelesen und sie auch ihren Studenten gegeben. Einige hatten über mich geschrieben, hauptsächlich Frauen. Im Drama-Department von Austin wollten sie ein Stück von mir inszenieren, Betty Weber hatte dafür »Mauser« ausgewählt, auch wegen ihrer Brecht-Neigung. Es gab einen jungen Professor, einen Regie-Professor, und nach längeren Beratungen kamen sie zu dem Schluß, daß man das in Amerika nur mit Frauen machen könnte, einer »Minderheit«. Das fand im Schwarzenviertel von Austin statt. In Austin sind die Rassen durch den Colorado getrennt, über die Brücke fährt oder geht normalerweise kein Weißer. In der ersten Etage eines alten Lagerhauses haben wir geprobt, und dort wurde dann auch gespielt, schwarze Frauen waren nicht dabei. Unten war eine Kneipe, schwarze Wände, nicht schwarz gestrichen, sondern schwarz vor Dreck. Da saßen außer uns nur Schwarze. Es gab kaum Aggessivität. An einer Dreckwand hing ein Schild: »No dirty language«. An der Inszenierung waren nur zwei oder drei Studentinnen beteiligt, die andern waren Arbeitslose, angeworben mit Annoncen. Ich erinnere mich an eine Stanislawski-Übung, die amerikanische Variante davon: In der Mitte des Speichers war ein Stützpfeiler, eins der Mädchen entwikkelte die Fähigkeit, an diesem Pfeiler ungefähr fünf Meter hochzulaufen. Die andern stellten sich darunter, und sie ließ sich fallen. Das habe ich sehr bewundert. Für die Frauen war Revolution grundsätzlich etwas Böses, und weil in dem Stück von Revolution die Rede war, hatten sie das Bedürfnis, ihren Standpunkt dazu auch vorzutragen. Deswegen gab es zwischen den Szenen Statements, die Spielerinnen traten einzeln oder paarweise an die Rampe und klärten das Publikum darüber auf, daß Revolution etwas Böses sei. »Revolution is bad my grandmother told me.« Dann stiegen sie wieder ein in das Spiel und verwandelten sich in eisenharte Bolschewisten.

Was Amerikaner an meinen Texten interessiert, ist vielleicht die Geschwindigkeit, der schnelle Tempowechsel, ohne Übergang. Ein Student in San Diego nannte das »Surfdramaturgie«. Dagegen ist der Erfolg von Thomas Mann in den USA der Erfolg eines alten Möbels, das man schwer bewegen kann, ein Nostalgieerfolg: Die amerikanische Bevölkerung zieht, statistisch gesehen, am häufigsten um.

Eine amerikanische Kunsterfahrung: In New York war Rauschenberg, von Europa aus gesehen ein Gipfel der Moderne, ein Naturalist. Wenn der Wind von den kanadischen Seen die Mülltonnen über eine Straße am Hudson wirbelt, Zeitungen fliegen und der Dreck der Metropole, wird seine Kunst ornamental.

Schreiben und Moral

Welchen Kontakt hattest Du zu den jungen Autoren in der DDR?

Natürlich sind Leute mit Texten zu mir gekommen oder haben mir Texte geschickt, und ich habe es als meine Pflicht betrachtet, meiner Unlust nicht nachzugeben und mich damit zu beschäftigen. In einigen Fällen hat sich das gelohnt. Es gehörte zur Sicherheits- und Kulturpolitik in der DDR, Leute, die schreiben, dadurch zu kriminalisieren, daß man ihnen Asozialität nachwies, weil sie kein Geld verdienten oder nicht genug. Eine Steuernummer kriegte nur, wer aus freiberuflicher Tätigkeit ein bestimmtes Einkommen nachweisen konnte. Es gab natürlich mehr Leute, die geschrieben oder gemalt haben, als Leute, die Talent dazu hatten.
Und viele Kontakte kamen einfach dadurch zustande, daß Leute Geld brauchten, damit sie weiter ohne Verfolgung dem Luxus des Schreibens frönen konnten, begabt oder nicht.

Es gab dann seit den 70ern eine Art literarischen Untergrund, Prenzlauer Berg und so weiter . . .

Das hat sich in den 70er/80er Jahren entwickelt, aus der Auseinandersetzung mit der Punk-Bewegung, mit der Rockmusik und mit dem Stellvertreterkrieg der Staatspartei gegen die zunächst aus dem Westen importierte Jugend- und Massenkultur. Mich hat das nicht sehr interessiert. Vielleicht war ich eine Generation zu alt dafür. Ich kannte auch mehr Maler als Schriftsteller. Was mich gelangweilt hat, war der Second-Hand-Charakter, das Fremdbestimmte vieler Texte, die verspätete Kopie von Moden. Ich erinnere mich an die Anthologie von Elke Erb und Sascha Anderson[56], die Fühmann begonnen hatte, ich konnte die meisten Beiträge nicht lesen. Ich hatte den Eindruck, Sascha Anderson zum Beispiel schrieb in der DDR für Kalifornien. Die DDR hat für diese Generation nicht existiert, aber etwas anderes kannten sie auch nicht. Das ist so wie bei diesen holländischen Tomaten, die ohne Boden wachsen, nur mit Luftwurzeln. Das merkst du den Texten an, dünnes Gebäck. Ihre Existenz in der DDR war eine Scheinexistenz. Es gibt natürlich Ausnahmen, wie in jeder Generation. Genies treten nicht in Rudeln auf. Das Ganze war als Bewegung wichtig, als Boden für die Ausnahmen. Mein Problem mit den Texten der Jüngeren in der DDR war, daß sie keinen Gegenstand hatten. Die Wirklichkeit der DDR konnte es nicht sein, weil sie die nicht auf et-

was anderes beziehen konnten. Die Voraussetzung für Kunst ist Einverständnis, und die Jungen hatten nichts, womit sie einverstanden sein konnten. Schreiben braucht ein Einverständnis, in Haß oder Liebe, mit dem Gegenstand. Ich glaube, die Groteske, die Karikatur gehört dem 19. Jahrhundert, der großen Zeit der Bourgeoisie. Das ist der Unterschied zwischen Goya und Daumier. Bei Goya gibt es karikaturistische Züge, keine Karikatur. Er liebte und/oder haßte seinen Gegenstand und litt an ihm. Daumier ist ein Genie des Journalismus. Als Bewegung ist selbst die Moderne Journalismus, eine journalistische Reaktion auf Wirklichkeit. Ich rede nicht von einzelnen Kunstwerken. Das Einverständnis mit dem Gegenstand trennt die Literatur vom Journalismus. Der Journalist kann, wenn er einverstanden ist mit seinem Gegenstand, nicht schreiben.
Auf einem Schriftstellerkongreß in den achtziger Jahren hielt Hermlin die berühmte Rede: »Ich bin ein bürgerlicher Schriftsteller«. Er zitierte Grillparzer: »Und will meine Zeit mich bestreiten / ich lasse es ruhig geschehn / ich komme aus anderen Zeiten / und werde in andere gehn.« Dagegen gab es ein Gekläff von parteilichen Kollegen. Hermlin bezog sich, ohne es zu sagen, auf Trotzkis Thesen gegen das Phantom einer proletarischen Kultur. Parteilichkeit und Einverständnis sind zwei Dinge. Aus der bloßen Negation, aus der Polemik entsteht keine Kunst.
Problematisch ist auch die Diskussion um Ästhetik

und Barbarei, um die Ästhetisierung von Barbarei durch Kunst. »Macbeth« war für Hacks ein Ärgernis, was ich gut verstehe. Er sagte in einem Interview, das sei ein barbarischer Text, und das Schrecklichste daran, daß er schön sei. Kunst hat und braucht eine blutige Wurzel. Das Einverständnis mit dem Schrecken, mit dem Terror gehört zur Beschreibung. Das ist der Fall bei »Gefährliche Liebschaften«. Laclos erklärte sich immer für einen Moralisten, der all diese Abgründe beschreibt, um die Menschheit davor zu warnen. Das war aber nur die moralische Attitüde eines an den Finsternissen der Seele heftig interessierten Autors. Bei de Sade war es genauso, seine Attitüde war auch die des Moralisten, des Aufklärers.

Genet wurde gefragt, ich glaube von Hubert Fichte: »Wie ist das denn, wünschen Sie sich eine bessere Welt? Eine Welt nach Ihren politischen Träumen.« Und Genet antwortete: »Um Gottes willen, wenn die Welt so ist, wie ich sie mir vielleicht wünsche, habe ich doch keinen Grund mehr zum Schreiben.«

Sicher gibt es Situationen, in denen äußere ich mich politisch und nicht als Künstler, aber sobald ich anfange, das aufzuschreiben, wird es schon ein Artefakt. Reden und schreiben sind wieder zwei Dinge. Wenn man schreibt, übernimmt der Text die Führung. Durch die ästhetische Diskussion der Moderne zieht sich der Begriff der Utopie. Man sagt, wenn schon nicht im Inhalt, dann liegt in der Form des Kunstwerks ein Vorschein einer besseren Welt. Das habe ich auch immer geglaubt, mit Brecht, daß die Schönheit der Formulierung eines barbarischen Tatbestandes Hoffnung auf die Utopie enthält. Das glaube ich nicht mehr. Irgendwann muß man die Trennung von Kunst und Leben akzeptieren. Ehrenburg wurde gefragt: »Was ist sozialistischer Realismus?« Und Ehrenburg sagte: »Eine schwarze Orchidee.«

»Die Hamletmaschine«, 1977

Das Jahr 1977 fing damit an, daß ich mal wieder in Bulgarien herumsaß. Ich habe ein ganzes bulgarisches Schulheft vollgeschrieben mit Notizen, Entwürfen, Anfängen von Stücken. Und gegenüber dem Hochhaus, in dem Ginka eine Wohnung hatte, steht das größte Heizkraftwerk von Sofia, »Traitscho Kostoff«. Traitscho Kostoff war der bulgarische Rajk, er ist während der großen Säuberung hingerichtet worden. Kostoff war der Sekretär von Dimitroff gewesen. Dimitroff ist, nach einer bulgarischen Lesart, in Moskau medizinisch zu Tode gebracht worden. Er hatte mit Tito Gespräche über eine Balkan-Föderation geführt. Dann wurde er krank und wegen besserer medizinischer Behandlungsmöglichkeiten dort nach Moskau geflogen, und dort starb er. Danach begannen die Prozesse, in Bulgarien, Ungarn, Rumänien, in der ČSSR, in Polen. Das war Anfang der 50er Jahre. In Bulgarien war der erwählte Agent des Imperialismus Traitscho Kostoff. Er war der einzige, der kein Geständnis abgelegt hat. Sie haben ihn dann einfach umgebracht, weil sie ungeduldig wurden und die Zeit drängte. Und nach der Rehabilitierung wurde dieses zentrale Heizkraftwerk von Sofia nach ihm benannt. Ich hatte einen Plan, der war schon alt, ein Hamlet-Stück zu schreiben. Mich interessierte eine Variante, Hamlet als der Sohn eines Rajk oder Slansky oder Kostoff. Von Kostoff wußte ich vorher nicht viel, von Rajk mehr. Das war der bekannteste Fall. Hamlet kommt vom Staatsbegräbnis seines Vaters nach Hause und muß weiterleben. Hamlet in Budapest. Ich stellte mir ein Zweihundert-Seiten-Stück vor, das ganze Problem aufgefächert.

Dann kam ich nach Berlin zurück, und Besson wollte »Hamlet« inszenieren und fragte mich, ob ich das in vier Wochen übersetzen könnte, weil er dann anfangen müßte. Ich sagte, das geht nicht in vier Wochen. Und er fragte: »Was ist die beste Übersetzung?« Ich sagte ihm, die von Dresen und Hamburger sei die beste. Die Aufführung hatte ich in Greifswald gesehen, die war sehr gut und führte auch dazu, daß Dresen ans Deutsche Theater kam. Besson hat angefangen, mit der Übersetzung zu probieren. Matthias Langhoff war Regieassistent, weil ihn das interessierte. Langhoff kam dann immer mit Fragen von Besson zu mir. Diese und jene Textstelle funktionierte nicht, da sollte ich ändern. Langhoff langweilte sich inzwischen auf den Proben und war froh, wenn wir zusammen am Text arbeiten konnten. Daraus wurde dann immer mehr eine neue Übersetzung. Die Schauspieler konnten den neuen Text nicht schnell genug lernen und lieferten bei der Generalprobe noch ein Konglomerat aus der alten Übersetzung und der neuen. Daraufhin wurde dann ein Plagiatsprozeß angestrengt. Jedenfalls, als ich mit der Übersetzung fertig war, hatte ich eine ganz andere

Haltung zu meinem eigenen Plan bekommen. Und dann entstand sehr schnell dieses Neun-Seiten-Stück »Hamletmaschine«,[57] wie ein Schrumpfkopf. Was ich schon in Bulgarien gemerkt hatte, war die Unmöglichkeit, mit dem Stoff zu Dialogen zu kommen, den Stoff in die Welt des sogenannten real existierenden Sozialismus-Stalinismus zu transportieren. Es gab da keine Dialoge mehr. Ich habe immer wieder zu Dialogen angesetzt, es ging nicht, es gab keinen Dialog, nur noch monologische Blöcke, und das Ganze schrumpfte dann zu diesem Text. Auch das Thema Budapest 1956 gab keinen Dialog her, und die Geschichte der RAF, auch ein Material für das Stück, war ein einziger rasender Monolog. Nach einer mißglückten Aktion gegen das »Spiegel«-Büro hatte die Gruppe um Baader in der Wohnung von Ulrike Meinhof, die sie mit ihrem Mann, dem Chefredakteur von »Konkret«, teilte, gemeinsam mit ihr die Möbel aus dem Fenster geworfen. Die Zerstörung des bürgerlichen Lebenszusammenhangs, der Ausstieg aus dem bürgerlichen Leben und der Einstieg in die Illegalität. Das hat mich interessiert. Dazu kam die Erinnerung an Charles Manson. Der Schlußsatz ist von Susan Atkins, Mitglied seiner »family«, eine der Mörderinnen von Sharon Tate, die berühmt war für ihre »scaring phonecalls«. Einer war in »Life« zitiert. Das hatte ich zufällig in Bulgarien gelesen, in Bulgarien war ich auf Zufälle angewiesen, was Lektüre betrifft. Der Satz war: »Wenn sie mit Fleischermessern durch eure Schlafzimmer geht, werdet ihr die Wahrheit wissen.«

Ich hatte keinen Titel für den Text. Es gab einen Plan von Betty Weber, der Germanistin aus Texas, bei Suhrkamp in einem Band meine Versuche mit und an Shakespeare herauszugeben. Da mußten wir einen Titel finden, und durch Andy Warhol kam ich auf »Shakespeare-Factory«. Das brachte mich wiederum auf die »Junggesellenmaschine« von Duchamp, und auf »Hamletmaschine« als Stücktitel. Das Suhrkamp-Projekt scheiterte daran, daß ich unbedingt das Ulrike-Meinhof-Foto nach der Strick-Abnahme darin haben wollte. Da sagte Unseld: »Das geht nicht, das kann in meinem Verlag nicht erscheinen.« Für mich war das ein Ehrenpunkt. Darum ist es bei Suhrkamp nicht erschienen.
Man kann in bezug auf »Hamletmaschine« viel konstruieren. Zunächst mal steht die Dialogunfähigkeit dieses Materials sicher für eine Stagnation. Und wenn auf der Männerebene nichts weitergeht, muß den Frauen etwas einfallen. Und so weiter. Lenin hat immer gesagt, die Bewegung kommt aus den Provinzen, und die Frau ist die Provinz des Mannes.
Die Maschinen-Metapher hat vielleicht auch mit dem Kraftwerk gegenüber dem Haus in Sofia zu tun. Ohne die Amerika-Reise hätte ich das Stück so nicht schreiben können, überhaupt nicht ohne die West-Reisen. Wichtig war das Kafka-Buch von Deleuze und Guattari, weil es von Provinz handelt, von der Mobilisierung der Provinzen. Auch die Kriminalität ist eine Provinz. »Hamletmaschine« ist damals nicht, wie ich wollte, zu-

sammen mit »Hamlet« aufgeführt worden. Es war verboten bis zum Ende der DDR.

Bei dem erwähnten Plagiat-Prozeß habe ich Gregor Gysi kennengelernt. Es gab einen Plagiat-Prozeß von Dresen und Hamburger gegen meine Übersetzung, der in Leipzig stattfand. Gysi war unser Anwalt, Hamburger verteidigte sich selbst. Er sagte, es sei historisch erwiesen, daß man in zwei Monaten nicht eine eigenständige Übersetzung eines Shakespeare-Stücks herstellen könne. Das sei völlig unmöglich. Gysi sagte: »Das ist gerade ein Beweis für die Genialität meiner Mandanten.« Er hat den Prozeß gewonnen.

»Der Auftrag«, 1980

»Auftrag« wollte ich machen, seit ich die Geschichte »Das Licht auf dem Galgen« von Anna Seghers gelesen hatte. »Licht auf dem Galgen« ist ihre Auseinandersetzung mit dem Stalinismus: Napoleon/Stalin, der Liquidator der Revolution.
Mich interessierte vor allem das Motiv des Verrats, auch wegen meines Reiseprivilegs. Die Seghers beschreibt das so: Beim Halt auf einem Hügel in Jamaika, als in dem Jakobiner Debuisson – er hat die Nachricht vom 18. Brumaire bekommen und weiß, daß die Revolution vorbei ist – zum ersten Mal »die Stimme des Verrats« zu sprechen beginnt, sieht er zum ersten Mal, wie schön Jamaika ist.[58] Schreiben konnte ich das Stück erst nach einem Aufenthalt in Mexico und in Puerto Rico. Vorher hatte ich keine Dramaturgie dafür. In Mexico fand ich die Form. Der 2. Teil des Fahrstuhl-Texts in dem Stück ist ein Traumprotokoll, der Traum das Produkt eines Nachtgangs von einem abgelegenen Dorf zur Hauptverkehrsstraße nach Mexico City, auf einem Feldweg zwischen Kakteenfeldern, kein Mond, kein Taxi. Ab und zu tauchten dunkle Gestalten wie von Goya-Bildern auf, gingen an uns vorbei, manchmal mit Taschenlampen, auch mit Kerzen. Ein Angst-Gang durch die Dritte Welt.
Die andere Erfahrung, die der Text aufnimmt, war

mein Bittgang zu Honecker im Gebäude des Zentralkomitees, der Aufstieg mit dem Paternoster. In jeder Etage saß dem Paternoster gegenüber ein Soldat mit Maschinenpistole. Das Gebäude des Zentralkomitees war ein Hochsicherheitstrakt für die Gefangenen der Macht.

Mich hat immer die Erzählstruktur von Träumen interessiert, das Übergangslose, die Außerkraftsetzung von kausalen Zusammenhängen. Die Kontraste schaffen Beschleunigung. Die ganze Anstrengung des Schreibens ist, die Qualität der eignen Träume zu erreichen, auch die Unabhängigkeit von Interpretation. Die besten Texte von Faulkner haben diese Qualität. Malraux beschreibt »Freistatt« als den Einbruch der antiken Tragödie in den Kriminalroman. Wenn man Faulkner liest, liest man einen Fluß. Seine Menschen sind Landschaften. »Auftrag« habe ich zweimal inszeniert, 1980 im dritten Stock der Volksbühne, zusammen mit Ginka Tscholakowa, der Bühnenbildner war Hans-Joachim Schlieker, und es war meine erst Regie überhaupt, und 1982 in Bochum, in einem Bühnenbild von Erich Wonder. Es war keine Wiederholung, in der DDR ein Zeitstück, in Bochum ein fernes Märchen. Wonder hatte, mit der Teilung des Zuschauerraums durch einen Laufkäfig für einen schwarzen Panther und einen dreieckigen Bühnenausschnitt, das Publikum zu Voyeuren und Touristen gemacht, eine Demaskierung.

Wenn man jahrzehntelang Stücke schreibt, merkt man

irgendwann, daß man sich wiederholt. Das Handwerk wird mechanisch. Bestimmte Wendungen tauchen immer wieder auf, die gleichen Motive. Ein Medikament dagegen ist, die Texte selbst zu inszenieren. Dann lösen sich die Versteinerungen auf. Inszenieren ist meine einzige Möglichkeit, meine Texte zu vergessen, ein Befreiungsakt, eine Therapie. Vor und nach der Probe weiß ich sie auswendig, auf der Probe sind sie fremd und gehören den Schauspielern. Das entspannt wie (umgekehrt) das Übersetzen fremder Texte. Das eigentliche Schreiben ist ein Kampf gegen den Text, der entsteht.

Sowjetunion, Ostblock

Im »befreundeten sozialistischen Ausland«, besonders in der Sowjetunion, gewesen zu sein, das gehörte zum Bild des klassischen DDR-Bürgers. Die Erfahrung der Landschaft hätte ich genausogut in Rußland haben können, aber ich war nur zweimal ein paar Tage lang in Moskau, auch eine Verweigerung vielleicht, weil ich wußte, daß mir in der sozialistischen UdSSR mein Marxismus leichter abhanden kommen konnte als in den kapitalistischen USA. Peter Hacks hatte mir in den 50er Jahren aus Georgien eine Postkarte mit einem Stalin-Denkmal geschickt. Da stand der Satz: »Das Klavier ist ins Wasser gefallen.«
Ich bin dort kaum übersetzt worden. Vor Jahren ist eine Übersetzung von »Lohndrücker« in der Zeitschrift »Innostranaja Literatura« erschienen, sehr viel später »Philoktet«.

Und sonst im ehemaligen Ostblock?

In Polen gab es ein paar Aufführungen. Aber als DDR-Schriftsteller war man für die »Brüder« immer ein halber Stalinist. Nach den Hitler-Deutschen die Honecker-Deutschen. Für unser Kulturministerium war ich nie ein Exportartikel in sozialistische Länder. Die haben das sogar unterbunden. In Kuba sollte einmal »Zement« aufgeführt werden. Das wurde von der Botschaft verhindert: »Müller ist nicht repräsentativ für die DDR-Literatur. Wir empfehlen ›Frau Flinz‹ von Helmut Baierl.« Das mochten wiederum die Kubaner nicht. So ging das in vielen Ländern, bis nach Finnland. Nach der Biermann-Affäre war der DDR-Kulturminister Hoffmann in Moskau, das heißt, er wurde zum sowjetischen Kulturminister bestellt. Dem war aufgefallen, daß die dreizehn Unterzeichner der Biermann-Petition Juden waren. Hoffmann hat brav widersprochen und gesagt, daß da auch ein paar Nicht-Juden, ein paar Arier, dabei waren: Christa Wolf, Heiner Müller. Hinzu kam, die Theater-Tradition in der Sowjetunion ist sehr verschieden von der unsern. Brecht ist nie dort angekommen. Es gab in der Anfangszeit bei Meyerhold, bei Wachtangow, Wischnewski Ansätze zu neuem Theater, neuer Dramatik, aber das ist zerschlagen worden. Inszenierungen meiner Stücke scheiterten oft schon daran, daß die sowjetischen Lektoren sagten, das seien keine Stücke, sondern Poeme, weil die Namen der Personen nicht vor den Texten stehn.

In Bulgarien war Mitko Gotscheff ...

»Philoktet« war in Bulgarien gedruckt worden. Mitko Gotscheff war noch dort, nach Studium und Theaterarbeit in der DDR wollte er immer etwas von mir inszenieren, durfte das aber nie. Nach aufreibenden Kämp-

fen bekam er die Genehmigung, »Philoktet« zu machen, für zwanzig Zuschauer, eine Spätveranstaltung. Das war 1983, eine sehr gute Inszenierung. Aber damit war kein Tor geöffnet, im Gegenteil, Gotscheff bekam Drohbriefe, Morddrohungen per Telefon und so weiter. Es gibt jetzt in Bulgarisch einen Band mit Stükken von mir, nach zweijährigen Kämpfen ist das erschienen. Aber in »Verkommenes Ufer« fehlt der Text über die zerrissenen Monatsbinden. Das durfte in Bulgarien nicht gedruckt werden. Allerdings gab es in Bulgarien auch keine Monatsbinden.
Um die »Germania«-Inszenierung von Steckel aus Bochum gab es beim Gastspiel in Moskau auch Zirkus. Das war schon in der Perestroika-Zeit. Es ging einmal darum, daß eine DDR-Fahne geschändet wird, und man befürchtete Proteste der DDR. Und irgendwo tritt ein nackter Mensch auf. Inzwischen ist es wohl normal in Moskau, daß Nackte auf der Bühne sind. Wenn alles zusammenbricht, darf man sich ausziehn.

Man hat den Eindruck, dies ist nicht Dein liebstes Thema.

Ich habe sicher eine unterschwellige Abwehr gegen das Russische. Das war die Besatzungsmacht, eine nivellierende Macht, und eine Qualität meiner Texte kommt vielleicht aus dem Impuls, das Deutsche gegen diese Besetzung zu behaupten. Das hat nichts mit Ideologie zu tun und ändert nichts an meinem Verhältnis zur großen russischen Literatur. Natürlich habe ich viel frühe Sowjetliteratur gelesen: Babel, Scholochow, Gladkow, Majakowski, Wischnewski, Platonow, Fadejew. Aber was da offiziell herüberkam, von den Kulturbehörden, war das Mittelmaß und die Einebnung, und ich kann nicht sagen, daß ich dazu eine besonders erotische Beziehung habe. Selbst Scholochow sprach in einer seiner letzten Reden von dem grauen Mittelmaß in der sowjetischen Literatur. Sie haben eine ganze Kultur niedergewalzt, seit Scholochow gab es eigentlich nichts mehr, neue Ansätze erst wieder in der systemkritischen Literatur, Trifonow, Aitmatow. Aber das ist im Vergleich zu Scholochow, Tolstoi, Dostojewski, Tschechow schon zweitklassig. Brodsky spricht von der russischen Fehlentscheidung für Tolstoi und gegen Dostojewski, für den Realismus, gegen die Vision. Tolstoi ist natürlich ein Höhepunkt der russischen Literatur, aber fortsetzen könnte man ihn nur, wenn man flacher wird, weil die Wirklichkeit auch immer flacher wurde. Ernst Jünger beschreibt den Vorgang im »Arbeiter« positiv: das Verschwinden der individuellen Physiognomie in der Planwirtschaft.

Hat die Oktoberrevolution nicht die russische Avantgarde befördert?

Sie war das Endprodukt der bürgerlichen Kultur, die von der Revolution zerstört wurde beziehungsweise vom Aufbau der neuen Ordnung, der die Verlängerung der Pubertät behinderte, die eine Bedingung von

Kunst ist. Auch die bürgerlichen Revolutionen haben keine Kunst hervorgebracht, nur einsame Kunstwerke. Kultur braucht Freizeit.

Frankreich usw.

Den größten Erfolg im Ausland hattest Du eindeutig in Frankreich.

Der Anfang war 1977 ein Gastspiel der Volksbühne mit »Schlacht«. Für die Franzosen eine Reminiszenz an den deutschen Expressionismus, sowohl die Inszenierung wie das Stück. Mißverständnisse sind die Bedingung des Erfolgs. Die Uraufführung von »Hamletmaschine« war 1979 in Paris, inszeniert von Jourdheuil, im Bühnenbild von Gilles Aillaud, zusammen mit »Mauser«, das war die zweite Aufführung von »Mauser« nach Texas. Dafür hat Titina Maselli das Bühnenbild gemacht. Die nächste Aufführung war »Quartett« von Chéreau in Nanterre. Leider hat er »Germania« nicht gemacht, was er ursprünglich wollte, weil er nicht an die Franzosen glaubte. Ich hätte es gern gesehen. Ich hatte schon das Gefühl, daß dort mit meinen Texten anders umgegangen wird als an deutschen Theatern, unter anderem, weil das französische Theater rhetorischer ist. Andererseits ist die Grundhaltung eher ironisch, was die Texte überhaupt nicht sind. Aber vielleicht hilft das den Texten, jedenfalls in Frankreich, sie verlieren Gewicht. Sicher gilt auch für die Übersetzung, daß bestimmte Härten und Ecken in Eleganz aufgehoben sind.

Die Uraufführung von »Wolokolamsker Chaussee« fand 1988 auch in Paris statt, in Bobigny, von Jourdheuil und Peyret inszeniert. Die lasen das als eine preußische Geschichte. Der junge Findling war der junge Friedrich, an der Mauer wurde Katte erschossen, und so weiter. Bei »Wolokolamsker Chaussee« wurden die beteiligten Schauspieler und Techniker an ihre kommunistische Zeit erinnert. Alle waren irgendwann Kommunisten gewesen, keiner ist mehr Mitglied der Kommunistischen Partei. Es gab einen Protest der Kommunistischen Partei in Bobigny gegen die Aufführung des antikommunistischen Anti-DDR-Stücks. 1990, nach der zweiten Premiere von »Hamletmaschine«, haben sie sich dann dafür entschuldigt. Sie haben Umgangsformen.

Kanntest Du Foucault?

Ich habe ihn einmal in Paris getroffen. Es war im Jahr von Stammheim. Ihn interessierten nur zwei Punkte: Dissidenz und Terrorismus. Das war der einzige Blick auf Deutschland. Im Osten auf die Dissidenten, aber das war eher ein zerstreuter Blick, im Westen auf den Terrorismus. Faszinierend war, wie Foucault das Aktuelle, die vor unseren Augen gerinnende Gegenwart, in einen Wirbel von Differenzen auflöste, die ständig andere Verbindungen eingingen. Er lag dabei auf einem weißen Teppich.

Italien und Spanien?

Die Rezeption in Frankreich, auch in Italien, war intelligenter, schon durch die Distanz von Deutschland, von der deutschen Sichtblende zwischen West und Ost. In Spanien kommt ein anderes Element dazu, ein anderes Verhältnis zum Tod. Das gilt auch für Lateinamerika, wo Theater und Fußballnachrichten auf den Titelseiten stehen, Theater als gesellschaftliches Ereignis für die Oberschicht, wie zum Beispiel – jedenfalls nach dem Bericht des Regisseurs – »Quartett« in Rio, Fußball für die Massen. England ist schwer zu erobern. Dann gab es Aufführungen in Japan, in Korea. Die Chinesen sind gerade erst bei Arthur Miller angekommen. Einige Texte sind ins Arabische übersetzt, »Die Schlacht« wurde im Libanon gespielt, von Palästinensern. Was sie anging, war die Zwangslage darin und das Gewaltpotential. »Lohndrücker« hat ein Iraker in Bagdad inszeniert, der in Ostberlin Theaterwissenschaften studiert hatte, Anfang der siebziger Jahre. Der Regisseur hatte mich auch eingeladen, aber ich bekam kein Visum. Er erzählte mir, daß sie Schwierigkeiten hatten mit dem Stück. Es ging um die Figur des Direktors, der zu kritisch dargestellt war, man brauchte Technokraten. Das war vor Saddam Hussein. In Israel gab es den Plan, »Auftrag« zu inszenieren. Das fiel aus durch den Skandal um den Dramatiker Sobol, wegen seines Stücks »Die Palästinenserin«, seine Austreibung aus dem Theater. Damit starb auch das Projekt.

Sonst ist nur eine Radiosendung von »Quartett« in Israel gelaufen.

Könntest Du Dir vorstellen, im Ausland zu leben?

Zum Arbeiten müßte es nicht mehr Deutschland sein. Ich bin auf dieses Material nicht mehr angewiesen, der Vorrat reicht für ein Leben. Hinzu kommt, wohnen bedeutet mir eigentlich nicht viel. Ich habe nie eine Wohnung gehabt oder eingerichtet, wie ich sie mir vorstelle. Ich bin Höhlenbewohner, oder Nomade, vielleicht gegen meine Natur. Jedenfalls werde ich das Gefühl nicht los, daß ich nirgends hingehöre. Es gibt keine Wohnung für mich, da ich mir ein Schloß nicht leisten kann, nur Aufenthaltsorte und Arbeitsplätze. Meine Neubauwohnung in Berlin-Friedrichsfelde, DDR-Plattenbauweise mit Löchern in der Decke, sieben Jahre hat es durchgeregnet, ist mir eher angenehm, weil sie den Begriff Wohnung aufhebt, Wohnung als Domizil. Das ist eher ein Flughafen, ein kleines Flughafengebäude. Ich kann überall leben, wo ich ein Bett habe und einen Tisch zum Arbeiten.

»Fatzer-Material«, 1978, und »Quartett«, 1981

Im ersten Heft der »Versuche« ist ein Text aus Brechts »Fatzer«-Fragment abgedruckt. Das habe ich in den 50er Jahren gelesen, und seitdem war »Fatzer« für mich ein Objekt von Neid. Das ist ein Jahrhunderttext, von der sprachlichen Qualität her, von der Dichte. Diese Qualität hat mit dem Schock der Großstadt zu tun. Brecht kam nach Berlin, wohnte in einer Mansarde, ein Stadtplan von Berlin war an die Wand geheftet. Brecht hat Fähnchen gesteckt, wo sich kommunistische Zellen bildeten, das Warten auf die Revolution... 1932 hat er die Arbeit an »Fatzer« abgebrochen. Er war einer von den wenigen, die über die Dauer der nächsten Periode, also des Nationalsozialismus, keine Illusionen hatten. Die meisten linken Intellektuellen dachten, das geht ein paar Monate, Hitler ist ein Idiot, das ist ein kurzer Spuk. Brecht hat das später einmal so formuliert: »In der Roten Fahne stand noch ›Wir werden siegen‹, da hatte ich mein Geld schon in der Schweiz.« Er hat »Fatzer« auch ganz deutlich in den Zusammenhang mit der Ermordung von Liebknecht und Luxemburg gebracht. Er wußte, daß das eine Enthauptung war, die Enthauptung der deutschen Kommunistischen Partei, ihre Auslieferung an Lenin. Ein Blick auf den Nullpunkt des Jahrhunderts. Fatzer sagt

vor seiner Erschießung durch die Kameraden/Genossen: »Von nun an und für eine lange Zeit, / wird es auf dieser Welt keine Sieger mehr geben, sondern nur noch Besiegte.«
Es gibt circa vierhundert Seiten im Brecht-Archiv, diffuses Material, manchmal steht eine Zeile auf dem Blatt, manchmal ist die Seite voll, Ansätze zu verschiednen Fassungen.
Ich habe in dem Zimmer, in dem ich gearbeitet habe, die vierhundert Seiten ausgebreitet, bin dazwischen herumgelaufen und habe gesucht, was zusammenpaßt. Ich habe auch willkürlich Zusammenhänge hergestellt, an die Brecht nicht denken konnte, ein Puzzle-Spiel. Der »Egoist« Fatzer, zunächst ganz offensichtlich eine Identifikationsfigur für Brecht, wurde von Fassung zu Fassung immer mehr abgebaut. Dann wurde Koch der Protagonist. In der letzten Fassung, von der es nur Bruchstücke gibt, wird Koch zu Keuner. Keuner als Leninfigur, der Pragmatiker, der das Mögliche versucht. Der Fatzer ist ein Komplement zu Koch und umgekehrt. Koch der Terrorist, Fatzer der Anarchist, Koch/Keuner die Verbindung von Disziplin und Terror. Für mich war es auch ein Stück über die RAF, in einer sehr deutschen Tradition, von den Nibelungen bis »Die Räuber«, »Faust« und »Dantons Tod« und Grabbes »Gotland«. Dramen der deutschen Teilung. Franz und Karl Moor, Faust und Mephisto, Danton und Robespierre, Gotland und der Neger Berdoa. Der Glücksanspruch von Danton und die Drosselung des

Glücksanspruchs für eine gedachte Zukunft, für ein Programm. Insofern hat sich die Oktoberrevolution aus dem Rahmen der Französischen Revolution nie herausbewegt, das ging keinen Schritt weiter, im Ergebnis war sie eher ein Schritt zurück. Die Französische Revolution muß in Rußland unter neuen Bedingungen noch einmal stattfinden.
Langhoff und Karge fragten mich, weil sie in Hamburg »Homburg« inszenieren wollten, ob ich in Ergänzung dazu »Fatzer« für sie bearbeiten würde. Mein aktueller Bezugspunkt war die RAF. Der Schlußteil liest sich wie ein Kommentar zur Geschichte der RAF, das Verhältnis des Kollektivs, der Disziplin, zu den Abweichlern. Es gab ja immer wieder Situationen in der Geschichte der RAF, in denen ein Abweichler exekutiert wurde. Es gehört zur Tragik von militanten Gruppen, die nicht zum Zug kommen, daß die Gewalt sich nach innen kehrt. Das war auch der Zusammenhang mit »Homburg«. Die Inszenierung war wahrscheinlich nicht gelungen, weil den Regisseuren zuviel einfiel, sie war nicht einfach, und kein Kritiker hat den Bezug verstanden, was mir dann doch ein Rätsel war, denn der Schluß war sehr gut inszeniert. Das war Mogadischu, aber keiner hat etwas gesehen. Alle schrieben nur, es wäre besser gewesen, wenn der Text »Fatzer« in der Schublade geblieben wäre. Das einzig Sensationelle an der ganzen Sache war, daß Wolfgang Storch ein Programmbuch mit RAF-Texten gemacht hatte, das auf Anweisung des Intendanten Ivan Nagel

in den Reißwolf mußte. Die RAF war damals nicht nur für mich das interessanteste Material aus dem Westen. Die Möglichkeit einer Renaissance des Faschismus in der Bundesrepublik war schon Brechts »Wildente« gewesen. So konnte man die DDR aushalten. Die Überreaktion des westdeutschen Staatsapparats auf den bewaffneten Kampf einer verschwindenden Minderheit nährte diese Furcht/Hoffnung. Das gehörte zur Situation des Kalten Krieges. Paradigmatisch war die Kaufhaus-Brandstiftung, der Versuch, den Leuten mit einer konkret spürbaren Metapher ein Gefühl dafür zu geben, was der Vietnam-Krieg bedeutet. Die Schlußrede von Koch: »Seid nicht hochfahrend, brüder / sondern demütig und schlagt es tot / nicht hochfahrend sondern: unmenschlich«.[59] Diese Verbindung von Demut und Töten ist ein Kernpunkt des »Fatzer«-Textes und ursprünglich auch der RAF-Ideologie. Leute, die sich zum Töten zwingen müssen. Darum geht es auch in »Mauser« und in der »Maßnahme«. Eigentlich ist politische Gewalt dadurch diskreditiert worden, daß der Staat das Töten übernommen hat, es bürokratisiert hat durch das staatliche Gewaltmonopol. Wir leben in einer Zivilisation der Stellvertretung, die christliche Zivilisation ist die Zivilisation der Stellvertretung, der Delegierung, einer für alle, einer hängt für die andern am Kreuz.

In einem Buch des Polen Richard Kapuściński über Äthiopien wird aus der Rede eines Guerillaführers vor einer entscheidenden Schlacht zitiert. Er betete zum

ersten Mal zu dem Gott der Christen: »But this time don't send your son, come yourself.« Das ist, glaube ich, ein ganz wesentlicher Schnitt zwischen der christlichen Zivilisation Europas und andern Zivilisationen. Einen Kommentar dazu liefert eine Science-fiction-Story: Sie spielt auf einem Planeten, wo die Bevölkerung rein logisch funktioniert. Es gibt da eine Handelsstation, Fabriken, die exakt arbeiten, jedenfalls aus der Sicht des leitenden Ingenieurs, der aus Ohio stammt. Eines Tages steigt aus einem Raumschiff von der Erde ein Missionar. Der Ingenieur weiß genau, das ist die Katastrophe. Er versucht, den Missionar ins Flugzeug zurückzudrängen, schlägt den Mann krankenhausreif. Der Ingenieur wird um zwei Gehaltsklassen zurückgestuft, der Missionar erholt sich und fängt an zu missionieren. Er trägt den Eingeborenen das Evangelium vor. Sie lernen es auswendig, sie bauen eine Kirche und stellen ein Kreuz auf. Dann passiert, was der Ingenieur geahnt und befürchtet hat. Er hört ein Brüllen, rennt in die Kirche und sieht, wie die logischen Christen den Missionar ans Kreuz nageln, damit er auferstehen und zum Himmel fahren kann.
Der Kern des Problems ist, daß man Töten denken kann. Wenn man es für notwendig hält, hat man nicht das Recht, es selbst nicht zu tun: es nur zu delegieren, wäre unmoralisch.
Ein anekdotisches Beispiel aus dem Russisch-Polnischen Krieg, das in »Zement« zitiert wird, von Isaak Babel:[60] Nach einer verlorenen Schlacht, die Truppe muß

zurück, bitten verwundete Rotarmisten den Regiments-Kommissar: »Töte uns!« Sie wußten, daß die polnischen Ulanen die Gewohnheit hatten, den feindlichen Verwundeten mit Lanzen die Eingeweide aus dem Leib zu drehn. Der Kommissar kann sie nicht töten, und die Verwundeten beschimpfen ihn als dreckigen Intelligenzler, weil er sie nicht töten kann. Die These von Carl Schmitt in »Theorie des Partisanen« ist, daß mit der Revolution das totale Feindbild entsteht. Von den religiösen Fundamentalismen schweigt der Katholik. Mit den totalen Weltverbesserungsprogrammen entsteht das totale Feindbild. Wer Ausbeutung als ein Phänomen des Lebendigen akzeptiert, braucht kein absolutes Feindbild.
Für Carl Schmitt hatte der Krieg bis zur Französischen Revolution – das ist natürlich auch eine Frage der Entwicklung der Waffentechnik – Duellcharakter. Es war ein Krieg der Armeen. Mit dem Volkskrieg entfällt dieser Duellcharakter, entfällt die Unterscheidung zwischen Zivilisten und Soldaten, das heißt, ohne die Idee der Revolution keine Bombardierung von Coventry, Warschau, Dresden, und keine Guerilla. Der Atomkrieg schließlich setzt das totale Feindbild voraus, erzwingt Fundamentalismus. Unsre Zivilisation ist eine Zivilisation der Stellvertretung. Und Repräsentation bedingt Selektion, Auschwitz und Hiroshima sind Finalprodukte selektiven Denkens.
Der Kaufhausbrand war ein verzweifelter Versuch, die Zivilisation der Stellvertretung, der Delegierung des

Leidens, zu provozieren, die Verlegung des Vietnamkriegs in den Supermarkt.
Denken ist lebensfeindlich. Es gibt eine Differenz zwischen Denken und Sein, zwischen Denken und Leben. Das ist das Paradox der menschlichen Existenz. Flaubert hat gesagt, der Individualismus ist die Barbarei. Die Konsequenz ist der Gedanke von Foucault, der Humanismus ist die Barbarei, weil Humanismus auch Ausschließung, Selektion bedeutet. Die Menschheit setzt sich einen Zweck, der Weg zu dem Ziel erfordert Kontrolle, Organisation, Disziplinierung, Selektion. Wenn es um die Emanzipation der Menschheit geht, ist der Feind ein Feind der Menschheit, also kein Mensch. Das ist die Grundfrage. Aber wie kann man absehen von Zwecksetzungen? Das ist ein Denken, mit dem wir aufgewachsen sind. Wie lernt man sich zurücklehnen und die Dinge akzeptieren, wie sie sind, sie nur einigermaßen zu regeln? Aber in den Wörtern »regeln« und »einigermaßen« steckt schon wieder das Problem. Immer »geht es« nur »einigermaßen«, nichts geht auf. Das ist die Provokation der Apokalypse, der Johannes-Offenbarung. Da wird die Frage zum ersten Mal gestellt und dann an das Jüngste Gericht delegiert.
Ich glaube, Kunst ist ein Angriff auf dieses Paradox, auf jeden Fall eine Provokation, die auf dieses Paradox hinweist. Das ist eine Funktion von Kunst, eine vielleicht asoziale oder zumindest antisoziale, aber moralische Funktion von Kunst. Moral ist nicht sozial,

das kann man nicht gleichsetzen. Ich finde die moralische Empörung über den Terrorismus irrelevant und eine Heuchelei, deswegen ist mir dieser Kernsatz in Brechts »Fatzer« so wichtig, das Wort »demütig«. Töten, mit Demut, das ist der theologische Glutkern des Terrorismus. Es gibt keine Lösung, das ist das menschliche Paradox. Aber mit Kunst kannst du dem nicht ausweichen in Moral, jedenfalls nicht in die gängige sozial eingebundene Moral. Kunst ist vielleicht auch ein Versuch der Tierwerdung im Sinne von Deleuzes und Guattaris Buch über Kafka. Ich fürchte, wir müssen es so dunkel lassen. Gegenstand der Kunst ist jedenfalls, was das Bewußtsein nicht mehr aushält, dieses schwer zu ertragende Paradox der menschlichen Existenz, die Unerträglichkeit des Seins. Das erklärt auch die Anfälligkeit von Intellektuellen, gerade in Europa, für Ideologie. Denn Ideologie bietet die Möglichkeit, die Last, die du eigentlich tragen müßtest, abzuwerfen. Das ist vielleicht das Wichtigste an Nietzsche, das ausformuliert zu haben, was in unsrer christlich determinierten Zivilisation begründet liegt: Schuld.

»Quartett« ist ein Reflex auf das Problem des Terrorismus, mit einem Stoff, mit einem Material, das oberflächlich nichts damit zu tun hat. Die Vorlage, Laclos' »Gefährliche Liebschaften«, habe ich nie ganz gelesen. Meine wesentliche Quelle war das Vorwort von Heinrich Mann zu seiner Übersetzung. Das Hauptproblem beim Schreiben von »Quartett« war, eine Dramaturgie

zu finden für den Briefroman, und das ging schließlich nur über das Spiel, zwei spielen vier. Der Plan existierte seit den 50er Jahren. Nach »Mauser« konnte ich es dann schreiben, beziehungsweise nach der »Mauser«-Inszenierung von Christoph Nel 1980 in Köln, dem größten Flop der Ära Flimm dort, einer hochinteressanten Inszenierung. Christoph Nels Dramaturg war Urs Troller, beide aus gutbürgerlichem Haus und politisch frei von Sünde. Sie meinten deshalb, sie könnten das Ganze nur an einer Mann-Frau-Beziehung darstellen. Das war die einzige Gewaltbeziehung, die sie aus ihrem eignen Erfahrungs- und Lebensbereich kannten. »Mauser« wurde also von einem Mann und einer Frau gespielt, und bei jeder Erschießung klatschte der Mann der Frau eine Sahnetorte zwischen die Schenkel. Das klingt ziemlich blöd, aber es war nicht albern. Als ich dann später »Quartett« schrieb, wußte ich, daß sie mit dem Text von »Mauser« »Quartett« inszeniert hatten.
Ich saß da in einer Villa bei Rom im obersten Stock. Angefangen hatte ich vorher schon, aber das letzte Drittel oder die zweite Hälfte ist da geschrieben worden, zum ersten Mal auf einer elektrischen Schreibmaschine. Das hatte Folgen für den Text. Er ist mehr ein Uhrwerk als andere Texte vorher. In den unteren Räumen wohnte meine Frau mit einem anderen Mann, der heftig in sie verliebt war. Sicher ging davon eine Energie aus. Ich hatte ein kleines Radio bei mir, im dritten Programm lief gerade eine Schubert-Serie.

Und ich erinnere mich an ein Lied, das da in der Nacht besonders eindrucksvoll war, aus der »Schönen Müllerin«, wo der Bach den Knaben zum Selbstmord einlädt. »Und die Sterne da oben, wie sind sie so weit.«

»Quartett« ist in der Bundesrepublik
Dein meistgespieltes Stück.

Ich fürchte.

»Verkommenes Ufer«

Das Stück besteht aus Teilen verschiedener Bauart, zu verschiedenen Zeiten geschrieben, der älteste Text: »Sie hocken in den Zügen, Gesichter aus Tagblatt und Speichel ...« noch in Sachsen. So unverstellt konnte man die Großstadt nur aus der Provinz sehen, als gelegentlicher Besucher. Das war 1949. Meine erste Berlin-Erfahrung war die S-Bahn, besonders die Ringstrecke, auf der man immer den gleichen Kreis durch Berlin und um Berlin herum fahren konnte. Das erste, was mir auffiel: Auf dem Ostring gab es hintereinander die Haltestellen »Leninallee«, »Zentralviehhof«, »Stalinallee«, diese bösartige Reihenfolge. Ich kannte das aus Frankenberg in Sachsen, wo die Friedhofstraße in Stalinstraße umbenannt worden war, der Humor der Sozialdemokraten, für den die Kommunisten keine Antenne hatten. Jahre später war ich mit einer Frau an einem See bei Strausberg, wo das Ufer aussah wie im Stück beschrieben. Bei Strausberg hat die letzte große Panzerschlacht des Zweiten Weltkriegs stattgefunden. Bei Strausberg war auch das Hauptquartier der NVA. Der Dialogteil von »Medeamaterial« ist fast das Stenogramm eines Ehestreits im letzten Stadium oder in der Krise einer Beziehung. Das habe ich in Lehnitz geschrieben. Den Monologteil zwei Jahrzehnte später in Bochum, vor dem Ende einer anderen Ehe, als ich schon mit einer anderen Frau zusammenlebte, das war 1982. Das Material, von meinem Leben mit Frauen abgesehen, kam von Euripides, Hans Henny Jahnn, und Seneca vor allem. Den dritten Teil hätte ich ohne »Wasteland« nicht schreiben können, also auch nicht ohne Ezra Pound. Seneca konnte die Greuel auf der Bühne stattfinden lassen, die bei den Griechen nur berichtet wurden, weil seine Stücke nicht aufgeführt, nur rezitiert worden sind. An Seneca knüpften die Elisabethaner an, sie kannten die Griechen nicht. Bei Euripides ist schon viel Philosophie im Spiel und relativiert die Tragödie. Immmerhin stellt er die Gastarbeiterfrage: Medea, die Barbarin, wenn auch aus der Sicht der Sklavenhalter. Unsere Asylgesetzgebung, die unter anderem die Trennung von Müttern und Kindern, die Sprengung von Familienverbänden ermöglicht, basiert ja auf Mustern der Sklavenhaltergesellschaft, die bei Euripides nachzulesen sind. Seneca schreibt schreckliche oder prachtvolle Tableaus. Die Elisabethaner haben sie in Theater umgesetzt. Unvergeßlich die letzte Replik von Senecas Medea auf ihrem Drachenwagen mit den Leichen der Kinder. Sie wirft dem Jason die Leichen hin, er schreit: »Medea«. Und sie sagt: »Fiam«, ich werde es werden. Das ist eine andre Dimension als bei den Griechen. Mit der Ausdehnung des Imperiums wurde die Stabilität der kleinsten Zellen existentiell, die Matrone, die den Familienverband zusammenhielt, das staatserhaltende Element. Die Polis brauchte Frauen nur als Hetären und Mütter.

Mythen sind geronnene kollektive Erfahrungen, zum andern ein Esperanto, eine internationale Sprache, die nicht mehr nur in Europa verstanden wird. In einem Staat wie der DDR war mir Rom natürlich näher als Athen. »Philoktet« ist eine Übersetzung des Sophokles ins Römische, eine staatlichere Version. Die Maschine schneidet tiefer ins Lebendige und hat auch die Toten noch im Griff.

Was ist im Stück Dein »jugoslawischer Traum«?

Zunächst ein Traum, den ich in Jugoslawien geträumt habe. Von den Schauspielern über die Leichenschwestern und den zerbrochenen VW bis zu dem verlassenen Kino. Die Alte mit dem Tragholz war eine Frau in Belgrad im Supermarkt, in schwarzer Bauernkleidung, ihr Tragholz, mit dem sie früher wohl die Wassereimer geschleppt hatte, behängt mit den Produkten deutscher Sauberkeit, Persil und Ajax und so weiter.

In den Passagen, in denen Du die kapitalistische Überfluß- und Warengesellschaft beschreibst, bist Du erheblich moralischer als in anderen Textteilen, dann bist Du fast Traditionssozialist.

Der Traditionssozialist, nicht nur in seiner sozialdemokratischen Ausprägung, besteht ja auch aus Neid auf den Kapitalisten. Das ist ein Kindheitstrauma: Vor Schaufenstern stehen und nicht kaufen können, Dinge nicht haben können, die andre haben, im Kopf die Frage: Warum ich nicht? In Waren, einer im Vergleich zu sächsischen Dörfern reichen Kleinstadt, war das für mich die Erfahrung der Ausgrenzung. Bei den Indianerspielen durfte ich nie Häuptling sein, weil ich Ausländer war. Und dann gab es ein mir fremdes Ritual. Gegen sechzehn Uhr gingen die Indianer »Kaffee trinken«. Ich habe meine Mutter gefragt, wieso wir nicht auch um sechzehn Uhr Kaffee trinken und Kuchen essen. Da hat sie mir erklärt, wir haben kein Geld dafür. Das sind die Quellen meines »Traditionssozialismus«. Ich neige heute noch, zum Beispiel in der Fußgängerzone in Köln, zu Haßanfällen gegen das Geschmeiß, das seine Scheiße in die Dritte Welt karrt im Tausch gegen ihre Produkte. Das ist unausrottbar. Auch der Stachel, wenn ich mich dem Geschmeiß anschließe und es schmeckt mir.

Könntest Du den Satz im Anhang von »Verkommenes Ufer«: »Wie in jeder Landschaft ist das Ich in diesem Textteil kollektiv«, kommentieren?

Die Landschaft dauert länger als das Individuum. Inzwischen wartet sie auf das Verschwinden des Menschen, der sie verwüstet ohne Rücksicht auf seine Zukunft als Gattungswesen.

»Anatomie Titus Fall of Rome«

Der Plan dazu war alt, wie immer. Ich hatte eine Vorstellung davon seit meinem ersten Aufenthalt in Rom und seit dem CIA-Putsch gegen Allende mit der Verwandlung von Fußballstadien in Konzentrationslager und Begegnungen mit Jugendbanden von New York bis Rom. Dann wollten Karge und Langhoff Anfang der achtziger Jahre »Julius Cäsar« in Bochum machen. Ich hatte überlegt, eine Prosaübersetzung zu machen, weil wenig Zeit war, und weil die Prosa den Pomp wegnimmt, das Feudale, und das Politische dann nackter hervortritt. Grabbe hat »Marius und Sulla«, im Schatten Napoleons, in Versen entworfen. Napoleons Fall stürzte seine Sprache in die Prosa, die Politik war nicht mehr Schicksal, nur Geschäft. Es war die Prosa des verzweifelten Zynismus vor der Restauration, eine deutsche Entsprechung zum heiteren Fatalismus Stendhals. Sein Vers war epigonal, eine Schiller-Reminiszenz, entstanden aus dem Druck, der von Schiller als Vorbild für Dramatiker in Deutschland ausging. Der »Cäsar«-Plan wurde aufgegeben, weil am 1. 10. 1982 die Koalition in Bonn gekippt und Schmidt als Bundeskanzler gestürzt wurde. Karge und Langhoff hatten Angst, daß »Julius Cäsar« dadurch eine platte Aktualität kriegen könnte. Das hätte sie nicht interessiert, und mich auch nicht. Brutus Genscher und Cäsar

Schmidt, das konnte man Shakespeare nicht antun. Da habe ich dann »Titus« vorgeschlagen, weil ich damit sowieso schon schwanger ging. Der erste Akt schien mir bei Shakespeare unerträglich, elisabethanische Konfektion, langweilig, das zu übersetzen, also eine Gelegenheit, einen Shakespeare-Akt zu erzählen mit Dialog-Einsprengseln und Kommentar. Das ergibt auch eine Inszenierungsschwierigkeit. Man muß den ersten Teil anders inszenieren als den Rest. Mit dem Erzählteil kommt die Position des Autors (beziehungsweise des Bearbeiters) wieder in das Stück, deren Verschwinden im Drama so leicht zur Routine führt, zur mechanischen Wiederholung. Es war wie ein Manövergelände, man konnte ein Formenarsenal ausprobieren für spätere Stücke. Wie schreibe ich über den Zweiten Weltkrieg, außer mit solchen Mitteln. Das war auch schon im Kopf, daß ich das für das nächste Stück brauchen werde. Andrerseits ist »Anatomie Titus« ein aktueller Text über den Einbruch der Dritten Welt in die Erste Welt, mehr ein Seneca für den Jahrmarkt als eine Tragödie, nach den komprimierten, elitären Gebilden der Jahre vorher auch eine Ausschweifung, ein Abstieg in die Niederung, die das Theater braucht. Das Motto beschreibt die fragwürdige Position des Autors als Schreibtischtäter, beziehungsweise zwischen Opfern und Tätern, aus der Erfahrung der Diktatur: »Der Menschheit / Die Adern aufgeschlagen wie ein Buch / Im Blutstrom blättern«.[61] Die Goten haben Ovid gelesen, also eine fremde Kultur in sich aufgenommen. Und nun üben sie dieses fremde Alphabet an dem römischen Patrizierkind aus. Sie nehmen die Literatur beim Wort, gegen den Terror der Alphabetisierung, wie Eulenspiegel im Volksbuch. Es geht um das Verhältnis von Schrift und Blut, Alphabet und Terror. Im Afghanistan-Krieg drückte sich der Widerstand gegen die Alphabetisierung, gegen das Aufzwingen eines fremden Alphabets noch darin aus, daß die Mudschaheddin die toten Verräter amputierten und kastrierten, die eigne Schrift, das eigne Alphabet den toten Körpern einschrieben. Auch die Nationalitätenkonflikte in der zerfallenden Sowjetunion sind ein verspäteter Widerstand gegen die stalinistische Alphabetisierung, ein Rückgriff auf das eigne Alphabet, nicht nur ein Problem von sozialem Gefälle. Die Sprache ist die Wurzel. Der bulgarische Versuch, der türkischen Minderheit bulgarische Namen aufzuzwingen – mit den Namen nimmt man ihnen ihre Toten weg, den Lebenszusammenhang mit ihren Toten –, war, wie der Jugoslawienkrieg beweist, nicht die letzte Dummheit im Umgang mit der Differenz. Erst durch die Inszenierung der Gehirnwäsche, der die Goten den römischen Überläufer Lucius unterziehen, durch Karge und Langhoff in Bochum – eine Dampfgrube auf der Bühne, in die der Römer versenkt wurde, und als er wieder herauskam, sprach er gotisch –, wurde mir ein andrer Aspekt der »Titus«-Adaption bewußt: Sie erzählt auch die Geschichte des Nationalkomitees Freies Deutschland. An die Selbstdarstellung der Goten: »Wir haben

Zeit wir warten auf den Schnee / Der uns nach Rom weht. Rom läuft uns nicht weg / Die Städte stehen und die Goten reiten / Und keine Stadt steht auf aus unserm Hufschlag«[62] wurde ich erinnert, als ein junger Architekt aus Talinn mir sagte: »Die Russen zerstören alles, überall, wo sie hinkommen. Sie bauen nichts auf, sie können nur zerstören, weil sie den Tatarensturm verinnerlicht haben.« So hat schon Marx seine Angst vor der Möglichkeit einer sozialistischen Revolution in Rußland beschrieben. Moskau ist eine Zeltstadt, eine Stadt auf der Flucht, in ständiger Erwartung der Tataren, selbst die Stalinarchitektur hat noch die Ornamentik von Zeltgiebeln. Auch der Marxismus war ein fremdes Alphabet, von Lenin dem halbasiatischen Rußland aufgezwungen, das gegenläufige Resultat die Öffnung des Riesenreichs für den Kapitalismus, so wie Hitlers Rußlandfeldzug zur Öffnung Europas für die Flutwelle der Dritten Welt geführt hat. Der Zerfall der Sowjetunion in ihre Bestandteile öffnet mehr Türen und schwächt zugleich das Kapital. Jelzin hat Kafka gelesen: »Freuet euch, ihr Patienten – Der Arzt ist euch ins Bett gelegt.«

Robert Wilson / Freunde

Wilson traf ich zuerst Anfang der 80er Jahre. Ich hatte gehört, daß er an der Schaubühne inszeniert, »Death, Destruction and Detroit«, und ging auf eine Probe. Er saß am Mischpult und spielte wie ein Kind mit Licht und Ton. Das war faszinierend. Dann gab es eine Probe mit Kleindarstellern, etwa zwanzig Leuten. Sie tanzten zu einer langsamen Musik, die zwei ältesten im Zentrum. Dann ließ er die andern abgehen und die zwei Alten, eine Frau und einen Mann, weitertanzen, fünf Minuten, zehn Minuten, zwanzig Minuten lang. Zum erstenmal in ihrem Kleindarstellerdasein gehörte ihnen die Bühne. Es war enorm, wie sie bei dem Tanz aufblühten, ein dürrer alter Mann und eine dürre alte Frau. Das war eine ungeheuer schöne Szene. Wilson ließ sie zwanzig Minuten tanzen, auch noch in der Aufführung.
Zu der Zeit haben wir kaum miteinander gesprochen. Später kriegte ich einen Brief von ihm, in dem er anfragte, ob ich für den deutschen Teil von »Civil Wars«, der in Köln inszeniert werden sollte, den Text schreiben könnte. Das Konzept war, bei den Aufführungen in den verschiedenen Weltteilen jeweils national berühmte Familienclans in den Mittelpunkt zu stellen. Im deutschen Teil sollte die Leitfigur Friedrich der Große sein. In der Zwischenzeit hatten wir uns beim

Theater der Nationen in Köln getroffen, bei seiner Aufführung »Man in the raincoat« (»Mann im Regenmantel«). Er selbst spielte, und drei oder vier Schauspieler, die als seine Kopien auftraten. Das war eine Schnellproduktion nur für das Festival. Vorher hatte ich »Network« gesehn, mit Wilson und Christopher Knowles, und die Aufführung an der Schaubühne. Ivan Nagel war der Direktor des Festivals, und im Zelt am Neumarkt stellte er mich dem Wilson vor. Wilson wußte nichts mehr von unserm Zusammentreffen an der Schaubühne. Er verbeugte sich artig, ich verbeugte mich auch artig. Als er sich verabschiedete, gab er uns beiden einen Kuß, ganz wie ein Kind, das ins Bett geschickt wird.
In Köln, bei »Civil Wars«, hatten die Proben schon angefangen, als ich kam, und er hatte das Ganze völlig durchgezeichnet, alles stand schon fest, auch die Zeiten. »Hier brauche ich einen Text von einer Minute sechs Sekunden, hier brauche ich einen Text von zwei Minuten fünf Sekunden, und hier brauche ich einen Text von zwanzig Minuten vierundvierzig Sekunden.« Ich kam mir vor wie jemand, der vor einem Automaten steht und nicht weiß, was er einwerfen soll. Das war mehr ein Spiel als eine Arbeit, zwischen Zufall und Notwendigkeit, aber nicht beliebig. Wilsons Texte – das beschreibt er selbst ganz gut – sind wie Wetter, das man nicht wahrnimmt, wenn es nicht stört, genau wie amerikanisches Fernsehen, wo Bedeutung stört. So konnte ich nicht schreiben. Daß da wirklich zwei ganz

fremde Elemente zusammenstießen, war das Interessante an der Produktion, besonders im letzten Teil, wo sichtbar und hörbar zwei Maschinen gegeneinander arbeiteten. Da ging es nicht auf, aber die Störung setzte sich in Spannung um. Ich glaube, das war für uns beide eine wichtige Erfahrung, der Rückgriff auf das Kinderspiel, ein Angriff auf tradiertes Theater. Ein Beispiel für gelungene Zusammenarbeit: Wilson hatte ein Tableau gestellt nach einem Menzel-Bild, auf dem Friedrich der Große stirbt. Der Sterbende in einem riesigen Armsessel, um ihn herum die Räte, der Arzt, ein junger Offizier. Der junge Offizier war Ilse Ritter. Das Sterben sah so aus, daß Friedrichs Kopf nach hinten fiel und der Mund aufklappte. Wilson sagte: »Jetzt brauche ich einen Text.« Ich gab ihm den Phädra-Text, der in »Gundling« verwendet ist, die Geschichte einer verbotenen Liebe. Jetzt war deutlich, der junge Offizier war der untote Katte, der Text ein Dialog zwischen zwei Toten. Es war enorm, wie Wilson mit dem Text umging, den er im Detail nicht kannte. Ich habe ihm nur den Inhalt erzählt. Er sagte: »Die sollen das flüstern, nach dem Tod flüstert der Tote, und der junge Offizier auch.« Dann wollte er, daß die Ritter zwölf Zeilen so sprechen sollte, wie man das in Deutschland auf dem Theater vor fünfzig Jahren gemacht hätte. Da fällt jedem deutschen Schauspieler zuerst Moissi ein, sein fast gesungener Hamlet: »Sein oder Nichtsein . . .« Ilse Ritter machte das auch. Es war verblüffend, eine Ikone in einer Fotografie. Dann ging die Ritter, wäh-

rend der König tot im Stuhl hing, auf die andere Seite der Bühne, und sie sprachen den Dialog noch einmal, diesmal laut und böse, aggressiv, mit Haß. Wenn man einen Text mit einer Farbe belegt, dann den gleichen Text mit einer anderen Farbe, bringt die Oberfläche den Untergrund zur Wirkung.
Nach Kattes Abgang eine Szene, in der der tote König aufsteht – ein wesentliches Element in Wilsons Theater ist die Gleichberechtigung der Toten, die der Naturalismus abgeschafft hat –, sein Hund tritt auf, der Hund Friedrichs des Großen, und Friedrich der Große erschießt seinen Hund. Wilson wollte, daß der Hund eine verbundene Pfote hat, verletzt ist. Ich habe ihn dazu überredet, den Verband wegzulassen.
Wir haben uns sehr schnell gut verstanden. Wir hatten uns vorher einmal in Rotterdam getroffen und eine ganze Nacht geredet. Er erzählte von seiner Kindheit, ich von meiner. Er sprach von seinem Schrecken vor riesigen Spielzeugen im Supermarkt, der Terror der Warenwelt. Dann lachte er und sagte: »We are so different.« Das war eigentlich der Anfang unsrer Beziehung, »we are so different«. Er hat noch stundenlang erzählt, sein ganzes Leben. Ein Beispiel für die Differenz war eine Szene, in der schwarze Figuren auf Stelzen in den Türen zum Zuschauerraum standen, mit Schreibgriffel und Schreibtafel. Sie brauchten Text, und meine erste Idee war, daß sie einfach Orte deutscher Geschichte aufsagen sollten: Kunersdorf, Leuthen, Auschwitz, Stalingrad, aber das funktionierte

nicht, Wilsons Theatermaschine spuckte die deutschen Namen aus. Sie sagten schließlich Börsenkurse an.
Das Wesentliche an Wilsons Theater ist die Trennung der Elemente, ein Traum von Brecht. »Hamletmaschine« hat er, entsprechend der fünfaktigen Struktur, in fünf Segmente zerlegt: Er sah das Stück als Uhrwerk. Die Bühne dreht und zeigt ein Segment, ein Segment nach dem andern, am Schluß wieder das erste. Er hat eine Woche Choreographie gemacht, stumm, danach eine Woche mit Text inszeniert, und schließlich eine Woche mit Text und Musik, also in Schichten. Er sagt, er habe das als stummes Hörspiel inszeniert und als Schauspiel für Blinde. Der Text wird nie interpretiert, er ist ein Material wie das Licht oder der Ton oder wie das Dekor oder ein Stuhl. Er läßt die Texte in Ruhe, und wenn die Texte gut sind, ist das gut für die Texte. Er ist zunächst bildender Künstler, mit dem schrägen Blick, die Kraft kommt nicht aus der Zentralperspektive, eher aus der versetzten Kausalität. Was ein Text sagt, darf ein Schauspieler nicht bedienen. Es ist langweilig, wenn ein trauriger Text traurig gesprochen wird. Er hat manchmal Schwierigkeiten mit professionellen deutschen Schauspielern, die darauf trainiert sind, einen Text auf eine Bedeutung zu reduzieren, die mögliche andre Bedeutungen zudeckt und dem Zuschauer die Freiheit der Wahl nimmt. Theater als Freiheitsberaubung, erkennungsdienstliche Behandlung von Kunst, Theater von Polizisten für Polizisten.

Zeit ist ein Hauptmoment in Wilsons Theater, ihn interessiert der Moment zwischen Blick und Blick, was und wie sieht man während des Blinzelns. Das kommt auch aus der Erfahrung mit Drogen, die Zeitdehnung unter Drogen. Die Bühnenzeit ist eine andere Zeit als die reale oder die scheinbar reale Zeit. Eine Sekunde kann auf der Bühne eine Stunde dauern, ein Jahrhundert fünf Minuten. Eisenstein hat eine Zeitlang amerikanische Filme, Hollywood-Filme, für das sowjetische Kino aufbereitet, also neu geschnitten und montiert. Das Gesicht einer Mutter, die gerade erfahren hat, daß ihr Sohn tödlich verunglückt ist, ändert seinen Ausdruck für den Betrachter, wenn das Bild in einem andern Kontext steht, zum Beispiel, daß der Sohn gerade geheiratet oder die Schwiegertochter glücklich geboren hat. Wilson sagte mir, er würde gern einmal einen Text von mir fürs Fernsehen machen, aber so, daß da eine Nachrichtensendung läuft, stumm, und der Ton ist dieser andere Text.
Sein Theater hat viel von Japan, das ist vielleicht die eigentliche Inspiration, an amerikanischen Universitäten ist die Kenntnis über asiatisches Theater sehr verbreitet. Selbst im Hotel Imperial in Tokio steht ein Wilson-Stuhl, nicht von Wilson. Das Beste, was ich seit langem an Theater gesehen habe, war Bunraku in Tokio. Marionettentheater mit Riesendramen, die um elf Uhr früh anfangen und um neun Uhr abends zu Ende sind, zwischendurch alle anderthalb Stunden eine Pause zum Essen und Trinken. Roland Barthes hat dar-

über in »Reich der Zeichen« geschrieben. Für ihn war das die Realisierung von Brechts Theatervorstellungen, die einzige, die er gesehen hat. Die Trennung der Elemente ist da ganz simpel: Die Marionetten sind dreiviertel lebensgroß, sehr schön gearbeitet, sehr ausdrucksvolle Gesichter. Die Marionettenführer, zwei, oder, für Adlige, drei, einer für den linken Arm und das rechte Bein zuständig, der andre für den rechten Arm und das linke Bein, und so weiter, stehen hinter und neben der Marionette, sie sind schwarz verhüllt, ohne Gesicht. An der Seite auf einem Steg sitzen die Sänger und Sprecher, die den Dialog machen, äußerst emotional und artistisch zugleich. Zum Beispiel eine Szene: Die Tochter eines Samurai ist schwanger, leider von dem falschen Samurai, einem Feind ihres Vaters. Sie will wieder nach Hause, weil der Mann sie verstoßen hat wie der Vater vorher. Sie steht da am Gartentor und schluchzt, und der Vater sitzt im Haus und grollt, er hat keine Tochter mehr, aber die Mutter rennt wie ein Huhn zwischen Tochter und Mann hin und her und jammert. Sie fleht den Vater an, der Tochter zu verzeihen, beruhigt die Tochter, läuft wieder zurück. Ein dicker, etwa sechzigjähriger Japaner sitzt da mit seinem kleinen Saiteninstrument, spielt ab und zu einen Ton und spricht und singt den Text der drei. Wie der Sechzigjährige für die Sechzehnjährige schluchzt, ist schon Wahnsinn. Durch die Trennung der Elemente wirkt das wie eine Umzingelung des Publikums. Die toten Puppen, der Realismus ihrer Bewegungen, die

Totenführer dahinter, und der Sänger ihrer Emotion. Natürlich hat Wilsons Theater auch mit der Tradition der Music Hall zu tun, mit Revue, und natürlich ist ein Erfolg am Broadway sein amerikanischer Traum. Aber das ist äußerlich, seine besten Arbeiten hätten am Broadway keine Chance, zum Beispiel die Szene in »Civil Wars«, wo eine Schauspielerin auf einem Stuhl stirbt. Das Sterben war einfach, er hatte ihr gesagt, sie müßte nur sehr langsam ihren Körper vergessen, eine Partie nach der andern, vom Kopf bis zu den Füßen. »Wenn das Vergessen die Füße erreicht hat, bist du tot.«
Nach dem Gastspiel von »Deafman's Glance« in Paris nannte Aragon in einem Brief an den toten Breton das Theater von Wilson eine Maschine der Freiheit. Bedingung dieser Freiheit ist die Mechanisierung der Schauspieler, die totale Disziplin. Die »Hamletmaschine« 1986 in New York war strenger, präziser als in Hamburg, weil die Studenten in New York einen härteren Arbeitsmarkt vor sich haben. Die sind disziplinierter und kommen nicht auf die Idee, daß sie Persönlichkeiten sind. Aber jeder Schauspielstudent in Hamburg ist eine Persönlichkeit. Dadurch gibt es Unreinheiten, das Private verwischt die Kontur. Das ist Wilsons Problem mit westdeutschen Schauspielern.
Ich war in Marseille, als er den französischen Teil von »Civil Wars« probierte. Da stand noch eine Margarinekiste für ein U-Boot, und es war großes Theater. Wenn er von einer seiner Arbeiten sagt: »I'm afraid, it's too nice«, hat er manchmal recht.

Was ich schön finde bei Wilson, die Intrige gehört nicht zu seinem Theater. Und es gibt bei ihm etwas wie Treue, Treue zu Leuten auch, mit denen er vor zwanzig, dreißig Jahren gearbeitet hat. Die gehören immer noch dazu. Er organisiert, daß sie Arbeit haben, daß sie gut untergebracht sind. Das ist schön.

Hast Du Freunde?

Über Freunde zu reden ist schwierig. Es sind wohl nicht viele, jedenfalls werden es immer weniger außerhalb von Arbeitsbeziehungen. Aber jeder, der nicht genannt wird, ist mit Recht gekränkt. Ich habe eigentlich nur einen Maßstab, der natürlich durch die Diktatur motiviert ist. Es gibt vielleicht zwei oder drei Männer, die sich für mich foltern lassen würden, Frauen wahrscheinlich mehr. Die Frage stellt man sich, wenn man in einer Diktatur aufwächst und lebt: Wie halte ich Folter aus. Ich weiß nicht, wie ich mich verhalten würde, einen Geschmack davon kriegt man beim Zahnarzt. Im Widerstand bin ich gut, aber wer weiß, wie lange. Als Aggressor bin ich wohl nur auf dem Theater zu gebrauchen oder auf dem Papier. Ich lebe von den Fehlern der Angreifer. Selbst mit der Folter als Kriterium ist die Zahl meiner Freunde vielleicht größer, als ich weiß. Ich werde also keine Namen sagen. Mit vielen verbindet mich die gleiche Grunderfahrung und eine ähnliche Biographie. Im allgemeinen bin ich zunehmend von Parasiten umzingelt. Zu den toten Freunden gehört Wolfgang Heise. Er war sehr wichtig für mich. Man konnte immer zu ihm kommen, mit jedem Problem, und nicht nur mit theoretischen Problemen. Eigentlich ist er an Gorbatschow gestorben. Er hat jahrzehntelang versucht, die Vernunft, die Ratio, oder was er als Marxist dafür hielt, zu behaupten in einer zunehmend absurden und irrationalen Welt, in einem System, das langsam in den Veitstanz überging oder in die Katatonie. Eine marxistische Ästhetik, ein marxistisches Lehrgebäude. Das war nie dogmatisch, da paßte einfach alles rein, und es war auch offen. Es kam von ihm sicher keine Innovation, kein Paradigmenwechsel, keine Ideen für meine Arbeit, aber er war ein Korrektiv. Es ist so lächerlich, wie er sterben mußte, an einem Infarkt, der Rettungswagen kam zu spät, weil er am Stadtrand wohnte. Auch Brecht hätte mit einem besseren medizinischen Standard überleben können, aber wahrscheinlich wollte er es nicht. Heise hatte einen Lehrstuhl für Ästhetik an der Humboldt-Universität, er war Prorektor bis zu seiner Weigerung, eine Resolution gegen Robert Havemann zu unterschreiben. Er hat sich dann ein paar Jahre in die Kirchengeschichte zurückgezogen. Das war ein Bereich, in dem man ungestört arbeiten konnte. Er war wichtig als Anreger und Motivator für die Studenten, für Autoren und Maler. Er war als Jude eine Zeitlang im KZ gewesen und in den späten vierziger Jahren aus Westberlin in den Ostteil der Stadt gegangen. Als ich erfuhr, daß er tot ist, habe ich zum erstenmal seit Jahrzehnten geweint.

Kino, bildende Kunst, Musik

Du beziehst Dich immer wieder auf Godard ...

Godard ist eine Anwendung von Brechts Ästhetik auf das Kino. Man sieht den Film bei ihm arbeiten, nicht einfach ein Abbild. Man sieht, wie Filme gemacht werden, daß Filme Arbeit sind und nicht Naturprodukte wie im traditionellen Kino. Es gibt andererseits Filme von Elia Kazan, zum Beispiel, die ich nie vergessen werde, »Baby Doll« und »On the Waterfront«. Oder Viscontis »Rocco und seine Brüder«. Ich habe vor zwei Jahren die Originalfassung gesehn, vier, fünf Stunden. Aber solche Filme wird es in Europa nicht mehr geben, weil die Wirklichkeit sie nicht mehr hergibt. Ein Stück wie »Umsiedlerin« kann nicht mehr geschrieben werden, weil es diese Bauern nicht mehr gibt. Die menschliche Substanz ist aufgebraucht oder zermahlen, und weil das Kino von den Künsten die am meisten kannibalische ist, gibt es da jetzt zunehmend nur noch plastic food, Remakes und Design. Die Ausnahmen kannst du an den Fingern deiner Freunde abzählen, deren Zahl auch schrumpft.

Unter den bildenden Künstlern arbeitest Du unter anderem mit Kounellis zusammen ...

Ich habe Kounellis in Berlin durch Rebecca Horn kennengelernt. Daraus wurde die Idee zu der Ausstellung »Die Endlichkeit der Freiheit«, geplant noch für Berlin mit Mauer. Bildende Kunst war für mich seit den sechziger Jahren wichtiger als Literatur, von da kamen mehr Anregungen. Gespräche mit Malern oder Komponisten sind interessanter als Gespräche mit Schriftstellern. In der grauen Landschaft zwischen Elbe und Oder war die erzählende Malerei des Surrealismus eine Erholung, Max Ernst, Dali. Von den zeitgenössischen DDR-Künstlern, die ich kenne, sind viele in den Westen gegangen. DDR-Kunst existierte für mich eigentlich nicht. Das hing so zwischen Expressionismus und Symbolismus. Das optische Umfeld war so arm, ich habe jeden Maler verstanden, der weggegangen ist. Ganz abgesehen davon, daß die meisten kein Visum bekamen, wenn sie eine Ausstellung im Westen sehen wollten. Seit ich reisen konnte, war mir Italien näher als die Mark Brandenburg. Für Tintoretto werfe ich den Expressionismus weg. Kounellis ist Grieche, auch in Rom, er hat eine merkwürdige Freiheit im Umgang mit dem Mythos, auch seine Art zu denken ist antik.

Kanntest Du Joseph Beuys?

Beuys sagte, ich wäre der einzige, der ihn verstanden hätte. Ich weiß nicht, ob ich ihn verstanden habe, aber es hat mir sehr geschmeichelt. In einem Interview in »Sinn und Form« hatte ich über Verpackungen in der DDR gesprochen, das hat er wohl gelesen. Kennengelernt habe ich überhaupt keine der zeitgenössischen Größen, außer Rauschenberg. Sein Umgang mit dem Trivialen, das Verhältnis von Pathos und Trivialität hat mich interessiert, dadurch entsteht eine Reibung, die etwas von Feuermachen mit Holz oder Steinen hat. Warhol ist eine Karosserie ohne Motor. Genial ist seine Geste. Bacon war eine Entdeckung, allerdings, wenn man dann auf Picasso zurückkommt, merkt man doch, er war der letzte universelle Künstler. Danach kommen die Spezialstrecken. Picasso ist eine Welt, danach hat jeder nur noch seine eigne Kammer.

Im New Yorker Museum of Modern Art hängt viel Max Ernst und de Chirico, und da ist verblüffend, wie de Chirico sich hält, jedes Bild für sich, Max Ernst verschwindet in der Serie. De Chirico wußte nicht, daß er Surrealist ist, das war sein Vorteil. Fritz Marquardt sagte, als ich versuchte, ihm Beckett einzuflößen: »Das ist nur ein Lemure von Kafka.« Das stimmt nicht für Beckett, aber den Trend hat er beschrieben: Lemurenkunst. Meine intimste Beziehung zu bildender Kunst war und ist natürlich meine Arbeit mit dem Bühnenbildner Erich Wonder, nicht nur im Theater. Er baut Räume, in denen Texte ausruhen und arbeiten können.

Du sollst demnächst Wagner inszenieren.
Daher noch die Frage nach der Musik ...

Zur Oper hatte ich lange Zeit ein gestörtes Verhältnis, aber seit zehn Jahren interessiert sie mich. Einmal überredete mich eine Frau, mit ihr in »Madame Butterfly« zu gehen, und ich habe gelitten wie ein Tier, unerträglicher Kitsch, das war vielleicht 1960. Später lernte ich Dessau kennen und mußte zwangsweise gelegentlich in die Oper. Dessau war ein großer Kommunikator, durch ihn lernte ich Nono kennen, Henze und die damals jungen DDR-Komponisten, Goldmann zum Beispiel. Die eigentliche Leistung von Dessau war die Kommunikation. Viel über Brecht weiß ich von ihm. Ich höre gern Webern, einiges von Alban Berg, aber ich könnte ohne das leben, ohne Bilder nicht. Musik war wichtig in Arbeitszusammenhängen. Was mich an der Oper interessiert, ist die menschliche Stimme im Kampf mit der Partitur. Im Schauspiel sollte man Sprechtexte behandeln wie Musik. Aber das ist ein Traum. Eisler war natürlich ein Ereignis, nicht nur im Zusammenhang mit Brecht.

Und Wagner?

Ich habe 1990 zum ersten Mal den Ring gesehen, 1948 zum ersten Mal »Tristan«, der mich damals eher kalt ließ. Wagner ist ein genialer Dramatiker. Ich habe mir gerade einen bösen Brief eingehandelt, weil ich gesagt habe, daß Wagner der Erfinder der Filmmusik ist. Die Filmmusik lebt von Wagner, besonders die amerikanische und die sowjetrussische. Wagner hat mich zuerst mehr durch die Brille von Nietzsche interessiert, natürlich spiegelt die Brille auch Nietzsche, der Konflikt zwischen zwei versetzten Tätern. Ich bin eher ein Verwerter als ein Genießer von Musik. Bei der ersten Inszenierung von »Auftrag« in der Volksbühne konnte ich sogar Puccini verwerten, trotz »Butterfly«. Zu dem letzten Monolog des Verräters läuft die Sterbearie aus »Manon Lescaut«, gesungen von Maria Callas. Der Schauspieler rannte von Wand zu Wand und kämpfte gegen die Callas. Er hat es fast bis zum Selbstmord getrieben.

»Wolokolamsker Chaussee«, 1985-1987

1985 hast Du Dein bisher letztes Stück geschrieben, »Wolokolamsker Chaussee« . . .

Vorher war »Bildbeschreibung«[63], es gab ein Angebot vom »Steirischen Herbst«, 15 000 Mark für einen neuen Text, und ich hatte gerade diesen Text in Arbeit. Der Anlaß war eine Zeichnung, etwas koloriert, von einer Bühnenbildstudentin in Sofia. Sie hatte einen Traum gezeichnet. Sie hatte Freud nicht gelesen, so daß das eins zu eins war, ohne jede Hemmung vor Symbolen. Ich habe angefangen, das Bild zu beschreiben. Dann Assoziationen zu dem Bild, die wesentlich ausgingen von den Unkorrektheiten der Zeichnung, die Fehler waren Freiräume für Phantasie. Ein Bild beschreiben heißt auch, es mit Schrift übermalen. Die Beschreibung übersetzt es in ein anderes Medium. Baum, Frau, Mann, Haus waren die Fixpunkte der Zeichnung. Man konnte einen Wirbel daraus machen, weil es die Fixpunkte gab. Die Struktur des Textes ist, ein Bild stellt das andre in Frage. Eine Schicht löscht jeweils die vorige aus, und die Optiken wechseln. Zuletzt wird der Betrachter selbst in Frage gestellt, also auch der Beschreiber des Bildes. Insofern ist es ein Autodrama, ein Stück, das man mit sich selbst aufführt, mit sich selbst spielt. Der Autor wird sein eigner Darsteller und Regisseur. Das Schreiben war ein Urlaub von der DDR, ein, vielleicht narzißtischer, Befreiungsakt.

Danach konnte ich »Wolokolamsker Chaussee«[64] schreiben. Es war ein alter Plan. Der Weg der Panzer von Berlin nach Moskau und zurück, und weiter von Moskau nach Budapest und Prag.

Was »Bildbeschreibung« angeht: Das kann jeder machen, mehr oder weniger gut und jeder anders. Die avancierteste Kunst ist die demokratischste, jeder Mensch kann ein Bild beschreiben, die Beschreibung produziert neue Bilder, wenn er mitschreibt, was ihm einfällt während der Beschreibung. Es ist ein Spielmodell, das allen zur Verfügung steht, die sehen und schreiben können. Gegen »Bildbeschreibung« war »Wolokolamsker Chaussee« ein elitärer Text. Von heute aus gesehen ist er vielleicht minoritär. Meine »Titus«-Adaption vorher war ein Katalog von Schreibweisen, ein Formenarsenal für kommende Arbeiten. Dasselbe gilt in andrer Weise für »Wolokolamsker Chaussee«. Es ist eine Klavierübung, wie »Bildbeschreibung« für gestopfte Trompete. Oder der Klavierauszug einer Partitur, die aussteht. Die Struktur ist durchsichtig und einfach, weil es unmittelbar politisch ist, mehr als die früheren Stücke. In der Politik ist Raffinement Betrug und Ironie verboten. Das war meine Erfahrung auch bei der »Lohndrücker«-Inszenierung 1988 am Deutschen Theater im Vergleich zu »Macbeth« 1982. Macbeth war, in der Inszenierung, ein Verwirrspiel, deshalb die Opulenz der Theatermittel. Die Situation erlaubte keine Linie, zuviel war in Bewegung. »Lohndrücker« mußte einfach sein, weil es um Politik ging, um Geschichte, um die Geschichte der DDR, die vor dem Ende war und den kalten Blick brauchte, der die Dinge einfach macht. Die Inszenierung von »Lohndrücker« ist aus dem Rückblick auf die gescheiterte DDR gemacht, wie »Wolokolamsker Chaussee« mit dem Blick auf das Ende des sozialistischen Blocks, ein Requiem. Grabsteine mit vielen Verzierungen sind unangemessen, ein Grabstein muß einfach sein. Daß in »Wolokolamsker Chaussee« die Farce (»Kentauren«) vor der Tragödie (»Der Findling«) steht, konnte ich 1987 nicht begründen. Heute scheint es mir die Norm. Im Drama seit Shakespeare steckte die Farce im Bauch der Tragödie, mit dem Bankrott der sozialistischen Alternative geht die Ära Shakespeares zu Ende, und im Bauch der Farce lauern die Tragödien.

»Wolokolamsker Chaussee« war von Anfang an in fünf relativ selbständigen Teilen geplant, auch weil ich damit rechnen mußte, daß die letzten drei in der DDR nicht möglich sind. Vielleicht spielt auch die Prägung durch das Fernsehen eine Rolle: Die Teile einer Serie müssen relativ selbständig sein. Theater ist ja für die meisten Zuschauer eine Unterbrechung des Fernsehprogramms.

Eine Gelegenheit, den ersten Teil auf der Bühne zu sehn, war die »Winterschlacht«-Inszenierung von

Alexander Lang. Der fragte mich nach einem Vorspiel. Das brachte auch gleich wieder Ärger, einen Protest der sowjetischen Botschaft: In der Sowjetarmee gab es keine Deserteure, und ein Verbot von der Bezirksleitung der SED. Daraufhin hat Dieter Mann, der Intendant des Deutschen Theaters, seinen Posten zur Disposition gestellt, und es durfte gespielt werden.
In einer Aufführung des ersten Teils, »Russische Eröffnung«, zusammen mit Kleists »Guiskard«, stand nach den ersten Zeilen »Wir lagen zwischen Moskau und Berlin« ein älterer Mann auf und verließ mit »Das genügt mir« das Theater.
Das Potential der Rechten ist verstärkt worden durch ein Versäumnis der Literatur. Weiße Flecken werden in unserm Klima schneller braun als rot. Es gibt kaum Stücke über den Zweiten Weltkrieg, die man zeigen kann. »Winterschlacht« von Becher ist kein gutes Stück, aber ein großer Entwurf, und Brecht hat es nicht nur inszeniert – und es war eine seiner besten Inszenierungen –, um Becher einen Gefallen zu tun, dem Kulturminister, sondern weil er es für wichtig hielt, auch wegen Bechers Deutschlandtraum, der es ihm möglich macht, die Masse der deutschen Soldaten historisch gerecht anzusehn, statt sie zu denunzieren. Brecht hatte diesen Blick, im Gegensatz zu Thomas Mann, nicht nur, weil sein ältester Sohn in Rußland gefallen war. Der Zweite Weltkrieg war auch eine deutsche Tragödie. Das Tempo der linken Verdrängung stand in beiden Nachkriegsdeutschland dem der rechten nicht nach. Ich kenne keinen be-

deutenden Roman, in dem die Trecks ein Thema sind, nur Dokumente und Berichte, oder die Schrecken der Befreiung. Das Tempo des Vergessens schafft ein Vakuum. Die westdeutsche Linke hat sich an Auschwitz erinnert, nicht an Stalingrad, eine Tragödie von zwei Völkern, dann kam als nächstes der Vietnam-Krieg. Im Osten war die Unschuld Staatsräson, ein Volk von Antifaschisten. Dabei waren die Trecks eine Völkerwanderung von ungeheuren Dimensionen. Diese, wie immer du es nennen willst, Vertreibung, Flucht, Umsiedlung – ein ungeheurer Einschnitt in europäische Geschichte. Aber das kommt nicht vor in der deutschen Nachkriegsliteratur, nur bei Konsalik, nur in der Trivialliteratur.

Mich hatten schon in den sechziger Jahren zwei Punkte an dem Roman von Alexander Bek »Die Wolokolamsker Chaussee« interessiert: Die Erschießung eines Soldaten wegen Desertion bei einem fingierten Angriff, ein juristisches Problem. Stephan Hermlin hatte gehört, das war vor acht, neun Jahren, und offensichtlich zum erstenmal, daß in der Sowjetarmee geprügelt wird, daß die Offiziere die Soldaten schlagen. Das war dort selbstverständlich, und die Soldaten waren froh, wenn sie nur geprügelt wurden. Hermlin war empört und sagte, das wäre in der Nazi-Wehrmacht unmöglich gewesen, daß ein Offizier einen Soldaten schlägt. Es wäre in der Wehrmacht wahrscheinlich auch nicht möglich gewesen, juristisch nicht machbar, einen Mann zu erschießen, der bei einem fingierten

Angriff weggelaufen war. Dabei spielt eine Rolle, daß der Kommandeur bei Bek ein Asiate ist. Rußland ist asiatisch geprägt, die erste Qualität ist die Quantität, die Masse setzt die Menschenrechte außer Kraft, sie sind nicht einmal mehr ein Privileg, wie in den Demokratien. Asien kann das Individuum nur über die Marktwirtschaft entdecken, die es in den Industrieländern gerade zum Verschwinden bringt. Der Zweite Weltkrieg war der letzte Krieg um Arbeitskräfte. Der Nationalsozialismus hat mit dem Holocaust die deutsche Industrie und ihre Wehrmacht um den Sieg gebracht, Kriege sind heute eher ein Mittel zur Bekämpfung der Arbeitslosigkeit durch Schaffung von Arbeitsplätzen und Vernichtung von Arbeitskräften, Kriege um neue Technologien. Im zweiten Teil von »Wolokolamsker Chaussee« interessierte mich die Außerkraftsetzung der Sowjetordnung in einer Ausnahmesituation, souverän im Sinne von Carl Schmitt, in dem Roman von Bek ein antistalinistischer Ansatz. Die Wiedergeburt des Revolutionärs aus dem Geist des Partisanen. Mag der Partisan in einer Industriegesellschaft ein Hund auf der Autobahn sein. Es kommt darauf an, wie viele Hunde sich auf der Autobahn versammeln. Vielleicht wird das im Text nicht deutlich, ist verdeckt von der Faszination durch die Logik des Krieges, der von den Toten lebt.

Die Texte sind in einer Zeit entstanden, in der in der Sowjetunion der Umbruch begann, Gorbatschow. Wie hat sich das ausgewirkt?

Auch für mich war Gorbatschows Programm zu Anfang ein Hoffnungssignal für das scheiternde Unternehmen »Sozialismus«, die Illusion von der Reformierbarkeit des Systems hat schon eine Weile gedauert, beinahe bis zum dritten Teil von »Wolokolamsker Chaussee«, 1986. Wenigstens hat sie für die ersten beiden Teile ausgereicht. Eine Arbeitsillusion, oder das, was Rilke »herbeirühmen« genannt hat. Ich habe versucht, eine Hoffnung zu denken. Aber man schreibt mehr, als man denkt, und andres. Ich hatte bei der »Berliner Begegnung 1981« einen sehr skeptischen Text vorgetragen[65], der vor lauter Hoffnung kaum verstanden wurde, mit der neuen Alternative: Untergang oder Barbarei. Als ich anfing, »Wolokolamsker Chaussee« zu schreiben, war das ein Versuch, eine Bewegung aufzunehmen, die vielleicht den Untergang oder die andre Barbarei noch hätte aufhalten können. Was ich geschrieben habe, ist ein Nachruf, auf die Sowjetunion, auf die DDR. Das begann im zweiten Teil mit dem Zitat der Katalaunischen Schlacht: »Und wenn wir in den Wolken weiterkämpfen«. Wenn man will, der absurd heroische Versuch, eine Fahne, die man auf dem Boden der Tatsachen nicht mehr hochhalten kann, an die Wolken zu nageln. Das erinnert an den »Fatzer«-Schluß: Wir geben jetzt ein Beispiel, sta-

tuieren ein Exempel. Unsre Sache ist verloren, aber dieses Beispiel geben wir noch, den bringen wir noch um, bevor die Polizei kommt. Auf den Rußlandkrieg bezogen: Die Rote Armee ißt die Wehrmacht und stirbt daran. »Wolokolamsker Chaussee« III bis V sind meine letzten drei Szenen zur DDR. Das Schreiben ging sehr schnell, es wurde leichter, je mehr die DDR an Gewicht verlor, an Legitimation. Die DDR bezog ihre Legitimation zunehmend nur noch aus den Toten, Heinar Kipphardt beschrieb mir nach dem Begräbnis von Ernst Busch den Tenor der Grabreden: Jetzt ist er unser, jetzt gehört er uns. Der Beweis für die Existenz der DDR, seit der Ablehnung von Stalins Tauschangebot: »Deutschland gegen Neutralität« durch Adenauer beziehungsweise die USA nur noch militärisches Glacis der Sowjetunion, war zuletzt nur noch die Grenze, die Toten an der Mauer, dem Mausoleum nicht nur des deutschen Sozialismus, ihre letzte perverse Legitimation als Staat.
Ich hatte mit dem Lektor im Henschel-Verlag um zwei Flaschen Scotch gewettet, daß der Text von den Behörden nicht genehmigt wird. Der Lektor hat die Wette gewonnen. Der dritte Teil wurde in der Volksbühne im dritten Stock separat aufgeführt, und der Parteisekretär erzählte mir, sie hätten vom Magistrat den Text ohne Kommentar zurückbekommen, kein Nein, kein Ja. Von der Bezirksleitung auch ohne Kommentar, kein Nein, kein Ja. Das Manuskript hätte sogar bei Honecker auf dem Tisch gelegen, niemand wollte mehr

entscheiden. Das war Ende 1987, und da wußte ich: Es ist zu Ende. Wenn sie nicht mehr verbieten können, ist es aus.
Bei der »Lohndrücker«-Inszenierung 1988 fragten die Schauspieler nach der Generalprobe, ob sie zur Premiere ihre Zahnbürsten mitbringen sollten. Das war schon nur noch Koketterie. Das einzige politische Ereignis in den letzten Probenwochen, an das ich mich erinnere, war die Rosa-Luxemburg-Demonstration für die »Freiheit der Andersdenkenden« von Freya Klier, Stephan Krawtschik und anderen in Berlin. Ich lebte ohne Zeitung, Radio, Fernsehen und hatte davon nichts gehört, Theaterarbeit ist Arbeit auf einer Insel. In der Pause einer Schlußprobe baute sich ein Fernsehjournalist vor mir auf und bat um drei Sätze über die Aufführung für die Tagesschau. Als der Ton lief, fragte er nach meiner Befindlichkeit als Autor und Regisseur angesichts der Tatsache, daß in der DDR Schriftsteller und Künstler wie Freya Klier und Stephan Krawtschik verhaftet würden, weil sie ... und so weiter. Ich sagte ein paar vorsichtige Sätze, weil ich nicht wußte, wovon die Rede war, und verwies den Befrager, mehr aus Ärger über seine Impertinenz als aus Überzeugung, auf Nordirland, wo solche Differenzen weniger friedlich ausgetragen würden. Für meine Vorsicht geschämt habe ich mich erst, als der Chef des DDR-Fernsehens mir bei dem Vorpremierencocktail zu meiner »Stellungnahme« gratulierte. Daß er in der Pause gegangen ist, war nur ein schwacher Trost. Mit einer ganzen Stadt

voll Polizei hatte der Satz in »Lohndrücker«: »Ihr seid nicht besser als die Nazis« natürlich einen andern Klang.
In dieser Spannung habe ich den fünften Teil von »Wolokolamsker Chaussee« im Deutschen Theater auf einer Sonntagsmatinee nach der »Lohndrücker«-Premiere vorgelesen. Vorher mußte ich den Intendanten darüber informieren, weil der Text noch für gefährlich galt. Dieter Mann war einverstanden. Es war eine atemlose Stille im überfüllten Zuschauerraum. Die Leute hielten noch im Januar 1988 nicht für möglich, daß so etwas laut gelesen wird. Auch ich hatte Schwierigkeiten, das zu lesen, ohne daß die Stimme zitterte, weil mir der Abschied von der DDR nicht leichtfiel. Plötzlich fehlt ein Gegner, fehlt die Macht, und im Vakuum wird man sich selbst zum Gegner. Die Bedingung für die Lesung war: keine Diskussion. Zu »Findling« gibt es einen Kommentar von Ernst Jünger, in den »Adnoten zum Arbeiter«. Die »Adnoten« sind nach dem Krieg entstanden. Er schreibt da sinngemäß: Das Banausentum der Revolutionäre in Kunstfragen ist jakobinischer Instinkt. Die Kraft für die notwendigen Säuberungen reicht höchstens bis in die zweite Generation. Schon die dritte Generation fängt an, musische Neigungen zu entwickeln. Von da ab wird ein neuer Tanz gefährlicher als eine Armee. Der Riß zwischen den Generationen in der Führungsschicht war die Initialzündung für die Implosion des Systems. Auch deshalb war nach »Lohndrücker«

»Hamlet« das aktuellste Stück. »Lohndrücker« ist die Diagnose eines Krankheitsbildes. Der Text wußte mehr als der Autor. Daß die Krankheit ein Geburtsfehler war, eine Erbkrankheit vielleicht, war die Entdeckung der Inszenierung. Das Stück war als Heldendrama sogar Schulstoff gewesen, ein glückliches Mißverständnis. Zu der Inszenierung kam es durch das Verbot von zwei Inszenierungen, die Alexander Lang machen wollte, »Hamlet« und »Quartett« an einem Abend. Das Problem war der Königsmord und die Pornographie. Dieter Mann fragte mich, ob ich ausgezahlt werden oder statt dessen inszenieren wollte. Ich wollte inszenieren, aber nur »Lohndrücker«. Die Irritation war groß. Ein Aktivistenstück, wer will das sehen? Wichtig war das Bühnenbild von Erich Wonder, eine fremde Folie, die der Inszenierung das Milieu verbot. Und die Protagonisten waren Schauspieler, mit denen ich schon gearbeitet hatte. Theater ist eine Lebensform, muß eine Lebensform sein, nicht etwas Abgetrenntes. Wenn du mit Leuten lebst, kannst du besser mit ihnen arbeiten. Bei »Lohndrücker« war auffällig, wie leicht die Schauspieler Arbeiter darstellen konnten. Anders als in Westinszenierungen meiner Stücke. Die Schauspieler in der DDR kamen oft aus unteren Schichten und hatten schon gearbeitet, wenn sie zur Schauspielschule kamen. Das war eine Bedingung für das Studium.
Die Proben zu »Hamlet/Maschine« fielen in die Zeit vor, während und nach der sogenannten Wende. Das

wirkte sich natürlich auf die Arbeit aus. Die Schauspieler waren politisch sehr umtriebig, auch außerhalb des Theaters, und ich hatte keine Antwort auf die Frage: Wer ist Fortinbras? Die blonde Lichtgestalt aus dem Norden wie in der Gründgens-Inszenierung, über die ich das im »Reich« gelesen hatte, konnte es nicht sein, der Vorläufer des Sozialismus auch nicht mehr, wie bei Mäde in Karl-Marx-Stadt. Ich hatte im Carl-Schmitt-Archiv in Düsseldorf eine Notiz aus einem Pappkarton mit Hamlet-Material gelesen: »Kafka ist Fortinbras«. Ich kannte die These von Carl Schmitt vom »Einbruch der Zeit in das Spiel«, der aus dem Rachedrama eine Tragödie gemacht hat. Wobei die Zeit die Funktion des Mythos übernimmt, der die Bedingung der Tragödie ist. Während Shakespeare »Hamlet« schrieb, war die Dynastie der Tudors von der Dynastie der Stuarts abgelöst worden, Elisabeth von Jakob, dem Sohn der Maria Stuart, von der das Gerücht ging, daß sie den Mörder ihres Mannes geheiratet hätte. So entstand, wie Malraux über Faulkners »Freistatt« geschrieben hat, »der Einbruch der antiken Tragödie in den Kriminalroman«. Carl Schmitt: Wenn der zögernde Jakob = Hamlet sich in Fortinbras verwandelt, entsteht eine mystische Einheit von Drama, Traum und Geschichte. Auch uns hat die Zeit auf die Sprünge geholfen. Aus Stalins Geist, der in der ersten Stunde auftrat, wurde in der letzten Stunde der Aufführung die Deutsche Bank. Inzwischen spielen deutsche Hamlets lieber den Fortinbras.

Die Demonstration am 4. November 1989 auf dem Alexanderplatz fand während der »Hamlet«-Proben statt ...

Die Veranstaltung am 4. November war unter anderm von Schauspielern des Deutschen Theaters organisiert worden, auch die »Sicherheitsgemeinschaft« mit der Polizei. Ohne Polizeischutz, beziehungsweise, im Fall der DDR, ohne Staatssicherheit, ist in Deutschland kein Staat und keine Revolution zu machen. Ich stand, mit andern Nationalpreisträgern, Vertretern der Opposition und zwei Funktionären auf der Rednerliste, und als ich hinkam, hatte ich das ungute Gefühl, daß da ein Theater inszeniert wird, das von der Wirklichkeit schon überholt ist, bei den Akten, das Theater der Befreiung von einem Staat, der nicht mehr existierte. Ich wußte nicht, was ich sagen sollte, das nicht wie ein Nachvollzug geklungen hätte. Ich hatte daran gedacht, den Brecht-Text »Fatzer komm« vorzutragen, mit der Aufforderung an die Staatsmänner, den Staat herauszugeben, der sie nicht mehr braucht. Ich hatte den Text in der Tasche, aber vor den 500 000 Demonstranten kam es mir plötzlich albern vor, dem kranken Löwen einen Tritt zu versetzen, der mir sicher Applaus eingetragen hätte. Ich habe Wodka getrunken und gewartet, ratlos. Die Kulturverantwortliche der Bezirksleitung Berlin wollte mit mir diskutieren über einen Satz von mir in einem Interview, über die Trennung der Kommunisten von der Macht als der einzigen Chance für den Kommunismus. Sie hatten nichts begriffen. Dann kamen drei junge Leute mit einem Flugblatt zu mir, das sie verfaßt hatten, es war ein Aufruf zur Gründung unabhängiger Gewerkschaften, und sie fragten mich, ob ich das für sie vorlesen könnte, weil sie keine Redezeit kriegten. Das Programm wäre so dicht, es gab keinen Platz mehr für sie. Ich sah keinen Grund, nein zu sagen. Also habe ich das vorgelesen, mit einem Satz über die Trennung der Intelligenz von der Bevölkerung durch Privilegien. Dieser Aufruf zur Gründung unabhängiger Gewerkschaften[66] war eine Polemik gegen den FDGB, der die Interessen der Arbeiter gegen Staat und Partei nie vertreten hätte, und gab einen Ausblick auf die zu erwartenden sozialen Kämpfe, die mit Sicherheit auf dem Rücken der Arbeiter ausgetragen würden. Das klang sicher fremd aus meinem Mund, und es war kein Text für 500 000 Menschen, die glücklich sein wollten, auch nicht für den Block der Staatssicherheit, aus dem, wie mir Beobachter erzählten, der erste Protest kam. Als ich nach Pfiffen und Buh-Chören von dem Podest herunterstieg, stand unten ein alter Ordner und sagte zu mir: »Das war billig.« Auch Stefan Heym hat mir den Text übelgenommen. Für ihn war es ein glücklicher Tag. Die Arbeiter hatten die ökonomische Daumenschraube kommen sehn, er sah die endliche Heraufkunft eines demokratischen Sozialismus.

Zu Deinen verschiedenen Auszeichnungen und Preisen: Du hast den Nationalpreis der DDR sehr spät bekommen ...

Zum Thema Nationalpreis gibt es den berühmten Ausspruch eines Kameramanns von der DEFA: »Das Geld ist ja ganz schön, aber die Schande!« Ich war einer von den wenigen, die lange davon verschont geblieben waren. Natürlich war der Nationalpreis 1986 ein Friedensangebot, eine Aufforderung zum Waffenstillstand. Das Schlimmste an der Zeremonie war, daß ich einen Schlips tragen mußte. Auffällig das tote Gesicht von Honecker, den ich vor zwanzig Jahren das letztemal gesehen hatte, sein weicher, aber noch restproletarischer Händedruck. Der Preis war keine Ehre, sondern ein Politikum. Der Volksmund sprach von der »Massenorganisation« der Nationalpreisträger. Den Preis ablehnen wäre ein Affront gewesen und hätte, was ich vorhatte, schwieriger gemacht. Es ging nicht um Privilegien, sondern um Arbeit. Ein Jahr danach war ich der meistgespielte Autor in der DDR. Die Folge des Nationalpreises war einfach, daß kein Funktionär in irgendeiner Bezirksstadt dem Intendanten mehr sagen konnte: »Müller nicht«. Ich würde mich heute nicht anders verhalten. Es ist wichtig, daß meine Sachen zur Wirkung kommen, nicht daß ich den edlen Ritter spiele.

Es gibt einen Preis, für den ich mich schäme. Und zwar, weil ich ihn abgelehnt habe. Ich bekam einen Anruf von meinem Lieblingskontrolleur, dem Ideologiesekretär von Berlin: »Ich entnehme der Westpresse, daß du in Hamburg einen Preis kriegst. Wie stehst du dazu?« Ich hatte nichts davon gehört, weil mir die Westpresse nicht zur Verfügung stand. Es ging um den Förderpreis zum Lessingpreis der Stadt Hamburg, der an Horkheimer verliehen wurde. Das war nach der Ausweisung meiner späteren Frau Ginka Tscholakowa. Ich wurde in die Bezirksleitung bestellt. Es war ein groteskes Gespräch. Mein Pate, es war eine Mafia-Struktur, das Du gehörte zum Spiel, hatte in »Theater heute« über die »Gruppe« Hacks, Lange, Müller gelesen, Lange war schon im Westen: »Weißt du, von wem ›Theater heute‹ finanziert wird? Vom Bonner Verteidigungsministerium.« Er warf mir vor, daß ich mich mit einem Republikflüchtling in einem Organ des Bonner Verteidigungsministeriums abbilden lasse. Er könnte mir keine Befehle geben, aber ich sollte mir gut überlegen, ob ich einen solchen Preis annehmen kann. Ich habe nichts gesagt und bin nach Hause gefahren. Ich hatte gerade eine Reise nach Bulgarien beantragt, um meine ausgewiesene Frau zu besuchen. Man brauchte dafür ein Visum. Ich kam nach Hause, und da lag die Mitteilung im Flur, daß mein Antrag abgelehnt war. Gründe mußten ja nicht angegeben werden. Da verstand ich das Gespräch. Und dann habe ich ein Telegramm nach Hamburg geschickt, in dem ich sagte, daß mich von Horkheimer mehr als eine Staatsgrenze trennt. Das war eine Lüge. Ich habe einen Entwurf zu diesem Telegramm gefunden. »Sehr geehrter Herr Senator, das Lessingpreiskollegium hat mich eines Stipendiums für wert befunden. Ich muß daraus schließen, daß meine Arbeit mißverstanden wird und möchte den Irrtum aufklären helfen, indem ich Ihre Förderung ablehne. Ich arbeite in der DDR, und das heißt, in meinem Fall, nicht gegen diesen Staat, für dessen Anerkennung Ihre Behörde, soweit mir bekannt ist, bisher nicht eintritt.« Gegen Morgen kam ich betrunken nach Hause, und im Flur lag ein Zettel mit der Nachricht, offenbar nach Dienstschluß vom Hauptmann persönlich getippt, jedenfalls in einem etwas unsicheren Schriftbild, daß ich meine Reisepapiere am nächsten Vormittag im Polizeipräsidium abholen könnte.

Und der Büchnerpreis?

Ich war nach der Preisverleihung von Darmstadt nach München gefahren, um eine »Philoktet«-Inszenierung von Tragelehn anzusehn. Ich stand in der Maximilianstraße vor einem Juwelierladen, den Scheck aus Darmstadt in der Tasche, und sah im Fenster eine sehr schöne kleine Renaissancetaube. Ich habe mir die Taube zeigen lassen und nach dem Preis gefragt. Sie kostete den Büchnerpreis, 30 000 DM. Ich habe dann aber doch das Geld der Taube vorgezogen. Meine schönste Erinnerung an die Preisverleihung in Darmstadt ist die eisige Stille im Festsaal, als in meinem Redetext der Name Ulrike Meinhof fiel.

Was hast Du für Erinnerungen an die letzten Jahre vor dem Ende der DDR?

In den letzten Jahren der DDR kam der Widerstand gegen die Politik aus der Partei. Allerdings gab es immer ein Beruhigungsargument, das Warten auf »die biologische Lösung«, die Hoffnung, daß Honecker stirbt und ein paar andere auch. Wekwerth, der sehr oft bei Hager gegen kulturpolitische Idiotien protestiert hat, erzählte mir, daß bei einer solchen Gelegenheit, es ging um ein Buch von Kuczynski, das aus den Buchläden entfernt worden war, Hager zu ihm sagte: »Wenn Gorbatschow scheitert, sind wir verloren.« Sein Tapeten-Interview im »Stern« war eher eine Strafarbeit. Das Problem bestand doch darin, daß die Verhältnisse nur durch den Zusammenbruch des ganzen Systems zu verändern waren, das im Grunde seit 1918 zum Tode verurteilt war, ökonomisch. Ich habe auf den Untergang gewartet, habe ihn aber nicht befördert. Nur die Funktionäre glaubten das von meinen Texten. Man kann mir und andern vorwerfen, daß wir mit »kritischer Solidarität« – der Akzent verschob sich auf die Kritik, als das Regime zur repressiven Toleranz überging – in unsern Lesern die Illusion genährt haben, daß eine Reform des Systems möglich ist. Das Problem war, aus meiner Sicht, die Alternativlosigkeit der Alternative. Jeder Pole ist zuerst ein Pole, die Unterscheidung zwischen Kommunist und Dissident ändert daran entscheidend nichts. Die Identität der Deutschen war und ist die Deutschmark. Der Entzug der Deutschmark bedeutete für die DDR-Bevölkerung die Verweigerung der Identität. Polen konnte von einem andern Polen träumen, für die DDR gab es keine andre Alternative als die Bundesrepublik. Jetzt erst, nach der Vereinigung, gibt es auch in Deutschland wieder eine Basis für Klassenkampf. Jetzt kann man nichts mehr an den Gegner delegieren, jetzt, das braucht sicher seine Zeit, können die sozialen Widersprüche sich entfalten, befreit von Ideologien. Der Jubel von einigen deutschen Intellektuellen über den Golfkrieg, die klammheimliche Freude über einen neuen Hitler, verrät die Angst vor einem Leben ohne Feindbild. Die Verteufelung der DDR, die Dämonisierung der Staatssicherheit, bedient nicht nur die Wonnen des gewöhnlichen Antikommunismus, sondern betäubt auch diese Angst. Wer keinen Feind mehr hat, trifft ihn im Spiegel.

Nicht alle DDR-Bürger, die bei den Wahlen mit Ja gestimmt haben, lebten unter einem Leidensdruck. Es war ein Waffenstillstand, ein mafiotisches Agreement zwischen Partei und Bevölkerung. Die Ideologie hat nie gegriffen. Der Terror in einer schwäbischen Kleinstadt ist nur anders schlimm als der Terror in Strausberg war. Was die DDR zusammenhielt, war ein Netz von Abhängigkeiten. Das neue Netz hat von oben gesehn weitere Maschen, von unten gesehn sind sie enger. Der ökonomische Druck sorgt dafür, daß niemandem schwindlig wird, weil ihm der ideologische

Druck fehlt. In der DDR war Geld für die Mehrheit der Bevölkerung kein Problem.

Wie denkst Du heute, Anfang 1992, an diesen verschwindenden Staat?

Es ist ein Privileg für einen Autor, in einem Leben drei Staaten untergehen zu sehn. Die Weimarer Republik, den faschistischen Staat und die DDR. Den Untergang der Bundesrepublik Deutschland werde ich wohl nicht mehr erleben.

Also kein Phantomschmerz bei Heiner Müller . . .

»Wie früher Geister kamen aus Vergangenheit / so jetzt aus Zukunft ebenso.«

Erinnerung an einen Staat

> Die Mauren hatte König Nuba vom römischen Volk zum Geschenk erhalten.
> Die schlimmsten Tyrannen kommen aus dem Exil.
> *Tacitus, Annalen*

> Der Augenblick der Wahrheit wenn im Spiegel
> Das Feindbild auftaucht.

Bernd Böhmel überraschte mich vor ungefähr zehn Jahren mit der These, daß die Übernahme der konterrevolutionären deutschen Strategie der Kesselschlacht durch die Rote Armee das Ende des sowjetischen Zeitalters eingeleitet und die Staatengebilde des Ostblocks zu gefrorenen Kesseln gemacht habe, mit Abgrenzung nach außen und Kolonisierung der Binnenstruktur, bewohnt von gefangenen Befreiten. Die DDR war ein Staat auf Widerruf, eine Ableitung der Sowjetunion, militärisches Glacis im Westen, schwer zu halten gegen den ökonomischen Sog des anderen reicheren Deutschland, schwer aufzugeben wegen der zunehmenden Unsicherheit des polnischen Zwischenraums: Stalins Politik war Befestigung, nicht Eroberung. Nach Hiroshima waren Feldzüge à la Napoleon, die durch Zerschlagung feudaler Zollschranken die bleibende Errungenschaft der Französischen Revolution, die Freiheit der Ausbeutung, exportiert hatten, nur noch in Generalstäben denkbar, hatte der Traum von einer Welt jenseits der Ausbeutung keine Realität mehr. Das Ende der militärischen Konfrontation bedeutete notwendig das Ende der DDR, eines ihrer teuersten Produkte. Honecker hat die historische Rolle Gorbatschows aus Mangel an Information schneller begriffen als ich und andere besser informierte Intellektuelle und Gorbatschow selbst. Vielleicht machte gerade das Irreale des Staatsgebildes DDR seine Anziehung für Künstler und Intellektuelle aus. Die entscheidende Abweichung von Hölderlins ÖDIPUS in meiner Theaterfassung für Besson war ein Wort in dem Monolog des Protagonisten nach der Selbstblendung. Hölderlin: ... Denn süß ist es / Wo der Gedanke wohnt, entfernt von Übeln. Müller: ... Denn süß ist wohnen / Wo der Gedanke wohnt, entfernt von allem. Die DDR, die ich, im Doppelsinn des Worts, beschrieben habe, die Beschreibung ist auch eine Übermalung, war ein Traum, den Geschichte zum Alptraum gemacht hat, wie das Preußen Kleists und Shakespeares England. Vom Standpunkt der Kunst ist der erste Aspekt der sogenannten Wende die wahrscheinlich endgültige Trennung der Kunst von einer Politik, die nur noch an ihrer Aufhebung arbeiten kann, wenn der Mensch als Gattungswesen oder, wenn man will, als Tierart, vom Erdboden nicht verschwinden soll. Die Evakuierung auf andere Planeten, die schon in Arbeit ist, wird, nach dem Prinzip Auschwitz, selektiv sein. In der

DDR konnte Benjamins Traum vom Kommunismus als Befreiung der Toten nur parodiert werden, weil für die Überlebenden der doppelt besiegten Komunistischen Partei die Macht zugleich ein Joch und ein Geschenk war. Der verordnete Antifaschismus war ein Totenkult. Eine ganze Bevölkerung wurde zu Gefangenen der Toten. Durch den nachträglichen Gehorsam der überlebenden Besiegten gegenüber den siegreichen Toten der Gegenpartei, nach dem Modell Friedrichs des Zweiten, des einzigen Intellektuellen auf einem deutschen Thron, der nach seiner Zähmung ein wirklicher Soldatenkönig wurde, verloren die Toten des Antifaschismus ihre Aura. Die Replik auf die Konzentrationslager war »das sozialistische Lager«. Es selektierte auch noch seine Toten. Der Erfahrungsdruck war die Chance der Literatur, die S-Bahn-Fahrt der Privilegierten vom Bahnhof Friedrichstraße zum Bahnhof Zoologischer Garten das Auftauchen aus tiefem Wasser in eine flachere Schicht, das Schwindel erzeugte. Ich erinnere mich an das Bild eines Grenzsoldaten auf der Kontrollbrücke über dem Westbahnsteig des Bahnhofs Friedrichstraße, in Breeches und Stiefeln, die Hände in die Hüften gestemmt, wie ein SS-Mann an der Rampe, wenn man lange stehen muß, auf der Brücke oder an der Rampe, wahrscheinlich die bequemste Position. Und an den toten U-Bahnhof, auf dem seit 1961 kein Zug mehr hielt, mit dem einzigen neuen Namensschild der Strecke, weil dieser Bahnhof nach Ulbrichts Tod während der Weltfestspiele 1973, bis zu deren Ende sein Leichnam auf Eis lag, vom WALTER-ULBRICHT-STADION in STADION DER WELTJUGEND umbenannt worden war, ein Zukunftsname für einen toten Bahnhof. Der Mauerbau war ein Versuch, die Zeit anzuhalten, Notwehr gegen den ökonomischen Angriff des kapitalistischen Westens, die Mauer ein Bild der wirklichen Lage in Beton. Am besten beschreibt den »real existierenden« Sozialismus der Kafkatext DAS STADTWAPPEN. Kein Staat kann eine Bevölkerung gegen ihren Willen mehr als eine Generation lang in einen Wartesaal sperren, wo man die Züge auf dem Bildschirm vorbeifahren sieht, in die man nicht einsteigen darf. Jetzt ist, wie der deutsche Volksmund sagt, Polen offen. Für meine Literatur war das Leben in der DDR etwas wie die Erfahrung Goyas in der Zange zwischen seiner Sympathie für die Ideen der Französischen Revolution und dem Terror der napoleonischen Besatzungsarmee, zwischen der Bauernguerilla für Monarchie und Klerus und dem Schrecken des Neuen, das vor seinen Augen die Züge des Alten annahm, die Taubheit seine Waffe gegen die arge Erkenntnis, weil das Auge des Malers die Blindheit verweigerte. Carl Schmitt erwähnt in einem Text über Dostojewskis Großinquisitor eine französisch-katholische Darstellung des Jüngsten Gerichts: Der Weltenrichter hat sein Urteil gesprochen, und aus der heulenden Masse der Kranken und Verbrecher steht ein Lepröser auf und erhebt Einspruch gegen das Urteil: J'apelle! Der Lepröse ist Gottes

Sohn. Sein Einspruch wäre das Ende der Repräsentation, des christlichen Jahrtausends. Ein andres Requiem auf das sozialistische Experiment in Osteuropa hat Äschylos geschrieben: So sprach der Adler, als er an dem Pfeil / Der ihn durchbohrte, das Gefieder sah: / So sind wir keinem anderen erlegen / Als unsrer eignen Schwinge.

Mein Interesse an meiner Person reicht zum Schreiben einer Autobiographie nicht aus. Mein Interesse an mir ist am heftigsten, wenn ich über andre rede. Ich brauche meine Zeit, um über andres zu schreiben als über meine Person. Deshalb der vorliegende disparate Text, der problematisch bleibt. Die Kunst des Erzählens ist verlorengegangen, auch mir seit dem Verschwinden des Erzählers in den Medien, der Erzählung in der Schrift.

Schreiben in der Geschwindigkeit des Denkens bleibt ein Autorentraum. Aus den Zwängen der Kunst befreit erst der Computer, der den Weg zu den Klischees abkürzt, trüber Ersatz für die poetischen Formeln des Rhapsoden aus dem Reich der Mütter. Zum Problematischen des Textes gehört seine Ungerechtigkeit gegen Personen, auch gegen meine Person. Der Versuch, allen gerecht zu werden, endet notwendig in der Unversöhnlichkeit. Alles verstehen heißt nichts verzeihen. Bis zu meinem Tod muß ich mit meinen Widersprüchen leben, mir selbst so fremd wie möglich. Ich danke Katja Lange-Müller, Helge Malchow, Renate Ziemer und Stephan Suschke für ihre Arbeit. Sie haben mehr als tausend Seiten Gespräch, das über weite Strecken auch Geschwätz war, auf einen Text reduziert, den ich überarbeiten, wenn auch in der mir zur Verfügung stehenden Zeit nicht zu Literatur machen konnte.

Heiner Müller, April 1992

Anmerkungen

1) Müller: »Bericht vom Großvater«.
In: Rotbuch 108 (1950). S. 7
2) ebd.
3) Müller: »Der Vater«. In: Rotbuch 176 (1958), S. 20
4) Müller: Todesanzeige«. In: Rotbuch 176 (1975), S. 31
5) Müller: »Die Umsiedlerin oder Das Leben auf dem Lande«. In: Rotbuch 134 (1961), S. 19
6) Müller: »Die Schlacht«. In: Rotbuch 134 (1951/1974), S. 7
7) Müller: »Traktor«. In: Rotbuch 126 (1955/1974), S. 9
8) Müller: »Fleischer und Frau«.
Aus: »Die Schlacht«. In: Rotbuch 134, S. 11
9) Müller: »Das eiserne Kreuz«. In: Rotbuch 176, S. 10
10) Müller: »Die Umsiedlerin«. In: Rotbuch 134, S. 101
11) Albrecht, Karl J.: Der verratene Sozialismus. 10 Jahre als hoher Staatsbeamter in der Sowjetunion. Berlin und Leipzig (1942)
12) Zitiert in: »Wolokolamsker Chaussee III«.
In: Rotbuch 191, S. 242
13) Veröffentlicht in: Storch, W. (Hrsg.): Heiner

Müller. »Explosion of Memory«, Ein Arbeitsbuch. Berlin 1988, S. 163

14) Szene »Hommage à Stalin II«. In: »Germania Tod in Berlin« Rotbuch 176, S. 54

15) ebd., S. 56

16) Zitat aus: »Die Umsiedlerin . . .«. Rotbuch 134, S. 65

17) »Nicht nur für Eisenbahner. Kritische Bemerkungen zu einem Heimatbuch«. In: Sonntag, Nr. 10, 1954. Siehe Anhang Dokument Nr. 3

18) »Gespräch über Literatur«. In: Sonntag, Nr. 44, 1954.
Siehe Anhang Dokument Nr. 4

19) »Liebesgeschichte«. In: Rotbuch 126 (1953), S. 57

20) »Bericht vom Anfang«.
In: Rotbuch 108 (1950), S. 11

21) Müller: »Der Lohndrücker«.
In: Rotbuch 108, S. 15

22) »Das Volk ist in Bewegung«. In: Sonntag, Nr. 50, 1951. Siehe Anhang Dokument Nr. 5

23) »Das eiserne Kreuz«. In: Rotbuch 176, S. 10

24) Bisher nicht veröffentlicht

25) »Fragen für Lehrer«. Forum 13 (1963)

26) »Die Korrektur«. In: Rotbuch 108 (1957), S. 47

27) »Novellen aus unserer Zeit«, über »Das gelbe Kreuz« von Boris Djacenko. In: NDL 3, 1954

28) Szene »Brandenburgisches Konzert I«.
In: »Germania Tod in Berlin«. In: Rotbuch 176

29) Zuerst in: Junge Kunst, 1958
30) Rotbuch 108, S. 59
31) siehe Anhang, Dokument Nr. 6
32) Rotbuch 134, S. 71
33) Archiv der Hochschule für Ökonomie, Berlin Karlshorst Nr. 0196. Siehe Anhang, Dokument Nr. 7. Erstmals in: Sinn und Form 3, 1991, S. 435. In diesem Heft eine umfangreiche Dokumentation zum Verbot von »Umsiedlerin« 1961
34) ebd. S. 453, Anhang, Dokument Nr. 8
35) ebd. S. 470, Anhang, Dokument Nr. 15
36) siehe Anhang, Dokument Nr. 9
37) siehe Anhang, Dokument Nr. 13
38) Rotbuch 176, S. 16
39) Nachdruck in Rotbuch 108, S. 137
40) Rotbuch 108, S. 134
41) ebd. S. 99
42) »Todesanzeige«. In: Rotbuch 176, S. 31
43) z. B. Genia Schulz: Medea. Zu einem Motiv im Werk Heiner Müllers. In: Berger / Stephan (Hrsg.): Weiblichkeit und Tod in der Literatur, Köln / Wien 1987
44) Die Rede von Heiner Müller zuerst in DIE ZEIT, 25. 12. 1981. Anhang Dokument Nr. 18
45) Storch, Wolfgang (Hrsg.): Geländewagen I, Berlin 1979
46) In: Rotbuch 108, S. 82
47) »Waldstück« In: Rotbuch 290

48) In: Rotbuch 126, S. 100
49) ebd. S. 98
50) siehe Fußnote 45
51) F. C. Weißkopf, Anekdotenbuch, Berlin 1949
52) »Der entlaufene Dingo, das vergessene Floß.
In: Sinn und Form 1973, Heft 1
53) Hegemann, Werner, Fridericus oder
das Königsopfer, Hellerau 1925
54) »Et in Arcadia ego: Die Inspektion«.
In: Rotbuch 270, S. 30
55) In der Szene »Preußische Spiele 2«.
In: Rotbuch 270
56) »Berührung ist nur eine Randerscheinung,
Köln 1985
57) »Hamletmaschine«. In: Rotbuch 184, S. 55
58) Das Motiv ist zum ersten Mal aufgenommen
in dem Gedicht »Motiv bei A. S.«.
In: Rotbuch 176, S. 80
59) Bertolt Brecht. Untergang des Egoisten Fatzer.
Bühnenmanuskript, Henschel Verlag
60) In: »Zement«. In: Rotbuch 126, S. 93
61) In: »Anatomie Titus«. In: Rotbuch 291, S. 125
62) ebs. S. 166
63) H. M., Philoktet u. a., Henschel-Verlag, 1987,
S. 49
64) In: Rotbuch 291, S. 31ff.
65) Anhang. Dokument Nr. 18
66) Anhang. Dokument Nr. 20

Dokumente

1) Gruß an Korea, übersetzt von Heiner Müller für die Jugendweltfestspiele 1951
2) Handschriftlicher Lebenslauf, 1956
3) »Nicht für ›Eisenbahner‹«, kritische Bemerkungen zu einem Heimatbuch, in: Sonntag, 1954
4) »Gespräche über Literatur«, in: Sonntag, 1954
5) Mahnbrief des Ministeriums an Heiner Müller, 1959, zu »Umsiedlerin«
6) Aus den Stellungnahmen der Studenten zu »Umsiedlerin«
7) Brief des Berliner Ensembles an das Kulturministerium
8) Stellungnahme des Sekretariats des Schriftstellerverbandes
9) Telefonnotiz Dr. Kuba
10) Protokoll der Sitzung des geschäftsführenden Vorstandes des Deutschen Schriftstellerverbandes vom 30. 10. 1961
11) Ausschließbrief des Schriftstellerverbandes
12) Selbstkritik Heiner Müllers
13) Brief Hans Mayers an Heiner Müller, 17. 12. 1961
14) Franz Fühmann, Bemerkungen zu »Umsiedlerin«
15) Brief des Deutschen Theaters 1966 an Heiner Müller zu »Bau«
16) Biermann-Resolution 1976

17) Diskussionsbeitrag auf der »Berliner Begegnung«, Dezember 1981
18) Rede während des internationalen Schriftstellergesprächs »Berlin – ein Ort für den Frieden«, 1987
19) Aufruf »Initiative für unabhängige Gewerkschaften«, November 1989
20) Plädoyer für den Widerspruch«
aus: Neues Deutschland, 14. 12. 1989
21) Anmerkungen zu »Krieg ohne Schlacht« von B. K. Tragelehn

Gruß an Korea

2. War das Land voller Reichtum und Güte,
kam der gierige Feind übers Meer.
Doch für deine zertretene Blüte
griff dein tapferes Volk zum Gewehr.
Kim Ir Sen…

3. Marsch voraus! Durch die Wälder und Schluchten!
Und befreit wird das letzte Stück Land.
Zu den blauen, den schimmernden Buchten,
und im Sturm wird der Feind überrannt!
Kim Ir Sen…

4. Ja, den Herrn wird es übel geraten!
Partisanen zerschlagen die Brut.
Denn der Feind hat nur Stahl und Soldaten,
doch das Volk schreibt die Rechnung mit Blut.
Kim Ir Sen…

5. Koreaner, stoßt vor! Partisanen!
Eure Erde voll Blut und voll Schweiß,
eure Saaten und Städte und Fahnen,
schützt sie gut vor dem Dollargeschmeiß!
Kim Ir Sen…

6. Führ die Fahne, Korea, zum Siege!
Koreaner, es grüßt euch die Welt!
Bis der Feind in dem letzten der Kriege
an der Mauer des Friedens zerschellt.
Kim Ir Sen…

Text: Bojan Balabanoff — Deutsch: Heiner Müller
Musik: G. Naumoff

Dokument 2

2

Lebenslauf

Heiner Raimund Müller

geb. 9.1.1929 in Eppendorf/Sa.

Mutter: Ella Müller, geb. Ruhland, Näherin
Vater: Kurt Müller, Verwalt.-Sekretär
(1933, als SPD-Funktionär, in „Schutzhaft" – KZ Sachsenburg u.a. Nach Entlassung und Ausweisung aus dem Wohnkreis arbeitslos bis 1938. 1941 Untersuchungshaft [Heimtückeparagraph]. 1945, nach Rückkehr aus Kriegsgefangenschaft, Leiter des Arbeitsamts, dann Abteilungsleiter im Landratsamt in Waren, Landessekretär der SED für Kultur, Universitäten usw. (Schwerin), 1947 Bürgermeister in Frankenberg/Sa., 1951 als „Titoist" aus SED ausgeschlossen. Seitdem in Westdeutschland.)

935–48 Grundschule, Mittelschule, Oberschule, 48 Abitur.
(Unterbrechung durch RAD Ende 1944 – Anfang 45, durch Arbeit im Landratsamt Waren 1945)

950 – Anfang 51 Hilfsbibliothekar in Frankenberg/Sa.

eit 1951 freischaffender Schriftsteller

954 Eheschließung mit Ingeborg Müller, geb. Meyer, Schriftstellerin, geb. 13.3.1925 in Berlin (Mitgl. d. SED seit 48)
(1. Eheschließung 1951, Scheidung 1954)

Lehnitz, 24.9.56

Heiner Müller

Dokument 3

Nicht für »Eisenbahner«

Kritische Bemerkungen zu einem Heimatbuch

In der Reihe der Heimatbücher des Hinstorff-Verlages in Rostock erschien »Das Fischland«. Ein Heimatbuch von Käthe Miethe.

Darin befindet sich der Absatz: »Seit es eine Eisenbahn nach Ribnitz gibt, hat der Fischländer für alle, die nicht auf dem Fischland geboren sind, eine Bezeichnung gefunden, die ihren Abstand deutlich macht. Sie sind »Isenbahner«. Das gilt bis auf den heutigen Tag für alle Fremden ... !« Das ist vielleicht ein wenig übertrieben, aber sicher nicht aus der Luft gegriffen. Dieser »Lokalchauvinismus« findet sich nicht nur auf dem Fischland. Man sollte nun erwarten, daß die Autorin sich mit dieser Einstellung auseinandersetzt, nach den Ursachen forscht. Sie fährt aber fort: »Daran wird sich wohl auch nichts mehr ändern. Und der Eisenbahner tut am besten, sich damit abzufinden.«

So ist es, so wird es sein, und es ist gut so. Denn die Fischländer sind ein auserwähltes, sind »das seefahrende Volk an sich« und sogar »der Historiker Treitschke ... gedenkt der wetterfesten Kapitäne aus dem Fischland. Wir wollen nun aber nicht, so wie er überpreußisch war, überfischländisch werden und die Ver-

mutung unterdrücken, daß Treitschke wahrscheinlich auch an die Dörfer Dierhagen und Dändorf dachte, die zwischen Wustrow und Ribnitz liegen ...«
Was sind wir da für überflüssige Menschen, wir, die »Eisenbahner an sich«. Denn wir »geben« nicht, wie der Fischländer, »das Erbe jener hochgemuten Zeit weiter« mit unserem »Blut«. (Ja, wir können nicht umhin, zu gestehen, daß diese Formulierung uns an eine weniger hochgemute Zeit erinnert, deren Erbe wir nicht weitergeben, sondern vernichten, wo es sich zeigt.)
Man sieht, wo das (bewußt oder nicht) hinzielt: von der Beschränktheit dieser exklusiven »Heimatliebe« zum schrankenlosen aggressiven Chauvinismus ist es nur ein Schritt.
Ein anderes Charakteristikum der Heimatbücher alten Stils war der Tenor von der ach so guten alten Zeit, die ach so unwiederbringlich dahin ist. Auch das hatte seine Funktion: die Menschen zu entwaffnen durch die Verschleierung der tatsächlichen historischen Zusammenhänge. Auch Käthe Miethe spricht von den »Zivilisationskrankheiten«, die das fischländische »einfache Leben« zerstören. Sie beklagt das Schwinden der Voraussetzungen, auf denen »die üblichen Lebensformen aufgebaut waren«. (Es »geschieht«, wie sie schreibt, »mitunter auf eine geradezu geheimnisvolle Weise«.)
So gelangt sie, sicher ohne es zu bemerken, bis zur Apologie der Ausbeutung: Da wird einer der vom

Großherzoglichen Amt ausgestellten »Hausbriefe« zitiert, der dem Bauern oder Büdner die Versicherung gab, »daß er bei getreuer und pünktlicher Erfüllung aller seiner Verpflichtungen in den Besitz und Genuß seiner Büdnerei nach Möglichkeit geschützt und gegen Beeinträchtigungen Dritter (!) gesichert werden soll«. Daraus folgert sie: der Büdner »war vor Ausbeutung und Übervorteilung geschützt. Und er war – das ist wohl das Wichtigste – geborgen im Schoß einer festgefügten Gemeinschaft, zu deren Erhaltung jeder (!) sein Teil beitrug«. Ja, die gute alte Zeit!
Allerdings muß die Autorin, trotz ihrer romantischen Liebe zum Rohrdach, ihrem Abscheu vor der Mechanisierung, zugeben, daß bei dem großen Brand in Niehagen 1930 die Rohrdächer sich als wenig praktisch erwiesen, und daß eine Motorspritze, obwohl »Zivilisationskrankheit«, unter Umständen einiges für sich hat.
Auf den Aberglauben jedoch läßt sie nichts kommen: »Das Fischland steckt voll von Aberglauben buntester Art. Der Fischländer fühlt sich sowohl unter der Allmacht Gottes wie auch in der Gewalt des Bösen. Er steht insoweit zum Leben richtiger und natürlicher als mancher überkluge Städter...« Folgerichtig spricht sie, an anderer Stelle, von dem »dramatischen, im Grunde hoffnungslosen Kampf des Menschen gegen die Natur«.
Aus den angeführten Beispielen, die sich beliebig vermehren ließen, wird deutlich geworden sein, daß der

naive Romantizismus, die »bodenständige« Naivität, mit der dieses Buch geschrieben ist, nicht nur nicht nützlich, sondern sehr schädlich sind. Natürlich wird auf diese Weise auch kein wirkliches Bild von Geschichte, Landschaft und Menschen des Fischlands vermittelt. Käthe Miethe sagt es selbst, allerdings nur bei Erwähnung anderer Fischlandbücher: »Es gibt Bücher, die alle mehr oder weniger am Fischland vorbeireden, weil sie aus einem romantischen Überschwang heraus geschrieben sind. Damit wird man dem Fischland nicht gerecht.«
Überdies ist das Buch schlecht geschrieben, mit einer Häufung von Banalitäten und faden Lyrismen. (»Wir stehen entrückt am Anbeginn der Welt, und formen sich Worte, sind sie der Demut voll und besagen: wie schön! wie schön!)«
Zum heiteren Abschluß sei eine der zahlreichen Stilblüten zitiert: »So unbewußt, wie die Ölfarbe ein und alles für den Fischländer war, so unbewußt tritt jetzt mehr und mehr lackiertes Holz auf ...«

H. M. aus: Sonntag, Nr. 10 (7. 3. 1954, S. 3)

Dokument 4

Gespräche über Literatur

Konstantin Fedin, der sowjetische Romancier (»Städte und Jahre«, »Frühe Freuden«, »Ein ungewöhnlicher Sommer«), und R. M. Samarin, Professor der Literatur des Westens an der Moskauer Staatlichen Lomonossow-Universität, führten im Plenarsaal der Deutschen Akademie der Künste in Berlin ein öffentliches Gespräch mit deutschen Schriftstellern. Die Form der Veranstaltung, zu der die Literatursektion der Gesellschaft für Deutsch-Sowjetische Freundschaft und der Deutsche Schriftstellerverband einluden, war für Berlin etwas Neues. Es ist vorgesehen, ähnliche öffentliche Gespräche regelmäßig durchzuführen. Dabei wird man dann auch lernen, es besser zu machen. Das Gespräch soll zwar nicht nur am Tisch geführt werden, aber doch vom Tisch aus. Diesmal war es noch so, daß die Zuhörer im Saal mitunter lebhafter Anteil nahmen als die deutschen Gesprächspartner am Tisch.

Gesprochen wurde über Fragen der Literatur in Deutschland und der Sowjetunion. Wir könnten uns für solch ein Gespräch keine besseren Partner wünschen als Fedin, der als Mensch wie als Schriftsteller mit Deutschland und mit der deutschen Literatur besonders verbunden, und Professor Samarin, der ein ausgezeichneter Kenner unserer Literatur ist.

Die Art, in der sie Fragen beantworteten und selbst Fragen aufwarfen, zeigte, daß sie an der Entwicklung unserer Literatur ernsthafter und tiefer interessiert sind als viele unserer Kulturfunktionäre und Theoretiker. Sie servierten nicht Dogmen und Lehrsätze, was einige Teilnehmer zu erwarten schienen. Sie gaben Anregungen auf der Grundlage ihrer persönlichen Erfahrungen mit Theorie und Praxis der Literatur, die in der Sowjetunion schon ist, was sie bei uns erst werden muß: ein Ensemble. Sie hielten es für richtiger, den Gesprächspartnern, wo es nötig war, die Augen zu öffnen, als ihnen Brillen aufzusetzen.

Alfred Kurella, der das Gespräch leitete, sagte zu Beginn, daß es nun, nachdem die Etappe der provisorischen, behelfsmäßigen Literatur beendet ist, darauf ankommt, die unterbrochene Tradition wiederaufzunehmen und eine wirkliche Literatur zu schaffen.

Was unsrer Meinung nach die Entwicklung unsrer neuen Literatur gehemmt hat und noch hemmt, ist die Tatsache, daß bei uns die neue Literaturtheorie vor der neuen Literatur da war. Diese Theorie wurde entwickelt in der Sowjetunion, abstrahiert von einer dort vorhandenen reichen Literatur; sie ist Ergebnis von Auseinandersetzungen zwischen literarischen Strömungen. Dieses Ergebnis wurde von uns als »Rezept« übernommen; man hat versucht, die Folge zum Antrieb zu nehmen. Das Problem des positiven Helden war für die Sowjetliteratur deshalb so vordringlich, weil die russische Literatur mit ihrer großen Tradition

des kritischen Realismus und des gesellschaftskritischen Romans vorwiegend eine Literatur negativer Helden war.
In dem Gespräch mit Fedin und Samarin ging es im wesentlichen um drei Fragen. Zur Frage der Prototypen sagte Fedin: »Das ist kein Problem für einen Schriftsteller, ich suche niemals Prototypen.« Er erzählte, wie er als junger Schriftsteller an Gorki schrieb: Erfundene Figuren wirken stärker. Gorki schrieb ihm (wir zitieren sinngemäß): Die Phantasie ist ein Produkt der Erfahrungen. Die Eindrücke, Erlebnisse und Erfahrungen des Schriftstellers sind der Staub, aus dem sich, im Prozeß der Gestaltung, der Stein kristallisiert. Und Fedin ergänzte: Das Primäre ist die Konzeption. Manche jungen Autoren »spiegeln« ohne Konzeption (künstlerische Idee); ihr Horizont ist eng, deshalb ist das Spiegelbild falsch, auch wenn sie das einzelne richtig sehen.
Die Betonung gerade dieses Moments bewies, daß die sowjetischen Gäste unsere literarische Situation richtig sehen. Denn bei uns besteht nicht so sehr die Gefahr eines abstrakten Formalismus, sondern vielmehr die des platten Naturalismus.
Im Gespräch darüber ergab sich die Frage nach dem Verhältnis von Weltanschauung und künstlerischer Methode. Professor Samarin wies am Beispiel Balzacs (der gewöhnlich als Gegenbeispiel zitiert wird) nach, daß Weltanschauung und künstlerische Methode eine Einheit sind, allerdings keine Identität. Balzacs Legiti-

mismus war eine romantische Reaktion auf den Verrat der Bourgeoisie an den Idealen ihrer heroischen Epoche. Daß er die Erben, die kommenden Verwirklicher dieser Ideale, richtig zeichnete, steht dazu nicht im Widerspruch. Professor Samarin sagte weiter: Engels' Brief an die englische Schriftstellerin Harkness, der die vielzitierten Sätze über Balzac enthält, setzte vieles voraus (z. B. die Kenntnis des Publizisten Balzac), was seine heutigen Kommentatoren nicht wissen und bedenken. Ähnlich steht es mit vielen Kommentaren zu Lenins Aufsätzen über Tolstoi. So wurden oft Mißverständnisse zu einengenden Dogmen erhoben.

Der Stand der Literaturkritik war die dritte Frage. Da die Literaturkritik bei uns nicht »steht«, sondern darniederliegt, übten die deutschen Gesprächspartner zunächst Zurückhaltung. Professor Samarin hielt es für heilsamer, erst den Patienten zu hören. Er sagte dann unter anderem, der Literaturkritiker müsse ein Historiker der Gegenwartsliteratur sein. Das heißt aber, er muß den kritischen Maßstab, was die Qualität angeht, aus der Literaturgeschichte nehmen; er muß kritisieren unter dem Gesichtspunkt, daß die Gegenwart sich entwickelnde Geschichte ist, daß eine Gestaltung gegenwärtigen Geschehens nur gültig sein kann, wenn sie in der künstlerischen Qualität der geschichtlichen Größe des Vorwurfs entspricht.

Weil die Literatur in der Sowjetunion ein Ensemble ist, wird dort auch nicht mehr nach der Melodie »Schlagt tot den Hund! er ist ein Rezensent!« gesungen. In der

Sowjetunion, sagte Professor Samarin, heißt es nicht: Ich schreibe, und du kritisierst, sondern: Ich schreibe, und wir diskutieren gemeinsam darüber.
Unsere Situation, möchten wir hinzufügen, wird charakterisiert durch eine andere Variation dieses Satzes: Ich schreibe, und wehe dir, wenn du kritisierst!
Man sollte die Schuld am Versagen unserer Literaturkritik nicht nur bei den Kritikern suchen. Wenn unsere Literatur noch kein Ensemble ist, wenn einer nicht richtig »mitspielt«, so liegt das an allen Mitwirkenden.
Alfred Kurella sagte am Schluß der Veranstaltung, daß die sowjetische Gäste, indem sie aus dem literarischen Leben der Sowjetunion erzählten, ein »reales Bild unserer Zukunft« entwarfen. Diese Zukunft fällt uns aber nicht in den Schoß.

H. M. aus: Sonntag, Nr. 44 (31. 10. 1954, S. 5)

Dokument 5

Regierung der
Deutschen Demokratischen Republik
Ministerium für Kultur
- Sektor Theater -

Herrn
Heiner M ü l l e r

L e h n i t z /b. Oranienburg

Thälmannsiedlung 19

Einschreiben!

Ihre Zeichen	Ihre Nachricht vom	Hausruf	Unsere Zeichen	Berlin C 2 Molkenmarkt 1-3
		2o9/4o41	Mi/Hi.-	23.9.59

Betrifft

Sehr geehrter Herr Müller!

Ich beziehe mich auf unsere Mahnbriefe vom 7. 1. und lo. 7. 59, in denen wir Sie aufforderten, den bereits am 22. lo. 1958 auf den 31. 12. 1958 verlängerten Vertrag zu erfüllen. Ich glaube, wir haben reichlich Geduld an den Tag gelegt.

Nach Abschnitt 7 des Vertrages teilen wir Ihnen heute mit, daß wir von dem Vertrag zurücktreten und Sie hiermit veranlassen, die gezahlten DM 1.500 (1. Rate) zurückzuzahlen. Um Ihnen entgegenzukommen, teilen Sie uns bitte mit, in wieviel Raten Sie das Geld bis zum 13. 12. 59 zurückerstatten können.

Wir bedauern diesen Schritt außerordentlich, fühlen uns jedoch nicht befugt, Staatsgelder auf so lange Zeit, ohne Aussicht auf die "Gegenleistung", zu blockieren. Wir erwarten umgehend Ihre Nachricht!

Mit freundlichen Grüßen
i.A.
[Unterschrift]
(Millis)
Hauptreferent

Dokument 6

Aus den Stellungnahmen der Studenten zu »Umsiedlerin«

A: »Die Sprache des Stücks war derb. Meine geäußerten Bedenken darüber wurden vom Regisseur zerstreut, mit dem Hinweis, daß die Wirklichkeit doch vielfach so aussieht.
...daß ich die provokatorische und konterrevolutionäre Tendenz des Stücks nicht erkannte ...
Ich schäme mich für meinen zwar unwillentlichen, doch vermeidbaren Einsatz für die volksfeindlichen Ziele unseres Gegners. Ich lehne das Stück als konterrevolutionär und antihumanistisch ab und distanziere mich von Autor und Regisseur dieser Provokation gegen unseren Staat.«

B: »... ein solches Stück, das ganz klar konterrevolutionären, antikommunistischen und antihumanistischen Charakter trägt. Ich hatte völlig vergessen, daß der Klassenfeind in der Kultur besonders nach dem 13. August Fuß zu fassen versucht.«

C: »Dieses Stück ist gekennzeichnet durch ein Zusammentragen von negativen Figuren und Geschehnissen, die es wohl hin und wieder beim Aufbau unserer

Republik gegeben hat, die aber nicht typisch für unsere Entwicklung waren und sind ...
Ich lehne das Stück als antikommunistisch, konterrevolutionär und antihumanistisch ab ...
So hatte ich die wirkliche Bedeutung der Maßnahmen vom 13. August und deren Folgen nicht richtig verstanden.«

D: »Ich habe erkannt, daß ich mit meiner Beteiligung an diesem Machwerk reaktionärer Kräfte unseren Staat geschädigt habe, daß ich den Feinden unserer Republik und des Friedens in die Hände gearbeitet habe. Ich habe das Ansehen der Hochschule für Ökonomie geschädigt und mich eines Studenten der Hochschule unwürdig gezeigt.«

E: »Es stellte sich während der Premiere heraus, daß das Stück konterrevolutionäre Tendenzen aufweist, unseren Staat in übelster Weise verleumdet, aus ihm die Stimme des Gegners unserer Republik und des gesamten sozialistischen Lagers spricht.«

F: »Das Stück dient dem Gegner, unsere Republik von innen her aufzuweichen, leistet den militaristischen und revanchistischen Kreisen in Westdeutschland Vorschub, die Welt in die Katastrophe eines dritten Weltkrieges zu führen.«

G: »An dieser Stelle danke ich den Genossen der Sozialistischen Einheitspartei Deutschlands für ihre Hilfe und will meine Schuld durch ein schöpferisches Studium und gute gesellschaftliche Arbeit wiedergutmachen.«

H: »Das Stück zeigt eine Konzentration von politisch und moralisch negativen Figuren, die der Realität unseres gesellschaftlichen Lebens ins Gesicht schlägt ... Es ist ein vollkommen negatives Bild über unsere Republik gezeigt, das heißt, es ist eine einzige Lüge über den ersten Arbeiter-und-Bauern-Staat.«

Aus der Stellungnahme der Studentenbühne vom 3.10.1961
»Heute weiß jeder einzelne von uns, daß wir mit der Aufführung des Stücks entgegen unserer ehrlichen Auffassung und entgegen unserem Willen dem Klassengegner, den westdeutschen Militaristen, gedient und die Bestrebungen, unsere Republik aufzuweichen, unsere Arbeiter-und Bauern-Macht zu beseitigen und die Menschheit in die Katastrophe eines 3. Weltkrieges zu stürzen, aktiv unterstützt haben. Damit sind wir der Partei, unserer Regierung und allen friedliebenden Kräften in den Rücken gefallen.«

Dokument 7

Brief des Berliner Ensembles an das Kulturministerium

Ministerium für Kultur 5. Oktober 1961
z. Hd. Genossin Eva Zapff
Berlin C 2
Molkenmarkt 1-2

Liebe Eva Zapff!

Deinem Wunsch nachkommend, übersenden wir Dir Meinungen von Mitgliedern des Berliner Ensembles, die am Sonntag an der Vorstellung der Studentenbühne der Hochschule für Planökonomie mit Heiner Müllers »Die Umsiedlerin« teilgenommen haben. Ich möchte hinzufügen, daß es sich nicht um einen ausgearbeiteten Artikel handelt, sondern um Meinungen von folgenden Mitgliedern unseres Theaters: Elisabeth Hauptmann, Hilmar Thate, Herbert Fischer, Helmut Baierl. Auch sind die Meinungen nicht geordnet, da Du sie sofort zur Verwendung haben sollst.
»Müller hat mit seinem Stück ›Die Umsiedlerin‹ seine Begabung in erschreckender Weise abgebaut. Er hat gezeigt, daß er solch einen Stoff vom Ideologischen her nicht bewältigen kann. Seine sprachliche Ge-

schicktheit und Erfindungsgabe ist zu leerem, äußerlich effektvollem Behang geworden, der sehr ärgerlich, oft gemein ist. Seine Erfindungsgabe benutzt er zur Erfindung von skurrilen Situationen, die nichts mit der Realität zu tun haben.«

»Müller hat von vorn bis hinten mit einer Haltung geschrieben, die nichts bejaht, nur auf ganzer Front angreift. Trennung zwischen Stück und Regie ist nötig. Das Stück wird nicht besser, aber die Regie kommt verschlechternd dazu. Sie ist nahezu verbrecherisch, denn sie hat aus Menschen Marionetten gemacht (auch in Beziehung auf die Studenten).«

»Wenn man das Stück unbefangen sieht, muß man sich sagen, wenn so der Sozialismus auf dem Lande aussieht, soll man ihn sein lassen. Man schämt sich, daß unsere Zeit in solcher Weise vorgeführt wird. Das Stück ist der Studentenbühne unwürdig. Unverständlich ist, daß die Studenten, die Ökonomie studieren, sich das haben auftischen lassen.«

»Müller hat über Milieustudien und Anprangerung von Mängeln und Unzulänglichkeiten völlig den Blick verloren für die historische Entwicklung in der DDR (und überhaupt die DDR als Fakt bei der Entwicklung des Sozialismus in Deutschland und der Welt).«

»Die Regie erweist Müller Bärendienste, indem sie alle Negativen unterstreicht. Einige der Studenten erwiesen sich als begabte Schauspieler vom rein Technischen her. Der Regisseur des Stücks, das einen so wichtigen Abschnitt unserer Entwicklung behandeln will, zeigt sich als völlig unreif und unfähig.«

»Im Kampf um die Schönfärberei, der nicht richtig gestaltet ist, zeigt sich Müller als Schwarzfärber.«

»Es gibt keine Entwicklung der Figuren, keine Fabel. Anscheinend hat Müller etwas ›Überepisches‹ vorgeschwebt. Dabei hat die Regie Hilfestellung gegeben: unter anderem durchgehende Ironisierung fast aller Figuren machen alle Ansätze zur Entwicklung von Figuren zunichte.«

»In dem Stück kommt eine Unmenschlichkeit zutage, auch wieder besonders durch Regie. Das ist unerträglich für den Zuschauer. Es ist nichts von den Menschen aus gestaltet und inszeniert, sondern nur von ambitiösen, gesuchten Situationen.«

»Der Vers, den das Programmheft als Shakespeareähnlich bezeichnet, hebt nicht die Figuren, er stürzt sie.«

»Das teilweise sprachliche Brillieren bringt nur um so grausiger die Unmenschlichkeit der Figuren zutage (und vermutlich auch des Autors zu unserem Leben). Das Stück, das man auch betiteln könnte ›Von Strick zu Strick‹, ist in jeder Beziehung schädlich, vor allem politisch.«

»Das Stück ist sowohl politischer Unsinn als auch künstlerischer Unsinn.«

»Der Schluß (Kollektivierung) ist antihumanistisch und in seiner Wirklichkeitsfremdheit borniert.«

Diese Meinungen, zu einem früheren Zeitpunkt angefordert, als das Stück noch in den Proben war, hätten vielleicht beitragen können, den Autor zu veranlassen, grundsätzliche Änderungen zu machen. Wir bedauern, daß Müller, von dessen Talent das Berliner Ensemble viel gehalten hat, nicht das Gespräch mit unseren Mitarbeitern suchte. Wir sind bereit, auf einer neuen Basis, wenn es für Müller und für uns von Nutzen erscheinen sollte, mit ihm zu sprechen. Das bezieht sich aber nicht auf den Regisseur. Unsere Stellung zu ihm ist charakterisiert durch beiliegenden Brief. Außerdem legen wir einen Brief unseres Mitarbeiters Manfred Grund zur Information bei.

Mit sozialistischem Gruß
Parteileitung des Berliner Ensembles
gez. Baierl
Sekretär

Dokument 8

Stellungnahme des Sekretariats des Schriftstellerverbandes

Für Sekretariat: zu Heiner Müllers Stück »Die Umsiedlerin oder Das Leben auf dem Lande«

1. Das Sekretariat kannte weder das Stück noch dessen Inhalt. Es hat kein Exposé gesehen. Ihm war lediglich bekannt, daß Heiner Müller eine dramatische Arbeit in Angriff genommen hatte, die die Umgestaltung in der Landwirtschaft zum Thema hat.
2. Es fehlten alle Signale aus der Sektion Dramatik, die hätten auf das Stück aufmerksam werden lassen. Die Sektion tagte im letzten Jahr sehr unregelmäßig. Diskutiert wurde über Strittmatters »Holländerbraut«, Hausers »Spuk von Frankenhöh«, und einmal fanden sich die Dramatiker zusammen, um über die Vorbereitung des Kongresses zu sprechen.
3. Aus den Unterlagen geht hervor, daß Heiner Müller im Jahre 1957 für »Die Umsiedlerin« 2.000,– DM Stipendium aus AWA-Mitteln erhalten hat. Dieses Geld wurde, soweit es ersichtlich ist, nicht auf Grund eines vorliegenden Exposés gezahlt, sondern auf Grund warmer Befürwortungen bekannter Dramatiker und Theaterspezialisten (Peter Hacks, Heinar Kipphardt, Manfred Wekwerth und Genosse Bork). Es ist versäumt worden, die Entwicklung dieser Arbeit zu kon-

trollieren, wozu der Verband schon wegen der dargelegten Tatsachen verpflichtet gewesen wäre.
4. Die Korrespondenz des Verbandes mit Müller besteht lediglich aus »Kreditbriefen«. Er hat im Laufe der letzten fünf Jahre durch die Vermittlung unserer Sozial-Abteilung DM 9.355,– Staatsgelder erhalten. Die Akten Müllers geben Auskunft über einige Unregelmäßigkeiten und Säumnisse.
5. Sowohl das Sekretariat als auch die Parteileitung der Autoren hatten Heiner Müller zu einer Aussprache eingeladen, um mit ihm bestimmte moralisch-finanzielle Probleme zu klären (Kaufmann, Dessau). Heiner Müller ist nicht erschienen.
Schlußfolgerungen:
Das Sekretariat kann sich den Vorwurf der mangelnden Wachsamkeit nicht ersparen. Es hat weder auf den Szenenabdruck Müllers im »Sonntag« noch auf den Artikel von Hacks in »Theater der Zeit« reagiert. Es hat über an Müller vermittelte Staatsgelder keine Rechenschaft verlangt (literarische Auswertung). Die Sektion Dramatik hat ungenügend und oberflächlich gearbeitet. Es sollte alles unternommen werden, um die Sektionsarbeit im Verband zu aktivieren.

Dokument 9

... Müller

Anruf aus Warnemünde:

Dr. Kuba erkrankt, liegt im Krankenhaus.
Hat das Manuskript Heiner Müller "Die Umsiedlerin" gelesen, kann aber keine schriftliche Stellungnahme geben, teilt mit:

"Vollkommen undiskutabel, von Anfang bis Ende feindlich".

7.Dezember 1961

Hillesheim
(Hillesheim)

Dokument 10

Protokoll der Sitzung des geschäftsführenden Vorstandes des Deutschen Schriftstellerverbandes vom 30. 10. 61

Anwesend:
Anna Seghers, Gerhard Baumert, Helmut Hauptmann, Harald Hauser, Wolfgang Joho, Henryk Keisch, Herbert Nachbar, Helmut Preißler, Helmut Sakowski, Maximilian Scheer, Paul Wiens, Christa Wolf, Lilo Hradetzky, Eva Lippold, Willi Lewin, Ilse Metz (Protokoll)

Zum Punkt 1 der Tagesordnung nahmen folgende Mitglieder des Berliner Vorstandes teil:
Rainer Kerndl, Erich Rackwitz, Annemarie Lange, Günter Cwojdrak, Nils Werner, Eduard Zak, Heinz Kahlau, Liselotte Remané, Elisabeth Borchert, Lilo Hardel, Willi Pankow, Siegfried Wagner (ZK)

Tagesordnung:
1) Bericht der Sektion Dramatik zur Angelegenheit Heiner Müller
2) Vorbereitung des Vier-Länder-Treffens im November

3) Bericht über das durchgeführte westdeutsche Colloquium
4) Vorbereitung der Vorstandssitzung im November
5) Verschiedenes

Zu 1.: (Vorlage 12/61)
Der Bericht der Sektion Dramatik war allen Mitgliedern bekannt. In der Diskussion, die im wesentlichen prinzipielle Zustimmung zu den in der Sektion Dramatik dargelegten Gedanken ergab, sprachen folgende Kollegen:
Nils Werner, Rainer Kerndl, Eduard Zak, Gerhard Baumert, Siegfried Wagner, Henryk Keisch, Paul Wiens, Heinz Kahlau, Christa Wolf, Maximilian Scheer, Helmut Hauptmann, Helmut Preißler, Harald Hauser, Annemarie Lange, Herbert Nachbar, Anna Seghers.
Eine ausführliche Darlegung gab Siegfried Wagner von der Kulturabteilung des ZK der SED, in der er die kulturpolitische Situation analysierte, die Geschichte des Stückes schilderte und drei Thesen Müllers herausarbeitete, die den feindlichen Charakter des Stükkes ausmachen:
1) Das Leben auf dem Lande, in der Republik ist furchtbar und dem Menschen feindlich;
2) Der Sozialismus – für den eine kleine Gruppe eintritt – ist nach fremdem Vorbild geschneidert;
3) Diese kleine Gruppe ist selbst schlecht, menschlich verkommen wie die ganze Gesellschaft.
Siegfried Wagner schlug am Schluß seiner Ausführun-

gen vor, dieselbe Geduld und repräsentative Anwesenheit wie bei der Diskussion um Heiner Müllers Stück vor allem bei positiven Arbeiten jüngerer Kollegen anzuwenden.
In der Diskussion kam eine Anzahl von Vorschlägen, wie Heiner Müller geholfen werden könnte, den Weg als Schriftsteller unserer Republik zurückzufinden.
Am Schluß der Aussprache wurden folgende Beschlüsse gefaßt:
1) Der geschäftsführende Vorstand nimmt den Bericht der Sektion Dramatik zur Kenntnis und billigt Inhalt und Schlußfolgerungen im Prinzip.
2) Der geschäftsführende Vorstand beauftragt den Vorstand des Berliner Bezirksverbandes, sich mit der Angelegenheit weiter zu befassen und Heiner Müller zu einer Aussprache einzuladen. Vom Auftreten Heiner Müllers dort und auf der später vorzubereitenden Mitgliedcrversammlung hängt die weitere Behandlung dieses Problems ab.
3) In Zusammenfassung aller Materialien bereitet das Sekretariat für die nächste Sitzung des geschäftsführenden Vorstandes einen kurzen Beschluß vor.
Verantwortlich: Sekretariat
[...]

Dokument 11

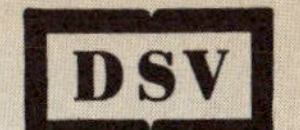

DEUTSCHER SCHRIFTSTELLERVERBAND

Herrn
Heiner Müller

Berlin-Pankow
Kissingenplatz 12

Berlin W 8, Friedrichstraße 169
Telefon: 2207 3100
Bankkonto: BSK Berlin Nr. 1/8034
Postscheckkonto: Berlin Nr. 5382
Telegrammadresse: Deschriva Berlin

Berlin, den 14. Dez. 1961

Unser Zeichen OB/Kg
(bei Schriftwechsel bitte anzugeben)

Werter Kollege Müller!

Wie Ihnen vom Berliner Verbandssekretär, Kollegen Alfred Schulz, bereits mündlich mitgeteilt wurde, hat die Mitgliederversammlung des Bezirksverbandes Berlin des Deutschen Schriftstellerverbandes am 28. November dieses Jahres Ihren Ausschluß aus dem Deutschen Schriftstellerverband wegen Verstoß gegen die Ziele des Verbandes und Nichteinhaltung und Verletzung des Statuts beschlossen.

Es ist meine Pflicht, Ihnen nun mitzuteilen, daß der Geschäftsführende Vorstand des Deutschen Schriftstellerverbandes in seiner Sitzung am 6. Dezember 1961 den Ausschluß bestätigt hat. Die Begründung des Bezirksverbandes Berlin können Sie bei uns im Verbandssekretariat einsehen. Der Geschäftsführende Vorstand hat einen Zusatz beschlossen, in welchem er Ihnen empfiehlt, während einer Zeit kontinuierlich dort zu arbeiten, wo Sie "Die Umsiedlerin" angesiedelt haben, damit Sie das echte "Leben auf dem Lande" in unserer Republik kennen und erkennen lernen.
Ich glaube, Sie sollten diese Empfehlung beherzigen.

Nach dem Statut sind Sie verpflichtet, Ihr Mitgliedsbuch an den Verband zurückzugeben, und ich bitte Sie, das zu tun.

Hochachtungsvoll
DEUTSCHER SCHRIFTSTELLERVERBAND

Otto Braun

(Otto Braun)
1. Sekretär

ielleicht rufen Sie vorher an,
enn Sie in den Verband
ommen, und machen
ine Verabredung mit mir.
ch hätte gerne mit Ihnen
ber Ihre letzte Stellung-
nahme und die Zukunft
esprochen, O.Br.

Dokument 12

Selbstkritik Heiner Müllers (an die Abteilung Kultur beim Zentralkomitee der SED)

Dieses Schreiben ist das vorläufige Ergebnis meiner Auseinandersetzung mit mir und meiner Arbeit. Ich schreibe auf, was ich jetzt weiß.

1

Ein Freund sagte mir nach der Diskussion im Schriftstellerverband, er halte für den besten, weil sachlichsten Beitrag zur Diskussion die Thesen der Kulturabteilung des Zentralkomitees. Ich habe ihn damals nicht verstanden. Ich verstehe ihn, glaube ich, jetzt: Sechs Wochen nach dem dreizehnten August 1961 wird als Beitrag zu den Berliner Festtagen von einem Studentenensemble eine dramatische Arbeit öffentlich aufgeführt, die mit dem Anspruch, ein Stück Geschichte der DDR zu beschreiben, Geschichte anhäuft, geeignet, den Blick auf die Perspektive dieses Staates zu verstellen. In einer Situation, in der die notwendigen Schutzmaßnahmen der DDR, noch nicht von allen begriffen und nicht von allen gebilligt, den Hauptwiderspruch in Deutschland, und nicht nur in

Deutschland, mit besonderer Schärfe hervortreten lassen, ein Stück, das die Hauptfragen ausklammert und dadurch Nebenfragen zu Hauptfragen macht, das den Zuschauer alleinläßt mit den Fragen und Verwirrungen, die es hervorruft, ohne deutlichen Hinweis auf mögliche Antworten und notwendige Lösungen. In einer Situation, in der der Frieden in Europa von der Stärkung der DDR abhängt, ein Stück, das Schwierigkeiten – in der Anhäufung untypisch, viele schon überwunden, überwindbar alle – falsch bewertet, nicht als historisch charakterisiert, nicht deutlich als überwindbar darstellt, das deprimiert, statt aktiv macht. In einer revolutionären Situation ein Stück, aus dessen Aufführung ein konterrevolutionärer Versuch leicht hätte Kapital schlagen können.

2

Meine Arbeit an UMSIEDLERIN begann 1956. Sie war nicht abgeschlossen am Tag der Aufführung in Karlshorst. Die aufgeführte Fassung ist ein Arbeitsmaterial, lückenhaft, unfertig. Ich wußte das und habe trotzdem die Aufführung zugelassen. Dafür gibt es Erklärungen, keine Entschuldigung. Ich wußte, das Stück hat Mängel, mir war nicht bewußt, welche. Politisch, glaubte ich, würde es nützen. Mein Wissen hat nicht ausgereicht, die politischen Folgen der technischen und literarischen Mängel abzusehn. Ich habe mich von Vorstellungen durch die Leitung der Studentenbühne, daß die Existenz des Ensembles von der

Aufführung abhinge, dazu treiben lassen, eine »spielbare« Fassung des Stücks in Hast fertigzustellen. Ich arbeitete daran bis zum Tag der Aufführung. Ich hatte jede Kontrolle über meine Arbeit verloren, jede Selbsteinschätzung, jede Selbstkritik. Mit nicht ausreichendem politischem Wissen ein politisches Stück schreibend, habe ich die Diskussion mit politischen Funktionären nicht gesucht, sondern gemieden. Isoliert von der Partei, verstand ich ihre Kritik nicht, die mir aus meiner Isolierung geholfen hätte, und versteifte mich auf Vorbehalte gegen die Formulierung der Kritik durch einzelne Funktionäre. Allein nicht in der Lage, die Fülle des Stoffs, die Vielzahl der Probleme, die der Stoff, wie ich ihn damals sah, aufwarf, künstlerisch zu reagieren, habe ich Gespräche mit Fachleuten des Theaters und der Literatur ebenfalls vermieden, vielleicht aus Selbstüberschätzung.

3

Ich wollte ein Stück schreiben, das dem Sozialismus nützt. Meine Absichten sind, nach dem Urteil der Partei, dem ich, nach langen Zweifeln, Kämpfen, Überlegungen aus ehrlicher Überzeugung zustimme, im Ergebnis in das Gegenteil umgeschlagen. Das Deprimierendste an meiner Lage ist, daß die Partei Grund hat, an meiner Loyalität zu zweifeln, an meinem Willen zur Mitarbeit. Das Schreiben fällt mir schwer in dem Klima des Mißtrauens gegen mich, das durch meine Arbeit und durch mein Verhalten, durch meinen Man-

gel an Vertrauen zur Partei entstanden ist. Mein Wunsch ist eine harte Diskussion. Eine Diskussion, in die ich ohne Ressentiments gehen werde. Eine Diskussion, die mir hilft, auf einer höheren Stufe weiterzuarbeiten, mehr als bisher, besser als bisher, produktiv.
Ich wollte der Partei mit meiner Arbeit helfen, selbst isoliert von ihr. Ich sehe das Ergebnis meiner Arbeit in der Isolierung: einen Schaden für die Partei. Ich sehe, daß ich ihre Hilfe brauche, wenn ich ihr nützen will, und nichts anderes will ich.
Ich arbeite an dem Versuch einer Fehleranalyse von UMSIEDLERIN, meiner Grundlage zur Diskussion gegen das Stück, die ich wünsche. Ich bin damit nicht fertig geworden. Ich werde sie in zwei bis drei Wochen vorlegen.

1. 12. 61 Heiner Müller

Dokument 13

Prof. Dr. HANS MAYER

Leipzig C 1, den 27.12.1961
Tschaikowskistraße 23

Sehr geehrter Herr Müller,

wir haben uns bisher wohl noch nicht kennengelernt. Trotzdem möchte ich Ihnen heute schreiben. Durch Zufall erfuhr ich, daß die Leitung des Berliner Schriftstellerverbandes das Bedürfnis empfand, Sie aus seinen elitehaften Reihen zu entfernen. Ich bin nicht zynisch genug, Ihnen meinen Glückwunsch auszusprechen; denn schließlich repräsentiert dieser Verband doch so etwas wie unsere Literatur, und wenn es Schildbürgerstreiche gibt, so schädigen sie eben diese Literatur selbst, was keiner von uns wünschen kann. Immerhin wußte ich schon, was ich tat, wenn ich von Anfang an ablehnte, diesem Verband beizutreten. Ich schreibe Ihnen aber, damit Sie wissen sollen, daß ich Ihre Arbeiten stets mit sehr großem Interesse gelesen habe und daß ich Sie für einen der begabtesten Schriftsteller hierzulande halte.

Im Oktober hielt ich als Gast der Warschauer Universität eine Reihe von Vorlesungen über die Entwicklung der deutschen Dramatik seit Hauptmann und sprach dabei sehr ausführlich über Ihre Arbeiten. Das Interesse der polnischen Zuhörer (es gab ein großes Publikum und sehr prominente Theaterleute und Kritiker, die ihr Fach wirklich verstehen) war sehr stark. In der "Nowa Kultura" erschien ein umfangreicher Bericht von Andrzej Wirth, dessen Arbeiten über Brecht Sie vermutlich kennen werden. In dem Bericht wird genau wiedergegeben, was ich über Ihre Art der dramatischen Szenenführung und die Weiterentwicklung der Brechtschen Dialektik in Ihren Arbeiten gesagt hatte. Daß es das Dioskurenpaar Müller-Baierl nicht mehr gibt, scheint mir ein Vorzug zu sein. Meine Freunde wissen, daß ich schon der Koppelung Lohndrücker-Feststellung von Anfang an widersprach. Denn der "Lohndrücker" war eine ernste und begabte Sache, die "Feststellung" aber bloße Mache eines geschickten Opportunisten. Das hat sich inzwischen herausgestellt. Der eine schreibt "Mutter Courages Himmelfahrt", der andere fliegt aus dem Schriftstellerverband.

Vielleicht, sehr geehrter Herr Müller, sehen Sie die Dinge selbst ganz anders. Aber ich halte es für wichtig, Sie wissen zu lassen, wie ich sie sehe. Und ich bin nicht der einzige, dem die Wahl zwischen Müller und Frau Flinz nicht schwerfällt.

Sollte ich Ihnen in irgendeiner Weise von Nutzen sein können, so würde ich mich darüber freuen. Vielleicht haben wir einmal die Gelegenheit, miteinander zu sprechen.

Ihnen und Ihrer Frau die besten Wünsche zum neuen Jahr.

Ihr freundlich ergebener

Hans Mayer

Dokument 14

Franz Fühmann: Bemerkungen zu Heiner Müllers Volksstück »Die Umsiedlerin oder das Leben auf dem Lande«

1.) Meiner Meinung nach ist dieses Stück mißlungen. Es wird keinem der beiden Themen des Titels gerecht.
2.) Es ist zu bedauern, daß dieses Stück mißlungen ist, denn es enthält Partien von einer Sprachkraft und Bildhaftigkeit, die Müllers vorangegangene Stücke übertreffen.
3.) Das Stück mußte mißlingen, da es schwarz in schwarz malt und keine innere Entwicklung enthält, die einen auch nur hoffen ließe. Es zeigt, sehr im Gegensatz zu Müllers anderen Stücken, das Leben auf dem Land als unveränderbar trostlos. Die Menschen, die unser Dorf hoch über die Vergangenheit hinausgehoben haben, sind so gut wie gar nicht gezeichnet, alles Negative hingegen wurde in einer manchmal unerträglichen Weise gehäuft. Ich glaube das Leben auf dem Lande ein wenig zu kennen und möchte sagen, daß jede einzelne der Szenen, die Müller schildert, irgendwo in der Wirklichkeit aufzufinden war oder noch aufzufinden ist, daß aber ihre Konzentration ein sehr verzerrtes, nicht unserer Wirklichkeit entsprechendes Bild des Dorflebens gibt.

4.) Da es in diesem Stück keine innere Aufwärtsentwicklung gibt, stellt sich der seltsame Effekt ein, daß nicht der Weg von 1946 bis 1960 sichtbar wird, sondern daß alles, auch Vorkommnisse, die eindeutig der Vergangenheit angehören wie die Verletzung der Gesetzlichkeit, in die Gegenwart projiziert erscheinen.

5.) Ich glaube, daß die negative Aussage des Stücks durch die Bühnenaufführung nur unterstrichen und verstärkt werden kann. Ich halte es daher für richtig, dieses Stück nicht aufzuführen.

6.) Ich glaube nicht, daß dieses Stück, dessen Grundtendenz verfehlt ist, durch eine Überarbeitung verändert werden kann. Ich bin aber trotz allem, was gegen dieses Stück eingewendet werden muß, der Meinung, daß es sich lohnen würde, mit Heiner Müller, der ohne Zweifel einer unserer fähigsten Dramatiker ist, ernsthaft zu arbeiten und ihm kameradschaftlich zu helfen, zu einer für sein Schaffen günstigeren Position zu gelangen.

17. 12. 61

Dokument 15

DEUTSCHES THEATER UND KAMMERSPIELE ·
STAATSTHEATER
INTENDANT WOLFGANG HEINZ

104 BERLIN, den 28. 4. 1966
Schumannstraße 13a
Fernruf 42 56 11
Fernruf 42 73 43 Werbeabteilung
Fernruf 42 81 34 Kasse-Deutsches Theater
Fernruf 42 85 50 Kasse-Kammerspiele

Herrn
Heiner Müller

Berlin-Pankow
Kissinger Platz 12

Lieber Kollege Heiner Müller!

Wir haben, wie Ihnen sicher schon berichtet worden ist, über Ihre neueste Fassung in der Theaterleitung diskutiert. Wir sind über vieles sehr erfreut. Wenn wir trotzdem noch einige Wünsche haben, bedeutet das nicht, daß wir nicht überzeugt sind, Ihr Stück in nächster Zeit herausbringen zu können. Wir bitten Sie nur, 1. in keiner Weise das vorliegende Material der Öffentlichkeit bekannt zu machen. Auch wir haben uns geweigert, eine Diskussion über die Ergebnisse Ihrer Arbeit in einem Theaterrat des Ministeriums für Kultur zu besprechen. 2. nicht nachzulassen, mit uns immer weiter an der Verbesserung Ihres Stückes zu arbeiten. Ich hoffe Sie fühlen, daß unser Interesse an Ihrem Werk mindestens so groß ist, wie Ihr eigenes. Und wenn wir Dinge auszusetzen haben, so tun wir es nur, weil wir dem Unternehmen einen vollen Erfolg wünschen.
Ich danke Ihnen für Ihre bisherige Arbeit und im voraus für die Arbeit, die Sie noch investieren werden und bleibe

mit besten Grüßen
Ihr
Wolfgang Heinz

Dokument 16

Biermann-Resolution

Das Schreiben der Ost-Schriftsteller im Wortlaut

Gegen die Ausbürgerung Wolf Biermanns protestierten in der »DDR« zehn Schriftsteller und der Bildhauer Fritz Cremer. Ihr Brief hat folgenden Wortlaut:
Wolf Biermann war und ist ein unbequemer Dichter – das hat er mit vielen Dichtern der Vergangenheit gemein. Unser sozialistischer Staat, eingedenk des Wortes aus Marxens »18 Brumaire«, demzufolge die proletarische Revolution sich unablässig selber kritisiert, müßte, im Gegensatz zu anarchistischen Gesellschaftsformen eine solche Unbequemlichkeit gelassen nachdenkend ertragen können.
Wir identifizieren uns nicht mit jedem Wort und jeder Handlung Biermanns und distanzieren uns von Versuchen, die Vorgänge um Biermann gegen die »DDR« zu mißbrauchen. Biermann selbst hat nie, auch nicht in Köln, Zweifel daran gelassen, für welchen der beiden deutschen Staaten er bei aller Kritik eintritt.
Wir protestieren gegen seine Ausbürgerung und bitten darum, die beschlossene Maßnahme zu überdenken. 17. November 1976
Gezeichnet: Sarah Kirsch, Christa Wolf, Volker Braun, Fritz Cremer, Franz Fühmann, Stephan Hermlin, Stefan Heym, Günter Kunert, Heiner Müller, Rolf Schneider, Gerhard Wolf, Jurek Becker.

Dokument 17

Diskussionsbeitrag auf der »Berliner Begegnung« vom 13. und 14. Dezember 1981

Ich möchte ein Unbehagen aussprechen und eine Frage stellen, auf die ich keine Antwort weiß.
Wenn wir vom Frieden in Europa reden, reden wir von einem Frieden im Krieg. Krieg auf mindestens drei Kontinenten. Der Frieden in Europa ist nie etws anderes gewesen. So wie der Faschismus eine weißglühende Episode in dem vielhundertjährigen kapitalistischen Weltkrieg war, ein geographischer Lapsus, Genozid in Europa, statt, was die Norm war und ist, in Südamerika, Afrika, Asien.
Wir reden aneinander vorbei, wenn wir auf der Ebene der Macht miteinander reden. Wir reden aneinander vorbei, wenn wir unsere Differenzen zudecken, statt sie zu formulieren. Wenn wir über die gleichen Waffen reden, reden wir über die gleichen und über verschiedene Dinge. Rüstung in unserer Welt senkt nicht nur das materielle Lebensniveau. Das beweist sich in unserem Alltag. Auch die Friedensbewegung, wenn sie sich als blauäugige Einheit versteht, wiederholt das Trauerspiel der Kinderkreuzzüge.

Hinter der Frage Krieg oder Frieden steht mit der nuklearen Drohung die schrecklichere Frage, ob noch ein andrer Frieden denkbar ist als der Frieden der Ausbeutung und der Korruption. Der Alptraum, daß die Alternative Sozialismus oder Barbarei abgelöst wird durch die Alternative Untergang oder Barbarei. Das Ende der Menschheit als Preis für das Überleben des Planeten. Eine negative Friedensutopie. Ich hätte gern, daß auch davon gesprochen wird. Ich möchte noch nicht glauben, daß in dieser Lage Subversion mehr kann als Diskussion. Ich rede nicht von der Subversion der Kunst, die notwendig ist, um die Wirklichkeit unmöglich zu machen.

Dokument 18

Rede während des Internationalen Schriftstellergesprächs

»Berlin – ein Ort für den Frieden«

Was jetzt in der Sowjetunion versucht wird, ist eine ungeheure Korrektur, die Renaissance einer Hoffnung, die mit den Namen Lenin und Trotzki verbunden war und von Stalin auf Eis gelegt wurde. Ich weiß, wie gefährlich es ist, Geschichte an Namen zu binden, ihre Nennung erschwert Analyse, aber ich muß mich kurz fassen. Die Hoffnung des Oktober war die Einheit von Freiheit und Gleichheit, ihre Bedingung war und ist der Frieden. Der siebzigjährige heiße und kalte Krieg gegen die Sowjetunion hat die Welt in zwei Teile gespalten: Freiheit ohne Gleichheit auf der einen Seite, konkret die Freiheit der Ausbeutung, oder, mit Sartre, die Auspowerung von Kontinenten im Namen der Akropolis, die Menschenrechte eine Phrase; Gleichheit auf Kosten der Freiheit auf unserer Seite, die Menschenrechte eine Arbeit mit Blut Schweiß und Tränen. Eine Konsequenz dieser Teilung ist die Mauer zwischen Berlin und Berlin. Sie ist auch ein Denkmal für Rosa Luxemburg und Karl Liebknecht. Die westliche Umarmung für das Gorbatschow-Programm, was seinen innenpolitischen Teil angeht (in der Abrüstungsfrage fällt die Umarmung eher gehemmt aus), sollte uns nicht blind machen für die Tatsache, daß es dabei nicht um eine Annäherung an den Westen geht, sondern im Gegenteil um die Herausbildung des anderen, um die wirkliche Alternative zum Kapitalismus, nicht um das Aufgeben von Positionen, sondern um die Eroberung der einzigen Position, die Zukunft möglich macht. Wir haben keinen anderen Weg nach vorn als zurück zu Marx und Lenin, die Analyse und Berücksichtigung der veränderten neuen Bedingungen vorausgesetzt. Wir können das Unrecht in unserer Gesellschaft nicht ewig auf Hitler zurückführen. Die DDR trägt auch die Hypothek des Stalinismus. Der bürokratische Umgang mit Kunst Literatur Theater kommt aus diesem Erbe. Vieles, was in der DDR geleistet und erreicht worden ist, mußte durchgesetzt werden nicht nur gegen feindliche Obstruktion, sondern auch gegen manchmal mehr und manchmal weniger freundlichen Widerstand. Noch die anachronistische Frage des Zöllners an der Staatsgrenze nach Druckerzeugnissen ist ein stalinistisches Relikt und keine friedensfördende Maßnahme. Der Frieden ist das A und O, aber wenn wir das Leben in unsrer Gesellschaft nicht attraktiv machen, werden unsre Worte wie Asche im Mund sein.

6. 5. 1987

Dokument 19

AUFRUF

Kolleginnen und Kollegen!

Was hat der FDGB in 40 Jahren für uns geten?
Hat er die Frage der Arbeitszeitverkürzung als ständige Forderung an die Betriebsleitung gerichtet? Warum hat er nicht die 40-Stunden-Woche mit uns erkämpft?

Hat er dafür gesorgt, daß unsere Löhne der schleichenden Inflation angepaßt werden? Warum sind nicht ständige Tarifverhandlungen über Lohnerhöhungen geführt worden?

Wo stehen die Funktionäre des FDGB, wenn in unserem Betrieb neue Normen eingeführt werden? Auf unserer Seite? Verhindern sie die Normen, bevor nicht klar ist, daß wir auch entsprechend bezahlt werden?

Wie kann der FDGB als unser angeblicher Interessenvertreter es zulassen, daß wir im Durchschnitt 10 Tage weniger Urlaub haben als unsere Kollegen im Westen?

Hat der FDGB sich für die Herabsetzung des Rentenalters stark gemacht?

Haben wir schon mal erlebt, daß die Betriebsgewerkschaftsleitung den staatlichen Plan in unserem Interesse nicht akzeptiert? Haben wir überhaupt schon mal erlebt, daß die Gewerkschaft etwas gegen den Staat und die Partei für uns durchsetzt?

40 Jahre ohne eigene Interessenvertretung sind genug!
Wir dürfen uns nicht mehr organisieren lassen, auch nicht von "neuen Männern" - wir müssen uns selbst organisieren.
Die nächsten Jahre werden für uns kein Zuckerschlecken. Die Daumenschrauben sollen angezogen werden. Die Preise werden steigen, die Löhne kaum. Wenn Subventionen wegfallen, trifft vor allem uns. Der Staat fordert Leistung, bald wird er mit Entlassung drohn. Wir sollen die Karre aus dem Dreck ziehen!
Wenn der Lebensstandard für die meisten von uns nicht erheblich sinken soll, brauchen wir eigene Interessenvertretungen,

- Beruft Vollversammlungen ein und fordert Rechenschaft von der Betriebsgewerkschaftsleitung
- Ernennt Kollegen aus euren eigenen Reihen zu Sprechern
- Laßt diese Kollegen eure Forderungen an die Betriebsleitungen stellen
- Stellt euch hinter diese Kollegen, wenn sie Schwierigkeiten bekommen
- Macht die Ergebnisse sofort öffentlich, das schützt vor Repressalien
- Sucht den Kontakt zu Kollegen in anderen Betrieben
- *Gründet unabhängige Gewerkschaften!*

Kontaktbüro "Initiative für unabhängige Gewerkschaften" im Klub Conrad-Blenkle-Straße 1. Berlin 1055. Telefon: 437 67 88 ab 15. 11. Mittwoch 17.00 - 19.00 und Montag 19.00 - 21.00 Uhr.

Dokument 20

Plädoyer für den Widerspruch

Zur Wortmeldung Heiner Müllers auf der Protestkundgebung Berliner Künstler am 4. November haben uns viele kritische Leserzuschriften erreicht. Weshalb hat er sich zum Sprecher einer Gruppe gemacht, deren Programm deutlich hörbar auf dem Alex wenig Gegenliebe fand, wurde immer wieder gefragt. Wir meldeten uns daher, gewissermaßen im Leserauftrag, zum Interview bei dem Autor und hofften, im Dialog divergierende Standpunkte erörtern zu können. Heiner Müller entschied sich dann doch lieber für die Monologform, für einen Autorenbeitrag. Wir respektieren seinen Wunsch, auch wenn wir nun nicht die Möglichkeit haben, unsere Meinung zu jenem Text in freundschaftlichem Streit gegenzuhalten.

Ein Wort nicht nur in eigener Sache: daß ich bei der Berliner Demonstration am 4. 11. den Text einer INITIATIVE FÜR UNABHÄNGIGE GEWERKSCHAFTEN vorgelesen habe, hat offenbar viele Gemüter erregt. Einen Kommentator der Aktuellen Kamera so heftig, daß er einen Rückfall in die Tierlaute der Stalinzeit (GRÜPPCHEN KOCHEN SÜPPCHEN) nicht vermeiden konnte. Auch der Theaterkritiker des NEUEN DEUTSCHLAND hielt es für nötig, der Welt mitzuteilen, daß ich kein Volksredner bin. Ich kann ihn beruhigen: das war nie mein Berufs-

wunsch. Ich glaube allerdings, daß seine Kritik an meiner »Demoreife« mehr den Text als die Sprechtechnik meint. Mein Fehler: Ich hatte den strapazierten Begriff DIALOG so verstanden, daß er niemanden ausschließen sollte. Als mir am Fuß der improvisierten Tribüne eine Welle von Haß entgegenschlug, wußte ich, daß ich an Blaubarts verbotene Tür geklopft hatte, die Tür zu dem Zimmer, in dem er seine Opfer aufbewahrt. (Pfeif- und Buhkonzerte sind ja eher der – selten erfüllte – Traum eines Theaterautors: Das Publikum zeigt Wirkung.) DAS WAR BILLIG sagte zwischen den Zähnen ein älterer Ordner.
Inzwischen weiß ich, daß der Mann recht hatte. Wenn man die Forderungen der Initiative für unabhängige Gewerkschaften an den Privilegien mißt, die Funktionäre nicht nur des FDGB sich herausgenommen haben, sind sie eher bescheiden, die Sorgen um die Zukunft, die der Aufruf formuliert, bei dem maroden Zustand unserer Ökonomie allzu verständlich. Die feudalsozialistische Variante der Aneignung des Mehrwerts, Ausbeutung mit andern Mitteln, ist die Konsequenz aus der Stalinschen Fiktion des Sozialismus in einem Land, deren Realisierung zur Kolonisierung der eignen Bevölkerungen in den osteuropäischen Ländern geführt hat. Das Volk als Staatseigentum, eine Leibeigenschaft neuen Typs.
Ich zweifle, ob gerade dem FDGB, der bislang die Interessen von Staat und Partei gegen die Arbeiter vertreten hat, das Münchhausenstück gelingen wird, sich

an den eignen Haaren aus dem Sumpf zu ziehn; ich meine, er braucht Hilfe, d. h. Konkurrenz. Das Dogma von der führenden Rolle der Staatspartei in allen Bereichen hat zur Stagnation in allen Bereichen geführt, zum Prinzip der negativen Auslese: Gesinnung vor Leistung, Sicherheit vor Produktion, zur Diktatur der Inkompetenz. Marx sprach von der Dummheit, die noch schreckliche Tragödien aufführen wird. Die Tragödie des Sozialismus ist die Trennung von Wissen und Macht. Der Niedergang eines Gemeinwesens beginnt mit dem Verfall der Sprache. Wo die Benennungen nicht mehr greifen, greift keine Praxis. Das Leben in der Phrase statt auf dem Boden der Tatsachen hat zur einzigen Überschußproduktion in unsrer Mangelwirtschaft die Produktion von Staatsfeinden gemacht, die den Mangel reproduziert. Wir haben unsern Staat nicht für die Geschichte gebaut, sondern für die Statistik. Jetzt schreitet die Geschichte auf den Füßen einer riesigen Mehrheit über die Statistik hinweg. Der Prozeß ist revolutionär, vielleicht die erste Revolution in Deutschland, das Tempo ist schwindelerregend, eine sozialistische Revolution ist es nicht und kann es, nach Jahrzehnten stalinistischer Perversion des Sozialismus, nicht sein. Freie Wahlen sind notwendig, aber die konkrete Analyse der konkreten Situation sollte ihre Bedingung sein. Mit der Forderung nach UNO-Kontrolle unterschätzen die demonstrierenden Massen ihre Macht. UNS AUS DEM ELEND ZU ERLÖSEN / DAS KÖNNEN WIR NUR SELBER TUN.

Daß mein Verhältnis zu freien Wahlen nicht ungebrochen ist, hat mit meinem Geburtsjahr zu tun: Im Gegensatz zu Lenin konnte Hitler seinen Staatsstreich auf einen Wahlsieg gründen, insofern ist auch Auschwitz ein Resultat von freien Wahlen, und ich bezweifle, ob es in der BRD unter dem Diktat der Industrie freie Wahlen je gegeben hat. DAS KAPITAL IST SCHLAUER / GELD IST DIE MAUER lese ich auf einem Westberliner linken Flugblatt. Meine Sorge: daß die Massen, die aus dem Schatten Stalins mit einem Jahrhundertschritt herausgetreten sind, im Rausch der Freiheit diese Mauer, die durch die Welt geht, aus den Augen verlieren. Meine Hoffnung: daß die SED besser ist als ihre Führung (deren Hauptschuld die Unterdrückung des intellektuellen Potentials der Basis) und von der Straße lernt, daß Bewegung von unten ausgeht, Erstarrung von oben und überlebt als eine andre Partei, vielleicht nicht durch Einheit. Lenins Fraktionsverbot, für Machterhaltung gegen die Fortsetzung der Revolution, die nur ein Prozeß sein kann und kein Besitzstand, ist der Virus, der die kommunistischen Parteien seit siebzig Jahren schwächt. Was jetzt gebraucht wird, ist nicht Einheit, sondern die Ausformulierung der vorhandnen Differenzen, nicht Disziplin, sondern Widerspruch, nicht Schulterschluß, sondern Offenheit für die Bewegung der Widersprüche nicht nur in unserm Land. Ohne die DDR als basisdemokratische Alternative zu der von der Deutschen Bank unterhaltenen Demokratie der BRD wird

Europa eine Filiale der USA sein. Wir sollten keine Anstrengung und kein Risiko scheun für das Überleben unsrer Utopie von einer Gesellschaft, die den wirklichen Bedürfnissen ihrer Bevölkerung gerecht wird ohne den weltweit üblichen Verzicht auf Solidarität mit andern Völkern.

Ich bin kein Wortführer einer Bewegung. Entscheidend ist, daß endlich die Sprachlosen sprechen und die Steine reden. Der Widerstand von Intellektuellen und Künstlern, die seit Jahrzehnten privilegiert sind, gegen den drohenden Ausverkauf wird wenig ausrichten, wenn ein Dialog mit der lange schweigenden oder Fremdsprachen redenden Mehrheit der jahrzehntelang Unterprivilegierten und im Namen des Sozialismus Entrechteten nicht zustande kommt.

Aus: »Neues Deutschland«, 1989

Dokument 21

Anmerkungen zu »Krieg ohne Schlacht« von B. K. Tragelehn

163/6 Boris Djacenko habe ich doch vorgestellt. Aus Höflichkeit und Unsicherheit habe ich den Namen russisch ausgesprochen. (Wir hatten ja alle ein bißchen Russisch in der Schule.) Ich weiß es noch, weil es mir im selben Augenblick peinlich war.
164/1 Brechts Prüfung bei meinem ersten Besuch war so: Er ließ mich aus einem Stapel Fotos von der Mutter-Inszenierung die guten aussortieren, wollte keinen Kommentar hören und gab selber keinen. Er gab mir Ratschläge: hochdeutsch zu lernen (»Coriolan können Sie nicht auf Sächsisch inszenieren. Ein kleiner Anflug kann bleiben. Gehen Sie zu einem Schauspieler in Dresden und lassen Sie sich Hochdeutsch beibringen«) und englisch zu lernen (»Sie gehen in die Bibliothek, holen sich ein Buch über das Elisabethanische Theater und ein Wörterbuch. Wenn Sie das Buch durch haben, können Sie englisch«), und er gab mir den Auftrag, etwas aufzuschreiben und ihm zu schikken. Ich schrieb etwas zu der Kreidekreis-Diskussion, die gerade lief, und wurde Akademie-Schüler. Das war 1955. Übersetzt habe ich erst zehn Jahre später, erst Teile von Jonsons VOLPONE für eine Inszenierung in Greifswald, später auch Shakespeare. Meine Frau kannte ich 1955 noch nicht, auch noch nicht 1957, als

ich Heiner Müller kennenlernte. Und Wekwerth hat erst fünfzehn Jahre später Shakespeare übersetzt.
164/11 LOHNDRÜCKER wollte ich in Wittenberg machen, das Elbe-Elster-Theater war damals Patentheater des BE. Am Gorki-Theater sollte erst Carl M. Weber vom BE LOHNDRÜCKER inszenieren, das BE verbot ihm das. Am BE hatte das Stück, so wie es war, keine Chance. Wekwerth wollte daraus eine Parabel machen, was er später gemacht hat mit Stücken von Baierl, Braun usw. Er suchte sich gern schwache Leute aus, die er dominieren konnte. Schon mit Braun ging das nicht. Die Parabelform diente dazu, das Material affirmativ zu organisieren. Baierls FRAU FLINZ am BE, das war der Verrat an Brechts Vorstellung von Kritik und Produktivität. Bei der Arbeit an UMSIEDLERIN sahen wir das als die Gegenposition an. Das war das einzige Konkrete, was ich zu gestehen hatte bei meinem Parteiverfahren; der Versuch der Schlachtung dieser inzwischen heilig gesprochenen Kuh. Daß er kein Englisch kann, muß man Wekwerth nicht vorwerfen, eher, daß er kein Deutsch kann und Shakespeare flachklopft. Und daß er ein Anschwärzer war.
170/5 An den Satz von Rödel erinnere ich mich noch wegen der Paranthese mit dem gewichtigen Gestus ernsten Abwägens. Ich habe ihn über die Jahre immer wieder mit Lust zitiert. Rödel sagte (bei der Verabschiedung, wir standen schon): Damit nicht der Eindruck entsteht, daß das eine freundschaftliche Diskussion über fachlich interessierende Fragen ist – Paranthese:

dieser Eindruck kann entstehen, weil wir natürlich auch fachlich an diesen Fragen interessiert sind – will er uns nicht vorenthalten, daß einige Genossen gefordert haben, uns von der Staatssicherheit verhaften zu lassen. Damit, und mit dem Auftrag, eine Stellungnahme abzufassen, waren wir verabschiedet. Danach gingen wir vom Molkenmarkt durchs Zentrum, über den Alex bis zur Münze, und tranken in jeder Eckkneipe einen Kurzen. Bei jedem Schnaps wurden Heiners Lippen dünner, und er sagte jedesmal wieder: Es geht eben nicht mit Realismus. Später dachte ich, daß seit zweihundert Jahren jeder deutsche Klassiker in dieser Lage war: die Realität erdrückt den Realismus.
171/1 Nicht Siegfrid Wagner, sondern Hans Grümmer, der in der Kulturabteilung des ZK verantwortlich war für neue Dramatik, leitete das Parteiverfahren in Senftenberg. Hans Rainer John war dabei, hielt sich aber zurück. Da er irgend etwas sagen mußte, sagte er etwas über die »ganz neue Art Pornografie« in dem Stück. Die Freisler-Rolle des Brüllers hatte Karl Holan (auch er später Intendant der Volksbühne). »Stinkende Frechheit«, zitiert in den KLETTWITZER ELEGIEN, ist von ihm. Ich hatte eine halbe Stunde Zeit, im Nebenzimmer eine Stellungnahme abzufassen. Ich brachte eine Demutsgeste zustande, aber genutzt hat sie mir nichts. Das Ziel war immer Auslöschung der Person, Herstellung eines weißen Blattes, auf das man schreiben kann, was man will. Es funktionierte nur ohne Todesdrohung nicht mehr so wie früher. Ich habe

ein paar Tage lang geglaubt, daß ich Unrecht habe – und selbst da nicht ganz: die stilistisch unmöglichen Verstärkungsworte in der Stellungnahme zeigen, daß ich mir zureden mußte.
171/23 Mein Los war nicht ganz so tragisch. Prügel sind das Mittel in der Vereinigten Bundesrepublik geworden. Damals die Arbeiter in Klettwitz waren sanft ironisch. Als Kipper auf Halde, nachts in der Bude blödelnd beim Warten auf den nächsten Zug mit Abraum, habe ich eine Menge schöner Redensarten gelernt. Eine hat das Stück vervollständigt: »Zeig mir ein Mauseloch, ich fick die Welt.« Das hätte schon als Vers durchgehen können, aber Heiner hat durch eine kleine Änderung einen wunderschönen, fliegend leichten daraus gemacht: »Zeig mir ein Mausloch und ich fick die Welt.« Den hat Fondrak gekriegt.
172/19 Bei Piens Besuch war ich gerade bei Heiner. Piens sah die Lage sehr schwarz. Inge wurde blaß und sagte: Dann packt mal eure Zahnbürsten ein. Ich rief die Bezirksleitung an, und der Sekretär für Kultur wollte mit mir reden. Ich fuhr in die Wallstraße, und Schwarz, ein ehemaliger Lehrer, sagte: Definier mir mal die Übergangsperiode. Und: Wenn ihr Angst habt wegen Verhaftung – müßt ihr nicht. Ich fuhr zurück nach Pankow, stieg Vinetastraße aus der U-Bahn, und ein Feuerwehrauto fuhr vorbei. Als ich am Kissingenplatz ankam, stand es vor der Nummer zwölf, und Inge wurde herausgetragen. Sie hatte den Gashahn aufgedreht, Heiners Vater – seine Eltern waren gerade zu Be-

such – fragte mich im Hausflur: Wird denn mein Sohn verhaftet? Und ich sagte: Nein. Sie haben gesagt Nein. (Paul Verner, 1. Sekretär in Berlin und Politbüromitglied, mußte gefragt werden. Er war gerade in Moskau und sagte Nein. Er saß an der Quelle, Moskau stand vor dem XXII. Parteitag, der die Linie des XX., die Entstalinisierung, noch einmal bestätigte. Das reichte drei Jahre, bis Herbst 64, als Chrustschow gestürzt wurde. Rödel hat eins auf den Deckel gekriegt, weil er das mit der Verhaftung ausgeplaudert hat. Das alles habe ich Jahre später von Tschoppe erfahren, inzwischen auch ausgeschlossen, damals Bezirksleitungs-Mitglied und Parteisekretär der Humboldt Universität.)
176/1 Das war viel früher, am Montag nach der Premiere, die am Samstag gewesen war. Ich kam von Karlshorst, nach dem 169/18f. beschriebenen Vorfall, (die Germanistin, die übrigens die Aristophanes-Rezeption in der UMSIEDLERIN durchaus gelungen fand, war Eva Nahke) und ich stürzte nicht aus dem Hausflur, sondern aus dem Gebüsch gegenüber vom Eingang. Das »Sie sind hinter uns her« beschreibt die Situation gut, obwohl es nicht gesagt wurde. Heiner und Inge erfuhren da zuerst, daß etwas im Gange war. Da ihr Telefon kaputt war, gingen wir zur Zelle an der Ecke, und Heiner rief einige Leute an (ich erinnere mich an Herzfelde), aber keiner wußte schon was – oder wollte was wissen.
176/7 Ausgangspunkt für die Erkundigung bei der Stasi war eine ziemlich ungeschickte Provokation:

eine geheimnisvolle Aufforderung, die den Eindruck erwecken wollte, aus Westberlin zu kommen, zu einem Treff am Bahnhof Friedrichstraße. Die Schwierigkeiten fingen schon bei Heiner zu Hause an: die Stasi stand nicht im Telefonbuch, und Inge hat eine Stunde lang versucht, die Nummer rauszukriegen.

Dossier von Dokumenten des Ministeriums für Staatssicherheit der ehemaligen DDR und weitere Materialien

Inhaltsverzeichnis des Dossiers

1) Einleitung
2) Pressemitteilung von »Spiegel TV« vom 10. 1. 1993
3) Erklärung von Rechtsanwalt Dr. Reiner Geulen vom 14. 1. 1993 und von Heiner Müller
4) Aus den Akten des MfS
   a) Auszüge aus Vorgangsheften des MfS mit Hinweisen auf die Vorgänge »Kleinfeld«, »Heiner« und »Zement«
   b) Operativplan der Bezirksverwaltung für Staatssicherheit Berlin vom 1. 9. 1978 (1.4. IM-Vorlauf »Zement«)
   c) ibd., vom 2. 8. 1979 (1.1.1. Werbung des IM-Vorlaufes »Zement«)
   d) ibd., vom 7. 4. 1980 (4. Instruierung und Anfertigung von operativen Vorgängen für die IM »Heiner« und »Kleinfeld«)
   e) ibd., vom 12. 12. 1980 (S. 13, Operative Kontrolle im kapitalistischen Ausland ...)
   f) ibd., vom 1. 6. 1981 (4. IMS »Heiner«)
   g) Aus dem Arbeitsbuch von Wilhelm Girod, begonnen am 24. 9. 1981
   h) Absprachevermerk der Bezirksverwaltung Berlin vom 11. 3. 1982
   i) Inoffizielle Information der Abteilung XX der

Bezirksverwaltung des MfS Berlin (Mitgliedschaft Akademie der Künste)

k) Drei Operativgeldabrechnungen vom 17. 10. 1986, 18. 11. 1986 und 22. 9. 1988

l) Karteikarten bei der Bezirksverwaltung des MfS

5) »Das Müller-Phantom« von Andreas Schreier und Malte Daniljuk, in: »Horch und Guck«, Heft 7, 1993

6) »Es gibt ein Menschenrecht auf Feigheit«, ein Gespräch mit Heiner Müller über seine Kontakte mit der Staatssicherheit von Thomas Assheuer in der Frankfurter Rundschau, 22. 5. 1993

Einleitung zum Dossier-Teil

Bereits einige Monate vor der »Spiegel TV«-Sendung vom 11. 1. 1993 hatte der ehemalige DDR-Autor Dieter Schulze zu verschiedenen öffentlichen Anlässen einen offenen Brief als Flugblatt verteilt, in dem er Heiner Müller vorwirft, dieser habe bei seiner Ausweisung aus der DDR mit dem Staatssicherheitsdienst der DDR zusammengearbeitet und diese Ausweisung befürwortet. Am 5. 1. 1993 folgt dann eine weitere Pressemitteilung, in der Dieter Schulze der Öffentlichkeit einen »anonymen Hinweis« weitergab: »Der IM-Vorlauf zu oben genannter Person soll ›Zement‹ gewesen sein, u. a. mit dem späteren Decknamen ›Heiner‹. ›IM Heiner‹ soll sich in der ›konspirativen Wohnung‹ Pistoriusplatz 16 (Ostberlin), der IMK ›Kleinfeld‹ (ehemaliger stellvertretender Intendant der Volksbühne, heute Bezirksverordneter der PDS) mit seinem Führungsoffizier des MfS, Deckname ›Wilhelm‹, regelmäßig getroffen haben. Die Registriernummer des IM ›Heiner‹ wurde mit XV 3470/78, nicht zweifelsfrei, angegeben; das Jahr der Werbung als IM mit 1978. Belegbares Material wurde in Aussicht gestellt.« Aufgrund dieser Hinweise kam es zu der »Spiegel TV«-Sendung, die Pressemitteilung der Redaktion enthält den Wortlaut von Heiner Müllers Aussagen in diesem Interview (Dokument 2).

In den folgenden Tagen verlangte Heiner Müller Akteneinsicht bei der Gauck-Behörde. Diese ergab, daß dort einige Karteikarten (Dokument 4,1) und sogenannte Vorgangshefte existierten (4,a). Nach der Eintragung eines Stasi-Offiziers wurde Heiner Müller dort als »IM« geführt. Opferakten waren nach Auskunft der Gauck-Behörde kurzfristig nicht einzusehen. Mittlerweile ist die erste dieser Opferakten über die »Umsiedlerin«-Affaire 1961 mit umfangreichem Material über Heiner Müller und seine Observierung durch die Staatssicherheit aufgetaucht. Die zweite Akte »Zement« noch nicht.
Am Donnerstag, den 15. 1. 1993 veröffentlichte »DIE ZEIT« aufgrund eigener Recherchen bei der Gauck-Behörde einige der Karteikarten, die zeigen, daß Heiner Müller von der Berliner Bezirksverwaltung des MfS als »IM« geführt wurde, sowie sogenannte Operativgeldabrechnungen (Dokument 4,k), u. a. für einen sogenannten OP (= operativen) Auftrag.
Die weitgehenden Vorwürfe, die »DIE ZEIT« daraufhin Heiner Müller machte (»Müller ist in die Stolpe-KantAndersonmaschine geraten. Und es sieht nicht so aus, als käme er unten unbeschädigt wieder heraus.« Robin Detje, »DIE ZEIT«), wies u. a. Frank Schirrmacher von der »FAZ« scharf zurück, weil bis zu diesem Zeitpunkt über diese Karteikarten hinaus keine belastenden Indizien vorlagen (»Bislang sind in den Akten keine Einträge aufgetaucht, die Heiner Müller belasten. Doch das spärliche Material (drei Karteikarten

und eine Abrechnung) hat manchem genügt, aus den angeblichen Indizien einen Beweis und aus dem Beweis ein Urteil zu konstruieren.« Frank Schirrmacher, »FAZ«, 28. 1. 1993).
In den folgenden Wochen verlagerte sich die Diskussion auf die grundsätzliche Frage, wie die öffentlich gewordenen Kontakte zu Mitarbeitern des MfS der DDR, die Heiner Müller in dem »Spiegel-TV«-Gespräch eingestanden hat, politisch und moralisch zu bewerten sind. Auf die Angriffe zum Beispiel von Fritz J. Raddatz gegen Heiner Müller (zugleich gegen Christa Wolf), mit einem »Verfolgungssystem« paktiert zu haben (»Von der Beschädigung der Literatur durch ihre Urheber«, »DIE ZEIT«, 29. 1. 1993) antwortete Heiner Müller in der »Frankfurter Rundschau« vom 22. 5. 1993 aufführlich. In diesem Gespräch mit Thomas Assheuer (Dokument 6) beschreibt er u. a. die Art seiner Kontakte, erläutert seine Motive und weist vor allem auf sein zum Beispiel gegenüber Raddatz grundlegend abweichendes Bild von der DDR hin.
Der Dokumententeil enthält alle bisher über Heiner Müller aufgefundenen Akten, in denen dieser als »Informeller Mitarbeiter« bezeichnet wird, nicht die mittlerweile aufgetauchten umfangreichen Opferakten (»Die Umsiedlerin«.) Es folgt dann eine Hintergrundrecherche über die aufgetauchten Dokumente aus der Zeitschrift »Horch und Guck« (Heft 3, 1993) von Andreas Schreier und Malte Daniljuk (Dokument 5). Die Zeitschrift wird herausgegeben vom »Bürgerkomitee

15. Januar«, das während der Besetzung des ehemaligen Stasi-Gebäudes in der Ostberliner Normannenstraße entstanden war, um die Akten und Dokumente der Staatssicherheit zu analysieren und zu bewerten.

Helge Malchow

FAX

SPIEGEL TV

Postfach 11 04 53
2000 Hamburg 11
Tel.: 040 / 30 10 80

Seite 1 von 2 Seiten

Bitte rufen Sie an, wenn Übertragungsprobleme auftreten.

An		Fax-Nr.	
Von	SPIEGEL TV -	Fax-Nr.	040 / 30 10 8-222
Datum	10.01.93	Uhrzeit	21:30

Betrifft	Pressemeldung

Dramatiker Heiner Müller bekennt sich zu Stasi-Kontakten

Der Dramatiker Heiner Müller ("Die Hamletmaschine") hat regelmäßig Kontakte zu Offizieren des Ministeriums für Staatssicherheit zugegeben.

In einem Interview mit "SPIEGEL TV " (Sonntagabend RTL) sagte der wohl bekannteste lebende deutsche Dramatiker: "Ich habe versucht zu beraten und Einfluß zu nehmen auf Dinge, weil es war ab einem bestimmten Zeitpunkt nicht mehr möglich, mit Parteifunktionären vernünftig zu reden. Und da war es möglich, mit Stasi-Offizieren vernünftig zu reden."

Nach Informationen von "SPIEGEL TV" soll Müller nach einer Vorlaufphase, in der er unter dem Decknamen "Zement" registriert war, von der Stasi als Inoffizieller Mitarbeiter mit dem Decknamen "Heiner" geführt worden sein.

Heiner Müller erklärte gegenüber "SPIEGEL TV" weiter: "Ich wußte, ich rede nicht mit der Heilsarmee". Er habe stets gewußt, mit wem er sprach: "Das lief im Allgemeinen so ab: der sagt also, wir haben hier jetzt diesen Fall. Was halten Sie davon? Was können wir tun?"
Orden oder Geld hat Heiner Müller nach eigenen Angaben nie bekommen. Er stehe zu allem, was er gesagt und getan habe. "Ich kann aber zu nichts stehen, was in irgendwelchen Akten steht, solange ich es nicht kenne."

Der vollständige Wortlaut des Interviews mit Heiner Müller

"Ich war und ich bin ein Stück DDR-Geschichte und ich glaube schon, es geht um die Auslöschung von DDR-Geschichte und da ist das ein guter Schritt, so eine Aktion, so eine Denunzation. Und es ist ganz schwer in dieser Gift-geschwollenen Atmosphäre, überhaupt darüber zu reden. der Hauptpunkt ist, ich hatte natürlich, das ist unvermeidlich in einer Position wie ich sie hatte, Kontakte mit der Staatssicherheit. Ich weiß nicht, mit wievielen hundert Mitarbeitern ich gesprochen habe, ohne zu wissen, daß sie Mitarbeiter der Staatssicherheit waren. In jeder Theaterkantine saß da einer, mindestens einer, und es gab auch direkte Gespräche. Ich wußte, ich rede nicht mit der Heilsarmee. Ich mußte immer wissen, was ich sage und was ich sagen kann. Und ich mußte auch immer wissen, wann ich lügen muß. Das gehört zu solchen Gesprächen.

FAX

SPIEGEL TV

Postfach 11 04 53
2000 Hamburg 11
Tel.: 040 / 30 10 80

Bitte rufen Sie an, wenn Übertragungsprobleme auftreten.

Und ich habe versucht zu beraten und Einfluß zu nehmen auf Dinge, weil es war ab einem bestimmten Zeitpunkt ab nicht mehr möglich, mit Parteifunktionären vernünftig zu reden, gerade in den letzten Jahren. Und da war es möglich, mit Stasi-Offizieren vernünftig zu reden, weil der mehr Informationen hatte und mehr wußte über die wirkliche Lage als ein Parteifunktionär, der seinen Nachtschlaf nur noch zu Stande brachte, indem er sich Illusionen machte.

Das war die Situation. Ich habe da überhaupt nie ein moralisches Problem drin gesehen, sehe ich auch heute nicht. Man wußte, man sprach mit Paranoikern, und das war ganz klar.

Mich hatte natürlich auch interessiert, dieses Warnsystem, mich hat dies auch interessiert als Autor, dieses Materiel. Wie funktionieren solche Gehirne und solche Apparate? Das will ich zugeben, war auch eine Neugier. Ein anderer Punkt war sicher, ich hatte nie eine staatliche Funktion in der DDR wie z. B. Hermann Kant, der natürlich über seine staatliche Funktion immer Kontakt haben mußte. Das war ganz selbstverständlich. Ich war auch nie Leiter eines Theaters, die das auch haben mußten. Und ich war nicht in der Partei. Ich war seit '61 nicht mehr im Schriftstellerverband, ich war also über keine Organisation kontrollierbar. Deswegen gab es das Interesse, mich auf so eine Weise zu kontrollieren. Das war mir auch bewußt. Aber ich war glaube ich damals schon erwachsen. Ich wußte wirklich, wie ich rede und wie ich mit denen rede. Das lief im allgemeinen so ab, der sagt also, wir haben jetzt hier diesen Fall. Was halten Sie davon? Was sollen wir tun? Was können wir tun? Das war das eine.

Dann ging es um, auch natürlich um Theater, und es ging um, sogar um Literatur, manchmal. Eine Aufgabe dieser mit Kultur befaßten Offiziere war ja auch, den Funktionären Texte zu interpretieren, die sie nicht lesen konnten. Die Kulturfunktionäre kamen meistens aus irgendeinem Handwerk, der letzte Kulturminister war Konditor, glaube ich, von Beruf. Und, die brauchten gebildete Leute, die ihnen sagen, was steht in diesem Text. Ich habe keinen Orden bekommen, außer dem Nationalpreis. Der wurde nicht von der Staatssicherheit verliehen. Und vorher war ich mal, ich glaube Aktivist. Und das war in jedem Betrieb normal, wenn man 5 Jahr da war, kriegte man irgendeinen Aktivistenorden, oder sowas, das war im Theater. Also ich habe weder Orden bekommen, noch irgendwelches Geld. Das ist alles lächerlich. Und da waren die auch viel zu intelligent, sowas überhaupt für möglich zu halten und denen war auch klar, daß ich nicht ihr Freund oder Alliierter war, ich war ein potentieller Feind, und das war das Interesse, diesen potentiellen Feind irgendwie unter Kontrolle zu halten. Ich hatte nie das Gefühl, daß ich was zu verbergen habe. Ich kann zu allem stehen, was ich gesagt und gemacht habe, ich kann zu nichts stehen, was zu irgendwelchen Akten steht, solange ich es nicht kenne.

DR. REINER GEULEN
Rechtsanwalt

1000 Berlin 15, Schaperstraße 15
Telefon (030) 883 70 71/72
Telefax (030) 883 45 25

An die Presse
- Kulturredaktionen -

14. Januar 1993
4/R

Erklärung von Heiner Müller

Sehr geehrte Damen und Herren,

ich überreiche die Erklärung, die Heiner Müller am heutigen Tage zu den gegen ihn erhobenen Vorwürfen abgegeben hat.

Ich teile ferner folgendes mit:

Ich habe gestern in Vertretung von Herrn Müller versucht, bei dem Bundesbeauftragten für die Unterlagen des Staatssicherheitsdienstes der ehemaligen DDR (Gauck-Behörde) eventuell vorhandene Akten über Herrn Müller einzusehen. Ich hatte Einsicht in alle Akten, insbesondere auch die Opferakten, begehrt. Die Akteneinsicht führte zu folgendem Ergebnis:

1. Bei der Gauck-Behörde sind gegenwärtig keine Akten über Herrn Müller vorhanden. Es existieren lediglich insgesamt sieben Blatt Karteikarten und sogenannte Vorgangshefte. Für das Jahr 1978 findet sich hier unter der Bezeichnung "IM-Kategorie/Delikt" die Eintragung eines Stasi-Offiziers, Herr Müller werde als "IMS" geführt. Wie diese Eintragung zustandegekommen ist und welche Bedeutung sie hat, ergibt sich aus den Akten nicht.

2. Das Auffinden der sogenannten Opferakten (Akten des "Betroffenen") ist der Gauck-Behörde in der kurzen Zeit nicht möglich. Ich werde gemeinsam mit Herrn Müller in den nächsten Tagen genauere Angaben zu einzelnen operativen oder personellen Vorgängen machen, um das Auffinden der gesamten Opferakten aus dem Zeitraum von Ende der 50er Jahre bis 1990 zu ermöglichen. Wir werden solche Akten, soweit nicht Rechte Dritter betroffen sind, grundsätzlich veröffentlichen.

Soweit die Erklärungen von Herrn Müller und von mir. Herr Müller wird gegenwärtig keine weitere Erklärung hierzu abgeben.

(gez. Dr. Reiner Geulen)
Rechtsanwalt

Erklärung von Heiner Müller

Aus Karteikarten der Gauck-Behörde erfahre ich, daß ich von der Staatssicherheit als IM geführt wurde. Laut Auskunft der Gauck-Behörde sind Akten über meine Person oder meine Arbeit nicht auffindbar. Dieter Schulze hat einerseits laut dpa "sechs Monate Arbeit und viel Geld" in diese Entlarvungsaktion investiert und beruft sich andererseits auf einen "anonymen Anruf". Vielleicht sind Akten im Handel. Man würde den Apparat der Staatssicherheit unterschätzen, wenn man annimmt, daß zum Beispiel über Aufführungen meiner Stücke in der DDR, von Verbot bis Duldung, "operative Vorgangsakten" nicht existieren.

Ich kann versichern und beeiden, daß ich im Zusammenhang mit der Staatssicherheit kein Papier unterschrieben und kein Wort schriftlich formuliert habe. Ich war naiv genug, nicht zu wissen, daß Gespräche mit Mitarbeitern der Staatssicherheit als "IM-Tätigkeit" registriert wurden. Schon der Begriff "IM" war mir und meinen Freunden in der DDR-Zeit unbekannt. Was in mir unbekannten Akten steht oder stehen kann, ist Stasiliteratur.

Ich hielt den Staat, in dem ich lebte, seit Gorbatschow für reformierbar. Nach der Verweigerung des Gorbatschow-Programms durch die Parteiführung der DDR ging es im Blick auf den Untergang der DDR in meinen Gesprächen mit der Staatssicherheit um Schadensbegrenzung gegen die wachsende Hysterie der Macht.

Ich beginne zu begreifen, daß es die wirklich geheime Funktion der Staatssicherheit war, dem

Nachfolgestaat Material gegen potentielle Staatsfeinde zu überliefern: Der Rechtsstaat als Vollstrecker des Stasi-Auftrags.

Gegen die gesamtdeutsche Sicht auf DDR-Geschichte gilt der Satz: Die Wahrheit und die Wirklichkeit sind zwei Dinge. Daß ich gelegentlich vergessen habe, daß ich nicht nur mit Menschen rede, sondern mit einem Apparat, kann ich nicht ausschließen. 1975, unter einer Brücke in San Diego, las mir eine alte Indianerin aus der Hand, daß ich im Umgang mit Maschinen zur Leichtfertigkeit neige. Ich hätte auf sie hören sollen.

Im übrigen bin ich es gewohnt, mit Verleumdung und Verfolgung zu leben, im "Neuen Deutschland" gestern, heute in der "Zeit".

gez. Heiner Müller

Berlin, den 14. Januar 1993

Dossier 4a

Datum der Eintragung	Art u. Teile der Akte	Registriernummer des Vorganges	Deckname – des Vorganges – – des inoffiziellen Mitarbeiters –
01. 12. [illegible]	IM-Akte IMK/KW 1	XV/5303/77	[illegible]
12. 12. 77	IM-Akte IMS 1 1	XV/5339/77	[illegible]
[illegible] Feb. 1978	IM-Akte IMK/KW 1	XV/2317/75	[illegible]
07. 02. 78	IM-Akte IMV IMS 1 1,2 1	XV/1892/67	[illegible]
[illegible] 07. 78	IM-Akte IMS 1 1	XIII/1166/74	[illegible]
[illegible] 07. 78	IM-Akte IMS 1 2	XIV/294/71	[illegible]
25. 07. 78	IM-Akte IM 1 1	Fil. VIII/1430/71	[illegible]
17. 08. 78	IM-Akte IMS 1	XV/3508/78	[illegible]
23. 11. 78	IM-Akte IMK/KW 1	XV/4530/78	„Kleinfeld"
[illegible] 11. 78	IM-Akte IMS 1 1	XV/4531/78	[illegible]
22. 02. 79	IM-Akte IMV IMS 1	XV/1784/79	[illegible]
[illegible]. 05. 79	IM-Akte IMS 1	XIII/2063/77	
23. 10. 79	IM-Akte IMS 1 1	XV/1406/79	[illegible]
24. 10. 79	IM-Akte IMV IMS 1 1	XV/3370/78	„Heiner"
13. 02. 80	IM-Akte IMS 1 1	XV/1905/79	[illegible]
[illegible] 04. 80	IM-Akte IMV IMS 1 1	XV/2690/72	[illegible]
[illegible] 04. 80	IM-Akte IME 1,2 2	XV/3993/64	[illegible]
26. 11. 80	IM-Akte GMS 1	XV/5918/80	[illegible]

Band Nr.	Vorgang erhalten am (Unterschrift)	Vorgang zurückgegeben am	Vorgang zurückerhalten (Unterschrift)
		13. 09. 89	[illegible]
		19. 03. 80	Gen. Kramer
	F. d. R. gezeichnet	28. 07. 87	Archiv
17	F. d. R. gezeichnet		
	F. d. R. gezeichnet	-7. 08. 80	Gen. Müller
	F. d. R. gezeichnet	24. 10. 78	[illegible]
		4. 08. 78	an Lichtenberg
	F. d. R. gezeichnet	21. 08. 80	Archiv
		13. 07. 89	Archiv
		28. [illegible]	an Archiv
		19. 03. 80	Gen. Kramer
	F. d. R. gezeichnet	09. 05. 84	Gen. [illegible]
	F. d. R. gezeichnet	-	
	F. d. R. gezeichnet	27. 12. 85	KD [illegible]
	F. d. R. gezeichnet	09. 05. 84	Gen. [illegible]
	F. d. R. gezeichnet	13. 07. 83	Archiv
		03. März 1989	Archiv

Datum der Eintragung	Art u. Teile der Akte	Registriernummer des Vorganges	Deckname – des Vorganges – – des inoffiziellen Mitarbeiters
20.09.77	IM-Akte ~~IMV/KO~~ KW 1	XV/1462/77	[geschwärzt]
02.06.78	IM-Akte IMS 1 1	XV/1387/78	[geschwärzt] "
28.07.78	IM-Akte 1	XV 3370/78	„Zement"
12.01.79	IM-Akte IMV 1 1	XV/1486/76	[geschwärzt]
12.01.79	IM-Akte IMK 1/1	XV/4875/75	[geschwärzt]
~~1~~ 01.79	IM-Akte IMK/S 1 xgl.	XV/2201/76	[geschwärzt]
09.08.79	IM-Akte ~~IMV~~ IMS 1	XV/3174/79	[geschwärzt]
19.03.80 ~~24.10.79~~	IM-Akte IMS 1 1	XV/4407/77	[geschwärzt]
19.03.80	IM-Akte IMS 1 2,3	XV/2815/74	[geschwärzt]
19.03.80	IM-Akte IMK/KW 1	XV/1030/78	[geschwärzt]
19.03.80	IM-Akte IMS 1 xgl.	XV/3390/79	[geschwärzt]
19.03.80	IM-Akte IMS 1 1	XV/1055/78	[geschwärzt]
24.04.80	IM-Akte IMS 1,2 2	MfS 9953/61	[geschwärzt]
24.04.80	IM-Akte IMS 1 1,2	MfS XV/1902/63	[geschwärzt]
24.04.80	IM-Akte IME 1 1	XV/949/72	[geschwärzt]
24.04.80	IM-Akte IMK/KO 1	XV/2657/75	[geschwärzt]
24.04.80	IM-Akte IMS 1 Kopie	Nbg III/430/77	[geschwärzt]
24.04.80	IM-Akte IMK/KW 1	XV/3535/79	[geschwärzt]

Bände zur Ablage	Vorgang erhalten am (Unterschrift)	Vorgang zurückgegeben am	Vorgang an	Signu[illegible] Sa[illegible] bearb[illegible]
	28.03.77 Helm	31. 07. 85	Archiv	[illegible]
	13.01.71 Helm	-1. 08. 80	Gen. Pahl	[illegible]
	02.09.78 Helm	24. 10. 79	Gen. Girod	
III	F. d. R. gezeichnet [illegible]	24. 04. 80	Gen. Pahl	[illegible]
	F. d. R. gezeichnet [illegible]	24. 04. 80	" "	[illegible]
	F. d. R. gezeichnet [illegible]	15. 08. 85	an Archiv	[illegible]
	[illegible]	10. 04. 81	Archiv	[illegible]
	F. d. R. gezeichnet [illegible]	[illegible] 8. 05 [illegible]	HA S II/14 Zasche	[illegible]
1,2	F. d. R. gezeichnet [illegible]	18. 11. 85	Gen. [illegible]	[illegible]
	F. d. R. gezeichnet [illegible]	19. 06. 85	Archiv	[illegible]
	F. d. R. gezeichnet [illegible]	15. 08. 85	an Archiv	[illegible]
	F. d. R. gezeichnet [illegible]	07. 02. 86	Archiv	[illegible]
1	F. d. R. gezeichnet [illegible]	07. 02. 86	Archiv	[illegible]
	F. d. R. gezeichnet [illegible]	11. 02. 86	an Archiv	[illegible]
	F. d. R. gezeichnet [illegible]	11. 02. 86	[illegible]	[illegible]
	F. d. R. gezeichnet [illegible]	12. 01. 84	Archiv	[illegible]
1	F. d. R. gezeichnet [illegible]	17. 01. 84	an Archiv	[illegible]
	F. d. R. gezeichnet [illegible]	10. 04. 81	Archiv	[illegible]

10

Bezirksverwaltung
für Staatssicherheit Berlin
Abteilung XX/7

Berlin, 1. 9. 1978
Ho/Wa - 461

Bestätigt: Leiter der Abt. XX
~~Stellvertreter~~ Operativ

~~Hähnel~~ Häbler
Oberstleutnant

Operativplan zum OV "████████"

Auf der Grundlage des Sachstandsberichtes vom 11. 05. 1978 und den Ergänzungen vom 19. 06. 1978 und 29. 08. 1978 werden entsprechend den Zielstellungen des ZOV der HA XX zu den bearbeiteten Personen

folgende politisch-operative Maßnahmen durchgeführt:

1. ████████

████████ gehört zu jenen feindlich negativen Kräften, die fortlaufend bemüht sind, Aktivitäten gegen die Kulturpolitik unserer Partei und darüber hinaus gegenüber Maßnahmen von Partei und Regierung auf allen gesellschaftlichen Bereichen zu organisieren, anzuregen und selbst durchzuführen. Dabei nutzt ████. seine zahlreichen engen Kontakte zu Mitarbeitern der BRD-Vertretung, akkreditierten BRD-Journalisten sowie Verlagsangestellten und Kulturschaffenden in der BRD und Westberlin.

Die Zielstellung der weiteren operativen Bearbeitung des ████ ist:

- Nachweisführung der inspirierenden Rolle gegnerischer Kräfte auf die feindlich-negativen Aktivitäten des ████.
- Nachweisführung des engen, teilweise konspirativen Zusammenwirkens des ████. mit in der DDR akkreditierten Journalisten und anderen Bevorrechteten Personen aus dem NSW.
- Rechtzeitiges Aufdecken der Pläne und Absichten des ████, um insbesondere feindlich provokative Veröffentlichungen und Handlungen offensiv zu verhindern.
- Einleitung von politisch-operativen Maßnahmen in Abstimmung mit den entsprechenden staatlichen und gesellschaftlichen Institutionen, um den Einfluß ████'s in Kreisen des politischen Untergrundes unter Kulturschaffenden zurückzudrängen und durch Verstärkung der bereits vorhandenen Mißtrauensäußerungen zur Zersetzung dieses Kreises beizutragen.

Dieser Zielsetzung dienen folgende politisch-operative Maßnahmen:

1.1. IMV "[redacted]", (BV Bln. XX/7)

Auf der Grundlage des Vertrauensverhältnisses zur Familie [redacted] wird der IM eingesetzt um:

1. günstige Voraussetzungen für einen durch das MfS unter Kontrolle gehaltenen Wohnungstausch des [redacted] bis Ende des Jahres vorzubereiten und zu ermöglichen;

2. die Situation und den Einfluß des [redacted] im Kreis der feindlich-negativen Konzentration in [redacted] ([redacted]) aufzuklären;

3. operativ relevante Informationen zur gegenwärtigen Familiensituation, zum Verhältnis [redacted] - [redacted] und [redacted], zu erarbeiten.

Termin für langfristige Einsatzkonzeption: 15.9.78
Verantwortlich: Oltn. Holm

KOPIE

1.2. IMV "[redacted]", (BV Bln. VI)

Auf Grund der operativen Möglichkeiten wird der IMV "[redacted]" der Abteilung VI beauftragt, die Haltung der im negativ-feindlichen Konzentrationspunkt [redacted] verkehrenden Kulturschaffenden zu den Handlungen und Absichten des [redacted] zu ermitteln. Diese Informationen sollen zur Verstärkung des Mißtrauens dieses Kreises gegenüber dem [redacted] genutzt werden.

Termin für Informationsbedarf an IMV "Gieß": 15.9.78
Verantwortlich: Oltn. Holm

1.3. IM-Vorlauf "[redacted]", (BV Bln. XX/7)

Durch zweckmäßige Gestaltung des Gewinnungsprozesses im IM-Vorlauf "[redacted]" sollen Informationen über das Wirken und die Wirksamkeit des [redacted] in Kreisen negativ feindlicher Jugendlicher und Nachwuchsautoren erarbeitet werden, auf deren Basis unter Ausnutzung des bestehenden Vertrauensverhältnisses zur Familie [redacted], eine zielgerichtete personengebundene Bearbeitung des [redacted] und der [redacted] aufgebaut werden kann.

Termin für Plan und Gestaltung des Gewinnungsprozesses: 30.9.78
Verantwortlich: Oltn. Holm

1.4. IM-Vorlauf "Zement", (BV Bln. XX/7)

Aufbauend auf den bisherigen Ergebnissen des Kontaktes zu dem IM-Vorlauf "Zement" sollen im Rahmen der problemgebundenen Abschöpfung Informationen über Wirken und Wirksamkeit des [redacted] in Kreisen feindlich-negativer Schriftsteller und Kulturschaffender erarbeitet und im Zersetzungsprozeß zur Mißtrauensbildung genutzt werden.

Termin für Konkretisierung des Planes zum Gewinnungsprozeß: 30.9.78
Verantwortlich: Oltn. Holm

112

Bezirksverwaltung
für Staatssicherheit Berlin
Abteilung XX/7

Berlin, 2. 3. 1979
ho-schu - Tel. 461

Bestätigt:
Leiter der Abteilung

Häbler
Oberstleutnant

Operativplan

zum OV '[geschwärzt]'

Entsprechend den im Arbeitsplan für 1979 festgelegten Zielstellungen und Schwerpunkten der operativen Bearbeitung des OV [geschwärzt] werden für das zweite Halbjahr folgende Maßnahmen eingeleitet und durchgeführt:

1. IM-Einsatz zur Aufklärung der Pläne und Absichten der bearbeiteten Personen sowie zur Unterstützung von Differenzierungsmaßnahmen im Kreis um [geschwärzt]

1.1. IM-Werbungen von Kandidaten, die geeignet sind, in den engeren Kreis der bearbeiteten Personen einzudringen und das Vertrauen dieser Personen zu erlangen

Alle Werbungsaktivitäten in Zusammenhang mit dem OV "[geschwärzt]" gehen davon aus, daß diese Verbindungen auch für die operative Bearbeitung dieser Personen aus den OV "[geschwärzt]" und "[geschwärzt]" genutzt werden können.

1.1.1. Werbung des IM-Vorlaufes "Zement"

Der im IM-Vorlauf bearbeitete Kandidat besitzt aufgrund seiner beruflichen Tätigkeit als freischaffender Schriftsteller und seiner internationalen Anerkennung die objektiven Voraussetzungen, durch die bearbeiteten Personen in das Vertrauen einbezogen zu werden. Der Kandidat wurde von den in den drei og. Vorgängen bearbeiteten Personen in der Vergangenheit stets als Verbündeter betrachtet und von größeren operativ-interessanten Aktivitäten dieses Kreises informiert und teilweise mit einbezogen. Entsprechend der Erkenntnisse aus der bisherigen Kontaktphase ist im Bearbeitungszeitraum darauf zu orientieren, daß der Kandidat stärker auf die Berichterstattung zu den Aktivitäten des bearbeiteten Kreises gelenkt wird.

Termin der Werbung und der Einführung in die Bearbeitung des OV "[geschwärzt]": 30. 9. 1979

Verantwortlich: Gen. Oberleutnant Holm

1.1.2. Werbung des IM-Vorlaufes [geschwärzt]'

Der im IM-Vorlauf '[geschwärzt]' bearbeitete Kandidat besitzt aufgrund seiner künstlerischen Interessen und seiner Kontakte in der Vergangenheit die objektiven Voraussetzungen, in das engere Vertrauen der im OV "[geschwärzt]" bearbeiteten Sängerin und Liedermacherin [geschwärzt] einbezogen zu werden. In der Kontaktphase und der ersten Phase der Zusammenarbeit muß der Kandidat darauf orientiert werden, seine guten Vertrauensbeziehungen zu der [geschwärzt] auch auf den Kreis um den [geschwärzt] auszudehnen.

Termin für Werbung und Einführung in die Bearbeitung des OV [geschwärzt]: 15. 10. 1979

Verantwortlich: Gen. Oberleutnant Holm

1.2. Einführung geeigneter IM in die Bearbeitung des OV

Entsprechend der bestätigten Einsatz- und Entwicklungskonzeptionen sind die Möglichkeiten zu nutzen, geeignete IM aus dem Verantwortungsbereich bzw. anderer Diensteinheiten in die Bearbeitung der og. drei OV einzubeziehen.

1.2.1. IMV "[geschwärzt]" - BV Berlin, XX/7/Holm

Entsprechend der Festlegungen der Einsatz- und Entwicklungskonzeption des IMV "[geschwärzt]" ist es gelungen, durch eine entsprechende Blickfeldarbeit Möglichkeiten zu schaffen, den IMV direkt in die operative Bearbeitung des OV "[geschwärzt]" einzubeziehen. Für die Einführung des IM in die Vorgangsbearbeitung wird mit Hilfe einer operativen Kombination, die auf der engen Beziehung des IM zu einigen bevorrechteten Personen basiert, die Möglichkeit des direkten Kontaktes zu den bearbeiteten Personen gegeben.

Termin der Einführung in den OV: 15. 10. 1979

Verantwortlich: Gen. Oberleutnant Holm

1.2.2. IMV "[geschwärzt]" - BV Berlin, XX/7/Holm

Entsprechend der Festlegungen der Einsatz- und Entwicklungskonzeption gelang es dem IMV "[geschwärzt]", die Vertrauensbeziehungen zu der Managerin der [geschwärzt], der [geschwärzt],

Dossier 4/d

Bezirksverwaltung Berlin
Abteilung XX/7

Arch-Nr:
AOP ■■■■
Band 2

Berlin, den 7.4.8o
Kra. Tel. 22o

Bestätigt:
Leiter der Abt. XX
Häbler Oberstleutnant

3. Operativplan

zum OV " ■■■ " Reg. Nr. ■■■■ Verdacht gemäß § 1o6 StGB

Zur Realisierung der im Sachstandsbericht vom 14.3.8o festgelegten Ziele der weiteren Bearbeitung macht sich eine Bestimmung der nächsten Schritte erforderlich.

Dazu werden folgende Maßnahmen vorgesehen:

1. Personifizierung und Identifizierung des Verbindungskreises des Verdächtigen mit dem Zielder Schaffung einer inoffizellen Qelle zur direkten Einbeziehung in die oper. Bearbeitung. Zunächst wird die Übersicht der wichtigsten Verbindungen vervollständigt.

   Termin: 1o.5.8o
   Verantw.: Ultn. Kramer

2. Aufklärung der Rückverbindungen des Verdächtigen, da dieser sich über einen längeren Zeitraum im NSW aufhält.

   Termin: laufend
   Verantw.: Ultn. Kramer

3. Erarbeitung von aktuellen Hinweisen auf die Pläne und Absichten des Verdächtigen unter Einbeziehung der inoffizellen Kräfte, die Möglichkeiten besitzen, sein Wirken im NSW auch während des genehmigten " Arbeitsurlaubes " zu verfolgen.

   Termin: 15.5.8o
   Verantw.: Ultn. Kramer

4. Instruierung und Anfertigung von Operativen Aufträgen für die IM / GMS:

   - IMB " ■■■ " Gen Girod
   - IMB " Heiner " Gen Girod
   - IMB " ■■■ " Gen Girod
   - IMK/ KW " Kleinfeld " Gen. Girod
   - GMS " ■■■ " Gen. Muck

   Termin: 3o.5.8o
   Verantw.: Ultn. Kramer

5. Anfertigung von inoffiziellen Gutachten durch den IME. " [geschwärzt] " über die Werke des Verdächtigen, besonders über jene, die ohne Genehmigung des Büros zum Schutze der Urheberrechte der DDR im NSW veröffentlicht worden sind.

Termin: 3o.4.8o
Verantw.: Ultn. Kramer

6. Einleitung oper.- techn. Maßnahmen (M, PZF,) mit dem Ziel der rechtzeitigen Erkennung und Verhinderung feindlicher Angriffe auf und durch den Verdächtigen.

Termin: laufend
Verantw.: Ultn. Kramer

Kramer
Unterleutnant

Bezirksverwaltung
für Staatssicherheit Berlin
Abteilung XX

Berlin, 12. 12. 1980
zs-pl

Bestätigt:
Stellvertreter Operat

Hähnel
Oberst

KOPIE

Geh Verschluß
Gr 04 Nr.:
Ausf. 30

Arbeitsplan für das Jahr 198

1. Ziel- und Aufgabenstellung zur Gew leistung der Sicherhe und Ordnung im Verantwortungsbereich zur Verhinderung, Au deckung und Bekämpfung der subvers Angriffe des Gegners

1.1. Bekämpfung staatsfeindlich ntergrundtätigkeit mittels operativer Vorgangsbearbeitun

Zielstellungen der Bearbeit dieser OV sind

- Verhindern des Zusamme usses feindlicher Kräfte, Erkenne von tatrelevanten Ve ngen in andere Bezirke der DDR, i sozialistische Aus nd insbesondere ins Operationsgebie
- Nachweis der feind en Inspiration,
- wirksames und r eitiges Einschränken bzw. Unterbinden d politisch-nega n Wirkungen des subversiven Handelns der b arbeiteten P en, u. a. mittels ideologischer Rückgewinnu und Partei ationen,
- der spezi Nachweis auch von Straftaten, die nicht Staats verbrech nd.

Maßnah u ausgewählten OV:

- "[geschwärzt]"

Wei res Einengen der Handlungsfähigkeit der als Sektions- ung DDR der KPD und Bezirksleitung Berlin bekannten ktionäre.
echtzeitiges Erkennen und Verhindern feindlicher Aktionen durch die Organisation.
Erkennen weiterer Zellen und Tatbeteiligter, Nachweis des Sach

Werben von 2 IM

T.: 31. 08. 1981
30. 10. 1981

V.: Referatsleiter XX/4

1.9. Sicherung des Fernmeldewesens der Hauptstadt

- Vorgangsmäßige Sicherung der spionage- und diversionsgefährdeten OVSt. 43 und 55.

  Analyse und Operativplan

  T.: 15. 01. 1981

  Werbung von 2 IM

  T.: 01. 05. 1981
  01. 10. 1981

- Inoffizielles Durchdringen und Aufklären des Schwerpunktbereiches Netzbau des FBA mit dem Ziel des Erhöhens der Sicherheit im E-Fal

  Werben eines IM

  T.: 30. 03. 1981

- Fortführen der [geschwärzt], Beweisführung zu §§ 106, 107 StGB.

  Werben eines IM

  T.: 15. 08. 1981

- Fortführen der [geschwärzt], Unterbindung der kriminellen Gruppenbildung und des Rowdytums.

  Werben eines IM

  T.: 01. 06. 1981

V.: Referatsleiter XX/6.

1.10. Abwehrarbeit unter Künstlern und Kulturschaffenden

Die Aufklärung, Kontrolle und Bearbeitung von Personen aus dem kulturellen Bereich, die im Verdacht politischer Untergrundtätigkeit stehen, ist besonders unter Beachtung konterrevolutionärer Bestrebungen in der VR Polen zielstrebig und intensiv weiterzuführen. Das erstrangige Ziel dabei besteht im Zurückdrängen der gegnerischen Stützpunkttätigkeit, um feindliche Pläne zur Schaffung einer Massenbasis und einer oppositionellen Plattform rechtzeitig und wirksam zu vereiteln.

Der Einsatz, die Qualifizierung und Entwicklung der operativen Kräfte, vorrangig der IM, muß darauf gerichtet werden, solche Schwerpunktbereiche wie

künstlerischer Nachwuchs aller Genre,

Künstlerverbände der Hauptstadt,

Reisekader der Theater, der Presse und der DEWAG,

freischaffender Bereich der Unterhaltungskunst,

Kulturredaktionen des Berliner Verlages,

Kulturhäuser, Clubs und andere Veranstaltungszentren staatlicher und gesellschaftlicher Institutionen

noch wirkungsvoller vorbeugend unter operative Kontrolle nehmen zu können, um das geplante, und z. Teil schon praktizierte Vordringen gegnerischer und politisch-negativer Kräfte in diese Bereiche zu verhindern bzw. zurückzudrängen.

- [geschwärzt]"

Erarbeiten einer Konzeption zur politisch-ideologischen Neutralisierung und anschließenden Rückgewinnung mit wesentlicher Hilfe des IME "Lene Mattke".

T.: 25. 02.1981

Operative Kontrolle im kapitalistischen Ausland durch IMS "Heiner".

Werbung des IM-Vorlauf "Heine"

T.: 30. 04. 1981

Sachstandsberichte und Operativpläne

T.: 25. 02. 1981
01. 10. 1981

- [geschwärzt]"

Weiterführen und Verstärken der politisch-positiven Einflußnahme über die IM "Verlag" und "Manfred".

Verhindern beabsichtigter Kontaktaufnahme zu polnischen Autoren und Verlagen durch IM im Vorstand des DDR-Schriftstellerverbandes

Sachstandsbericht und Operativplan

T.: 13. 10. 1981

- [geschwärzt]"

Abschluß durch ein strafrechtliches Gutachten der Abt. IX und seine Auswertung für eine Parteiinformation, verbunden mit Vorschlägen über weitere staatliche Entscheidungen zur bearbeiteten Person.

T.: 10. 05. 1981

Dossier 4/f

Abteilung XX/7

Berlin, 1. 6. 1981
kra-schm - Tel. 220

Bestätigt:
Leiter der Abteilung XX

Häbler
Oberstleutnant

4. Operativplan zum OV "████", Reg.-Nr. ████

Zur Realisierung der im Sachstandsbericht vom 30. 4. 1981 festgelegten Ziele der weiteren Bearbeitung macht sich eine Bestimmung der nächsten Schritte erforderlich.

Dazu sind folgende Maßnahmen vorgesehen:

1. Einsatz des IMS "████" (Gen. Girod), der unter Ausnutzung verwandtschaftlicher Verbindung zum Verdächtigen in der Lage ist, aktuelle Informationen über dessen Aufenthalt, Pläne und Absichten zu erarbeiten.

   T.: ständig

   V.: Kramer/Girod

2. Einsatz des IMS "████" zur Kontrolle von ausgewählten öffentlichen Auftritten des Verdächtigen. (Einsatz erfolgt gezielt anläßlich des Theatertreffens 1981 in WB).

   T.: 20. 5. 1981

   V.: Ltn. Kramer

3. Einsatz des IMS "████" mit dem Auftrag der zielgerichteten Presseauswertung zum Verdächtigen.

   T.: ständig

   V.: Hptm. Girod
   Ltn. Kramer

4. Einsatz des IMS "Heiner" mit dem Ziel, im Operationsgebiet Verbindung zum Verdächtigen aufzunehmen und Fragen seiner zukünftigen Arbeit bzw. Pläne zu besprechen. Dabei soll fest-

gestellt werden, wo Ansatzpunkte für einen Neubeginn seiner Bindung an die DDR liegen. Durch den IMS "Heiner" soll eine gezielte Verhinderung des Einwirkens feindlicher Kräfte auf den Verdächtigen erfolgen. Dazu wird das bestehende Verhältnis sowie der Einfluß des IMS "Heiner" im Operationsgebiet (~~Verlag der Autoren~~) genutzt.

T.: Stand des Kontaktes
20. 3. 1981

V.: Hptm. Girod
Ltn. Kramer

5. Zu den Veröffentlichungen des Verdächtigen werden inoffizielle Gutachten angefertigt.

Zur Beschaffung der Veröffentlichungen sowie zu den Gutachten werden die IME "█████", IM "█████" und IMS "█████" eingesetzt.

T.: bei Vorliegen der
Veröffentlichungen

V.: Hptm. Klemer
Ltn. Kramer

6. Einleitung der M-Kontrolle über die BRD-Adresse des Verdächtigen.

T.: bei Bekanntwerden

V.: Ltn. Kramer

Kramer
Leutnant

Dossier 4/g

Arbeitsbuch
Aufzeichnungsheft

für Name Knei Vorname Wilhelm 25/81

Begonnen am 24.9. 1981

Abgeschlossen am 19

Geheimhaltungsgrad und Registriernummer

Dieses Buch enthält 96 linierte und perforierte Blätter (in Worten: sechsundneunzig)

Bestätigt: Unterschrift

VS 121 (87/11) 8070 Ag 310/80/DDR/401

13. 4. 83

Vorbereitg Treff u. Heino

- Eigene Stellg 3. Welt
- [geschwärzt] – Presse Lit.-Verb. WD
- Treff
- Probleme [geschwärzt] sehr hoch getrieben – Klärungsprozeß
- [geschwärzt] spielt ehrlich – konstruktiv
- Künstleragentur ?

- III nat. rev.
u. dem.
Befreiungsbew. – soz + sozialistisch

7. 9. 83

100 J – DI

– kleinsten Hinweis an Leiter der Abt.

26. Türkei – VR – Länderspiel
Schlägerei – nächste Pro.

31. X. Grüne bei Honecker

Beckmann

→ Treff „Heiser"

→ [geschwärzt] – Mat. bei H. Pachl

↓ [geschwärzt] KAXXI [geschwärzt]

→ [geschwärzt] . VB [illegible]

Ref.-Bespr. 19.10.83

Plan: Abschlüsse [geschwärzt], [geschwärzt]

AV [geschwärzt] + OPK + 2 IMS + IMK
4 x T: 14.11.

– Abgebrochene Verb.
namentlich festlegen!

(22.9.83 Bekämpf. Untergrund
OSL Kraus – Arbeitsgr. im Vorschlag
zur Bekämpfung gewaltfreier Aktionen

000012

- IMS „[redacted]" – Ablage Archiv
Beratung IMK

- IMK-Vorlauf „[redacted]" – Gen. Wenzel

- IMK/KW „[redacted]"
„[redacted]"
„[redacted]" } Gen. Kramer

IMK/KW „[redacted]"
IMK/KW „Kleinfeld" } Gen. Girod

- IMB „[redacted]" — Gen. Girod
- IMS „[redacted]" — ? erl. Gen. Kramer
- IMS „Heiner" — Gen. Girod / Mücke
- IMS „[redacted]" — Ruhe – durchschleppen
- IMS „[redacted]" — Gen. Girod / Mücke

OV „[redacted]" – Gen. Kramer

OV „[redacted]" – Gen. Sagafe – voll übergeben

OPK [redacted] – ?

– [redacted]

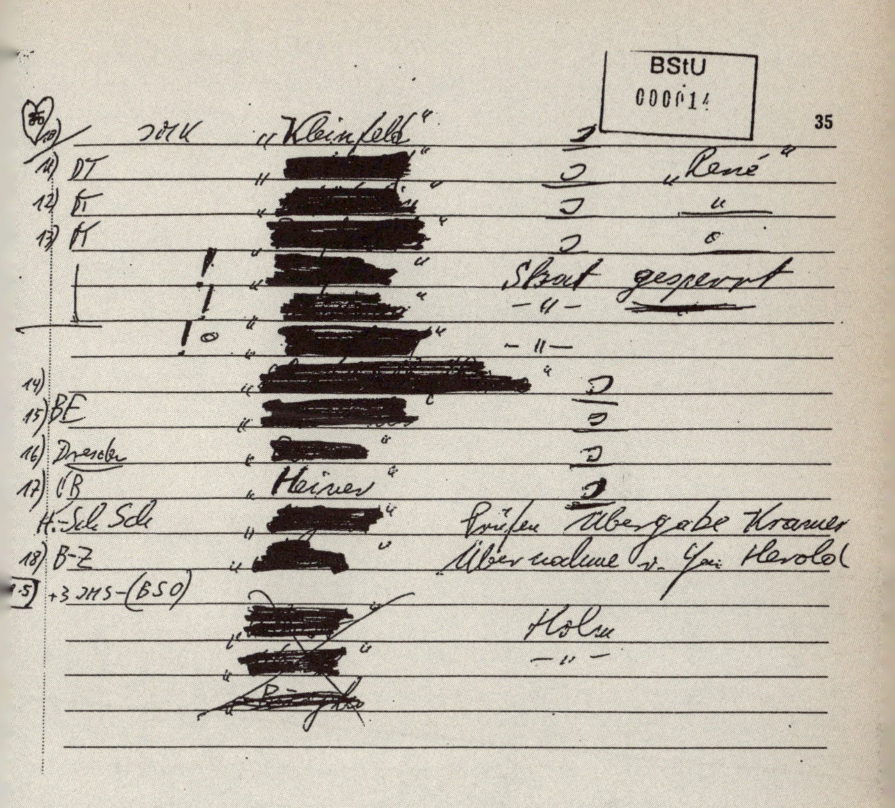
BStU
000014

35

10) "Kleinfeld"
11) DT "René"
12) DT
13) DT
Staat gesperrt
–"–
–"–
14)
15) BE
16) Dresden
17) CB "Heiner"
H.-Sch. Sch Prüfen Übergabe Kramer
18) B-Z Übernahme v. Gen. Herold
+3 JHS-(BSO)
Holm
–"–

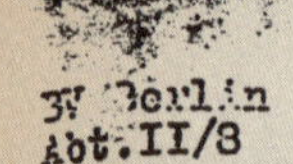

BV Berlin
Abt. II/8

Berlin, den 11.3.8[illegible]
ae - 9763

Absprachevermerk

Am 10.3.82 fand mit dem Gen. Girod, BV Berlin, Abt.XX und dem Unterzeichner eine Absprache zur Verbindung des in der OPK "[geschwärzt]" bearbeiteten [geschwärzt], [geschwärzt]

Müller, Heiner
09.01.29
Dramaturg
wh. Erich-Kurz-Str. 9
1136 Berlin

statt.

Gen. Girod erklärt, daß der M. zu einem der profiliertesten Dramaturgen in Europa gehört und auch dienstlich in das NSW reist. Es besteht zu ihm ein Kontakt, der aber diffiziel zu betrachten ist.
Der M. wird sich so nicht mit Einschätzungen zu einzelnen Personen und solchen Sachen abgeben, ist aber bis zu einem gewissen Grade bereit, unser Organ bei der Durchsetzung bestimmter Konzeptionen und Vorstellungen unterstützen.

Sollte "[geschwärzt]" wirklich in der Hinsicht aktiv werden, daß er sich schriftstellerisch betätigt und an die Öffentlichkeit geht, ist es möglich, ihn durch den M. in einer ganz bestimmten Richtung sich entwickeln zu lassen. So kann er ihn indirekt in unserem Interesse steuern.
Hierzu müßte dann eine konkrete Konzeption und Zielstellung erarbeitet werden.
Zu gegebener Zeit kann darauf zurückgekommen werden.
Im Moment sind von "[geschwärzt]" noch keinerlei schriftliche Arbeite[n] bekannt.

KOPIE

Es wurde vereinbart, daß mit dem M. im Moment noch nicht über "[geschwärzt]" gesprochen wird. Sollten sich Informationen zu dieser Verbindung ergeben, werden sie an unsere DE übersandt.

Bei entsprechender Veränderung der Situation zu "[geschwärzt]" wird erneut Rücksprache gehalten.

Angele
Angele, Oltn.

Be.

Dossier 4/i

Abteilung XX/7

Berlin, 13. 10. 1982
mu/gro

Inoffizielle Information

Quelle: zuverlässig

Heiner Müller/[geschwärzt] - Aufnahme als Mitglieder in die Akade
der Künste der DDR

Die Quelle teilte vertraulich folgenden Sachverhalt mit:

Der ehemalige Präsident der Akademie der Künste, Konrad Wolf, hat
eine inhaltlich ausgewogene Liste über Personen zusammengestellt,
als Mitglieder in die Akademie der Künste aufgenommen werden sol
Diese Liste ist von Konrad Wolf sowie dem Minister für Kultur, H
mann, und der Leiterin der Abt. Kultur des ZK der SED, Ragwitz,
zeichnet.

Wegen des Todes von Konrad Wolf und der damit verbundenen Proble
wurde zwar ein neuer Präsident und das Präsidium gewählt, es erf
jedoch nicht, wie sonst gleichzeitig üblich, die Aufnahme neuer
glieder.

KOPIE

In Abstimmung zwischen

Gen. Kurt Hager,

Gen. Hans-Joachim Hoffmann, Minister für Kultur,

Genn. Ursula Ragwitz, Leiterin der Abt. Kultur des ZK der S

Gen. Manfred Weckwerth, Präsident der Akademie der Künste,

wurde festgelegt, diese ausgewogene Liste durchzusetzen.

Sie enthält zwei problematische Namen, Heiner Müller (führender
matiker der DDR) und [geschwärzt] ([geschwärzt] der DDR).

Die Quelle schätzt ein, daß es in der Akademie einen Erdrutsch g
falls beide nicht als Mitglieder in die Akademie der Künste auf
nommen werden. Negative Auswirkungen wären:

- Weckwerth würde unterstellt, Konrad Wolf zu unterlaufen;

- die Akademie verliere an Glaubwürdigkeit und in ihr käme es zu
  zu übersehenden Auseinandersetzungen;

- es würde sich ein Politikum entwickeln;
- Kursänderung der Kulturpolitik der Partei

- Auswirkungen ähnlich der Problematik Biermann wären zu erwarten.

Die Quelle vertritt die Auffassung, daß die Akademie die Aufnahme beider verkraftet und hat folgende Meinungen:

zu Müller:

Wurde von der ehemaligen Intendantin des Berliner Ensembles und jetzigen Regisseurin an der Deutschen Staatsoper Berlin, Genn. Ruth Berghaus, zur Aufnahme als Mitglied der Akademie der Künste vorgeschlagen.

Ist bei allen Ecken in der DDR verwurzelt und gilt als Klassiker der DDR-Dramatik. Ist ein genialer Kopf und hat eine riesige Anhängerschar. Ist, auch wegen ästhetischer Positionen, politisch ein neuralgischer Punkt, was der Gegner versucht auszunutzen, steht aber zur DDR und hat auf der Berliner Tagung eine wichtige politische Haltung eingenommen.

Einschätzung/Maßnahmen:

1. Information ist intern zu behandeln, da die genannten Zusammenhänge nur im kleinen Personenkreis vertraulich bekannt sind.

2. Eine richtige Entscheidung zur weiteren Behandlung von Heiner Müller und ██████ ist von großer politischer Tragweite, besonders, aber nicht nur, auf kulturellem Gebiet.

3. Die Einschätzung der Quelle zu Müller und ████ stimmt im wesentlichen mit unseren politisch-operativen Erkenntnissen zu diesen Personen überein.

4. Die Aufnahme beider in die Akademie der Künste entspricht unseren politisch-operativen Zielstellungen, weil sie – wie von uns seit längerem angestrebt – in ein Forum kommen, welches sich mit ihnen auseinandersetzt, sich um sie kümmert, Klagemauer ist, Einfluß ausübt.

5. Für unser Organ würde sich ergeben:

a) Fortsetzung des inoffiziellen Bindungsprozesses von Heine: Müller an uns unter günstigeren Bedingungen;

b) Prüfung des Abschlußes der OV-Bearbeitung [geschwärzt] des [geschwärzt] [geschwärzt], da die unter 4. genannte Zielstellung für die Vorge bearbeitung wesentlich war.

6. Es wird vorgeschlagen, zu Müller und [geschwärzt] kurzfristig Inform tionen an den 1. Sekretär der BL der SED Berlin zu erarbeiten

Muck
Hauptmann

Verteiler
1x Leiter der Abteilung
1x [geschwärzt] "
1x [geschwärzt] "
1x IM-Akte "Heiner"

KOPIE

Dossier 4/k

DE XX — Buchungs-Nr. 1134 P.

Angehöriger Gürd

Operativgeldabrechnung M / ~~DM~~

vom 17. 10. 86

Betrag lt. Anforderung vom —

Betrag	Reg.-Nr.	Deckname bzw. Verwendungszweck	ÜSK
115,47	XV 3370/78	IMS „Klauer"	6000
		Präsent	

[illegible]	insgesamt	wörtlich	[illegible] 47/100
	Rückzahlung an Kasse		

Abrechnender — Unterschrift

Zur Zahlung angewiesen — Unterschrift

Betrag erhalten — Unterschrift

Fin 270 O

DE XX

Operativgeldabrechnung M/~~DM~~

694	22.9.88	Girod
Buchungs-Nr.	Datum	Angehöriger

Betrag lt. Anforderung vom ____________

USK	Reg.-Nr.	Deckname bzw. Verwendungszweck	Betrag
√ 6000	VIII 243/63	IMS „[illegible]" - Präs.	55,–
√ 6021	XV 3370/78	IMS „Heiner" Treff	59,90
√ 6621	XV 2406/72	IM/KIKV „[illegible]" Treff's	34,00
		insgesamt	148,90

Rückzahlung/Nachforderung von/an Kasse

Abrechnender/Quittung — sachlich/rechnerisch richtig — zur Zahlung angewiesen

Fin. 270

Quelle: gesonderter Finanznachweis

HS Reg.-Nr. XV/1337012 · 7 km

		6000	
Op. Auftrag	27.9.[illegible]	64,– ✓	
		1984	
		1986	
			6000
1134 · Prämie	18.11.86		115,45
		1988	
			602
694 TR m. RW	22.9.88		59,[illegible]

XV/3370/78

Reg.-Nr./Erfassungsart

BV Berlin

Bezirk

DE/Mitarbeiter

Bei registrierten Vorgängen nur Reg.-Nr. und Bezirk, bei sonstigen Erfassungen Art, Bezirk, DE, evtl. Mitarbeiter angeben

Name: Müller

Geburtsname

weitere Namen

Vorname	Heiner
geb. am	09.01.1929
in	Eppendorf
Staatsangehörigk.	DDR
PKZ	0 9 0 1 2 9 4 3 0 1 4 7
Anschriften	112 Berlin
	Kissingenplatz 12
Beruf/Tätigkeit	Schriftsteller
Arbeitsstelle	freischaffend

Mit Maschine ausschreiben!

Archiv-Nr.

Bezirk/ablegende DE

Mitarbeiter — nicht gesperrt

Karte angelegt am

KK Bln. . . /7

↑KK Bln. XX/7a (Bleistift)

Form ... 540 774 1.500.0 TDIs

Raum für Eintragungen der Abt./selbst. Referat XII

Datum	Veränderungen Anschriften	Datum	Weitere Erfassungen
	04		MfS XV/359/60

Datum	Veränderungen Beruf/Tätigkeit
100	1.8.79

~~Vorlauf~~ "~~Zement~~" Heiner

Vorgangsart 27.8.80 | Deckname

~~IMV~~ IMS | XV/3370/78

Aktenart | Reg.-Nr.

Tatbestand

HA/Abt./KD XX | MfS/BV/Verw. BV Berlin

angelegt am 27. Juli 1978 | Mitarbeiter Holm

umregistriert am 14. 11. 78 | zum IM-Vorg.

beendet am | wegen

Archiv-Nr.

Form 77 147 177

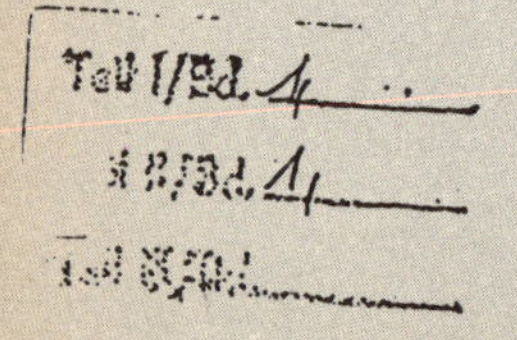
Teil I/Bd. 1

Teil II/Bd. 1

Vorg.-Art IM Vorg Reg.-Nr. XV 3370/78

Deckname " HEINER "

IM-Kategorie / Delikt IMS

Angelegt am 7.7.78 MfS / BV / Berlin

HA / Abt. / KD XX Mitarb. Holm

Beendet am: MfS / BV / Archiv-Nr.

Nicht gesperrt

Datum	Art der Veränderung
27.10.79	NV Bln. Abt. XX - GIROD

22

Datum	Art der Veränderung
	Im Vorgang geht auf:

Das Müller-Phantom

Andreas Schreier und Malte Daniljuk

Anfang Januar dieses Jahres ging in verschiedenen Redaktionsstuben der bundesrepublikanischen Presselandschaft ein Telefax ein. Absender: Dieter Schulze, Berlin. Der Autor behauptete darin, daß der Dramatiker Heiner Müller vom Ministerium für Staatssicherheit der DDR unter den Decknamen IMV »Zement« und später »Heiner« geführt worden war. Müller selbst äußerte sich in einem Gespräch gegenüber »Spiegel-TV« provokant: »Die Intelligenz war bei der Staatssicherheit, die Blindheit bei der Parteiführung.« Und: »Ich wußte, ich rede nicht mit der Heilsarmee. Ich mußte immer wissen, was ich sage und was ich nicht sagen kann. Ich mußte auch immer wissen, wann ich lügen muß. Das gehört zu solchen Gesprächen. Ich habe versucht, zu beraten und Einfluß zu nehmen auf Dinge ...«. Das deutsche Feuilleton schrie auf: »Heiner Müller und die Stasi: Der große Dichter schrumpft«, »Schwein? Dichter? Dichtendes Schwein?« Sehr schnell wurden »Beweise« präsentiert. Zum Beispiel waren da Karteikarten aus der Gauck-Behörde, auf denen deutlich zu lesen stand: IMS »Heiner«. Es wurde aus Arbeitsplänen und -büchern der »Führungsoffiziere« zitiert, wie »Zement« zum Einsatz kommen solle und daß der Großverdiener Heiner Müller von der Stasi Geld erhielt – einmal 115,45 Mark, einmal 59,90 Mark und für einen »Operativen Auftrag« 64,– Mark. Ostmark!, sei noch bemerkt. Die Diskussion zum Fall »Müller« hielt sich knapp drei Wochen in den Medien, dann war der Ofen aus. IMS »Heiner« hatte seinen Marktwert verloren. Das Merkwürdige an der Sache war nur: Es tauchten keine Beweise auf, die Heiner Müller unmittelbar belasten konnten. Das heißt: Weder seine Verpflichtungserklärung noch irgendein Bericht von »Zement« oder »Heiner« wurden bisher ans Tageslicht befördert.

Heiner Müller soll seit 1978 für MfS als »Zement« tätig geworden sein. Müller wurde jedoch schon einige Jahre früher interessant für die Ostberliner Staatsschützer. Mit der Ausbürgerung Wolf Biermanns 1976 und den sich daran anschließend Protesten der DDR-Künstlerszene wurde Heiner Müller, der wie Volker Braun, Christa Wolf, Manfred Krug, Bettina Wegner, Klaus Schlesinger und andere, die die Protesterklärung gegen diesen Willkürakt unterzeichnete, wieder zum Objekt staatlicher Begierde. (Bereits in dern 60er Jahren wurde Müller in der Affäre um sein Stück »Die Umsiedlerin« in einem Operativen Vorgang gleichen Namens vom MfS geführt.) Die Bezirksverwaltung der Staatssicherheit Berlin, Abteilung XX/7, bekam den Auftrag, alle in ihren Zuständigkeitsbereich fallenden Unterzeichner der Biermann-Resolution operativ zu bearbeiten. Zu Heiner Müller wurde in dieser Zeit

eine Akte zur Operativen Personenkontrolle, der OPK »Zement«, angelegt. Bearbeiter war Oberleutnant Holm. Müller, der als Dramatiker eigentlich nicht als Fall auf Holms Schreibtisch gehörte, bereitete damals eine Veröffentlichung im Henschel-Verlag vor. Durch diesen Umstand wurde Holm, der für die Berliner Schriftstellerszene zuständig war, zum Bearbeiter Müllers. Das MfS las in dieser Zeit fleißig die Briefe Müllers und versuchte, Spitzel in seiner Nähe zu plazieren. In den folgenden Jahren der operativen Bearbeitung bekam Holm die Zweifel, die für sein späteres Handeln ausschlaggebend sein sollten. Er hielt Müllers Tätigkeit weniger für ein sicherheitspolitisches Problem als für einen kulturpolitischen Dissens zur kulturellen Doktrin, zumal ihm bekannt war, daß der Chef der Hauptabteilung XX in der Lichtenberger Zentrale, Kienberg, eine tiefe ästhetische Abneigung gegen alles, was »irgendwie abstrakt war«, empfand. Holm selbst schätzte die Arbeiten Heiner Müllers und war schon deshalb bei der Aufdeckung dessen angeblicher Feindtätigkeit schlecht motiviert. Dementsprechend verschleppte sich die OPK »Zement« ohne Ergebnisse über zwei Jahre.
1978 veränderte sich die Situation grundlegend. Müllers Freund, der Schriftsteller Thomas Brasch, zu dieser Zeit besonders im Visier des MfS, reiste nach einer Reihe von staatlichen Repressalien nach Westberlin aus. Im Zusammenhang mit der Ausreise entdeckte die Stasi, daß Brasch von Müller ein Empfehlungs-

schreiben für den Westdeutschen Suhrkamp-Verlag erhalten hatte und ihm im Notfall finanzielle Unterstützung in Aussicht gestellt wurde. Das war für die Hauptabteilung der Beweis für Müllers kriminelle Energien und sollte der Anlaß für ein Ermittlungsverfahren wegen Devisenvergehens sein. Die Zentrale traf Vorbereitungen, um Müller ähnlich wie auch schon Stefan Heym vor Gericht zu stellen, ihn also zu kriminalisieren. Das stellte Holm vor die Entscheidung, entweder die OPK »Zement« an die Zentrale abzugeben oder etwas dagegen zu unternehmen. Im MfS gab es eine eiserne Regel: Wenn die Möglichkeit bestand, eine Person für die Staatssicherheit zu werben und demzufolge ein sogenannter IM-Vorlauf angelegt werden mußte, durfte keine andere Diensteinheit auf diese Person Zugriff haben, ohne den Bearbeiter zu konsultieren. Da Holm nach wie vor nicht der Meinung war, daß »Zement« ein Feind der DDR sei, entschied er sich für die damals sicherste Variante: Er beschloß gemeinsam mit seinem Kollegen Girod, Müller von der »Feind-« in eine »Freundbearbeitung« umzudeklarieren. Aus der OPK »Zement« wurde der IM-Vorlauf »Zement«. Um diese Vorgehensweise zu legitimieren, mußte ein Gespräch mit dem Werbungskandidaten stattfinden.

Über den gemeinsamen Bekannten Dieter Klein arrangierten die beiden Stasioffiziere ein Treffen in Müllers damaliger Pankower Wohnung. An diesem Treffen, das am 1. September 1978 stattfand, nahmen ne-

ben Müller Holm, Girod und Müllers Freund Dieter Klein teil. Nach Holms Darstellung bewegte sich die Diskussion zwischen Müllers Auffassungen zur herrschenden Kulturpolitik und Standpunkten zum kritischen Marxismus Karl Korschs. Nebenbei versuchten Holm und Girod, Müller ihr eigentliches Anliegen deutlich zu machen, ohne allzu offensichtlich gegen ihre geheimdienstlichen Spielregeln zu verstoßen. So redeten sie über konkrete Personen an der Volksbühne, mit denen Müller in Zukunft vorsichtiger umgehen sollte, da sie ihrerseits mit dem Ministerium für Staatssicherheit engen Kontakt pflegten, und deuteten ihm an, welche Probleme sich aus der Ausreise von Thomas Brasch für Heiner Müller ergeben könnten. Holm sagt heute, daß Müller diese Hinweise verstanden hätte.
Durch das Gespräch mit Müller war nun Holm in der Lage, gegenüber seinen Vorgesetzten die Umwandlung der OPK »Zement« in der IMV »Zement« zu legitimieren. Er setzte sich an seinen Schreibtisch und hielt auf einer DIN-A-4-Seite den Inhalt des vorangegangenen Gesprächs fest. Die Dinge, die Holm und Girod zu Brasch und bezüglich der Volksbühnenmitarbeiter erwähnten, blieben außen vor. Dazu verfaßte Holm einen dreiseitigen Maßnahmeplan, in dem er, wie auch in später noch folgenden, recht phantasievoll schilderte, welche hervorragenden Möglichkeiten Heiner Müller als IM bieten würde. Besonders Müllers Kontakte ins westliche Ausland waren da ein schwerwiegendes Argument, so Holm. Außerdem

stellte er darin dar, daß »Zement« auf die Liedermacherin Bettina Wegner und den Schriftsteller Klaus Schlesinger, die Holm im Operativvorgang »Schreiberling« bearbeitete, angesetzt werden könnte. »Zement« kam niemals zum Einsatz, das bestätigen Schlesinger und Wegner heute, da Müller mit ihnen keinen engeren Kontakt hatte.

Der IM-Vorlauf »Zement« zog sich über die nächsten anderthalb Jahre als Karteileiche hin, und Holm bekam zunehmend Ärger mit seinen Vorgesetzten, da er nach deren Auffassung schlecht arbeitete (Werbung eines einzigen IM in 14jähriger Tätigkeit als Geheimdienstoffizier). Das Ergebnis war: Holm wurde in den Zuständigkeitsbereich »Bildende Kunst« versetzt. Deshalb war es ihm unmöglich, die Akte Heiner Müllers weiterhin zu bearbeiten. Er übergab sie seinem Kollegen Girod, der der einzige war, der die Problematik kannte und bereit war, Müller weiterhin als Phantom-IM zu decken.

Zeitgleich gab es einen neuen Versuch, von Seiten der Zentrale gegen Müller vorzugehen. Es wurde ein Telefongespräch zwischen Heiner Müller und seinem Freund Matthias Langhoff abgehört, der sich zu dieser Zeit zur Arbeit in der Schweiz aufhielt. Langhoffs Vertrag lief gerade aus, und Müller wollte sich für weitere Arbeitsaufträge, die automatisch die Verlängerung seines Visums zur Folge gehabt hätten, einsetzen; dieses jedoch ohne das Wissen der damals zuständigen Stellen in der DDR. Auf Grund dessen fiel auf, daß der IM-

Vorlauf »Zement« schon länger, als normalerweise üblich war, lief. Das war der Anlaß für ein zweites Treffen der MfS-Mitarbeiter mit Heiner Müller. Dieses Treffen deklarierte Girod gegenüber seinen Vorgesetzten als Werbungsgespräch; der Phantom-IM »Heiner« war geboren.

Alle diese Informationen wären der Öffentlichkeit jederzeit zugänglich gewesen. Es bleibt die Frage, warum erhobene Anschuldigungen so unkritisch wiedergegeben werden. Die Reaktionen des westdeutschen Feuilletons sind da sicher am einfachsten zu verstehen. In bester Zusammenarbeit mit der angeborenen Oberflächlichkeit der marktwirtschaftlichen Journaille tönen sie moralische Entrüstung, um ihre Minderwertigkeitskomplexe gegenüber DDR-Intellektuellen zu kompensieren. Ein viel größeres Problem ist die dem Bonner Innenministerium unterstellte Gauck-Behörde. Obwohl das Vorhandensein des OPK »Zement« bekannt sein müßte, und auch die Karteikarten, als wesentlichstes Belastungsmaterial gegen Müller, offensichtlich aus den Beständen der Gauck-Behörde stammen, wurde von ihr nichts unternommen, um diesen ganzen Vorgang der Öffentlichkeit bekanntzumachen. Dabei müßte doch gerade der Bundesbeauftragte Gauck auf Grund seiner Fachkenntnisse wissen, wie schnell aus einer Bearbeitung im OV (zum Beispiel »Larve«) ein IM-Vorlauf werden kann und man einen Führungsoffizier (zum Beispiel Terpe) zugeordnet bekommt.

»Es gibt ein Menschenrecht auf Feigheit«

Ein Gespräch mit dem Dramatiker Heiner Müller über seine Kontakte mit der Staatssicherheit

Herr Müller, seit dem Abtritt der DDR spielen die westdeutschen Zeitungen Stasi und Gendarm. Man arbeitete sich spiralförmig nach oben, erst Sascha Anderson, dann Christa Wolf, und so kam man eines Tages auch zu einem berühmten Dramatiker. Das wußten Sie, aber Sie haben geschwiegen. Fühlten Sie sich unangreifbar?

Was ich wußte war, daß ich Gespräche hatte mit der Staatssicherheit. Aber ich habe natürlich keine Berichte geschrieben, man hat mich danach auch nie gefragt. Sie wußten, daß sie bestimmte Dinge bei mir gar nicht versuchen können. Andererseits gibt es in diesen Akten Pläne und Wunschzettel. Die Führungsoffiziere mußten natürlich auch Leistungen bringen, und wenn es ein Haufen Papier war. Daraus entstand zum Beispiel der groteske Plan, Heiner Müller anzusetzen auf Bettina Wegner und Klaus Schlesinger, zu denen ich gar keinen Kontakt hatte. Man hat mich nie danach gefragt, aber es stand da, in dem Stasi-Plan. In den Akten von Wegner und Schlesinger steht nichts davon. Was mich verblüfft hat, war die Geschwindigkeit und

Selbstverständlichkeit, mit der Journalisten, gerade in der *ZEIT*, annahmen, ich hätte Leute observiert oder denunziert und dafür noch Geld gekriegt. Das hat mich eigentlich verblüfft, wie das funktionierte.

Dennoch haben Sie in Ihrer Autobiographie Krieg ohne Schlacht *den Eindruck vermittelt, die Staatssicherheit habe bei Ihnen nur kurz angeklopft und mit Ihnen eine Havanna geraucht. Das war's dann aber wohl nicht.*

Leider keine Havanna. Zunächst einmal wollte ich ja auch was. Und was die wollten, war etwas anderes, als das, was ich wollte. Aus meiner Sicht war es so: Die Volksbühne unter Benno Besson war zersprengt durch Verbote von Stücken von mir und von Brecht – bei Brecht waren es die Erben, bei mir war es die Bezirksleitung der Partei. Deswegen hat Besson gekündigt und ist weggegangen. Langhoff und Karge haben auch gekündigt und sind weggegangen. Das war das End der Volksbühne. Langhoff inszenierte in Hamburg und hatte eine Freundin in der Schweiz. Sein Problem war, daß er sein Visum überzogen hatte. Er war schon zwei Monate länger als erlaubt im »westlichen Ausland«. Deswegen ging ich zum Bezirkssekretär Naumann, aber der lehnte ab, irgend etwas zu unternehmen, er schäumte und meinte, Langhoff würde verhaftet, wenn er zurückkomme. Und dann sagte mir der ehemalige Verwaltungssekretär der Volksbühne, der natürlich Kontakte zur Staatssicherheit haben mußte mit einem

Ausländer als Intendanten – das ganze hätte ohne so eine solche Absicherung nicht funktioniert – er kenne Leute von der »Firma« und ich solle doch mal zu ihm nach Hause kommen und mit denen über Langhoff reden. Einer von denen war Girod. Ein paar Tage später hatte Langhoff sein Visum über das Büro Honecker.
Dann gab es immer wieder Probleme mit jungen Autoren. Kriminalisierungs-Rituale: Wer kein Einkommen nachweisen konnte, der war asozial und bedroht vom Berlin-Verbot. Das war ein Versuch, die Szene abzuräumen, zum Beispiel den Prenzlauer Berg. Deshalb kamen immer wieder Leute zu mir, nach der Austreibung von Biermann war ich eine Anlaufadresse. Da kam zum Beispiel einer – der Name ist unwichtig, er ist auch nicht berühmt geworden – und sagte: Die Staatssicherheit habe ihm gedroht, wenn er nichts verdiene, müsse er weg. Ob ich ihm unterschreiben könne, daß er mir fünfzehn Autographen verkauft habe.
Dann gab es einen jungen Mann, der inzwischen ein Buch über den DDR-Knast herausgegeben hat, den kannte ich aus Hoyerswerda. Er hatte dort einen Jugendclub geleitet, und der war sehr staatstreu eingestellt. Er wechselte dann nach Berlin, war dann auch in einem Jugendclub und kriegte dort Schwierigkeiten, weil er immer die falschen Brecht-Gedichte hat vortragen lassen, zum Beispiel *Lob des Zweifels.* Das löste schon tiefen Verdacht aus. Dann fragte mich Girod, ob ich den bei mir wohnen lassen würde, um ihn dem Zugriff anderer Fraktionen des MfS zu entziehen.

Natürlich gab es da verschiedene Fraktionen und verschiedene Interessen. Und auch Machtspiele. Es gab auch Leute, denen daran lag, bestimmte Maßnahmen nicht machen zu müssen und zu verhindern, daß sie jemanden verhaften oder ausweisen lassen mußten. Das war schon ein echtes Interesse, glaube ich. Sie wußten mehr, hatten mehr Informationen über die wirkliche Lage als die Parteifunktionäre. Der Informationsfluß ging von denen zur Partei, und Girod beschwerte sich bei mir öfter darüber, daß ihre Informationen an der Spitze zu keinen Konsequenzen führten. Deshalb bat er mich, doch einmal mit Hager zu reden, weil er dachte, ich könnte da etwas erreichen. Sie wußten ziemlich genau, daß das alles schiefgeht, wenn man nicht bestimmte Dinge begreift und Löcher aufmacht.

Zwei junge Leute, die das Szeneblatt *Horch und Guck* über die Staatssicherheit-Aufarbeitung machen, sagten mir, sie hätten mit einem Stasi-Offizier gesprochen, der für meine Akte zuständig war bis Anfang der 80er Jahre. Ich habe ihn dann auch getroffen, und er erzählte mir, er sei zusammen mit Girod zuständig gewesen für die Berliner Schriftsteller. Nach der Biermann-Ausweisung habe es die Anweisung von der Hauptabteilung XX gegeben, bestimmte Schriftsteller zu kriminalisieren. Zum Beispiel sollte Stefan Heym wegen unerlaubter Publikation im Westen

eine Geldstrafe bekommen. Das war ja meistens der Dreh. Dann gehörten noch Jurek Becker dazu, Kunert und ich.
Dieser Stasi-Offizier erzählte das so: Bei Jurek Becker gab es die Möglichkeit der Ausreise, bei Kunert auch, bei mir – nun, ich hatte kein Bedürfnis auszureisen, ich hatte jedenfalls kein Signal gegeben. Also haben sie sich etwas anderes einfallen lassen. So haben sie den operativen Vorgang über die Aufführung meines Stükkes *Zement* vernichtet und daraus einen »IM Vorlauf Zement« gemacht.

Hat man das etwa Ihnen mitgeteilt?

Nicht mir, sondern der Abteilung XX. Und damit war ich erst einmal aus der Gefahrenzone. Die beiden Offiziere hatten meine Stücke gesehen und auch meine Texte gelesen und fanden die Einschätzung nicht zutreffend, ich sei ein »feindlich-negatives Element«. Sie wollten mich also abschirmen. Nun hatten sie dafür nur ein Jahr Zeit, denn ein Vorlauf durfte nur ein Jahr dauern, dann mußte es entschieden sein, so oder so. Sie haben es schleifen lassen, und dann waren es anderthalb Jahre. Dann kam Druck von oben, und dann haben die beiden Gelegenheiten gesucht, wie man mit mir ins Gespräch kommen kann. Schließlich haben sie den Vorlauf in ein »IM« verwandelt.

Und dann hatten Sie Ruhe.

Jedenfalls aus der Sicht meiner »Bearbeiter«.

Sie sagten, die Staatssicherheit habe gewußt, daß es mit dem Sozialismus schiefgehen kann. War das MfS ein Supervisor: Die Stasi organisierte die Informationsströme zwischen den abgekapselten »Subsystemen«?

Das kann man so sehen. Auf jeden Fall war das MfS auch ein soziologisches Institut. Zum letzten Ausstoß der Gauck-Behörde, mich betreffend, gehörten zwei Seiten, die von allgemeinem Charakter waren. In einem Bericht über die Situation in der Akademie der Künste ging es um die Frage, ob Heiner Müller und, geschwärzt, Volker Braun, Mitglieder werden sollen. Das war immer abgelehnt worden, jedes Jahr. Der Genehmigungsvorgang lief so: Der Akademiepräsident mußte zum Kulturminister, dann zum Ideologiechef Hager, dann zu Honecker. Der Beitritt von Volker Braun und mir war aber immer schon auf der Ebene des Kulturministeriums gescheitert. Und dann hat Konrad Wolf, bevor er starb, den Wunsch nach unserem Beitritt quasi als seinen letzten Willen hinterlassen, und Wekwerth hat es dann gemacht. In diesem Papier steht, daß Akademiewahlen anstehen mit zwei »problematischen Namen«. Und dann kommt: »Heiner Müller, führender DDR-Dramatiker.« Und: »Volker Braun, führender DDR-Lyriker.« Und dann die Einschätzung der Staatssicherheit, daß zu befürchten ist, daß – wenn diese Wahl nicht zustande kommt, – daß dies einen

»Biermann-Effekt« in der Akademie auslösen könnte. Deswegen empfehlen sie, den Beitritt zu gestatten, weil die Akademie das »verkraften« könne: Die »Akademie könnte als Klagemauer dienen.«

Wann ist denn die Staatssicherheit an den Dramatiker mit dem problematischen Namen herangetreten?

Das war 1982, das lief nebenher.

Und was wollte sie von Ihnen?

Ich habe Girod einmal gefragt: Warum reden Sie mit mir? Denn es war nie ganz klar: Er sprach mit mir über Weltpolitik, die Gefahren des Nationalismus, über Dritte Welt und alles mögliche. Also, da habe ich ihn einmal direkt gefragt: Warum reden Sie mit mir. Da hat er nur gesagt: Damit Sie hier bleiben.

Nun heißt es, Heiner Müller hat für die Staatssicherheit gespitzelt ...

... Es gibt keinen einzigen Beleg dafür. Was es gibt, ist die Wunschliste der Staatssicherheit, wonach ich auf Bettina Wegner und Klaus Schlesinger angesetzt werden sollte. Aber sie haben mich nie gefragt, denn das war nur für die Akten. Das konnten sie dann ihrer vorgesetzten Behörde zeigen. Ich weiß, daß alle meine Freunde ihre Opferakten durchgesehen haben wegen dieses Spitzelvorwurfs. Keiner hat etwas entdeckt, und keiner kann auch etwas entdecken. Das beruht einfach auf dem Klischee, wer mit der Staatssicherheit redet, ist ein Verräter, ist ein Schwein.

Wie oft haben Sie sich denn mit Girod getroffen?

Vielleicht einmal im Vierteljahr, mal einmal jährlich, es war sehr unregelmäßig.

Konspirativ?

Ich habe das einigen erzählt, weil ich es nicht so ernst genommen habe. Aber es galt für die Stasi als konspirativ.

Aber Sie haben nicht nur konspirativ über die Lieferzeiten von Theaterschminke gesprochen?

Man hat über Kulturpolitik gesprochen. Das kann man mir zum Vorwurf machen. Aber warum sollte ich nicht versuchen, Einfluß zu nehmen, wenn ich dazu die Möglichkeit hatte? Ich habe darin nie ein moralisches Problem gesehen.

Worüber haben Sie genau gesprochen?

Zum Beispiel über den Fall Dieter Schulze. Er bekam ein Strafverfahren, ich hatte ihm einen Verteidiger besorgt, das war Friedrich Wolff, der spätere Honecker-

Verteidiger. Wolff verlor den Prozeß. Dann haben wir, das heißt Christa Wolf, Fühmann und ich, Briefe an Hager und Honecker geschrieben. Daraufhin wurde das Urteil vom obersten Gerichtshof kassiert, und dann war Schulze wieder frei. Nun war er ein schwer berechenbarer Faktor, und irgendwann drohte ihm ein neuer Prozeß. Und da fragte mich Girod ganz direkt: Es gibt nur eine Alternative. Zuchthaus oder Ausweisung. Und da habe ich zur Ausweisung geraten. Das kann man mir übel nehmen, aber ich hielt ein DDR-Zuchthaus nicht für eine Dichterakademie.

Das war keine Kollaboration?

Was heißt »Kollaboration«? Ich war doch nicht für das Aufgeben der DDR oder für die Wiedervereinigung. Das wäre mir doch nie in den Sinn gekommen. Ich wußte zwar, das würde alles nicht lange halten, aber es gab doch durch diese Gorbatschow-Illusion die Hoffnung, das System könnte noch einmal reformierbar sein.

Die DDR als Bollwerk, das den Siegeslauf des Kapitalismus aufhält?

Ich habe das nicht so poetisch gesehen.

War für Sie die Staatssicherheit ein legitimer Bestandteil der DDR?

Ich denke schon. Das Hypertrophe an dem Apparat entstand aus der üblen Situation, daß eine Minderheit eine Mehrheit regierte, und zwar eine feindliche.

Aber man mußte ja nicht mir der Staatssicherheit zusammenarbeiten. Da haben Kunze und Schädlich doch völlig recht.

Ich mußte gar nicht. Ich war nicht erpreßbar. Ich habe es bewußt getan. Ich dachte, da kann ich etwas erreichen in konkreten Dingen, wenn es um ein Visum geht oder um die Verhinderung einer Verhaftung.

Fühlten Sie sich geschmeichelt, daß die Macht beim machtlosen Dramatiker anklopft?

Das ist schwer zu beantworten. Es war ja auch ein Joch. Ich würde nicht ausschließen, daß die Illusion, an der Macht teilzuhaben, daß das auch einen Kitzel hatte.

Man hat Sie zur Systemstabilisierung benutzt?

Das kann man so sagen.

Aber Sie müssen doch in Konflikt mit sich selber geraten sein. Der Systemkritiker Heiner Müller gegen den Kommunisten, der die Bastion halten will.

Diesen Konflikt gab es nicht. Ich habe mich nie in dem

Sinn als Systemkritiker verstanden. Die Stücke waren einfach realistisch. Und wenn das System die Realität nicht aushält, ist das nicht mein Problem.

Aber es müssen doch zwei Seelen in Ihrer Brust geschlagen haben ...

... mehr als zwei, aber es ist nicht so einfach. Ich erinnere mich an 1961, also lange vorher. Da wurde die Mauer gebaut, und wir waren erleichtert und wir fanden das richtig und notwendig. Eine ganz neue Möglichkeit zu arbeiten: Die Mauer als Schutz gegen das Ausbluten, und nun konnte man im Land kritisch und realistisch mit allem umgehen. Und zur gleichen Zeit sagte Otto Gotsche, der Sekretär von Ulbricht: Jetzt haben wir die Mauer, und jetzt werden wir jeden daran zerquetschen, der gegen uns ist. Diese illusionäre Sicht hatte ich, auch was Gorbatschow angeht. Da war Honecker eben klüger. Weil er weniger wußte.

Veränderten sich Ihre Kontakte zur Staatssicherheit mit dem Antritt von Gorbatschow?

Ja, sicher, die haben sich verändert. Auf jeden Fall war die Angst größer nach dem Auftreten von Gorbatschow – die Angst, daß die DDR einfach verkauft würde. Das war deutlich. Es gab viel mehr ideologische Gespräche. Es war nicht gerade das höchste theoretische Niveau. Girod machte sich Gedanken über die Weltlage und die Folgen der Reformen in der Sowjetunion. Deutlich war die Angst, daß man das Tempo nicht in den Griff kriegt, das Tempo für die notwendigen Reformen.

Aber warum haben Sie denn in Ihrer Autobiographie von all dem nichts geschrieben?

Es gibt ein Menschenrecht auf »Feigheit vor dem Feind«, von dem habe ich Gebrauch gemacht in der Situation, in der Atmosphäre damals. Und daß das Feindbild stimmt, hat ja dann die Journaille bewiesen.

Um die »Journaille« zu verteidigen: Die Enttäuschung lag doch darin, daß auch Heiner Müller, der Anarchist, der immer jenseits der Macht operierte, sich die Hände schmutzig gemacht hat.

Warum macht man sich da die Hände schmutzig? Ich habe nie behauptet, daß ich ein »reiner« Anarchist bin. Ich rede mit jedem, wenn ich es für notwendig und für praktisch halte. Ich bin immer davon ausgegangen, daß ich erwachsen genug bin. Man konnte viel mehr Schaden anrichten, wenn man indirekt mit der Staatssicherheit geredet hat. In der Theaterkantine, wo man unkontrolliert über Kollegen redet. Die direkten Gespräche waren kontrollierte Gespräche.

Aber es war dennoch ein merkwürdiges Verhältnis zwischen Geist und Macht.

Ich bin aufgewachsen mit dem Gefühl, daß ich aus der Sicht der Macht suspekt bin. Ich war der Macht immer suspekt, vor 1945 und nachher auch. Ich war aus der Sicht des Staates immer schuldig.

Heiner M. als Josef K.

Sie können es auch christlich formulieren. Mein Reich ist nicht von dieser Welt. Aber vielleicht müßte man das Wort vom »Schuldgefühl« etwas korrigieren. Denn eines habe ich bei der *Umsiedlerin*-Affäre deutlich erlebt: Wie schwer das ist, als einzelner gegenüber einer Masse von Andersdenkenden kein ungutes Gefühl zu haben, wenn man bei seinem Standpunkt bleibt. Das ist nicht leicht.

Und das empfinden Sie jetzt wieder?

Und jetzt im Westen wieder. Deswegen verstehe ich so gut, warum Heidegger über seinen Abgrund nicht gesprochen hat. Denn jedes Gespräch führt zu neuen Mißverständnissen, das ist nicht auszuräumen. Ich weiß genau, wenn ich versuche, wirklich zu sagen, was ich denke, dann wäre es besser, wenn es nach meinem Tod erst herauskäme.

Aber Sie haben doch jetzt alles gesagt.

Nein, ich habe nicht alles gesagt. Ich weiß ja nicht, was ich morgen denken werde.

Wie schizophren ist denn für Sie das Verhältnis zwischen der Moral eines Textes und der Moral des Autors?

Kein Mensch ist integer. In keinem guten Stück.

Gibt es denn für Sie den Selbstanspruch der Integrität?

Für mich ist meine Integrität nicht angegriffen durch die Kontakte zur Staatssicherheit. Aber damit stehe ich wohl allein im Moment. Vielleicht auch nicht ganz allein. Ich habe ein paar Freunde verloren, die es sowieso nicht waren. Das spart Zeit.

Noch einmal zurück: Hat die Staatssicherheit beim Umsturz 1989 mitgeholfen, mitgedreht?

Ich denke schon. Zum Beispiel bei der berühmten Demonstration am 4. Mai. Die war polizeilich geschützt, und es war auch deutlich, wo Blocks der Staatssicherheit standen. Die Buh-Rufe bei meiner Rede kamen zuerst aus diesem Block.

Henryk M. Broder behauptete in der ZEIT, die Staatssicherheit habe die Wende komplett selber in die Hand genommen.

Das ist nicht ganz unrealistisch, auch wenn es sicher übertrieben ist.

Wann haben Sie das Ende der DDR geahnt?

Schwer zu sagen, das ist wie Ödipus. Man weiß Dinge, und man verhält sich nicht dem Wissen entsprechend. Ich erinnere mich, daß ich einem Fernsehassistenten 1988 auf die Frage, ob er abhauen sollte, geraten habe, er solle hierbleiben, es dauere sowieso nur noch ein Jahr. Es ging um Schadensbegrenzung, denn die Gefahr war bis zuletzt, daß die Macht hysterisch reagiert.

Das kann man kaum glauben. Den in der FR haben Sie von Herzen bedauert, daß bei der Wende kein Blut floß.

Das war hinterher. Wenn man da drin ist, sieht man was anderes.

Aber Ihren Blick auf den realen Sozialismus haben Sie nicht korrigiert?

Ich würde sagen, ich habe noch nichts wirklich dazugelernt. Es gilt alles noch, was ich schon vorher wußte.

Auch was Sie vorher über den Westen wußten?

Das sowieso.

Wieviel Diktatur brauchen Sie denn zum Schreiben?

Ich brauche gar keine Diktatur, es ging ja gar nicht um mich, es ging um Theater, und für Theater ist die Diktatur auf jeden Fall eine bessere Folie. Das sieht man jetzt überall. Keiner weiß mehr, wozu Theater überhaupt noch gut ist. Mein französischer Übersetzer Jean Jourdheuil meinte, auch in Frankreich gäbe es diese Lähmung. Er hatte ein simples Schema. Er sagte, früher habe es ein Dreieck gegeben: Die Macht, das Theater und das Publikum. Die Macht ist weggefallen. Jetzt gibt es nur noch Markt.

Manchmal hat man den Eindruck, als würde die Demokratie Sie am Schreiben hindern.

Demokratie gibt es ja gar nicht. Das ist ja auch eine Fiktion. Es ist nach wie vor eine Oligarchie, und anders hat die Demokratie noch gar nicht funktioniert. Es sind wenige, die auf Kosten von vielen leben. Brecht hat das politisch formuliert.

Oder Hofmannsthal. »Manche freilich ...

»... manche freilich müssen drunten sterben.« Ja, das ist ein Jahrhundertgedicht. Und das ist heute die Situation. Ich kann da nicht in Jubel ausbrechen über Freiheit und Demokratie.

Aber Kapitalismus und Demokratie sind nicht deckungsgleich.

Das ist gewiß eine Simplifizierung. Ich habe 1988 ein Gespräch mit Ellen Brombacher gehabt, die war zuständig für Kultur im Ostberliner Magistrat. Und dann fragte sie mich, was mir in der DDR fehle, ich habe gesagt: Es gibt keine bürgerlichen Freiheiten, und ohne bürgerliche Freiheiten kann man von Sozialismus gar nicht reden. Das ist eine Grundvoraussetzung, aber das verstand sie absolut nicht. Dann traf ich sie am 4. Mai 1989 auf der Demonstration wieder und sie fragte mich nach einem Satz in einem Interview. Ich hatte gesagt, das Produktive an der Situation sei die Trennung der Kommunisten von der Macht. Die Kommunisten seien nun so etwas wie ein Mönchsorden und müßten die Utopie nicht mehr dem Terrorismus überlassen.

Gehören Sie auch dem Mönchsorden an?

Ich kann in keinem Mönchsorden sein, weil ich zu sehr Künstler, viel zu sehr an Formen interessiert bin.

Intellektuell sind Sie fasziniert von den zwanziger Jahren, vom philosophischen Extremismus in der Weimarer Republik. Warum – wo liegen die Parallelen zur heutigen Situation?

Sicher gibt es keine platte Parallele, aber die Verfügbarkeit, die Beliebigkeit der politischen Entscheidungen ist jetzt genauso da wie am Ende der zwanziger Jahre.

Das heißt, es sind mehrere Optionen offen?

Es ist vielleicht keine offen, aber deswegen sieht es so aus, als wären so viele offen.

Das Ende des sowjetischen Imperiums hat die Geschichte in eine »Zwischenzeit« zurückgebogen?

Ich glaube schon, daß wir in einer Zwischenzeit leben. Wann immer eine wirkliche Krise da ist, dann gibt es eine Flucht in die kleinen Einheiten, und wenn es der Nationalstaat nicht mehr sein kann, dann sind es die Ethnien, dann die Gangs, dann die Familie, aber die Familie reicht nicht mehr. Der jugoslawische Krieg ist ein Laborversuch. Ein gesamteuropäischer Prozeß, nur woanders sind die Sicherungen besser, die sozialen vor allem. Interessant, daß in Italien die nächste Katastrophe da ist, und dann kommt Frankreich, und dann erst die Bundesrepublik. Es gibt keinen Feind mehr, an den man delegieren kann.

Richard Herzinger zum Beispiel macht Ihnen den Vorwurf, Sie seien zur politischen Rechten übergelaufen.

Weil er nur eine Oberflächenschicht der Texte aus der

Sicht journalistischer Äußerungen interpretiert. Das ist etwas ganz anderes, wenn ich schreibe, als wenn ich rede. Wenn ich schreibe, weiß ich natürlich mehr, als wenn ich rede. Und dieses Surplus im Text kommt gar nicht vor bei ihm.

Dennoch: Sie haben Affinitäten zur politischen Rechten.

Was heißt das? Die Rechte ist ja keine einfarbige Angelegenheit. Wichtig ist schon, daß man nicht mehr selektiert und Konzepte mindestens zur Kenntnis nimmt, die nicht dem eigenen Wunschreservoir entsprechen. Zum Beispiel eine Sache, die mir wirklich sehr spät klar geworden ist: Die Marx-Korrektur von Benjamin: Revolution nicht als Beschleunigung, sondern Revolution als Notbremse. Der Sozialismus war eine Notbremse.

Aber Benjamin war kein Rechter. Sie teilen mit Ernst Jünger und Walter Benjamin die Begeisterung für den destruktiven Charakter. Was glauben Sie denn, was hinter der Destruktion frei wird?

Das ist eine Frage, die ich nicht beantworten muß. Ich kann sie auch gar nicht beantworten. Aber wenn man Stücke schreibt, ist der Hauptimpuls wirklich Destruktion, bis man, aber das klingt furchtbar metaphysisch, vielleicht auf einen Kern stößt, mit dem man dann wieder etwas bauen kann. Wenn man alle Illusionen abbaut, kommt man möglicherweise auf die wirkliche Lage. Aber vielleicht gibt es die gar nicht.

Ist dieser Kern ein vitalistischer – das unverstellte Leben?

Ich verstehe die Frage, aber ich könnte so nicht denken. Mir fällt dazu nur etwas ganz Marginales ein. Ich denke an die Geschichte eines kleinen dicken jüdischen Sportjournalisten, der mit einem der letzten Schiffe in Richtung USA davonkam im Zweiten Weltkrieg. Das Schiff wurde von einem deutschen U-Boot torpediert. Er war schon in einem Rettungsboot, das Boot war voll. Dann erschien noch eine Mutter mit einem Kind, und es war kein Platz mehr. Aber er hat sich stumm nach hinten fallen lassen, und es war Platz für sie. Das ist ein unvergeßliches Bild. Die Frage ist letzlich, ob man dazu fähig ist.

Ist der Körper der letzte Widerstand, die letzte Moral, und sei es nur auf dem Theater?

Der Körper ist nun einmal die Realität des Theaters im Gegensatz zu den technischen Medien, und schon deswegen interessant. Der Körper ist immer ein Einspruch gegen Ideologien. Und eigentlich auch gegen Religion. Es gab eine schöne Bemerkung von Ehrenburg in einem Gespräch mit Sartre: »Wenn der Kommunismus gesiegt hat und alle ökonomischen Probleme gelöst sind, beginnt die Tragödie des Menschen.

Die Tragödie seiner Sterblichkeit.« Und wenn Sie mich nach einer Moral fragen, dann wäre die Blochsche Formulierung über die moralische Überlegenheit des Kommunismus auch meine: Der Kommunismus hat für den einzelnen keine Hoffnung. Aber das ganze System der Marktwirtschaft beruht darauf, dem einzelnen zu suggerieren, daß gerade er eine Hoffnung hat.

Wenn man nun den kulturindustriellen Schein zertrümmert, dann begegnet man den Schrecken der Existenz und dem Schmutz?

Das war eigentlich für mich meine Rechtfertigung auch für die Kontakte mit der Staatssicherheit: Ich habe nicht das Recht, rein zu bleiben in einer schmutzigen Welt.

Über Charlie Chaplin haben Sie gesagt: Er war ein böser Engel, und das wird von ihm überleben. Kann man auch den Namen Heiner Müller einsetzen?

Natürlich, das sind immer auch Selbstaussagen.

Mit Heiner Müller sprach Thomas Assheuer

Personenregister*

* Betrifft nicht das Dossier in dieser KiWi-Ausgabe.

Heiner Müller
Ein Gespenst verlässt Europa

Fotografien von Sibylle Bergemann
mit einem Nachwort von Peter Voigt

Leinen

In den Tagen und Wochen um den November 1989 herum verfaßt Heiner Müller eine Reihe von Gedichten, mit denen er auf die politischen Ereignisse in Deutschland reagierte.
Die Gedichte werden durch eine Fotosequenz über den Aufbau des Marx-Engels-Denkmals in Ost-Berlin im Jahre 1986 ergänzt, die von der Fotografin Sibylle Bergemann stammt.
In einem Nachwort beschreibt Peter Voigt die Geschichte dieses Denkmals, das ein Prestigeobjekt der damaligen DDR-Regierung war.

Kiepenheuer & Witsch

Irina Liebmann
In Berlin
Roman

Gebunden

In einer hochmodernen Erzählform und Sprache gelingt es Irina Liebmann, das Innere eines Lebens und das Äußere der Stadt Berlin zugleich zu erzählen. Aber auch die Geschichte des zerschnittenen Landes und seine Gegenwart. Wenn man die Lektüre beendet hat, ist es, als wachte man aus einem Traum auf, in dem die Dinge plötzlich genauer und schärfer zu sehen waren als im Wachzustand, eine Analyse der Gegenwart mit den Mitteln der Poesie – ein literarisches Ereignis. Man kommt nicht umhin, in der Ferne an Alfred Döblins »Berlin Alexanderplatz« zu denken, mit dem *In Berlin* eine unausgesprochene Zwiesprache hält.

Kiepenheuer & Witsch

Christa Wolf
Auf dem Weg nach Tabou

Leinen

Christas Wolfs neues Buch *Auf dem Weg nach Tabou* – eine Sammlung von Reden und Aufsätzen, Prosatexten und Tagebuchaufzeichnungen aus den letzten vier Jahren – ist das Zeugnis für die radikale Offenheit, mit der sich die Autorin den Brüchen und Veränderungen in ihrer eigenen Geschichte und der Geschichte dieses Landes nach 1989 stellt. An den Schnittstellen von Erfahrung und Geschichte, Biographie und Gesellschaft, Körper und Sprache entlang schreibt sich Christa Wolf immer neu auf ihre Wahrheit zu. Sie begibt sich auf eine innere Reise in unbekanntes Gebiet, deren Ende offengehalten wird; mit Neugier und befreitem Blick folgt sie dem Weg zwischen Trauer und Utopie.

Martin Ahrends
Der märkische Radfahrer

Roman

Leinen

Eine Jugend in Deutschland: Stationen im Leben des Herweg Hansen, zwischen Potsdam und Ostberlin, zwischen Hoffnung, Feigheit und Mut. Bilder eines Lebens im ewigen Wartestand, entwertete Zeit. Martin Ahrends schafft mit seinem Roman etwas Wunderbares: mit den Mitteln der Poesie sagt er der Tristesse dieses Lebens erfolgreich den Kampf an.

Kiepenheuer & Witsch

Wolf Biermann
Alle Lieder

Gebunden

»Der Titel dieses Buches sagt fast die Wahrheit. Ja, es sind alle meine Lieder. Aber es sind nicht ganz und gar alle. Es sind nur alle, die mir heute noch gut genug sind. Ein paar Beispiele für meine ersten Versuche, halb zum Lachen, halb zum Wundern, habe ich mit ins Buch getan. So kann Mann sehen, und Frau soll es auch: auch ich konnte am Anfang nur mit Wasser kochen, und zwar mit dem Wasser, wie es eben damals aus der Deutschen Demokratischen Leitung kam. Ich nehme auch die jüngsten, z. T. unveröffentlichten Lieder mit in das dicke Alle-Lieder-Buch.« *Wolf Biermann*

GEORG-BÜCHNER-PREIS 1991
EDUARD-MÖRIKE–PREIS FÜR LYRIK 1991

Jens Sparschuh
Der Schneemensch
Roman

Gebunden

Mitten im Krieg bricht die Expedition auf. Ihr Ziel: die Suche nach den Vorfahren der Deutschen im Hochland von Tibet. Ihr Auftraggeber: die Abteilung »Ahnenerbe« der Himmlerschen SS. Aus Originaldokumenten entwickelt Jens Sparschuh die Fiktion einer Entdeckungsreise ins Innere des Himalaya und ins Innere eines deutschen Wissenschaftlers. Wahn und Wirklichkeit eines totalitären Staates verdichten sich zu dem absurden Abenteuer einer Forschung, die mit unerwartetem Ergebnis endet...

Olaf Georg Klein
Plötzlich war alles ganz anders
Deutsche Lebenswege im Umbruch

Broschur

Was passiert mit den ganz normalen Menschen, die in ihrem Leben eine einzigartige Erfahrung machen müssen: daß nämlich von einem auf den anderen Tag *alles* ganz anders ist? Daß fast alles von dem, was gestern noch richtig war, heute falsch ist. Anhand von Gesprächen mit den unterschiedlichsten Menschen aus der ehemaligen DDR, die der Schriftsteller Olaf Georg Klein geführt hat, zeigt dieses Buch, wie Menschen mit der Welt umgehen, wenn »das System« plötzlich verschwindet, für oder gegen das sie gekämpft, das sie erduldet haben oder vor dem sie geflohen sind.